秦漢帝國의 지정학 – 인프라, 영역지배의 변천

Geopolitics of The Qin-Han Empire

진인진

발간사

　경북대학교 인문학술원은 2019년 5월부터 한국연구재단의 '인문한국플러스(HK⁺) 지원사업' 연구 주제인 "동아시아 기록문화의 원류와 지적네트워크 연구"를 수행하고 있다. 본 사업단은 한반도·중국·일본열도에서 발굴된 목간의 연구를 통하여 고대 동아시아세계를 유기적으로 이해하는 토대를 구축하고, 이를 통하여 목간을 매개로 형성된 고대 동아시아의 기록문화와 여기에 내재한 동아시아의 역사상에 대한 거시적이고 통섭적인 연구를 도모하고 있다. 본서는 우리 사업단의 이와 같은 연구 목표와 부합하는 대표적 연구총서의 하나라 할 수 있다.

　본서는 역사의 내면을 관통하는 인적·물적 역량과 그것을 생산하고 결집·유통·환류시키는 다이나믹스, 즉 지정학에 주목하였다. 진한제국은 외견상 강력한 중앙집권적 황제지배체제를 구축한 것으로 보이지만, 정치제도에 의해 표면적으로 봉합되었을 뿐이라는 한계를 지니고 있었다. 그럼에도 불구하고 400년 이상 존속한 진한제국의 생명력 저변에는 전국시대 이래 축적된 지정학에 의한 장기지속성이 있음을 지적한다. 그리하여 제국의 저변을 관통하는 중앙과 군현, 관중과 관외 지역, 그리고 지역과 지역 간 다양한 지리 환경과 교통 그리고 정치적 연계망을 종합적으로 고찰할 필요가 있다고 지적한다.

　그리하여 진제국은 새로운 시대의 창립이 아닌 하나의 과도기로서 전국시대에 구축된 지정학적 결과물이고, 한나라 초기의 군국제는 전국시대 진에 의해 형성된 지정학적 국면의 연장선상에서 이해하고자 하였다. 그리고 교통인프라를 통해 살펴본 한제국의 수도는 전국시대 이래 진제국을 거치면서 전개된 군현지배의 확장 과정에서 지정학적 변화를 수용하여 변모를 거듭한 결과로 파악하였다. 이러한 논지의 전개 과정에서 진한대 간독 자료를 충분히 수집·정리·분석하였을 뿐 아니라 국내외 학계의 최신 연구 동향까지 모두 반영하였다는 점에서 시사하는 바가 적지 않다.

이 책은 국내외 중국고대사학계에서 처음으로 '지정학적 역동성'을 기축으로 진한제국의 형성과 전개 및 그 내부구조를 심층적으로 엮어냈다는 점에서 주목할 만하다. 나아가 본서가 제시한 지정학적 역동성과 장기지속성이라는 관점이 한반도와 일본열도의 고대사 연구에도 의미 있는 좌표를 던져줄 것으로 기대한다.

그간 금재원 교수의 수고에 감사드리고, 아울러 HK사업으로 한국 인문학의 토대를 굳건히 다지고 있는 한국연구재단의 지원에 깊은 사의를 표하고 싶다. 작으나마 우리가 수행하는 학문적 성과의 나눔이 고대 동아시아세계가 공유한 역사상에 대한 새로운 研鑽의 계기가 되기를 희망한다.

경북대학교 인문학술원장
HK⁺사업연구책임자
윤재석

목차

들어가는 말 ... 7

1부   秦帝國 '新地' 정책의 배경과 전개 ... 17
- 제1장   戰國 시기 秦의 영토 확장과 장기 국면의 형성 ... 19
- 제2장   '新地'와 '秦地'의 경계 ... 53
- 제3장   '楚人'과 '秦人' 정체성의 경계 – 南郡의 사례 ... 89
- 제4장   '新地' 吏員의 구성과 그 한계 ... 121

2부   '漢承秦制'의 경계 – 前漢 前期의 關外郡 ... 149
- 제5장   漢初 '關外郡'의 設置와 그 源流 ... 151
- 제6장   郡國 대치의 前哨 – 黃河 沿線 지역 郡縣 ... 187
- 제7장   남방 郡縣 확장의 기반 – 南郡과 주변 지역 ... 211
- 제8장   鴻溝 水系 교통의 재건 – 梁楚 지역 郡國의 변천 ... 245

3부   秦漢帝國 首都 인프라의 구축과 역학(Dynamics) ... 273
- 제9장   咸陽-長安 渭水 교통과 수도 권역 관리 ... 275
- 제10장   長安-洛陽 수도 권역 변천의 하부구조 ... 305

나오는 말: '맷돌 위의 개미들' – 秦漢 인물 表象 이면의 구조 ... 345

후기 ... 359

참고문헌 ... 361

표목차

표 1	秦惠王-昭襄王 시기 영토확장 년표	26
표 2	秦의 대외전쟁과 白起의 從軍	39
표 3	『史記』와 『漢書』 "秦民喜" 비교	71
표 4	秦의 六國 정복 상황	85
표 5	「二年律令·秩律」 關外郡 屬縣 분류	161
표 6	戰國 秦 및 西漢 亡罪 등급 비교	174
표 7	"越塞闌關令" 비교	198
표 8	漢初 郡國 영역 변동과 律令 비교	200
표 9	鴻溝 일대 속현 분류	247
표 10	군현 지역 내 관료 인적 구성	351

그림목차

그림 1	秦惠文王13년(B.C.312) 세력 범위도	28
그림 2	秦昭襄王29년(B.C.278) 세력 범위도	36
그림 3	戰國時期 南陽 일대 지리 형세	70
그림 4	秦王政17~19년(B.C.230~B.C.228) 세력 범위도	86
그림 5	呂后元年(B.C.187) 세력 범위도	163
그림 6	B.C.312~B.C.187 진한 군현 실질 지배 범위 변화	185
그림 7	洞庭湖 水道 주변 郡·國 영역 분포	236
그림 8	雲夢楚王城遺址 평면도	239
그림 9	楚皇城 평면도	241
그림 10	중국식 장기판	245
그림 11	封丘·浚儀·扶溝 주변 속현 상황	250
그림 12	秦漢 시기 鴻溝 수계 示意圖	255
그림 13	吳楚七國의 난 시기 형세도	263
그림 14	前漢 沛郡 강역도	265
그림 15	前漢 臨淮郡 강역도	267
그림 16	극묘·아방궁 중심의 진 함양 축선체계	280
그림 17	한 장안성 遺址 평면도	285
그림 18	(위)필자가 2013년 1월 12일 촬영한 위수교 유적 (아래)2014년 발굴보고서에 수록된 위수교 유적	292
그림 19	和林格爾 한묘 벽화 위수교圖	303
그림 20	위수교 유적 출토 漢代 古船	303
그림 21	前漢(上)과 後漢(下) 장안-낙양 교통 노선과 행정 편제 비교	337

들어가는 말

　나는 2011년 북경대학에서 박사과정을 시작한 이후 10년 이상 한국 학계에서 벗어나 있었다. 박사 과정 이후부터 누적된 나의 연구 성과 다수는 중국 학계에서 형성된 담론을 바탕으로 한다. 그러나 한편으로 외부인의 시각에서 한국 학계와 중국 학계를 들여다보며 스스로를 객관화할 수 있었던 것은 실로 값진 경험이었다.
　중국의 중국사 연구는 공산주의 국가의 특성상 막스 사관의 틀을 견지하는 동시에 '國史'의 문제이기도 하다. 그래서 한국이 중국을 바라보는 것과는 다른 의미로 현재적 화두와 관련 맺고 있다. 특히 진한제국의 역사라 하면 통합된 중국의 위업과 가치를 설명할 수 있어야 한다. 전근대 중국 사상계에서 비판과 반면교사의 대상이었던 진나라와 진시황은 신중국 이후로 전혀 상반된 이미지가 형성되었다. 마오쩌둥의 평가를 거친 진나라는 노예 사회를 타파하고 봉건사회로의 문을 연 또 다른 '신중국'이었다. '농민의 안타고니스트' 진시황은 '중화민족의 프로타고니스트'로 거듭났다. 1975년 발굴된 睡虎地秦簡은 이제는 실증 연구의 필수 자료이지만, 문혁시기를 거친 초기에는 이른바 '映射史學'의 도구로 활용되기도 했다. 개혁 개방 이후로는 그와 같이 드러나는 폐해는 찾기 힘들다. 현재적 방향성은 보다 자연스럽게 대중 문화 전반에 스며들었다. 장이모우 감독의 영화 '영웅', 국가주도 법치주의의 이상을 그려낸 소설 원작 '대진제국' 등, 역사를 기반으로 한 여러 문화 콘텐츠들이 그 예가 될 것이다.
　그런데 진제국 연구는 마냥 긍정할 수만은 없는 난제가 항상 따라다닌다. 진제국은 전국을 통일하고 최초의 중화제국을 이룬 업적에도 불구하고, 왜 15년 만에 붕괴되고 만 것일까? 그 명백한 실패를 어떻게 설명해야 하는가? 진의 멸망은 막스 사관에 따르면 폭정에 저항한 민중 혁명의 결과인데, 그렇다면 신세계를 열었다는 진제국의 업적과는 모순되지 않는가? 그에 대해서는 한제국이 진제국의 위업을 계승했다는 소위 '漢承秦制'의 담론을 통해 타협이 시도된다. 때마침 睡虎地秦簡에 이어 출토된 張家山漢簡은 진·한 율령의 계승성을 명확히 반영하고 있어 '한승진제'는 이제 중국 고대사 학계의 당위적 명제가 되었다. 그러나 '한승진제'의 담론이 단지 진제국의 실패를 회피하는 수단으로만 쓰인다면 문제의 해결은 요원할 것이다. 공은 7이고 과는 3이라고 결론지으면, 그것으로 모든 의문이 설명되는 것일까? 실패에는 그 실패의 원인을 직접 대면할 수 있어야 한다.

진의 멸망을 대면하는 작업은 내가 박사과정을 보낸 북경대학의 소수 학자들에 의해 진행된 바 있다. 지금은 고인이 된 티엔위칭(田余慶) 선생의 「'장초(張楚)'를 말하다」라는 논문은 진한교체기 실재했던 초인(楚人) 세력과 초문화, 그리고 반진기의와 진 멸망의 관계를 밝혔다. 이는 지금까지 중국학계에서 통용되는 진한 교체기를 설명하는 가장 대표적인 연구라 할 수 있다. 논문은 초점을 중화 문명의 다양성과 그것을 융합해 가는 과정 속에 있는 지역문화의 존재로 장초를 규정함으로써 다수로부터 설득력을 얻을 수 있었다. 나는 티엔위칭 선생을 직접 만난 적은 없지만 그로부터 수학하고 계보를 이은 천쑤전(陳蘇鎭) 선생과의 접촉을 통해 그 사상을 간접 이해할 수 있었다. 천쑤전 선생은 치밀하면서도 함축적인 연구 기법, 사료를 대하는 신중하고 실증적인 태도가 인상 깊은 중국학계의 은자와도 같은 학자이다. 그는 티엔위칭의 '장초' 연구에서 한발 더 나아가 진한교체기 진·초로 대변되는 문화의 다양성으로 인해 한제국이 직할지와 제후 왕국으로 분리된 군국제를 시행하기에 이르는 연속성을 실증하고자 했다. 그러나 다양성의 추구는 통합과 일체적 발전을 지향하는 현재 중국의 방향과 맞지 않다. 관련 연구는 한국인의 눈으로 보기에는 다소 생경할 수도 있는 반론에 대면할 수밖에 없었다. 그 반론을 의식했던 해당 논문은 다음과 같은 말로 끝맺고 있다. "서한이 망진의 전철을 성공적으로 피하고 중화제국 건립의 역사적 사명을 완성한 것은 이것과 관련이 없지 않을 것이다(西汉能成功地避开亡秦覆辙, 完成建立中华帝国的历史使命, 与此不无关系)."

역사 연구에 있어 국가주의의 영향은 비단 중국 학계만의 문제는 아니다. 그것은 '國史'가 가진 본연의 문제이기 때문에 한국사를 연구하는 한국 학계 역시 여기에 자유롭지는 못하다. 그에 반해 외국사를 연구하는 입장에서는 보다 객관적인 실증 연구가 가능하다는 점을 자부하기도 한다. 하지만 여기에 지적되는 반문은 국가주의 사관의 문제보다 훨씬 심각하다. 객관적인 실증 연구는 도대체 무엇을 지향하는 것인가? 현재를 배제한 객관이 무엇에 가치가 있다는 것인가? 그리고, 완전무결한 객관성의 확보가 진실로 가능한 일일까?

냉전 시기 이래 한국 학계의 중국사 연구 경향을 살펴보면 일본 학계의 동향에 지대한 영향을 받아왔다. 전후 일본학계 또한 예외 없이 단연 막시즘이 주요 화두였다. 그 담론에 입각한 도쿄학파와 교토학파 간의 중국사 시대구분논쟁은 내가 학부 과정에 있던 2000년대 초반까지도 사학도의 필수 지식으로 여겨졌다. 그것은 세계 사상계의 주요 화두인 막시즘을 중국사에 적용 혹은 대조하기 위한 고민이었고, 한국 학계 역시 그 추세에 편승했다. 일본 편향의 연구 경향은 재야로부터 소위 '식민사학'이라는 비판의 소재가 되기도 했다. 그 실상은 냉전 및 막시즘의 영향과 당시 세계 첨단에 속했던 일본 학계의 역량, 그에 종속된 후발 주자 한국의 처지가 복합된 추세였다.

지금에 이르러서도 막시즘의 중점 주제인 계층 간 예속 관계와 생산 구조를 추적하는 문제의식은 여전히 학계의 주류를 이루고 있다. 특히 중국 고대사 연구는 국가와 민중과 농업의 결합 기제를 규정하는 토지제도 연구가 단연 핵심이다. 국가가 정한 작제 및 호적에 근거한 토지의 수수와 환수, 소유권의 통제로 대변되는 제국 통치 시스템은 편호제민 혹은 개별인신지배체제, 즉 제민지배체제로 규정할 수 있다.

제민지배체제가 가지는 이론적 권위는 여전히 유효하다. 반면, 토지 소유권을 허용하는 것으로 보이는 간독의 법률 조문이나 문헌에 나타난 관련 사회 현상 등, 반론을 제기할 수 있는 소재 또한 적지 않다. 그런데 진한대 토지제도가 공유제인가 사유제인가의 문제는 결코 지금까지 해결된 적이 없음에도, 최근에 이르러 그것은 더 이상 중요한 화두가 되지 않는다. 여기에는 바뀌어 버린 '현재'의 상황이 작용하고 있다. 즉, 막시즘의 시대는 일찌감치 끝났고, 지금의 시대는 토지 소유권 논쟁을 무의미하다고 여긴다. 이에 진한사 토지 소유권 논쟁 역시 무의미해지고 만 것이다.

어디부터 문제가 발생한 것일까? 나는 이것이 하나의 이론을 상정하고 그것을 통해서만 모든 사회 현상을 규정하려는 시도에서부터 잘못이 있다고 생각한다. 사실 제도, 나아가 국가체제의 문제는 중국사 전체에서 단지 하나의 초점에 지나지 않는다. 게다가 역사의 분기에 일정한 기준을 설정하는 것은 시작부터 주관적이다. 절대 기준인 것처럼 보였던 막시즘이라는 거대한 주관이 빠져나간 공백을 대체하지 못하게 되면서, 지금의 중국고대사 연구는 현재적 효용성을 상실했다.

국가주의의 그늘에서 벗어나지 못하는 중국 역사학계의 한계에도 불구하고, 한국인의 눈으로 보기에도 인상적인 면이 없지는 않다. 그 중 하나가 지리와 역사를 접목한 소위 '역사지리'라고 불리는 분야가 중국 역사학계의 실증 연구를 주도하고 있다는 점이다. 아주 오래전부터 기원을 찾자면, 청대 고증학으로부터 이어진 전통의 지리연혁 연구가 오늘날 역사지리 연구의 토대가 된다. 그러나 무엇보다 지리 본연의 실용적 성격이 그 명맥의 주요한 이유였다. 현재 국내 중국사 연구자들 역시 필수 공구서로 활용하고 있는 탄치샹(譚其驤) 주편의 『중국역사지도집』은 문혁 시기 학술계의 총체적 난국에도 불구하고 국가의 전폭적인 지원 하에 추진된 연구 결과였다. 거센 정치 풍파 속에서 나온 연구 성과가 40여년이 흐른 지금까지 유용할 수 있다는 것은 한국 학계에도 시사하는 바가 클 것이다.

지리에 기반한 역사 연구는 일찍이 페르낭 브로델의 연구 이래 사회경제사의 핵심 주제로 다루어져 오고 있다. 그러나 중국의 역사지리 분야는 그것과도 구분되는 자생의 영역이다. 사실 브로델까지 굳이 언급할 필요 없이, 역사 연구에 지리가 중요하다는 것을 누구도 부정할 수 없다. 우리가 중국의 역사를 중국사, 한국의 역사를 한국사, 혹은 동아시아사 등으로 지칭하는 이유는 기본적으로 동일한 지리 영역에서 변천해온 인간사의 탐구를 전제하기 때문이다. 따라서 지리는 역사의 배경 지식으로서, 또 이를 결합한 역사지리는 해당 역사를 위한 토대 연구의 가치를 지닌다. 오늘날 한국의 중국고대사 연구가 현실과 멀어진 것에는 지리의 중요성을 간과한 것은 아닌지 한번 쯤 반추해볼 필요가 있다.

지리를 통해 본 중국은 고대의 역사와 직접 관련을 맺고 있다. 중국 허난성(河南省) 정저우(鄭州)에서 기차를 타면 뤄양(洛陽)을 지나 싼먼샤(三門峽)·링바오(靈寶)·통관(潼關)·화산(華山)·웨이난(渭南)을 거쳐 시안(西安)에 도착한다. 이는 항우가 초한전쟁 시기 그토록 진군하기를 갈구했던 노선이자, 한무제가 관동의 물류를 낙양을 거쳐 장안까지 끌어들이기 위해 구축한 수륙 인프라가 위치했던 곳이다. 또 시안에서 한중(漢中)에 이르는 노선은 272km라는 짧은 거리에도 불구하고 진령(秦嶺)을 사이에 둔 지형의 험난함으로 인해 고속버스로 4시간 이상 소요된다. 그것도 아무 문제없이 순조로운 경우 4시간이지, 기상 악화 혹은 교통사고 등의 요인으로 체증이 발생할 경우 10시간이 걸리거나 하루를 통째로 진령에서 보낼 수도 있다. 이전까지는 그것이 진령을 오가는 유일한 도로였기 때문에 우회하는 방법은 따로 없었다. 그런데 최근에 시안에서 청두(成都)까지 4시간 만에 도착할 수 있는 고속철도가 개통되었다. 이제 시안에서 한중까지는 교통 체증 없이 1시간 반이면 도착할 수 있다. 이로써 동일한 샨시성(陝西省)에 속했음에도 관중(關中) 사람과 샨난(陝南) 사람 사이에 존재했던 심리적 거리는 앞으로 좁혀질 수 있을까? 그와 더불어 나는 시안과 한중을 오갈 일이 있을 때마다 한중에서 진령을 신속하게 넘어 관중을 점령한 한고조 유방의 성공과, 다섯 차례의 북벌에도 관중을 점령하지 못하고 오장원에서 쓰러져 간 제갈량의 비애를 함께 생각하곤 했다.

중국의 지리가 한국과 아무런 관련이 없는 것처럼 보일 수도 있다. 하지만 지리를 통해 본 역사는 한국과 밀접한 관련이 있다. 예를 들어 샨둥성(山東省) 옌타이(烟臺)와 랴오닝성(遼寧省)의 다롄(大連)은 황해를 연한 항구 도시로 한국과 교류가 가장 활발한 도시에 속한다. 옌타이에서 다롄에 이르는 육로는 보하이(渤海)만을 애 돌아가는 먼 거리로 인해 직행 노선이 존재하지 않는다. 그러나 바다로 눈을 돌리면 상황은 달라지는데, 현재 옌타이에서 다롄에 이르는 정기 연락선은 단 4시간이면 두 항구를 연결한다. 옌타이가 지부(芝罘)였던 기원전 2세기 말 한무제 재위 시절, 한제국이 동원한 고조선 정벌대의 수군은 지부로부터 출발해 오늘날 다롄 동쪽으로 이어진 요동 반도 남안을 따라 대동강 하구에 이르렀다. 한제국이 고조선을 정벌할 당시의 선박 운영 기술은 전국시대부터 이어져온 오랜 역사에 기반 한다. 정면으로 의도한 것은 아니지만, 결과적으로 이 책은 대략 고조선의 멸망에 이르기까지 수로와 선박을 포함한 중국의 교통 인프라가 어떻게 구축되고 영역 지배의 유지 발전 혹은 쇠퇴에 작용했는지를 탐구한다.

이제 이 책의 목적과 구성에 대해 간략히 소개하겠다. 진한제국의 지정학 연구를 표방한 이 책은 한국과 중국 학계에 모두 몸담은 나의 경험에 따라 양국의 연구 경향을 종합 검토하여 새로운 담론을 제시한다. 우선 관련 내용은 진한 군현제를 직접 연구 대상으로 삼고 있지만, 학계의 정론인 제민지배체제를 검증하거나 비판 대상으로 삼지 않음을 밝혀둔다. 나의 비판 의식은 제민지배체제 이론 자체보다, 한 가지 이론만으로 진한사를 설명하는 획일화에 맞춰져 있다. 제민지배체제는 일부 문헌자료와 출토 간독의 여러 법률·행정문서 속에 실재한다. 즉, 진한의 율령은 제민지배를 지향한다. 그러나 진한사의 전체 범위에서 보면 결코 그것만으로는 한 시대가 규정되지 않는다. 역사는 정치·사회·경제·문화 및 복합 다층적인 인군의 작용과 반작용에 의해 끊임없이 역동하기 때문에 고정된 실체가 없다. 그래서 역사 연구는 부동의 무언가를 규정하기보다 부단한 변화를 이끄는 구조적 동력, 다이나믹스(Dynamics)를 추적하는 것이 더 유효하다. 이 책에서 제민지배체제는 하부구조와 작용하는 하나의 요소로서 다루어질 것이다.

이 책에서 종종 언급되는 '하부구조'라는 용어도 사전 설명이 필요하다. 이는 막스가 말한 상부의 사회의식 형태를 규정하고 제약하는 생산관계의 총화로서의 하부구조를 의미하지 않는다. 여기서의 하부구조는 바로 지리에 기반한 인프라스트럭처를 가리킨다. 즉, 지정학을 결정하는 핵심 요소로서 하부구조는 설명된다. 부국강병 노선에 따른 정복전쟁으로 이룩된 진제국은 각지에 형성된 지정학의 제약을 받았다. 백가쟁명의 시대를 거쳐 단일 통치 이론으로 집성된 진의 법치주의는 전국시기 인프라 구축을 통해 장기 통치가 이루어졌던 지역까지에만 한정되었고, 급속한 점령으로 인프라의 구축이 미비했던 '신지(新地)'는 제국의 법치 또한 취약하게 나타났다. 하부구조의 작동이 가능한 군현만을 계승했던 한이 그 지점에서부터 남은 관동지역을 각각의 지정학에 맞춰 누덕누덕 기워나가 완성한 것이 한제국이었다. 한무제 시기를 기점으로 일체화를 지향하는 제국 담론이 재차 쏟아져 나오기 시작한 것은 바로 그 때를 전후로 전국 범위의 하부구조가 갖추어진 '지정학'과 무관하지 않을 것이다.

이 책은 총 3부로 구성하면서 대략의 시기를 나누긴 했으나, 각 장은 개별의 문제의식에 따라 구성되었기 때문에 시기가 서로 중복되거나 약간씩 건너뛰기도 한다. 전반적으로 전국·진·한의 표면적 시기구분에 얽매이기 보다는 인프라의 작용에 따라 발생한 변화 혹은 장기 지속 국면에 주목하고자 했다.

제1부 「秦帝國 '新地' 정책의 배경과 전개」는 진제국이 통일 전쟁 시기 새로 점령한 지역을 '신지'로 규정하고 구점령지와 구분하여 통치한 사실과 관련하여, 그 원류와 적용 범위, 구체적 실행 형태 등을 고찰했다. 이를 통해 진제국은 새로운 시대의 창립이 아닌 하나의 과도기로서, 전국 시기에 구축된 지정학으로부터 연장된 국면의 일부였음을 발견할 수 있을 것이다.

제2부 「'漢承秦制'의 경계 - 前漢 前期의 關外郡」은 진제를 계승 혹은 발

전시킨 한 군현 지역을 고찰 대상으로 삼았다. 그 경계 영역으로서 관외군을 주목했다. 한초의 군현 지역은 관중과 관외군이 진의 관중과 구 점령지에 해당한다. 그리고 제후국 영역이 구육국 지역, 즉 진제국 시기 '신지' 영역과 대략 일치한다. 따라서 지리적으로 보면 한초의 군국제는 전국 시기 진에 의해 형성된 국면의 연장으로 볼 수 있다. 반면, 기존과 다른 특성 또한 관외군에서 발견할 수 있다. 그 점진적 변동 상황을 황하 유역과 남군 일대, 그리고 기존 군현을 넘어 확장되는 梁楚 지역으로 나누어 살펴보았다.

제3부 「秦漢帝國 首都 인프라의 구조와 역학(Dynamics)」은 한제국의 하부구조 완성 과정을 수도 지역 교통 인프라를 중심으로 살펴보았다. 전한의 수도 장안은 진 함양으로부터 계승되었으나 후대의 인프라 변천에 따라 구조가 변동했고, 심지어 수도 영역까지도 유동했다. 그것은 군현 통치의 확장에 호응한 하부구조의 변화였다. 이로써 전국에서 전한 전기까지 이어졌던 국면은 전환되었다.

이상이 내용의 대략이다. 물론 이로써 진한사의 모든 면이 설명되지는 않는다. 이 책은 지정학을 통해 관찰한 전국에서 전한 전기까지 지속된 국면과 그 전후의 변화 상황에 관한 것이지 진한시대의 모든 문제를 고찰 대상으로 삼지 않는다. 하물며 진한사를 관통하는 새로운 대체 이론을 개창하기 위한 것은 더욱 아니다. 나는 역사를 하나의 관통하는 이론으로 설명하는 것은 가능하지 않다고 생각한다. 역사 이론에는 역사가 마땅히 그러해야 한다는 '결정론'의 오류가 숨겨져 있다. 더 오래된 '과거'의 사람들에게 덜 오래된 '과거'는 '아직 오지 않은 세상', 즉 '미래'였기 때문에, 어느 누구도 앞으로 도래할 '미래'를 완벽하게 필연적으로 설계하고 구현하지는 못한다. 모든 인간은 '현재'의 관념 속에 갇힌 '우물 안의 개구리' 이자 '맷돌 위의 개미'에 불과하다. 만약 지금의 세상에 역사를 전능한 시각으로 꿰뚫어 보는 하나의 이론이 존재한다면, 그 또한 앞으로 도래할 '미래'와 함께 여지없이 허물어질 것이다.

그럼에도 이 책이 '지정학'을 제목으로 채택하여 마치 하나의 이론을 표방한 것처럼 보일 수도 있다. 변명을 하자면, 나는 역사 이론을 지향하기 위해 지정학을 전면에 내세운 것이 아니다. 지정학은 한 국가 혹은 지역이 지리 환경에 의해 범위가 한정되고 관념이 고정되는 요인을 다룬다. 지정학에 주목한다는 것은 유동성과 다양성에 주목한다는 의미이기도 하다. 이를 통해 중국 고대사가 현재와 괴리되지 않고 부단히 역동하는 학술 분야임을 독자들이 알아주기를 나는 희망한다. '秦漢帝國'은 秦漢 시대 자체를 가리키기도 하지만, 당대인들이 자신들의 관념에 따라 설계하고 추진한 일종의 지향점이기도 하다. 그것은 때에 따라 진시황이 꿈꾼 '四海', 한고조가 얻고자 한 '天下', 무제가 구상한 '九州', 광무제가 추구한 '中興'의 제국일 수도 있다. 그리고 오늘날의 학자들은 당대인의 고정 관념 너머의 사실을 발견하여 '진한제국'의 象을 끊임없이 고쳐나갈 따름이다. 이 책은 각 시기마다 존재한 관념과 실제의 간격, 양자가 마찰하며 발생하는 동력을 추적하기 위해 진한제국의 지정학에 주목할 것이다.

1부
秦帝國 '新地' 정책의 배경과 전개

#01

戰國 시기 秦의 영토 확장과 장기 국면의 형성

•

　　戰國 시대 秦의 굴기에서 통일 帝國을 건립하기까지의 서사는 일반적으로 秦孝公 재위기의 商鞅變法(B.C.350)을 기점으로 삼는다. 이후 진은 통일 (B.C.221)에 이르기까지 上郡과 巴蜀 지역을 포함한 關中 전역을 우선 확보했고, 관외 지역의 河東·太原·南陽·南郡·上黨·三川郡을 점령한 다음, 河內·東郡을 넘어 전쟁을 진행한 결과 육국 전역을 정복한다. 이 130년의 역사를 단지 상앙변법의 결과로만 설명할 수는 없을 것이다. 그 기간 동안 있었던 법률제도, 사회문화 등의 변화 상황은 몇 단계를 나눌 수 있을 정도로 복합적인 과정이 존재했다. 결과적으로는 모두 복속되었지만, 육국의 영역은 각지의 상이한 지정학이 있었고, 이에 진의 대 육국 전략 또한 부단한 변동을 겪었다.

　　秦이 통일 전쟁을 수행하기 전까지, 점령지는 기존의 귀속 관계에 따라 대략 세 지역으로 분류할 수 있다. 우선 關中으로부터 秦嶺 이남의 초기 점령지는 모두 巴蜀 지역으로 상정할 수 있다. 그리고 上郡을 포함한 河東·太原·

上黨·三川·河內·東郡 및 南陽郡의 일부 지역은 三晉 지역으로 볼 수 있다. 그 외 漢中郡·南郡 및 남양군의 나머지 일부는 楚地에 해당한다. 이상의 세 지역은 점령 시기 및 인구지리 상황이 달랐던 바, 각각의 지역성에 기초한 논의가 필요하다.[1] 그런데, 이 세 지역의 대부분이 진에 귀속되었던 때에 다시 한 번 商鞅이 진의 역사 전면에 등장한다. 본 장은 그에 대한 분석으로부터 논의를 이어나갈 것이다.

I 『商君書』「徠民篇」을 통해 본 인구상황과 그 실제

『商君書』「徠民篇」은 戰國 시기 秦의 인구정책을 반영하고 있는 중요한 자료로 평가받는다. '徠民'이라 함은 점령지의 인구를 내지로 끌어들여 경제력과 군사력을 극대화하는 것이 요체이다. 즉, "秦의 난점은 병사를 일으켜 정벌하면 국가는 빈곤해지고, 평안히 거주하며 농사에 전념케 하면 적들이 안녕을 얻게 되는 것", "기존의 秦人은 군사에 종사하고 新民은 농사에 종사시켜 병사들이 오래도록 국경 밖에 머물더라도 경내에는 농사의 때를 잃지 않는 부유함과 강성함을 모두 이루는 효과적인 방법"[2]이라 하여 '徠民'이 제시된 것이다.

---

[1] 일찍이 趙化成은 진 점령지의 각기 다른 문화적 특성에 주목한 연구를 진행한 적이 있다. 그는 고고 묘장의 분석을 근거로 각지의 열국 문화와 진문화의 융합 과정을 설명하였다(「秦統一前後秦文化與列國文化的碰撞及融合」, 『蘇秉琦與當代中國考古學』, 科學出版社, 2001). 본고는 이를 참고하되, 역사학의 시각에서 논의를 확장하고자 한다.

[2] 『商君書』(蔣禮鴻撰, 『商君書錐指』, 中華書局, 1986年版, 이하 동일) 卷4 「徠民篇」, p.92: "夫秦之所患者, 興兵而伐則國家貧, 安居而農則敵得休息. 此王所不能兩成也,

그 내용은 후대의 史籍에 인용되면서 秦을 부강하게 만든 商鞅變法의 주요한 정책 중 하나로 평가 받아왔다.[3]

하지만 「徠民篇」은 商鞅의 저작이 아니다. 錢穆의 주장을 예로 들면,[4] "지금 三晉은 秦을 이기지 못한지 四世에 이르고 있습니다. 魏襄王 이래로 野戰을 하면 이기지 못하고 守城을 하면 반드시 함락 당했으며 크고 작은 전쟁을 거치며 삼진이 진에게 잃은 것이 헤아릴 수 없습니다."[5], "대저 周軍의 승리, 華軍의 승리, 長平의 승리에서 秦이 잃은 백성이 얼마입니까?"[6]라는 내용은 모

故三世戰勝而天下不服. 今以故秦事敵, 而使新民事本, 兵雖百宿於外, 竟內不失須臾之時, 此富彊兩成之效也."

3 『通典』卷1「食貨一」: "鞅以三晉地狹人貧, 秦地廣人寡……於是誘三晉之民, 利其田宅, 復三代無知兵事而務本於內……數年之間, 國富兵強, 天下無敵."(p.10); 『新唐書』卷215「突厥傳」: "秦地廣而人寡, 晉地狹而人伙, 誘三晉之人耕而優其田宅, 復其子孫, 使秦人應敵於外, 非農與戰不得入官……故兵強國富."(pp.6025-6026)

4 錢穆,「商鞅考」,『先秦諸子系年』, 商務印書館, 2005年版.

5 『商君書』卷4「徠民篇」, p.90: "今三晉不勝秦四世矣. 自魏襄以來, 野戰不勝, 守城必拔, 小大之戰. 三晉之所亡於秦者, 不可勝數也."

6 『商君書』卷4「徠民篇」, p.94: "且周軍之勝, 華軍之勝, 長平之勝, 秦之所亡民者幾何?" "周軍之勝"・"華軍之勝"・"長平之勝"은 각각 秦昭王14년(B.C.293)의 伊闕之戰(『史記』卷15「六國年表」, pp.738-739: "(十四年)白起擊伊闕, 斬首二十四萬."), 秦昭王34년(B.C.273)의 華陽之戰(『史記』卷15「六國年表」, pp.743-744: "(三十四年)白起擊魏華陽軍, 芒卯走, 得三晉將, 斬首十五萬."), 秦昭王47년(B.C.260)의 長平之戰(『史記』卷15「六國年表」, p.747: "(四十七年)白起破趙長平, 殺卒四十五萬.")을 가리킨다. 혹자는 "周軍之勝"을 昭襄王51년(B.C.255)의 滅周之戰(『史記』卷5「秦本紀」, p.218: "(五十一年)西周君背秦, 與諸侯約從, 將天下銳兵出伊闕攻秦, 令秦毋得通陽城. 於是秦使將軍摎攻西周. 西周君走來自歸, 頓首受罪, 盡獻其邑三十六城, 口三萬. 秦王受獻, 歸其君於周. 五十二年, 周民東亡, 其器九鼎入秦. 周初亡.")으로 보기도 하며, 실제 이를 그대로 따른 연구도 있다(徐勇,「〈商君書・徠民篇〉的成書時代和作者蠡

두 상앙 사후를 배경으로 한다. 특히 연대의 하한을 명시한 長平 전쟁은 秦昭襄王 47년(B.C.260)에 발생했다. 상앙 사후(B.C.338) 무려 78년이 지난 시기이다.[7]

이 같은 서사연대의 의문을 차치하고 戰國 말 三晉 지역의 형세와 對秦 관계를 고찰하기 위한 사료로 삼는다면, 「徠民篇」은 나름의 유용한 가치를 지닌다. 해당 자료에서 우선 주목할 내용은 당시의 진과 삼진의 인구 상황에 대한 것이다.

> 지금 秦의 토지는 사방 천리에 이르는 곳이 다섯 군데인데, 그 중 곡식을 생산하는 토지로 쓸 수 없는 곳이 두 군데로 田數는 백만에 이르지 못하며

測」, 『松遼學刊』(社會科學版)1991年第2期, p.50; 黃佳夢, 『秦移民及相關問題研究』, 東北師範大學碩士學位論文, 2006年 5月, p.13). 하지만 이 세 전역은 관례상 시간 순대로 나열하였을 가능성이 높고, 또 대규모 전쟁에 따른 진의 인력 손실을 지적한 문맥에 의거해 볼 때 西周 공략은 비교적 손쉽게 이루어졌을 뿐 아니라 그 전역의 규모가 결코 크지 않았다. 따라서 적군 24만을 참수한 대규모의 전쟁이었던 "伊闕之役"을 언급했을 가능성이 더 높으므로 그 의견을 따른다. (『商君書錐指』, p.94 주석 참조; 仝衛敏, 「〈商君書·徠民篇〉成書新探」, 『史學史研究』2008年第3期, p.80)

7 『商君書』「徠民篇」의 편찬시기와 작자에 대해서 여러 가지 설이 존재한다. 크게 세 가지로 분류가 가능한데, 첫째는 秦昭王 말기 기원전 255년에서 251년 사이에 商鞅의 후학에 의해 편찬되었다는 설이고, 둘째는 孝文王 혹은 莊襄王 시기(기원전 250에서 247년 사이) 呂不韋에 의해 작성되었다는 설, 그리고 셋째는 진시황 즉위 이후(기원전 242년에서 230년 사이) 尉繚子에 의해 작성되었다는 설이다.(이에 대한 분류와 연구성과는 仝衛敏, 「〈商君書·徠民篇〉成書新探」, 『史學史研究』2008年第3期, 80-81쪽 참조) 대체로 진소왕 말기에 작성되었다는 설이 주류로 인정받고 있는 가운데, 기타의 두 가지 설 역시 각자의 설득력을 지니고 있어 이는 여전히 해결되지 못한 난제로 남겨져 있다. 하지만 이 모든 설은 확실히『商君書』「徠民篇」이 진소왕 말기 장평전투(B.C.260) 이후에 작성되었다는 사실을 전제하고 있다.

그 藪澤·谿谷·名山·大川의 재물과 보화 또한 제대로 쓰이지 못하고 있으니, 이는 사람들이 토지라고 칭하지 않습니다. "秦과 인접한 국가로는 三晉이 있습니다. 그 중 병력을 써서 점령하고자 하는 국가는 韓과 魏입니다. 그들은 토지가 협소하고 백성은 과밀하여 한 택지에서 세 가구가 엉켜서 함께 거처할 정도입니다. 客民은 장사를 통해 폭리를 취하고, 토착민은 위로는 이름이 전해지지 않고 아래로는 전택이 없게 되니 姦務나 末作에 힘쓰며 생을 유지하고 있습니다. 사람들 중 음지와 양지의 澤水를 왕래하는 자가 과반이 넘습니다. 이는 부족한 토지로써 백성을 살게 하고 있는 것이며, 이와는 반대로 秦은 부족한 백성으로써 토지를 채우려는 잘못을 하고 있습니다."[8]

요약하면, 秦은 광대한 토지에 비해 부세와 직결되는 토지가 백만에도 미치지 못한다. 반면 韓·魏는 인구가 과밀하여 전택을 보유하지 못한 민이 허다하다. 姦務·末作에 종사하는 자들은 비농업 인구에 해당한다. 이렇게 전택 없이 澤水를 오가며 생을 유지하는 인구가 전체의 과반이 넘었다. 즉, 진과 한·위의 상반된 상황이 작자가 徠民정책을 주창한 기본 전제가 된다.

정책의 제안과 실행은 별개의 일이다. 徠民 정책의 실행 여부는 제안과는 별개로 논쟁의 여지가 있다. 최소「徠民篇」의 서사 연대가 長平 전쟁 이후임은 알 수 있으므로, 商鞅 생전에 내민 정책이 실행되었다는 설은 배제할 수 있다.『史記·商君列傳』은 '開阡陌' 관련 내용은 상세한 반면 '徠民' 관련 내용은 기재

---

[8] 『商君書』卷4「徠民篇」, pp.87-89: "今秦之地, 方千里者五, 而穀土不能處二, 田數不滿百萬, 其藪澤·谿谷·名山·大川之財物貨寶又不盡爲用, 此人不稱土也. 秦之所與鄰者, 三晉也; 所欲用兵者, 韓·魏也. 彼土狹而民衆, 其宅參居而幷處. 其寡萌賈息, 民上無通名, 下無田宅, 而恃姦務末作以處. 人之復陰陽澤水者過半. 此其土之不足以生其民也, 似有過秦民之不足以實其土也."

하지 않았다. 그리고 「徠民篇」은 기본적으로 秦王에게 바치는 書奏의 형식으로 구성되어 있다. 이는 당면한 문제점을 지적하고 그 대책을 제시한 것이므로, 글의 서사 시점에는 해당 정책이 실현되지 않았던 것이 분명하다.[9]

「徠民篇」의 작자는 秦이 견지했던 기존의 '愛爵重復(작위의 수여에 인색하고 부세의 면제를 신중히 하는)' 노선을 비판했다.[10] 그것이 장애가 되어 "秦이 그 땅을 능히 차지하고도 그 백성을 빼앗지 못하는"[11] 상황에 봉착하게 되었다는 것이다. 그 원인을 추적한 기존 연구는 두 지역의 문화 배경 및 가치관의 차이, 그로 인한 反秦 정서와 관련 있을 것이라 보기도 한다.[12] 하지만 단지 문헌을 통해 집단 정서를 판단하는 것은 쉽지 않은 일이다.

「徠民篇」에 기록된 인구 상황을 사료로 활용하기 위해서는 그 시간 및 공간적 한계에 대한 감정이 필요하다. 우선 「徠民篇」의 편찬 시기는 長平 전쟁 이후의 어느 시기로 한정된다. 그것은 모든 戰國 시기 秦과 三晉의 상황을 반영하지 않는다. 진은 孝公 이래 지속적인 부국강병을 추진했고 惠王 시기부터

---

[9] 黃佳夢, 『秦移民及相關問題研究』, 東北師範大學碩士學位論文, 2006年 5月, p.14.

[10] 그 설은 "三晉이 약한 까닭은 그 백성이 즐기는 일에만 힘씀에도 부세의 면제와 작위를 쉽게 받는 데에 있다. 秦이 강한 까닭은 그 백성이 고단한 일에 힘씀에도 부세의 면제와 작위를 어렵게 받는 데에 있다. 지금 작위를 많이 주고 오래도록 부세를 면제한다면, 이는 秦이 강해질 수 있는 바를 버리고 三晉이 약해지게 되었던 바를 따르는 것이다."라고 하여 爵位의 하사와 賦役의 면제를 줄이는 것이 秦을 강국으로 만드는 방책이라 여기는 것이다. 『商君書』卷4「徠民篇」, p.89: "三晉之所以弱者, 其民務樂而復爵輕也. 秦之所以彊者, 其民務苦而復爵重也. 今多爵而久復, 是釋秦之所以彊, 而爲三晉之所以弱也."

[11] 『商君書』卷4「徠民篇」, p.90: "秦能取其地而不能奪其民."

[12] 李成珪, 「秦帝國의 舊六國統治와 그 限界」, 『閔錫泓博士華甲記念史學論叢』, 三英社, 1985, p.776; 歐陽鳳蓮, 「〈商君書·徠民〉篇的移民思想及其實踐」, 『史學月刊』 2008年第6期, pp.125-126.

영토 확장에 대한 가시적 성과를 보이기 시작하여 昭襄王 말기에 이르러 기존 韓·魏의 대규모 영토를 영유하고 있었다. 「徠民篇」에서 "秦과 인접한 국가로는 三晉이 있습니다. 그 중 병력을 써서 점령하고자 하는 국가는 韓과 魏입니다."라고 한 언급에서 삼진 지역은 아직 점령하지 않은 나머지 삼진 지역만을 지칭한다. 대략 장평 전쟁이 발생한 기원전 260년경을 하한으로 진의 전역 및 점령지를 시계열로 정리하면 표 1과 같다.

여기서 대략 두 가지 구분점을 제시할 수 있다. 첫째, 惠文王 시기와 武王 즉위 이후의 구분점이다. 진은 혜문왕 시기 魏의 河西地와 上郡 및 陝 등을 점령했고, 蜀을 멸하고 楚에게서 漢中 지역을 탈취함으로써 關中의 영토 구획을 완성하였다. 무왕 즉위 이후 시기에는 南陽 및 江漢 지역 등을 점유하기 시작했다. 이는 關外로의 영역 확장에 해당한다. 둘째, 시기를 秦昭襄王 재위로 한정한 주요 戰役을 구분점으로 설정할 수 있다. 표에서 확인할 수 있듯이 무왕 즉위부터 伊闕 전쟁에 이르기까지 진은 韓·魏와 지난한 영토 각축을 벌였다. 이궐 전쟁을 계기로 한의 남양 지역을 비롯하여 위의 河東 및 河內 지역에 이르는 대규모 영토를 획득했다. 반면, 華陽 전쟁과 長平 전쟁을 통해서는 비약적인 영토 확장이 이루어지지 않았다. 이후로는 한·위 영토가 대거 축소된 상황이라 더 이상 대규모의 영토 확장을 기대할 수 없었다. 그리고 장평 전쟁 이후 진은 내부의 권력 투쟁과 각국의 反秦 여론이 고조되는 등 여러 부정적 요소들이 겹쳐 일어나며 대외 전략에 있어 근본적 전환이 불가피하게 된다.

置郡을 기준으로 볼 때 昭襄王 시기 韓·魏로부터 획득한 영토는 上郡·河東郡·河內郡·南陽郡의 일부 지역이 여기에 해당한다. 이들 지역은 「徠民篇」이 지칭한 한·위 지역에서 제외된다. 그리고 문서의 서사시기는 長平 전쟁으로부터 몇 년 뒤가 될 것이기 때문에 莊襄王 원년에 설치한 三川郡 역시 이에 포함되지 않을 수 있다. 이와 같이 당시 한·위의 '地狹民衆'했던 인구상황은 장기간의 영토 상실이 축적되었던 사실과 관련지을 수 있다.

惠文王 시기와 昭襄王 시기 秦은 三晉 지역 뿐 아니라, 巴蜀 및 楚로부터

표 1 秦惠王-昭襄王 시기 영토확장 년표[13]

B.C.330	魏가 河西地를 바치다.
B.C.328	魏 上郡 함양
...	
B.C.324	張儀 陝 획득
...	
B.C.316	滅蜀
B.C.312	漢中郡 설치.
B.C.310~B.C.301	韓 宜陽 함락, 6만명 참수(前307). 魏 蒲坂·晉陽·封陵 함락(前303). 韓 武遂를 취하다(前303). 魏 蒲坂을 돌려주다(前302). 秦이 韓 穰을 취하다(前301).
B.C.298	齊·韓·魏에 秦 공격
B.C.296	秦·韓武遂 반환하고 화의.
B.C.295	秦·魏襄 공격
B.C.294	秦·魏 전쟁 시작
B.C.293	伊闕之戰: 白起 韓·魏軍 격파, 24萬 참수
B.C.291	韓宛城 함락
B.C.290	魏河東四百里 함양 / 韓 武遂地二百里 함양
B.C.286	魏安邑 및 河内 함양
B.C.278	白起 郢 함락, 南郡 설치
B.C.275	魏兩城 함락, 秦軍 大梁으로 진격, 溫에서 구원병 韓景鳶의 開封에서 괴주.
B.C.274	魏四城 함락, 四萬 참수.
B.C.274 (혹 B.C.273)	華陽之戰: 白起의 魏軍 격파, 15萬 참수, 魏와 南陽에서 화의
B.C.272	南陽郡 초대 설치
B.C.268	懷城 함락.
B.C.266	魏廣丘 함락
B.C.264	韓陘 함락
B.C.263	韓太行 함락
B.C.261	趙廉頗軍 長平에서 秦과 대치
B.C.260	長平之戰: 廉頗를 대신하여 趙括을 將軍, 白起 趙軍 45萬 격파
B.C.257	趙邯鄲 포위, 楚·魏·趙 新中에서 구원, 趙 魏·秦 구원병 격퇴.
B.C.256	韓·魏·楚 新中에서 구원, 趙 구원, 秦兵 철수.

---

[13] 해당 기록의 인용 출처, 『史記』(中華書局, 1959年版, 이하 동일) 卷5「秦本紀」, pp.206–213; 卷15「六國年表」, pp.728–747.

도 대규모 영토를 획득했다. 만약 진이 商鞅變法 이래로 徠民 정책을 시행했다면, 모든 대상 지역이 '地狹民衆'한 상황에 처했음을 의미한다. 하지만 실제 진의 인구정책 및 피통치민의 정서가 「徠民篇」에서 제시한 것처럼 일률적이지는 않았다. 韓·魏 이외의 점령지는 시간 순에 따라 巴蜀 및 漢中, 南郡 지역이 차례로 점령되었다. 「徠民篇」에서 언급한 한·위는 그 이후에 점차 영토를 상실한 끝에 최종 멸망에 이른다. 이들 피점령지의 차이에 대한 분석을 통해서도 진의 대 점령지 인구정책의 다양한 면모와 그 변화 양상을 추적할 수 있을 것이다.

Ⅱ '廣地' 정책의 출현과 지속 – 蜀地[14]와 楚地의 공략

1. 蜀地의 귀속

蜀地는 秦惠文王 9년(B.C.316)에 점령되었고, 郡縣 체제가 최종 정립된 시기는 秦昭襄王 22년(B.C.285)경으로 추정된다.[15] 秦의 촉지 점령은 "중국

---

14 '蜀地'는 巴蜀으로 병칭되는 경우가 보편적이다. 하지만 당시 巴와 蜀은 郡縣의 설치와 점령 과정에서 서로 다른 경로를 거쳤다. 특히 巴地의 경우 川東의 일부 지역이 秦昭襄王 시기에 이르기까지 楚에게 복속되어 있었다는 설이 있다(孫華, 「巴蜀爲郡考」, 『社會科學研究』1985年第2期). 따라서 당시의 巴와 蜀은 구분해서 볼 필요가 있으며, 본고는 후에 蜀郡으로 편제되는 '蜀地'만을 지칭하여 논지를 전개한 것임을 밝혀둔다.

15 진이 촉지 공략을 시작하게 된 발단은 『史記』卷70「張儀列傳」, p.2281에 "苴와 서로 공격을 하였고, 각자 秦에게 와서 급박함을 전하였다.(苴蜀相攻擊, 各來告急於秦.)"라고 전하고 있다. 그 이후 과정에 대해서는 『華陽國志』(任乃强 校注, 『華陽國

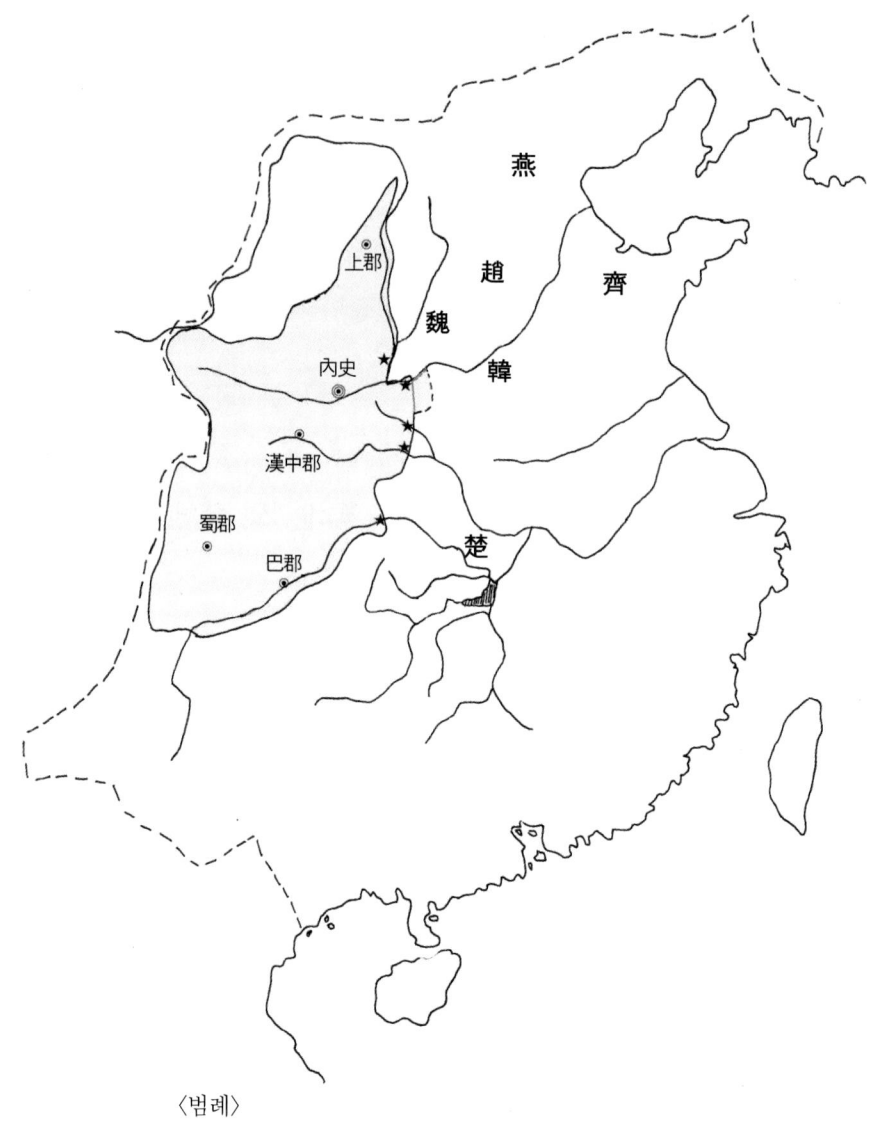

〈범례〉

★ 五關(북쪽에서부터): 臨晉關, 函谷關, 武關, 鄖關, 扞關

기원전 312년 진의 세력 범위

---- 秦帝國 최대 강역

그림 1 秦惠文王13년(B.C.312) 세력 범위도

통일의 성공에 있어 최초의 기초를 마련한 것이었다."¹⁶ 따라서 후에 이어지는 영토 확장의 전례로서 촉지의 점령 과정을 우선 이해할 필요가 있다.

『史記·張儀列傳』에는 蜀地 점령과 관련하여 張儀와 司馬錯가 벌인 쟁론을 수록하고 있다. 장의가 韓의 정벌을 주장한 것에 반해, 사마조는 秦의 실제 상황에 기반한 현실 대책으로 촉지 공략을 주장했다.

> 신이 듣건대, 국가가 부유해지길 원한다면 그 땅을 넓히는 데에 힘써야 하고, 군사가 강해지길 원한다면 그 백성이 부유해지는 데에 힘써야 하며, 왕이 되고자 한다면 그 덕을 넓히는 데에 힘써야 한다고 했는데, 이 세 가지 자산이 갖추어져야 王業이 따라오는 것입니다. 지금 왕께서는 땅이 작고 백성은 빈곤하니, 신은 쉬운 일에 먼저 힘쓰시길 바랍니다. 무릇 蜀은 서쪽 편벽한 곳에 치우친 국가로서 戎狄의 수장이며, 桀紂의 혼란을 겪고 있습니다. 秦이 그를 공격하는 것은 비유하자면 승냥이가 양떼를 모는 것과 같습니다. 그 땅을 얻으면 족히 국가를 넓힐 수 있고, 그 재화를 취하면 족히 백성을 부유하게 하고 병기를 수선할 수 있을 것이며, 대중을 다치게 하지 않아도 그들은 복종을 할 것입니다. 한 나라를 점령해도 천하는 난폭하다 여기지 않을 것이고, 이익이 四海만큼 이르러도 諸侯는 탐욕하다 여기지 않을 것입니다. 이는 한 가지를 이룸에 있어 名과 實에 모두 부합하면서도, 또한 폭정을 금지하고 혼란을 그치게 했다는 명성을 얻게 될 것입니다. 지금 韓

志校補圖註』, 上海古籍出版社, 1987年版, 이하 동일) 卷3「蜀志」, p.126에서 다음과 같이 구체적으로 기술하였다. "秦大夫張儀·司馬錯·都尉墨等從石牛道伐蜀. 蜀王自於葭萌拒之, 敗績. 王遯走至武陽, 爲秦軍所害. 其傅相及太子退至逢鄕, 死於白鹿山. 開明氏遂亡, 凡王蜀十二世."

16 王子今, 「秦兼幷蜀地的意義與蜀人對秦文化的認同」, 『四川師範大學學報』1998年第2期.

을 공격하고 天子를 겁박하는 것은 명예를 해치고 반드시 이롭지도 않으며, 또한 의롭지 못한 명성을 남기게 되니, 천하가 원치 않는 것을 공격하는 것은 위험합니다. 신이 그 이유를 설명하길 청합니다: 周는 천하의 宗室이고 齊는 韓의 동맹국입니다. 周가 九鼎을 잃게 됨을 알고 韓이 三川을 잃게 됨을 스스로 인지하면 두 나라는 힘을 합쳐 동맹을 도모할 것이고, 이로 인해 齊와 趙를 끌어들이고 楚와 魏에게 해결을 구하기를, 鼎으로써 楚와 동맹을 맺고 땅으로써 魏와 동맹을 맺게 되면 왕께서는 그것을 제지할 수 없을 것입니다. 이에 대해 신이 위험하다고 이른 것이니, 蜀을 정벌하는 것을 완수하는 것만 못합니다.[17]

司馬錯는 현재 秦의 상황과 급선무, 蜀의 형세와 점령의 가능성, 그리고 현재 韓의 형세와 점령의 불가함으로 나누어 설명했다. 특히 "지금 왕께서는 땅이 작고 백성은 빈곤하니(地小民貧)"라고 지적한 부분에 주목할 필요가 있다. 진이 '地小'하다는 언급은 『商君書』「徠民篇」에서 "부족한 秦民으로 그 땅을 채우려"한 '地廣'했던 상황과 전혀 상반된 평가이다. 촉 점령 이전 진의 영토는 渭水 평원 일대 및 上郡 지역 정도로 한정되었다. 이후 촉지 공략(B.C.316)부터 「徠民篇」이 편찬된 시기까지 약 50여년의 시간 간격이 있다. 그 사이 진은 영토 확장을 거쳐 '地小'에서 '地廣'으로 전환되었던 것이

---

[17] 『史記』卷70「張儀列傳」, p.2283: "臣聞之, 欲富國者務廣其地, 欲强兵者務富其民, 欲王者務博其德, 三資者備而王隨之矣. 今王地小民貧, 故臣願從事於易. 夫蜀, 西僻之國也, 而戎翟之長也, 有桀紂之亂. 以秦攻之, 譬如使豺狼逐群羊也. 得其地足以廣國, 取其財足以富民繕兵, 不傷衆而彼已服焉. 拔一國而天下不以爲暴, 利盡四海而諸侯不以爲貪. 是我一擧而名實兩附也, 而又有禁暴止亂之名. 今攻韓, 劫天子, 惡名也, 而未必利也, 又有不義之名, 而攻天下之所不欲, 危矣. 臣請謁其故: 周, 天下之宗室也; 齊, 韓之與國也. 周自知失九鼎, 韓自知亡三川, 將二國幷力合謀, 以因乎齊·趙而求解乎楚·魏, 以鼎與楚, 以地與魏, 王弗能止也. 此臣所謂危也, 不如伐蜀完."

다. 또, 사마조는 "국가가 부유해지길 원한다면 그 땅을 넓히는 데에 힘써야 하고, 군사가 강해지길 원한다면 그 백성이 부유해지는 데에 힘써야한다"라고 했다. 이를 보면 당시 '地小'했던 진은 분명 '徠民'보다는 '廣地'가 필요했다. 그로부터 반세기가 지난 뒤에야 비로소 내민 정책을 위한 환경이 마련되었을 것이다.

蜀地는 秦의 '廣地' 정책에 부합하는 대상이다. "그 땅을 얻으면 족히 국가를 넓힐 수 있고, 그 재화를 취하면 족히 백성을 부유하게 하고 병기를 수선"하는 것을 기대할 수 있었다. 司馬錯는 촉지의 점령이 용이할 것이라는 이유로 명분의 합당함을 들었다. '西僻之國'이자 '戎翟之長'으로서 '邊地'에 해당했던 촉은 중원 제후국과의 이해관계가 긴밀하지 않았기 때문에 그들의 반발과 방해 없이 점령을 수행할 수 있다. 그에 비해 韓·周 등의 중원 지역은 각국의 긴밀한 관계로 인해 점령이 용이하지 않다고 말한다. 후술하듯이, 중원 지역 국가들의 긴밀한 외교관계는 확장을 추구하는데 있어 진이 봉착했던 가장 큰 난관이라 할 수 있었다.

司馬錯의 건의에 따라 蜀地의 정벌에 성공한 秦은 기존 '地小民貧'한 상황을 상당부분 해소할 수 있었을 것이다. 그리고 촉지와 巴 정벌을 교두보 삼아 진은 楚地로의 진출을 도모하게 된다. 楚威王이 蘇秦의 合從정책을 채택할 당시에 "寡人의 국가는 서쪽으로 秦과 국경을 접하고 있는데, 秦은 巴蜀을 정벌하여 漢中을 겸병하려는 마음이 있다"[18]라고 말한 적이 있다. 진이 한중을 점령하기 전인 초위왕 시기 이미 한중을 빼앗길 가능성에 대해 우려하기 시작했던 것이다. 결과적으로 초는 이 문제를 해결하지 못했고, 진은 촉지를 점령한지 4년 만에 초로부터 한중 지역을 탈취한다.

秦의 巴蜀 및 漢中 점령은 楚의 본토를 노릴 수 있는 진군로의 확보를 의미한다. 張儀가 連橫을 추진할 때 초왕을 설복하며 말하길, "秦의 서쪽에는 巴蜀이 있어, 大船에 군량을 싣고 汶山에서 출발하여 장강에 배를 띄워 내려오

---

18 『史記』卷69「蘇秦列傳」, p.2261: "寡人之國西與秦接境, 秦有擧巴蜀幷漢中之心."

면, 楚까지는 3천리 정도면 이르게 됩니다. 舫船에 병졸을 싣기를, 舫 한척에 50인과 3개월 치 식량을 채워 강물에 띄워 보내면 하루에 300여리를 가게 될 것인데, 비록 거리가 멀긴 해도 牛馬의 힘을 쓰지 않고도 열흘이면 扞關에 이르러 대치하게 될 것입니다. 扞關을 놀라게 하면 경계를 따라 동쪽의 모든 성을 차지하고 지키게 되니, 黔中과 巫郡은 왕의 소유가 아니게 될 것입니다."[19] 라고 하였다. 비록 유세의 특성상 과장이 있었겠지만, 이는 진의 초에 대한 군사전략적 강점을 잘 설명해주는 말이기도 하다. 대략 30여년 후, 진은 실제로 촉지의 교통노선을 경유하여 초의 중심지를 향해 진공했다.

2. 楚地의 蠶食

戰國 시기 秦의 楚地 공략은 각각 기원전 312년에 漢中郡 설치와 기원전 278년의 南郡 설치로 이어졌다. 한중 지역 상실과 관련하여 초의 가장 두드러진 실책은 바로 張儀의 기만으로 인해 齊와의 화친을 파기한 외교 실책이었다.[20] 이에 반해 江漢 평원의 상실은 표면적으로 드러나지는 않지만, 구체적으로 들여다보면 이 역시도 외교 실책이 가장 큰 원인이었다. 다시 말해 이전까지 중원 각국과의 외교 관계가 소원했던 '邊地'를 주로 점령했던 것과 달리, 초지의 점령부터는 외교의 성패가 영토 확장의 성공을 좌우하는 요소가 되었다.

『戰國策』에는 秦의 楚地 공략과 관련하여 한 가지 주목할 만한 기록이 있

---

19 『史記』卷70「張儀列傳」, p.2290: "秦西有巴蜀, 大船積粟, 起於汶山, 浮江已下, 至楚三千餘里. 舫船載卒, 一舫載五十人與三月之食, 下水而浮, 一日行三百餘里, 里數雖多, 然而不費牛馬之力, 不至十日而距扞關. 扞關驚, 則從境以東盡城守矣, 黔中·巫郡非王之有."

20 『史記』卷70「張儀列傳」, pp.2287-2288.

다. 이는 司馬錯의 '蜀地占領論'과 비교하여 볼 가치가 있다.

[闕文]秦王에게 書를 올려 말했다: "일찍이 대왕께서 군사를 내어 梁의 공략을 도모한다는 것을 들은 바가 있는데, 그 계획이 이루어지지 않을 것이 염려되니, 원컨대 대왕께서 다시 숙고하시길 바랍니다. 梁은 山東의 요지입니다. 그것은 한 마리의 뱀에 비유할 수 있는데, 그 꼬리를 공격하면 그 머리가 구하러 올 것이고, 그 머리를 공격하면 그 꼬리가 구하러 올 것이며, 그 가운데 몸을 공격하면 머리와 꼬리가 모두 구하러 올 것입니다. 지금 梁王은 천하의 가운데 몸이라 할 수 있습니다. 秦이 梁을 공격한다면 이는 천하에 山東의 척추를 끊으려는 의도를 보이게 되는 바, 이는 山東의 머리와 꼬리가 모두 가운데 몸을 구하러 오게 되는 경우가 됩니다. 山東이 그 망함을 보게 되면 반드시 두려워하게 되고, 두려워하게 되면 반드시 크게 합치게 되어 山東이 강성함을 유지할 것이니, 臣이 보건대 秦이 우환에 빠지게 됨은 분명 시간문제일 것입니다. 신이 대왕을 위해 계책을 살펴본 바로는 남쪽으로 출병하는 것만 못합니다. 남방에서 군사를 일으키면 그 병력은 약하고 천하는 그를 구할 수 없을 것이니,[21] 땅은 광대해 질 수 있고 국가는 부유해질 수 있으며 병력은 강성해질 것이고 군주는 존귀해 질 것입니다. 왕께서는 湯王이 桀王을 정벌했던 고사를 듣지 못하셨습니까? 약한 密須氏를 정벌하여 무력으로 교화하였고, 密須氏를 얻은 후에야 湯王은 桀王을 정

---

21 이 구절의 원문은 "天下必能救"인데, "必"를 그대로 따르면 그 문의가 통하지 않는다. 주석에 이르길, "鮑本에서는 '必'자 위에 '不'자를 보충하였다. 보충하여 이르길: '必不'이라고 하는 것이 통순하다. 또 '必'자는 '不'자일지도 모른다(鮑本'必'上補'不'字. 補曰 : 作'必不'語順. 又'必'字, 恐當作'不')."라고 하였다. 何建章의 『戰國策注釋』(中華書局, 1990, p.926)에서는 말하길, "문의에 근거할 때, 여기서의 '必'자는 응당 '不'이다"라고 하였는데, 그 의견을 따른다.

벌했습니다. 지금 秦國이 山東과 적수가 되고 있는데, 먼저 약한 상대를 무력으로 교화하지 않는다면 그 군사는 반드시 좌절하게 될 것이고 국가는 반드시 위험해 질 것입니다." 秦은 과연 남쪽의 藍田·鄢·郢을 공격하였다.22

여기서 '梁'이라 하여 당시 魏의 형세에 대해 설명한 부분을 주목할 필요가 있다. 논자는 위가 山東의 要地로서 뱀으로 치면 몸의 중간에 해당한다고 비유했다. 즉 위를 공격하면 머리와 꼬리에 해당하는 지역에서 모두 구원하는 국면이 형성되어 공략에 실패하게 됨을 주장한 것이다. 이는 韓地의 점령이 불가함을 지적한 司馬錯의 주장과 매우 유사하다. 한·위와 같은 중원의 요지에 위치한 국가들은 주변국의 위협에 따라 강고한 외교 동맹을 결성했다. 秦은 이러한 위험을 감수하지 않을 대안으로 변지의 점령을 선택한 것이다. 사마조의 논의에서의 변지가 촉지였다면, 상기한 문서에서의 변지는 바로 초지였다.

이 문서가 진정 楚地의 점령을 주장한 것인지는 의문의 여지가 있다.23

---

22 『戰國策』(上海古籍出版社, 1988年版, 이하 동일) 卷25「魏四」, p.887: "獻書秦王曰: "昔竊聞大王之謀出事於梁, 謀恐不出於計矣, 願大王之熟計之也. 梁者, 山東之要也. 有蚘於此, 擊其尾, 其首救; 擊其首, 其尾救; 擊其中身, 首尾皆救. 今梁王, 天下之中身也. 秦攻梁者, 是示天下要斷山東之脊也, 是山東首尾皆救中身之時也. 山東見亡必恐, 恐必大合, 山東尚强, 臣見秦之必大憂可立而待也. 臣竊爲大王計, 不如南出. 事於南方, 其兵弱, 天下不能救, 地可廣大, 國可富, 兵可强, 主可尊. 王不聞湯之伐桀乎? 試之弱密須氏以爲武敎, 得密須氏而湯之服桀矣. 今秦國與山東爲讎, 不先以弱爲武敎, 兵必大挫, 國必大憂." 秦果南攻藍田·鄢·郢."

23 문서의 작자가 불분명한 만큼 관련 기록을 온전한 史料로 판단하기에는 부족한 면이 있다. 우선 문서의 첫 부분에 궐문이 존재하고 마지막에 "秦果南攻藍田·鄢·郢"이라는 구절은 후에 삽입되었을 가능성이 높다. 여기서 鄢·郢은 동일한 시기에 점령되었지만, 藍田의 점령은 그보다 한참 전에 이루어졌으므로 양자를 동일한 성

그럼에도 편집자가 이를 참고하여 秦의 초지 점령을 떠올린 것은 어느 정도까지는 일리 있는 판단이다. 진의 鄢·郢 점령 당시 초는 확실히 三晉에 비해 외교 관계가 긴밀하지 못했다. 하지만 초지는 蜀地와는 엄연히 다른 지역이었다. 촉지가 인구지리적 측면에서 본연의 변지였던 반면, 초지는 외교 전략적 측면에서 '邊地'로 인식된 경우였다.

楚懷王 시기 漢中 지역의 상실과 왕이 납치되는 사건[24] 등으로 인해 반목을 거듭하던 秦·楚 관계는 楚頃襄王 7년(B.C.292)에 혼인에 의한 화친[25]이 성사되면서 약 십여 년간의 안정 상태에 돌입한다. 당시 국면에서 秦과 맞설 수 있었던 강국은 바로 齊였는데, 西帝를 선포했던 진과 더불어 스스로를 東帝로 칭한 제는 합종의 종주로 나서 진을 견제하는 역할을 종종 담당했다. 이러한 구도가 깨지게 된 계기는 제가 宋을 합병하여 영토 확장을 시도한 이례적인 사건이 일어났고, 이에 위협을 받은 여러 주변국이 연합하여 제를 정벌하면서 비롯되었다.[26] 이렇게 각국의 역학관계에서 균형추와 같은 역할을 하

격으로 파악할 수 없다. 秦王에게 獻書된 부분만 한정해서 보아도 이것이 꼭 楚地 공략을 주장한 내용이라 단정하기 힘들다. 문서 내에는 "不如南出"이라고 했을 뿐, 반드시 楚地를 점령 대상으로 지칭한 것은 아니다. 게다가 당시 楚의 병력은 중원의 韓·魏 등과 비교하면 월등히 강했다. 楚를 천하의 강국으로 묘사하고 있는 종횡가들의 증언을 볼 때(『史記』卷69「蘇秦列傳」, p.2259: "楚, 天下之彊國也……夫以楚之彊與王之賢, 天下莫能當也."; 卷70「張儀列傳」, p.2290: "凡天下彊國, 非秦而楚, 非楚而秦, 兩國交爭, 其勢不兩立."), 楚가 '兵弱'하다는 주장은 당시의 상식에 어긋난다. 이와 같이 楚地의 실제는 결코 문서에서 묘사한 상황과 부합하지 않으며, 오히려 司馬錯가 주장한 '邊地占領論'에서의 蜀地가 이에 더욱 부합한다. 따라서 문서는 蜀地 점령 전후한 시기에 작성된 司馬錯의 또 다른 저작이거나 혹은 그를 지지하는 다른 논객의 저작일 수도 있다.

24 『史記』卷40「楚世家」, pp.1727-1728.
25 『史記』卷40「楚世家」, p.1729: "(楚頃襄王)七年, 楚迎婦於秦, 秦楚復平."
26 『史記』卷46「田敬仲完世家」, p.1900.

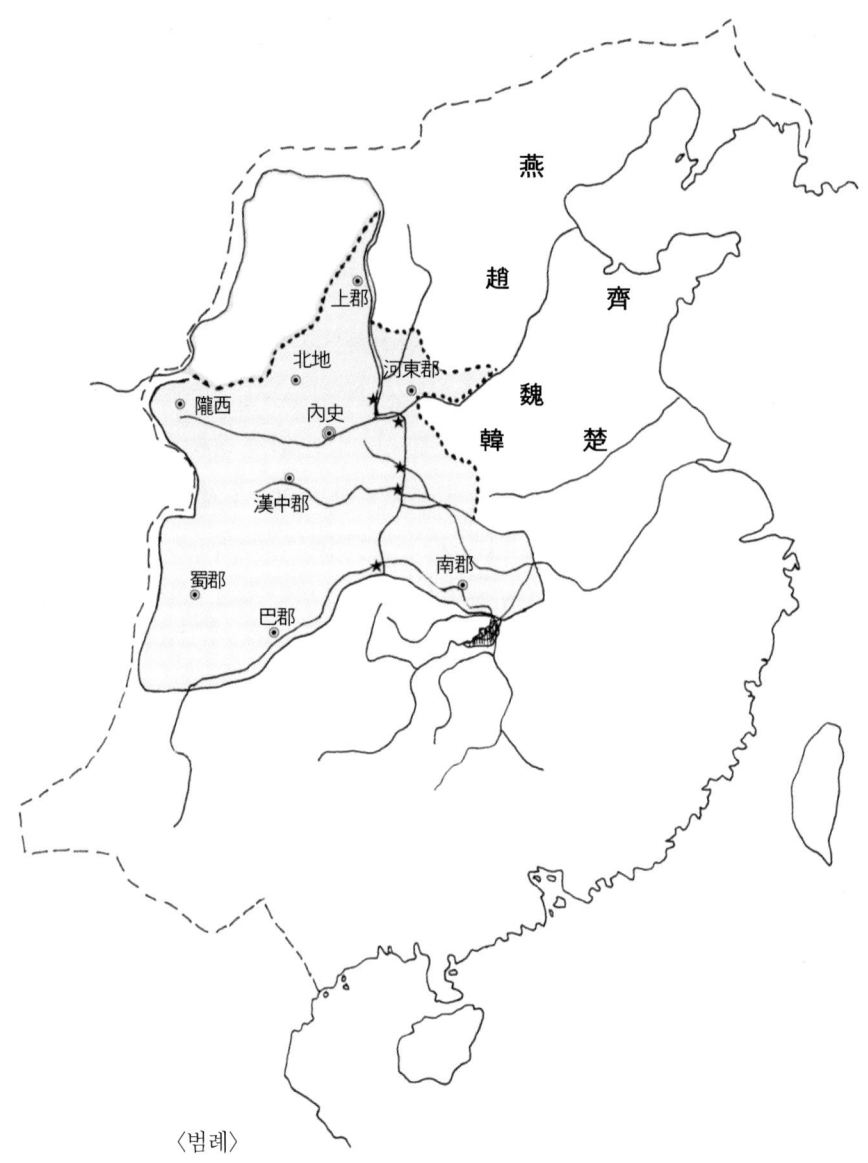

〈범례〉
　★ 五關(북쪽에서부터): 臨晉關, 函谷關, 武關, 鄖關, 扞關
　　　기원전 278년 진의 세력 범위
　---- 秦帝國 최대 강역

　그림 2　秦昭襄王29년(B.C.278) 세력 범위도

던 제가 붕괴되자 힘의 균형은 급격히 진으로 기울어진다. 육국의 견제에 대처하며 점진적인 영토 확장을 진행하던 진은 이를 기점으로 보다 노골적이고 급진적인 영토 확장을 시도하기 시작했다.

秦의 위협에 당면한 魏·韓은 齊의 정벌 이후 즉각 진과 회합을 통해 화친을 도모하고자 했다.[27] 그러한 노력에도 불구하고 진은 위와의 화친을 결렬하고 수도인 大梁 공략을 시도한다. 하지만 진은 결국 위의 정벌을 포기할 수밖에 없었다. 진의 위 정벌에 자극받은 燕·趙가 연합하여 위를 구원했기 때문이다.[28] 이는 앞서 언급한 '山東之要'인 위를 공격했을 때 예상되는 결과가 현실에서 재현된 것이다. 당시 위에 머무르던 孟嘗君은 위를 구원하고자 조와 연에게 유세를 했다. "지금 趙가 魏를 구원하지 않는다면, 魏는 秦에게 삽혈 동맹을 맺을 것이니, 이는 趙가 강성한 秦과 경계를 이루게 되는 것으로, 땅이 나날이 위험해질 뿐만 아니라, 백성 역시 나날이 죽어갈 것입니다."라고 한 것이나, "燕이 魏를 구원하지 않는다면 魏王은 節을 꺾어 땅을 할양할 것이고, 그 나라의 반을 秦에게 주면 秦은 반드시 떠날 것입니다. 秦이 이미 魏를 떠난 뒤에 魏王이 韓과 魏의 병사를 모두 동원하고 또 서쪽에서 秦의 병사를 빌림으로써 趙의 무리를 거쳐 四國의 병사로써 燕을 공격한다면 왕께서 또 어찌 이로울 수 있겠습니까?"[29]라고 한 것 등과 같은 맹상군의 논리는 당면한 위기를 공유하고 있던 중원 국가들의 상황을 잘 반영하고 있다. 아마도 진의 대

---

27 『史記』卷15「六國年表」, pp.740-741: 秦昭襄王23年(前284)[魏]"與秦擊齊濟西. 與秦王會西周."[韓]"與秦擊齊濟西. 與秦王會西周."

28 『史記』卷5「秦本紀」, p.212: "二十四年……秦取魏安城, 至大梁, 燕·趙救之, 秦軍去."

29 『戰國策』卷24「魏三」, pp.866-869: "今趙不救魏, 魏歃盟於秦, 是趙與強秦爲界也, 地亦且歲危, 民亦且歲死矣."; "而燕不救魏, 魏王折節割地, 以國之半與秦, 秦必去矣. 秦已去魏, 魏王悉韓·魏之兵又西借秦兵, 以因趙之衆, 以四國攻燕, 王且何利?"

량 공략을 기점으로 국제관계는 절대강국인 진에 대응하여 위·조·연의 연합이 맞서는 형국이었던 것으로 판단할 수 있다. 그런데 위는 이미 소국으로 전락해 당장의 이해관계에 따라 이합집산을 거듭했고 연은 진과 원거리에 있었기 때문에, 실질적으로는 진과 조의 대결 구도였다고 볼 수 있다. 여기서 초의 입장이 매우 중요해졌는데, 초는 조와 연합하여 진과 대결하기 보다는 강국인 진과 화친하는 편을 택했다. 주지하다시피 초의 이러한 선택은 결국 파탄으로 마무리되었다.

　　秦이 楚와의 동맹 구도를 파기한 것은 秦昭襄王 27년(B.C.280)에 "錯攻楚"라고 한 것과, 같은 해에 "또 司馬錯로 하여금 隴西에서 발병하여, 蜀을 거쳐 楚 黔中을 공격하여 그를 함락했다,"[30] "秦이 우리를 공격했고, 秦에게 漢北 및 上庸地를 주었다."[31]라고 한 기록을 통해 확인된다. 여기서 특이한 점은 초 공략과 동시에 조와의 전쟁 또한 지속했다는 것이다. 같은 해인 소양왕 27년에 "趙를 공격하여, 三萬을 참수했다."[32]라고 했다. 秦軍의 이러한 다중적인 움직임은 종국에는 楚地 공략으로 집중되어 간다. 그 과정은 표 2와 같다.

　　『史記·六國年表』에서 기원전 289년에 "客卿 錯가 魏를 공격하여, 軹에 이르렀고, 크고 작은 성 61여 개를 취했다"[33]라고 한 기록은 기원전 286년에 魏가 安邑 및 河內를 바치면서 마무리되는 對魏 전쟁의 한 맥락으로 이해할 수 있다. 그 이후에 秦은 기원전 282년부터 對趙전쟁을 발동했다. "秦이 우리의 두 성을 함락시켰다"를 시작으로 기원전 281년 "秦이 우리의 石城을 함락하였다", 기원전 280년 "秦이 우리 軍을 격파하여, 三萬을 참수하였다"라는 내

30　『史記』卷5「秦本紀」, p.213: "又使司馬錯發隴西, 因蜀攻楚黔中, 拔之."
31　『史記』卷15「六國年表」, pp.742-743: "秦擊我, 與秦漢北及上庸地."
32　『史記』卷5「秦本紀」, p.213: "擊趙, 斬首三萬."
33　『史記』卷15「六國年表」, p.739: "客卿錯擊魏, 至軹, 取城大小六十一."

표 2 秦의 대외전쟁과 白起의 從軍

	對魏 전쟁	對趙 전쟁	對楚 전쟁
前293년 ~	伊闕之戰 : 白起 지휘, 斬首 24萬 (이어진 韓地 공략, 黃河를 넘어 韓安邑 이동을 취하고 乾河까지 이름)		
前290년	河東 400里 획득		
前289년	白起·錯, 61개 城 취함		
前288년	白起·錯, 垣城 정벌. (新垣·曲陽城 정벌)	桂陽城 정벌	
前287년			
前286년	魏가 安邑 및 河內 지역을 바침으로써 전쟁종결		
前285년			
前284년	*** 魏·韓·燕과 연합하여 齊를 濟西에서 격파. (趙, 齊의 昔陽 지역을 취함. 楚, 齊의 淮北 지역을 취함.)		
前283년	大梁城 포위, 趙·燕 지원으로 공략 실패		
前282년		두 개의 城을 취함	
前281년		石城을 취함	
前280년		白起, 光狼城 정벌 (趙軍 三萬 참수)	司馬錯, 楚黔中 정벌 漢北 및 上庸地를 바침
前279년		黽池에서 화의함으로써 전쟁종결	白起, 鄢城 정벌
前278년			白起, 楚都 郢 정벌 (南郡 설치)

용으로 이어지고 다음 해인 기원전 279년에 "秦과 黽池에서 회합했다".[34] 그 사이 진의 白起軍은 진소양왕27년(B.C.280)에 "趙를 공격하여, 代 지역의 光

---

34 『史記』卷15「六國年表」, pp.741-742: "秦拔我兩城"; "秦拔我石城"; "秦敗我軍, 斬首 三萬"; "與秦會黽池".

狼城을 취하였다"35라고 하여 조와의 전쟁에 참여하고 있었다. 그러던 중, 조와의 화의가 체결됨과 동시에 백기군은 진공의 방향을 남쪽으로 돌려 楚의 중심지인 강한평원을 점령하기 시작했다. 초가 진의 침략에 대비하지 못하고 무력하게 패배한 이유는 바로 趙地에 주둔하고 있던 백기군이 급작스럽게 남하하여 초의 수도로 진격해오는 것을 예측하지 못했기 때문일 것이다.

『戰國策』에는 莊辛이 楚(頃)襄王에게 곧 초의 수도가 위험에 처할 수도 있음을 경고하는 내용이 나온다. 이 때 초왕은 "선생께서는 나이가 들어 정신이 나갔소?"라고 하며 장신의 간언을 묵살했다.36 그런데 『史記』의 기록에 따르면 秦이 楚를 공격하기 시작해서 수도 영을 함락하기 까지는 최소 2년 이상의 시간이 걸렸다. 그렇다면 이때는 이미 초와 진이 전쟁 상태에 돌입해 있었기 때문에, 아무리 정사를 멀리했다 하여도 초왕이 당면한 진의 위협을 인지하지 못했을 리는 없다. 초왕의 실책은 처음부터 진의 위협을 예측하지 못했던 것이 아니라, 진과 趙의 화친 이후 전개될 국면 변화를 인지하지 못한 것이다. 사실 巴蜀을 경유하여 扞關 및 黔中·巫郡 일대를 공략하는 방식은 장의가 초왕에게 유세하며 노골적으로 밝혔듯이 이미 널리 알려진 전략이다. 뿐만 아니라 장의가 "秦이 갑병을 일으켜 武關을 나와 남면하여 정벌하면 북쪽 땅이 단절될 것입니다"라고 한 것에서 알 수 있듯이,37 남양을 통해 강한평원을 공격하는 전략 역시도 충분히 예측 가능한 경로였다. 다만 진이 중원에서 조와

---

35 『史記』卷5「秦本紀」, p.213: "白起攻趙, 取代光狼城."

36 『戰國策』卷17「楚四」, p.555: "君王左州侯, 右夏侯, 輦從鄢陵君與壽陵君, 專淫逸侈靡, 不顧國政, 郢都必危矣."……"先生老悖乎?"

37 『史記』卷70「張儀列傳」, p.2290: "秦西有巴蜀, 大船積粟, 起於汶山, 浮江已下, 至楚三千餘里. 舫船載卒, 一舫載五十人與三月之食, 下水而浮, 一日行三百餘里, 里數雖多, 然而不費牛馬之力, 不至十日而距扞關. 扞關驚, 則從境以東盡城守矣, 黔中·巫郡非王之有." "秦擧甲出武關, 南面而伐, 則北地絶."

의 전쟁을 지속했다면 병력을 초지로 남하시킬 여력은 없었을 것이다. 진은 楚都 공략에 여력을 내기 위해 中原 국가와 화약을 맺었고 초는 고립되었다.

秦이 巴蜀으로부터 타격을 가한 '聲東擊西' 전략에 말려든 楚는 巫郡·黔中 일대에 주력군을 배치해 집중 방어했을 것이다. 전황을 주도한 진은 趙와 급히 화약을 맺고 白起의 정예군을 남하시켜 초지를 기습했다. 조는 진과 화의함으로써 진이 초지를 점령하는 것을 묵인했다. 게다가 조에 주둔하던 백기군이 초로 남하하기 위해서는 한과 위의 영지 또한 거쳐야 한다. 백기군이 한·위의 제지 없이 초지에 도달할 수 있었던 것도 바로 三晉 모두가 진의 초지 공략을 묵인했기 때문일 것이다.

이렇게 江漢 지역을 획득한 秦이었지만, 이후 楚에 대한 공략을 더 이상 지속할 수는 없었다. 초 공략의 성공 요인은 외교였지만, 이를 중지할 수밖에 없었던 것 역시도 외교 때문이었다. 초와의 전쟁을 지속할 계획을 가지고 있던 진에게 초는 春申君을 특사로 보내어 화의를 제의한다. 그는 秦昭襄王을 설득하길, "옛날 智氏는 趙를 정벌하는 이익을 보다가 楡次의 재앙을 알지 못했고, 吳는 齊를 정벌하는 편의를 보다가 干隧의 패배를 알지 못했다."[38]라고 하여 진의 상황을 智伯과 吳王 夫差의 상황에 비유했다. 즉, 초에 대한 공격에 집중하다 오히려 三晉의 역습을 받을 수 있음을 경고한 것이다.

> 왕께서 楚를 공격하실 때 어떻게 출병하시겠습니까? 왕은 원수인 韓과 魏에게 장차 길을 빌려야하지 않겠습니까? 군사가 출병하는 날에 왕께서는 그들이 돌아오지 못할 것을 걱정하게 될 것이니, 그것은 왕이 군사를 원수인 韓과 魏에게 보태어 주는 것입니다. 왕께서 만약 원수인 韓과 魏에게 길을 빌리지 않는다면 반드시 隨水의 우측 땅을 공격해야 합니다. 隨水의 우

---

38 『史記』卷78「春申君列傳」, p.2389: "昔智氏見伐趙之利而不知楡次之禍, 吳見伐齊之便而不知干隧之敗."

측 땅은 모두 넓은 시내와 큰 강 및 산림과 계곡으로 이루어져 있어 양식이 나지 않는 땅이니, 왕께서 비록 그곳을 차지한다 해도 토지를 얻었다고 할 수 없을 것입니다. 이는 왕께서 楚를 해쳤다는 악명을 얻는 동시에 토지를 얻는 실리 또한 없는 것입니다.

왕께서 楚를 공격하는 날이면 네 국가가 모두 起兵하여 왕께 대응할 것입니다. 秦과 楚의 병사가 엉켜 떨어지지 않으면, 魏氏는 장차 출병하여 留·方與·銍·湖陵·碭·蕭·相을 공격할 것이니, 옛 宋의 땅은 필히 다 차지할 것입니다. 齊人이 남면하여 楚를 공격하면 泗水 상변은 반드시 점령할 것입니다. 이는 모두 평원에다 사방이 통달하는 비옥한 땅인데, 그들이 오로지 공략하게 되는 것입니다. 왕이 楚를 격파하여 中國에 있는 韓과 魏를 살찌우고 齊를 강하게 만들면, 韓과 魏의 강함은 족히 秦과 대적할 것이고, 齊는 남으로 泗水를 경계로 하고 동으로 바다를 등지며 북으로 황하에 의지하여 후환이 없게 될 것이니, 천하의 국가 중 어느 나라도 齊와 魏보다 강한 자가 없게 될 것입니다. 齊와 魏가 땅을 얻고 이익을 지키며 일을 상세히 펼쳐 관리에게 하달하기를 1년이 지나면, 황제는 능히 될 수 없을지 몰라도 왕께서 황제가 되는 것은 능히 막고도 남을 것입니다.³⁹

---

39 『史記』卷78「春申君列傳」, pp.2391-2392: "且王攻楚將惡出兵? 王將借路於仇讎之韓·魏乎? 兵出之日而王憂其不返也, 是王以兵資於仇讎之韓·魏也. 王若不借路於仇讎之韓·魏, 必攻隨水右壤. 隨水右壤, 此皆廣川大水, 山林谿谷, 不食之地, 王雖有之, 不爲得地. 是王有毀楚之名而無得地之實也." "且王攻楚之日, 四國必悉起兵以應王. 秦·楚之兵構而不離, 魏氏將出而攻留·方與·銍·湖陵·碭·蕭·相, 故宋必盡. 齊人南面攻楚, 泗上必擧. 此皆平原四達, 膏腴之地, 而使獨攻. 王破楚以肥韓·魏於中國而勁齊, 韓·魏之强足以校於秦. 齊南以泗爲境, 東負海, 北倚河, 而無後患, 天下之國莫强於齊·魏. 齊·魏得地葆利而詳事下吏, 一年之後, 爲帝若未能, 其於禁王之爲帝有餘矣."

秦에 대한 韓·魏의 위협은 다음과 같이 요약할 수 있다. 진이 楚에 대한 정벌을 지속하려면 진의 영토를 넘어 한·위까지 진군로를 연장할 수밖에 없다. 그러나 신뢰할 수 없는 한·위에게 길을 빌릴 경우 도리어 역습으로 퇴로를 차단당할 위험이 있다. 그렇다고 진군로를 스스로 개척하기에는 득보다는 실이 더 많다. 설령 초를 정벌한다 해도 그 실익은 초의 주변국인 魏·齊에게 돌아가게 될지도 모른다. 애써 전쟁을 수행하여 주변국을 강하게 만들어주는 결과를 초래한다면 초와의 화의를 수락하고 전쟁을 중단하는 것만 못하다.

이에 秦은 楚에 대한 공격을 중단하고 공략 대상을 三晉 지역으로 전환하게 된다. 春申君의 외교 전략은 역설적이게도 앞서 살펴본 趙의 전략과 상당히 유사하다. 조가 진의 위협을 초에게 전가했던 것을 이번에는 초가 삼진으로 전가하는 형세가 된 것이다. 江淮지역으로 물러나 일시적 화평을 획득한 초는 국력을 회복하는 데 전념한다. 하지만 江漢 지역의 수복은 사실상 포기했고, 이에 南郡은 秦地로 동화되어 갔다. 반면 진의 三晉 공략은 초지만큼 순조롭게 이루어지지 않았다. 비록 진이 華陽에서 魏軍에게 승리(B.C.274)하고 長平에서 趙軍을 대파하는 등(B.C.260)의 전공을 올리긴 했지만, 삼진은 수세 속에서도 암약을 거듭하며 진에 대한 저항을 멈추지 않았다. 삼진 지역은 기존의 촉지 및 초지와는 다르게 각국의 이해관계가 복잡하게 얽혀 있던 '中原'이었다. 이렇게 더 이상 공략할 '邊地'가 없어진 상황에 봉착하면서 진의 확장 국면은 전환을 맞이한다. 다음으로 이제까지의 분석에 대한 총론과 함께 각 지역, 특히 關外 지역 군현의 특성을 결정한 여러 기제에 대한 논평을 덧붙이고자 한다.

III 戰國時期 秦占領地 구분의 주요 기제

이상 戰國 시기 秦의 영토 확장 과정을 蜀地와 楚地, 三晉의 사례에 비추어 살펴보았다. 『商君書』 「徠民篇」에서 언급한 토지 대비 인구 상황을 기준으로 시기별 동태를 추적하면, 진이 초기에 '地小'한 상황에서 촉지와 초지의 점령을 거치며 점차 '地廣民寡'한 상황으로 전환되었음을 알 수 있었다. 파촉과 초지의 선제 점령은 중원 공략이 장기간 진행되는 와중에 국면 전환의 작용을 했다. 그 결과 진의 국력은 비약적으로 발전했고, '邊地'에서부터 '中原'으로 서서히 압박해가는 형세를 구축했다. 국력 면에서 진에게 압도적인 열세에 처했던 삼진은 滅國의 시기를 지속적으로 연장하며 진의 영토 확장 속도를 늦추었다. 이는 파촉과 초지에 비해 중원 지역이 가진 외교 역량이 발현된 것이다. 한편 진이 점령한 초지 및 삼진 지역은 또한 신·구의 점령지로 구분할 수 있다. 이 두 지역은 진의 거시적 영토 구획 전략에 따라 후에 전혀 상반된 발전 과정을 거치게 된다. 우선 파촉과 초지, 삼진 지역의 차이에 대해서는 전쟁과 그에 상응하는 인구정책, 반진정서를 구현하는 流民 혹은 遺民의 예 등을 살펴볼 수 있다. 그리고 그 차이를 보다 강고히 결정하는 기제로서 군현제와 인프라의 여부를 상정할 수 있을 것이다.

1. 戰爭과 인구 이동

巴蜀과 楚地, 三晉 지역에서 수행된 전쟁 형태는 각각 결정적인 차이가 존재한다. 파촉은 전쟁을 통해 흡수된 반면, 초는 전쟁을 통해 근거지에서 추방되었으며, 삼진은 전쟁을 통해 토지를 점진적으로 내어 주면서도 진에 흡수되지 않기 위해 격렬히 저항했다. 삼진이 전쟁과 더불어 진행한 '合從連橫'은 생존을 위한 필수 전략이었다. 반면 초는 삼진에 비해 외교 의존도가 낮았고 때때로 발생한 외교 실책은 삼진의 전략과 맞물려 파괴적인 손실을 초래했다.

　　巴蜀이 토지와 인구 모두 진에 흡수되면서 인구 유출이 거의 없었던 반면, 南郡 일대의 楚地는 격렬한 인구유출을 경험했다. 三晉은 초지만큼 전격적이지는 않았지만 이 또한 마찬가지로 다량의 인구가 동쪽으로 이동하였다. 특히 秦이 魏와 전쟁을 통해 토지를 획득하는 과정 중 '出其人'이라 언급된 기사를 주목해볼 필요가 있다. 기원전 325년에 "張儀로 하여금 陝을 정벌하여 취하게 하고, 그 지역 사람들을 나가게 하여(出其人) 魏에게 주었다."[40]라고 하였다. 또, 기원전 286년에는 "錯가 魏의 河內를 공격하였다. 魏는 安邑을 바쳤고, 秦은 그 지역 사람들을 나가게 했으며(出其人), 河東으로 갈 遷徙民을 모집하여 작위를 사여하고, 죄인을 사면하여 그 곳으로 천사시켰다."[41]라고 한 기사가 나온다. 여기서 '出其人'은 당시 진 인구 정책의 기본 노선을 명확히 보여준다. 또 한편으로는 이를 위가 진의 영토침략에 대응한 전략적 선택으로 볼 수도 있을 것이다. 그 구체적 형태가 무엇이었든 간에 '出其人'의 사례는 『商君書』「徠民篇」에서 한·위와의 전쟁을 통해 땅은 얻었지만 사람은 얻지 못한 상황과 인과관계가 성립된다.

　　삼진의 경우와 달리 초는 영토를 일거에 상실했기 때문에 애초에 인구를 보전할 수 없었다. 국가는 통제력을 상실한 상태였고, 이에 초지의 인구는 한마디로 사분오열되었다. 많은 인구가 초왕을 따라 江淮 지역으로 이동했거나 江南으로 피난을 한 반면, 거주지를 이탈하지 않은 遺民 또한 다수 존재했을 것이다. 각각 강회와 강남으로 이주한 楚人들의 저항으로 인해 진·초 간의 국경은 새로이 형성되었다. 그리고 江漢 지역에 남은 遺民들은 대부분 南郡의

40　『史記』卷5「秦本紀」, p.206: "使張儀伐取陝, 出其人與魏."

41　『史記』卷5「秦本紀」, p.212: "錯攻魏河內. 魏獻安邑, 秦出其人, 募徙河東賜爵, 赦罪人遷之."

編戶民으로 흡수되었을 것이다. 삼진과 초지의 인구 유동은 서로 다른 양상 속에서 진행되었지만, 결과적으로 대규모 인구가 진의 무력에 밀려 외부로 이동했다는 공통점이 있다.

秦이 魏에 대해 '出其人'을 실시한 것은 진이 이때까지 '徠民'보다는 '廣地'정책을 지향하여 삼진의 인구를 흡수하는데 관심을 두지 않았음을 보여준다. 蜀地와 楚地의 점령 역시도 동일한 노선 속에서 진행된 영토 확장의 결과라 할 수 있다. 그러나 '出其人'은 위로부터 安邑과 河內 지역을 할양받은 이후로는 더 이상 실행되었던 예를 찾을 수 없다. 우선 진 내부의 상황이 이전과 달라졌다. 진은 巴蜀과 楚地를 점령하여 본토의 인구압을 크게 해소했다. 이제는 오히려 '地小'하던 상황에서 '地廣'한 상황으로 바뀐 것이다. 廣地 정책은 이제 한계에 봉착했고, 이에 진은 삼진의 토지가 아닌 인구에 주목하기 시작했다. 長平 전쟁에서 40여 만에 달하는 趙의 포로를 사살했던 비극은 바로 白起의 인구 인식에서 비롯된 것이었다. 백기는 "전에 秦이 이미 上黨을 점령했을 때, 上黨民은 秦人이 되는 것을 즐거워하지 않고 趙에게 귀의를 했다. 趙의 병졸이 다시 돌아가게 될 것이니, 그들을 다 죽이지 않으면 혼란해질까 두렵다."[42]라고 했다. 그의 말을 통해 진이 상당군민에 대해 '出其人'하지 않고 흡수하고자 했다는 사실을 알 수 있다. 그리고 조의 포로들이 회향해 조의 인구가 늘어나는 것을 막고자 했다. 이를 보면 진은 당시 인구 문제를 인지하기 시작했으나, 해결할 제도적 장치를 마련하지는 못했던 것 같다.

徠民 정책은 三晉의 인구를 감소하고 진의 인구는 증가시킬 수 있는 일거양득의 대안이었다. 그러나 『商君書』「徠民篇」에서 제시된 전형적인 '入出竝行'의 인구 정책이 戰國 말기에 이미 시행되었는지는 여전히 알 수 없다. 전국 시기동안 점령지에 奴婢나 罪人을 사면 천사시킴으로써 編戶民을 확보한 예는 다

---

42 『史記』卷73 「白起王翦列傳」, p.2335: "前秦已拔上黨, 上黨民不樂爲秦而歸趙. 趙卒反覆, 非盡殺之, 恐爲亂."

수 보이나, 점령지의 인구를 내지로 천사시킨 예는 찾을 수 없다. 내지로의 천사는 모두 통일 이후에 출현하기 시작한다. 이때에 이르러서야 '入出並行'의 인구 정책이 비로소 시행되었을 것이다. 그러나 戰國의 내민은 삼진민의 자발적인 귀의를 유도하는 정책인 반면, 帝國의 내민은 점령지 遺民에 대한 강제적 조치이다. 후자를 통한 反秦 정서의 해소는 기대하기 힘들었을 것이다. 이처럼 유연하지 못했던 진의 인구 정책은 秦帝國 말기에 표면화되는 분열의 씨앗이었다.

2. 反秦情緒

反秦情緒의 실체를 명확하게 설명하기는 어렵다. 표면적인 실례에 근거한다면, 앞서 언급한 秦의 전쟁과 외교 및 정책에 대한 거부감 혹은 저항으로 규정할 수 있다. 반진정서를 초래한 일차 원인은 진의 확장 그 자체에 있었던 것이다. 진은 확장을 거듭하면서 六國의 논자들 사이에 '虎狼之國'으로 지칭되었다.[43] 이는 진의 강성함을 표현한 말인 동시에 覇權에 대한 반감의 표현이었다. 『史記·魯仲連列傳』에서 魯仲連은 진의 풍토에 대해 설명하길, "저 秦이란 나라는 예의를 버리고 首功을 숭상하는 나라입니다. 권세로 士를 부리고, 포로를 다루듯 백성을 부립니다."[44]라고 하였다. 진이 軍功授爵을 지향하고 부역을 엄격히 집행한 것이 부국강병의 비결이긴 했지만, 한편으로는 중원 국가들의 강렬한 반감을 초래했던 것이다.

三晉은 秦에게 무력으로 압도당하는 상황 하에서 오히려 反秦의 구도

---

43 "虎狼之國"과 관련한 연구는 何晉, 「秦稱"虎狼"考」, 『文博』, 1999年第5期를 참조할 수 있다.

44 『史記』卷83「魯仲連鄒陽列傳」, p.2461: "彼秦者, 弃禮義而上首功之國也. 權使其士, 虜使其民."

를 더욱 공고하게 구축했다. 長平 전쟁의 빌미가 되었던 上黨郡 편입 거부 사건은 진에 대한 누적된 불신의 정서를 명확히 보여준다. 또 韓·魏는 이미 진의 藩國 수준으로 전락했음에도 끊임없이 진과의 종속 관계에서 이탈했다. 趙의 수도 邯鄲이 포위되어 복속을 강요당하는 상황에서 魏王의 명을 거역하면서까지 조를 지원했던 公子 無忌, 즉 信陵君의 활약으로 秦軍은 격퇴되었다.[45] 이러한 사례는 무력만으로 삼진을 제압하는 것이 불가했던 현실을 보여준다. 그것은 '合謀'를 통해 강자에 대항해온 삼진의 전통에서 비롯된 것이다. 특히 한·위·조씨가 연합하여 智伯을 멸망시킨 고사는 약국이 강국을 무너뜨린 외교술의 전형으로 戰國 당시에 널리 인용되고 있었다. 한과 위의 국력을 경시한 진소양왕에게 中期가 "지금 秦의 강성함은 智伯을 능가하지 못합니다. 韓과 魏가 비록 약해도 여전히 현자들이 晉陽 아래에 모여 있습니다. 바야흐로 암중모색을 시도할 때이니 원컨대 왕께서는 쉽게 여기지 않으시길 바랍니다."[46]라고 간언한 것은 강국의 위협에 전략적으로 대처하는 삼진의 저력을 잘 설명하고 있다. 요컨대 삼진의 반진 정서는 강자에 대항해 생존을 도모한 고유의 전통이 결합되어 나타난 결과이다.

반면 楚의 반진은 삼진과는 성격을 달리한다. 훗날 진제국의 멸망을 이끌었던 反秦起義는 三晉이 아닌 楚地에서 가장 격렬하면서도 주도적으로 진행되었다. 삼진은 전국 시기 진에 장기간 저항하며 인력과 영토를 점차 소진한 끝에 滅國에 이르렀다. 반면 전국 시기 진의 공격에 무력하게 수도를 내어주었던 초는 역설적이게도 이로 인해 멸국 이전까지 다수의 인구를 보전했다.

---

45 『史記』卷77「魏公子列傳」, p.2379-2381.

46 『戰國策』卷6「秦四」, pp.229-230: "以孟嘗·芒卯之賢, 帥强韓·魏之兵以伐秦, 猶無奈寡人何也! 今以無能之如耳·魏齊, 帥弱韓·魏以攻秦, 其無奈寡人何, 亦明矣!"……"今秦之强, 不能過智伯; 韓·魏雖弱, 尚賢在晉陽之下也. 此乃方其用肘足時也, 願王勿易也."

즉 초의 반진정서는 국가의 존망을 건 생존 투쟁이라기보다 遺民으로서의 상실과 회한 정서에 가깝다. "楚가 비록 세 戶만 남게 되더라도 秦을 망하게 하는 것은 반드시 楚일 것이다."⁴⁷라는 말은 원한의 집단 정서를 보여준다. 다만, 이러한 정서는 초가 江漢 지역을 상실한 이후에 형성된 것임을 주목해야 한다. 초의 천도를 전후하여 주로 江淮 지역의 이민자들 사이에서 반진정서가 집중 공유되었을 것이다. 이는 초기에 점령된 漢中郡·南郡 지역과 후기에 점령된 초지 간의 상반된 정서로 이어진다. 종합하면, 육국 지역의 반진 양상은 전쟁으로 인한 급격한 인구유출, 점령 지역 간의 정서적 이질감 등 복합적 요인이 작용했을 것이다.

3. 郡縣制와 인프라스트럭처

전쟁 및 인구 이동, 반진정서 등의 요소들은 서로 밀접한 관계를 맺고 있다. 전쟁의 승패로 인해 해당 지역에 인구 이동이 발생하고 피점령지의 사람들은 누군가는 떠나고 누군가는 남겨진다. 반진정서는 이 떠난 자(流民) 들 사이에 형성된다. 반면 전국시기 동안 피점령지의 遺民에게서 반진정서가 분명히 드러나는 예는 찾을 수 없다.

秦에 의해 이른 시기에 점령된 지역에서는 왜 반진정서의 예를 찾을 수 없는 것일까? 그것은 장기간의 통치로 인해 초기에 가졌던 반진정서가 점차 희석되었기 때문으로 보인다. 그것을 단순히 표현하면 군현제의 안착이라 칭할 수 있을 것이다. 다만 군현제의 안착 여부를 가늠할 지표가 있어야 할 것인데, 이에 군현 각지에 구축된 인프라를 주목할 수 있다.

---

47 『史記』卷7「項羽列傳」, p.300: "夫秦滅六國, 楚最無罪, 自懷王入秦不反, 楚人憐之至今, 故楚南公曰'楚雖三戶, 亡秦必楚'也."

앞 절에서 나는 전국시기 진의 전쟁과 영토 확장 진행 상황을 장황하게 설명한 바 있다. 전략의 성패를 언급한 내용 중 부단히 언급된 것이 바로 교통 노선에 관한 것이었다. 예를 들어, "大船에 군량을 싣고 汶山에서 출발하여 장강에 배를 띄워 내려오면, 楚까지는 3천리 정도면 이르게 됩니다.", "武關을 나와 남면하여 정벌하면", "隴西에서 발병하여, 蜀을 거쳐 楚 黔中을 공격하여 그를 함락했다"라는 등의 말은 모두 정복 전쟁에 있어 교통 노선의 중요성을 전제한다. 반면 적국의 발달된 교통 인프라 상황은 전쟁 수행의 장애 요소가 될 수 있다. 梁은 山東의 요지와 같아 "그 꼬리를 공격하면 그 머리가 구하러 올 것이고, 그 머리를 공격하면 그 꼬리가 구하러 올 것이며, 그 가운데 몸을 공격하면 머리와 꼬리가 모두 구하러 올 것이다."라는 말은 점령 대상과 주변국 간의 긴밀한 교통 상황을 말한다. 또 "왕께서 楚를 공격하실 때 어떻게 출병하시겠습니까? 왕은 원수인 韓과 魏에게 장차 길을 빌려야하지 않겠습니까? 군사가 출병하는 날에 왕께서는 그들이 돌아오지 못할 것을 걱정하게 될 것이니, 그것은 왕이 군사를 원수인 한과 위에게 보태어 주는 것입니다."라는 말에서 알 수 있듯이, 교통 인프라의 직할 여부는 전쟁의 안정적 수행과 직결되는 문제였다.

요약하면, 국내의 인프라는 구축하되 적국의 인프라는 분쇄하고, 또 점령한 지역의 인프라를 확보하여 다음 점령의 교두보로 삼는다. 이것이 영토 확장의 관점에서 본 교통 인프라의 중요성이라 할 수 있다. 물론 인프라의 중요성은 전쟁 수행에만 국한되지 않는다. 그것은 점령지의 안정적 통치를 위해 필수불가결하다. 초기에 점령된 蜀의 경우 점령은 기원전 316년에 이루어졌지만 제도상으로 완비된 蜀郡의 설치는 즉각 이루어지지 않았다. 蜀國은 정복 후에도 "(惠王14년) 蜀相 壯이 蜀侯를 죽이고 와서 항복"[48], "(武王元年)蜀

---

48 『史記』卷5「秦本紀」, p.207: "蜀相壯殺蜀侯來降."

相 壯을 주살"⁴⁹, "(秦昭襄王)6年, 蜀侯 煇가 반란을 일으켜 司馬錯가 蜀을 정벌"⁵⁰, "(周赧王)30年, 蜀侯 綰이 반란을 일으키려는 혐의가 있어 왕이 다시 그를 주살하고 蜀守만을 설치"⁵¹ 등 기원전 285년에 이르러서야 겨우 郡이 확정된다.⁵² 그렇다면 이전 시기까지 약 30여 년 동안 侯國과 郡이 병행되었던 것인데, 그 과정이 결코 순탄치만은 않았음을 보여준다.

한 가지 주목해 보아야 할 점은 蜀地 정벌이 있은 지 3년이 지난 시기 秦이 楚로부터 획득한 漢中 지역과 일부의 巴蜀 지역을 더하여 漢中郡을 설치한 것(B.C.312)이다. 한중 지역이 촉과 달리 점령 즉시 군현제가 실시된 것은 關中에서 秦嶺을 잇는 교통 노선의 확보를 중시했기 때문이다. 아마도 한중군 설치 이후부터 본격적으로 진과 촉을 잇는 棧道 공사가 착수되었을 것이다. 촉지의 직할은 바로 관중과 한중군, 촉군으로 이어지는 교통 노선의 점진적 확보와 더불어 안정적 궤도에 진입한다. 그리고 촉을 '天府之國'으로 이끄는 都江堰 공사가 그 후에 진행된 사실은 너무도 유명하여 재차 강조할 필요가 없을 것이다. 수리 사업은 인프라 구축뿐만 아니라 토지 확보와 생산량 증대, 나아가 개별 인신에 대한 지배력으로 이어지는 영역 지배의 총화라 할 수

---

49 『史記』卷5「秦本紀」, p.209: "誅蜀相壯."

50 『史記』卷5「秦本紀」, p.210: "(秦昭襄王)六年, 蜀侯煇反, 司馬錯定蜀."

51 『華陽國志』卷3「蜀志」, p.129: "疑蜀侯綰反, 王復誅之. 但置蜀守."

52 秦昭襄王 6年 司馬錯의 蜀 정벌에 대해 「六國年表」에서는 "蜀이 반란을 일으켜 司馬錯가 가서 蜀守 煇를 주살하고, 蜀을 정벌하였다."(『史記』卷15「六國年表」, p.736: "蜀反, 司馬錯往誅蜀守煇, 定蜀.")라고 하였다. 즉, 煇가 蜀侯가 아닌 蜀守라고 본 것이다. 이에 근거하면 秦昭襄王 6년에 蜀郡守의 반란을 정벌한 것으로 해석할 수 있다. 하지만『華陽國志』에서는 그를 분명 蜀侯라고 칭하였고(그 이름은 惲이라 하여 약간의 차이가 있다), "15년, 왕은 그 아들 綰을 蜀侯로 봉하였다."(『華陽國志』卷3「蜀志」, p.129: "十五年, 王封其子綰爲蜀侯.")라고 하여 煇의 사후 여전히 侯國을 유지하였다.

있다. 도강언과 더불어 관중 지역의 鄭國渠 개통을 마친지 얼마 지나지 않아, 훗날 秦始皇이 되는 秦王政은 본격적인 통일전쟁을 수행하기에 이른다.

그런데, 인프라 구축의 단점은 천문학적 비용과 대규모 인력의 소요, 그로 인해 오랜 시간이 걸린다는 점이다. 鄭國渠의 설계도 애초에는 첩자의 계략으로 秦의 국력을 수리 공사에 소진시켜 韓을 침략하지 못하게 만드는 것이 목적이었다.[53] 이는 인프라가 구축되는 동안에는 대규모 영토 확장을 수행하기 어려웠을 거라는 예측을 하게 해준다. 그 실례로 秦은 巴蜀·漢中에 군현을 운영한지 20여년이 지나서야 魏로부터 河東·河內 지역을 할양받는다. 그리고 南郡을 설치한 것은 그로부터 8년 뒤인 기원전278년, 다시 6년 뒤에 이미 점령을 마친 봉지를 재편하여 南陽郡을 설치한다. 그 뒤 한참 동안 군현 설치가 지지부진하다가 기원전249년에 이르러서야 三川郡이 설치되고, 7년 뒤에 東郡이 설치된다. 이처럼 전국시기 진의 군현 설치는 그 크고 작은 점령 사이에 어느 정도의 시간 간격이 늘 있어왔다. 반면, 남은 육국 지역의 통일은 韓이 우선 멸망하여 潁川郡이 설치 된 후(B.C.230), 단 10년 남짓한 기간 내 일거에 군현으로 편제된다(B.C.221). 군현 통치의 시간을 보면 기원전 278년 이전에 설치된 군현은 이미 50여년 이상의 시간을 앞서갔고, 삼천군과 동군은 20여년, 영천군의 경우도 최소 10년의 시간을 먼저 보냈다. 그렇다면 진제국기 15년 내외의 촉박한 통치 기간을 보낸 지역과 나머지 중·장기의 통치를 거친 지역을 동일한 잣대로 규정할 수 있을까? 이어지는 내용은 그 차이에 의해 형성된 국면이 언제까지 유지되고 또 어떻게 전환되었는지에 관한 것이다.

---

53 『史記』卷29「河渠書」, p.1408: "而韓聞秦之好興事, 欲罷之, 毋令東伐, 乃使水工鄭國間說秦……."

#02

'新地'와 '秦地'의 경계

·

문헌 사료가 부족했던 秦史는 睡虎地秦簡[1]의 출토로 인해 그간의 지체를 크게 만회할 수 있었다. 그러나 40여년이 지난 오늘날 수호지진간은 더 이상 진사 연구의 유일한 돌파구가 아니다. 수호지진간을 통해 문헌사료를 검증했듯이, 이제는 새로운 진간을 통해 수호지진간을 검증하는 연구 또한 가능해졌다.

睡虎地秦簡 법률문서는 秦代 중하급 관리 묘에서 발견된 최초의 사례로서 학술사의 典範이 되었지만, 실상은 戰國·秦漢시기 묘장 문화 중 개별 사례에 지나지 않는다. 여러 대조군이 쌓여갈수록 수호지진간 만의 특수성이 두드러지고 있다. 그 중 한 가지를 꼽자면 묘의 조성 시기가 秦帝國期였음에도 불구하고 簡牘 내용은 20년 이상 앞선 戰國 시기의 율령을 반영하고 있다는 점

---

[1] 睡虎地秦墓竹簡整理小組 編,『睡虎地秦墓竹簡』, 文物出版社, 1990(이하『睡虎地秦墓竹簡』으로 약칭)

이다. 여기에는 묘주 '흄'의 임관 이전의 문서가 있는가 하면, 그의 재직 중에 업무 수요에 따라 초사된 문서도 있다. 아마도 그것은 '희'가 가족들에게 전수하여 교재로 활용되었다가, 진제국 건립으로 '희'의 가족에게조차 활용 가치가 없는 문서가 되어, '희'의 죽음과 함께 문서가 주인에게 되돌아가는 生者와 死者 간의 복잡 미묘한 사정이 있었을 것이다.[2]

그 사정이 어찌되었든, 睡虎地秦簡 법률문서가 秦帝國이 아닌 戰國 시기 율령을 반영하고 있음은 틀림없다. 하지만 기존 연구는 이를 근거로 진제국의 상황을 유추하곤 했다. 이에 대해 최신 자료와의 비교를 통한 수정 연구가 필요하다. 里耶秦簡과 嶽麓秦簡 등 최근에 확보된 간간 자료는 진제국에 관한 더욱 구체적인 사실들을 적시하고 있다. 더욱이 이들 자료에선 수호지진간에서 찾아볼 수 없었던 새로운 법률 용어가 대거 등장한다. 그 중 대표가 되는 것이 바로 '新地'라는 용어이다. 신지는 진이 통일을 전후하여 새로이 편입한 지역을 가리킨다. 진은 신지와 관련한 새로운 법령을 제정하여 이전 시기와 구분되는 정책 전환을 시도했던 것이다. 따라서 전국 시기의 '秦王國'과 그 후의 '秦帝國' 간 차이를 이해하는 문제는 통일 전후하여 시행된 신지 정책의 실체를 파악하는 것에서부터 출발할 필요가 있다.

秦帝國의 新地 정책은 갓 제기되기 시작한 문제이기 때문에, 관련 연구는 아직 많지 않다. 처음에 蔡萬進이 '荊新地'와 관련하여 신지 문제를 간접 언급한 바 있고,[3] 于振波는 당시 미공표 嶽麓秦簡을 소개하며 '新黔首'와 '新地吏'로 대표되는 신지 정책의 대략적 실체를 명시했다.[4] 필자 역시 이를 기초로

---

[2] 拙稿,「家傳하는 簡牘文書 - 睡虎地秦簡 法律文書 성격의 재고」,『中國古中世史硏究』第60輯, 2021 참고.

[3] 蔡萬進,「秦"所取荊新地"與蒼梧郡設置」,『鄭州大學學報』(哲學社會科學版)2008年第5期.

[4] 于振波,「秦律令中的"新黔首"與"新地吏"」,『中國史硏究』2009年第3期.

구 점령지(故地)와 신지 간의 차이를 분석하여 관련 문제를 논증한 바 있다.[5] 그리고 尹在碩의 논문은 이상의 연구를 총괄하여 진제국이 秦地와 신지를 구분하여 통치한 사실을 확증했다.[6]

新地 관련 연구는 여기서 그치지 않고 차후 공개되는 간독 자료에 따라 더욱 풍성해질 전망이다. 본문은 현재의 시점(2023년 10월 기준)까지 확보된 자료에 한정하여 가능한 논의를 진행할 것이다. 秦帝國은 어디까지를 기존의 진 영토, 즉 '秦地'로 파악하고, 언제부터 편입된 영토를 '新地'로 구분했을까? 그 단서는 최근 簡牘 발굴이 집중되고 있는 오늘날의 湖北·湖南 지역, 즉 南郡 및 洞庭·蒼梧郡의 차이로부터 찾을 수 있다. 그밖에 故塞·故徼·徼外 등 '신지'와 함께 진제국기에 새로이 출현한 용어들로부터 연관성을 추적할 수 있을 것이다.

I 江南의 '新地'와 江北의 '秦地'

앞 장에서 밝혔듯이 秦의 楚 영토 정복은 점진적이면서도 장기적으로 진행되었다. 크게 보면 초 멸망 이전 진에 편입된 지역과 초의 멸망과 더불어 편입된 지역으로 구분할 수 있다. 그 차이가 한 지역은 '秦地', 나머지 한 지역은

---

5   拙稿, 「秦 통치시기 '楚地'의 形勢와 南郡의 지역성」, 『中國古中世史研究』 제31輯, 2014.

6   尹在碩, 「秦의 '新地' 인식과 점령지 지배」, 『中國古中世史研究』 제46輯, 2017. 최근의 국내 연구로 李成珪, 「秦帝國의 '新地'統治策 – 縣吏難의 타개책을 중심으로」, 『학술원논문집』 제61집, 2022; 俞敏淵, 「秦代 縣吏의 운용과 '新地'統治」, 『中國古中世史研究』 제65輯, 2022 등의 성과가 추가되었다. 관련 연구는 신지의 용어 정의를 넘어 秦帝國 체제의 특성을 고찰하는 거시적 담론으로 나아가고 있다.

'新地'로 구분되는 차이를 불러왔다.

　논쟁의 여지가 있는 사안은 南郡이 설치된 다음 해인 秦昭襄王 30년(B.C.277) 黔中郡을 설치했다는 기사이다. 이는 『史記·秦始皇本紀』 秦王政 25년 기사에서 "王翦이 荊江南地를 평정하였다"[7]라고 하여 이때서야 해당 지역을 점령했다는 내용과 상치된다. 문제의 관건은 진소양왕 31년(B.C.276)의 기록 "楚人이 우리의 江南을 수복했다"[8]를 어떻게 해석하느냐에 달려 있다. 이에 관해 '江南'을 검중군의 일부로 파악하여 해당 지역을 초가 수복했다고 주장한 설[9]과 이를 다른 지역으로 파악하여 '江南'이 줄곧 진의 영토였다고 주장한 설[10]이 대립한 적이 있었다.

　그러던 것이 里耶秦簡이 점차 공개됨에 따라, '江南'이 戰國 시기 楚에 의해 수복되었다는 설이 더욱 신빙성을 갖추게 되었다. 게다가 '黔中'과 '長沙'에 해당하는 지역은 이야진간에서 각각 '洞庭' 및 '蒼梧'라고 지칭했다. 2006년에 출판된『里耶發掘報告』는 秦昭襄王 31년에 검중 지역이 초에 반환되었고 秦王政 25년에 이르러서야 재차 평정되었다는 설을 지지했다.[11]

---

[7] 『史記』卷6「秦始皇本紀」, p.234: "王翦遂定荊江南地."

[8] 『史記』卷5「秦本紀」, p.213: "楚人反我江南."

[9] 이상의 설을 제기한 연구로 다음을 참조할 수 있다. 賀剛,「楚黔中地及其晚期墓葬的初步考察」,『楚文化研究論集』第四集, 河南人民出版社, 1994, pp.282-301; 趙炳清,「秦代無長沙·黔中二郡略論」,『中國歷史地理論叢』第20卷第4輯, 2005.

[10] 宋少華가 이를 주장한 대표적인 논자인데, 그는 「六國年表」와 「楚世家」에서 동일한 지역에 대해 "江旁" 혹은 "江旁十五邑"이라 지칭한 것을 주요한 논거로 삼았다 (『史記』卷15「六國年表」, p.742: "……秦所拔我江旁反秦."; 卷40「楚世家」, p.1735: "……復西取秦所拔我江旁十五邑以爲郡……."). 그는 기원전 276년 楚가 재차 점령한 '江旁十五邑'은 黔中郡의 일부인 '江南'이 아니라, 鄂·邾, 즉 오늘날의 湖北省 동쪽 및 安徽省 서부의 일부 지역으로 보아야 한다고 주장했다(「湖南秦墓初論」,『中國考古學會第七次年會論文集』, 文物出版社, 1992, pp.189-212).

[11] 湖南省文物考古研究所 編著,『里耶發掘報告』, 嶽麓書社, 2006(이하『里耶發掘報

기존의 문헌자료를 통해서도 江南 지역이 秦에 병합되었던 시기를 방증할 수 있다. 예를 들어 『史記·秦始皇本紀』에는 다음의 기록이 있다.

> 莊襄王이 죽고, 政(훗날의 秦始皇)이 그를 대신하여 秦王이 되었다. 당시에 이르렀을 때에, 秦의 영토는 이미 巴·蜀·漢中을 병합하였고, 宛을 넘어 郢을 차지하여 南郡을 설치하였다. 북쪽으로는 上郡 이동 지역을 거두어 들여, 河東·太原·上黨郡을 차지하였다. 동쪽으로는 滎陽에까지 이르러, 二周를 멸하고 三川郡을 설치하였다.[12]

秦王政의 즉위 시기(B.C.247) 진의 세력을 설명한 이 기사에는 洞庭郡과 蒼梧郡에 대한 언급이 없으며, 黔中郡 및 長沙郡에 대한 언급도 없다. 따라서 이 당시에는 아직 長江 중류 이남지역이 楚의 영토에 속해 있었음을 유추할 수 있다. 그리고 戰國을 통일한 후 秦始皇은 "荊王이 靑陽 이서지역을 바치겠다고 하고서는 약속을 어기고 우리의 南郡을 친 고로, 병사를 일으켜 토벌하여 왕을 사로잡고, 이에 그 荊地를 평정하였다"[13]라고 했다. 여기서 말한 靑陽이 湖南省 長沙 일대를 가리킨 것이라면,[14] 해당 지역은 줄곧 초에 속했다고 볼 수 있다.[15]

告』로 약칭), p.238.

12 『史記』卷6「秦始皇本紀」, p.223: "莊襄王死, 政代立爲秦王. 當時之時, 秦地已幷巴·蜀·漢中, 越宛有郢, 置南郡矣. 北收上郡以東, 有河東·太原·上黨郡; 東至滎陽, 滅二周, 置三川郡."

13 『史記』卷6「秦始皇本紀」, p.235: "荊王獻靑陽以西, 已而畔約, 擊我南郡, 故發兵誅, 得其王, 遂定其荊地."

14 『史記』卷6「秦始皇本紀」, p.236: [集解]『漢書·鄒陽傳』曰, "越水長沙, 還舟靑陽." 張晏曰, "靑陽, 地名." 蘇林曰, "靑陽, 長沙縣是也."

15 洞庭郡과 蒼梧郡에 대한 보다 상세한 연구는 拙稿, 「秦洞庭·蒼梧郡的設置年代與

洞庭郡과 蒼梧郡은 정확히 어느 연도에 설치되었던 것일까? 里耶秦簡 문서 중에는 "지금 遷陵은 (진왕정)25년에 현이 되었고", "蒼梧가 군이 된지 9년이다"라는 구절이 나온다.[16] 이에 따르면 동정군의 屬縣으로서 遷陵縣은 확실히 秦王政 25년에 현이 되었음을 알 수 있다. 또 秦始皇 34년에 작성된 문서 시간을 근거할 때 창오군 역시 25년에 설치되었다는 뜻이므로 모두 초 멸망 이후에 진에 편입되었다고 판단할 수 있다.

이 외에 해당 지역이 통일 이후 새롭게 편입된 지역임을 암시하는 里耶秦簡 문서가 더 있다. 그 내용은 다음과 같다.

[8-1516](正面)
26년 12월 8일[17], 遷陵守 祿이 감히 말씀드립니다. 沮守 瘳가 다음과 같이 말하였습니다: "4년에 가축의 새끼를 팔아 얻은 돈에 대한 고과 심사를 해서 최하위로 선정되었다. 沮守 周가 그것을 주관하였다. 新地吏로 삼아, 縣에서 일을 논하도록 하였다." · 문의를 해본 결과, 周는 遷陵에 있지 않았습니다. 감히 말씀드립니다. · 荊山道丞의 印으로 行□하다.[18]

政區演變', 『魯東大學學報』(哲學社會科學版)2013年第6期 참조.

16　陳偉 主編, 何有祖·魯家亮·凡國棟 撰著, 『里耶秦簡牘校釋』(第一卷), 武漢大學出版社, 2012(이하 『里耶秦簡牘校釋』(第一卷)으로 약칭), p.217: (8)755+756+757+758+759號 "今遷陵廿五年爲縣", "及蒼梧爲郡九歲".

17　張培瑜, 『三千五百年曆日天象』, 大象出版社, 1997, p.59을 참조하면 秦始皇 26년 12월의 朔日은 '癸丑'日임을 확인할 수 있다. 이를 기준으로 하면 '庚申'日은 12월 8일에 해당한다.

18　『里耶秦簡牘校釋』(第一卷), p.343: "廿六年十二月癸丑朔庚申, 遷陵守祿敢言之: 沮守瘳言: 課廿四年畜息子得錢殿. 沮守周主. 爲新地吏, 令縣論言史(事). · 問之: 周不在遷陵. 敢言之. · 以荊山道丞印行□"

문서는 遷陵縣에서 발송한 것인데, 吏員의 파견과 관련하여 타 군에 속한 沮縣과 주고받은 공문서 중의 일부인 것으로 추정된다. 내용을 차례로 살펴보면 우선 "課廿四年畜息子得錢殿"은 睡虎地秦簡「秦律十八種」'倉律'의 다음 구절을 참조할 수 있다.

    닭은 식량 창고에서 멀리 떨어져 키워야 한다. 개를 이용해야 할 경우, 키우는 개의 수는 쓰임에 충분하게 한도를 정한다. 돼지와 닭이 낳은 새끼로써 쓸모가 없는 것은 응당 팔아버리고, 팔아서 얻은 돈은 장부에 별도로 기록해 둔다. 倉[19]

이에 따르면 관부에서는 가축이 낳은 새끼 중 필요가 없는 것은 매매하여 그 수익을 회계 처리하였다. 여기서 더 나아가 里耶秦簡의 8-1516호 목독 문서는 관련 업무의 성과를 고과성적에 반영하기도 했다는 점을 보여준다. 秦王政 24년에 '沮守周'가 주관한 '畜息子得錢'에 대한 고과 성적을 매긴 결과 최하위인 '殿'으로 선정되었고, 이에 '周'는 '新地吏'에 임명되었다. '周'는 천릉현에 임명된 신지리였던 것이다. 이는 곧 천릉현이 신지였다는 의미가 된다.

新地는 이미 기존에 출토된 簡牘을 통해 소개된 바 있다. 대표적인 사례가 바로 張家山漢簡「奏讞書」18案例이다. 이 문서는 秦始皇 26년 攸縣에서 발생한 群盜의 반란 진압의 실패와 이에 연루된 관리 및 병사들의 위법 행위를 심문하고 판결한 과정을 기록한 것이다. 사건의 대략을 소개하면 다음과 같다.

• 問(심문한 결과) : 南郡의 復吏가 攸縣에 도착했을 때, 攸縣은 甚를 체포

---

19 『睡虎地秦墓竹簡』, p.35: "畜鷄離倉. 用犬者, 畜犬其足. 猪·鷄之息子不用者, 買(賣)之, 別計其錢. 倉" 해석은 睡虎地秦墓竹簡整理小組 엮음, 尹在碩 옮김, 『睡虎地秦墓竹簡譯註』, 소명출판, 2010, p.127을 참조하였다.

하였으나 아직 오지 않은 상태였고, 체포해야 할 新黔首에 대한 名籍도 없는 상태였다. 鈘가 체포되어 와서 말하길, "義가 죽어서 스스로 죄가 있다고 여겨, 籍을 버리고 도망쳤습니다"라고 하였다. (鈘를) 붙잡고, 氏가 보았다고 말한 그 籍(?)이 한 바구니 안에 있는 것을 자세히 살펴보았는데[20], 전후의 열어본 바를 기록하지 않았고, 표식(章)도 없어, 그 순서를 알 수 없었다. 南郡의 復吏는 이에 꾀를 내어 攸縣으로 하여금 사람들을 꾀어내 성 안에 불러 모으게 하고, 몰래 호적을 등록한 선후의 순서를 알아보고 이를 분별하여, 전투에서 도망한 자들을 체포하도록 했다. 治獄이 지체된 지 1년이 넘었고 모두를 단죄하지 않았다. 蒼梧守가 이미 죄를 擧劾하여 논한 바로는, 媱·魁는 각 貲 2甲, 氏는 1甲으로 처벌했으나, 鈘 및 吏卒이 義 등을 구원하지 않고 도망간 것에 대해서는 두루 갖추어지지 않았기에, 별도의 奏를 올렸다. 기타의 사항은 진술한 것(辭)과 같다.

• 鞫之(최종 심리 결과) : 義 등이 吏卒과 新黔首를 통솔하여 反盜를 공격하는 과정에서, 反盜가 義 등을 죽이고 吏와 新黔首는 모두 이를 구원하지 않고 도망갔다. 鈘를 체포하여 攸縣에 전해주고, 반드시 黔首 중 체포해야 하는 자를 불러와 분별하게 했다. 체포해야 할 자들이 따로 떨어져 멀리 가버린 경우가 많아 그 일이 어렵고, 捕章과 捕論이 갖추어지지 않은 상태였다. 庫가 書를 올려 新黔首의 죄에 대해서만 사면하게 해달라고 한 것은 죄인을 풀어주고 논죄하지 않으려 한 것이니 잡아들였다. 이상은 확실하다.[21]

---

20 이 부분의 해석은 명확하지 않아 문맥에 의거하여 추측하였다. 張家山二四七號漢墓竹簡整理小組 編, 『張家山漢墓竹簡[二四七號墓]』(釋文修訂本), 文物出版社, 2006(이하 『張家山漢墓竹簡[二四七號墓]』으로 약칭), p.104에서는 이 구절을 "得□視氏所言籍, 居一笥中者"라고 석독하였다.

21 彭浩·陳偉·工藤元男 主編, 『二年律令與奏讞書』, 上海古籍出版社, 2007(이하 『二年律令與奏讞書』로 약칭), p.365: "• 問: 南郡復吏到攸, 攸遝鈘未來, 未有新黔首

관련한 몇 가지 핵심 문제에 대해 분석해 보자. 우선 蒼梧郡과 관련하여, 과거 여러 학자들은 '蒼梧縣'이라는 기록과 南郡의 관리가 사건을 담당했다는 것 등에 근거하여 사건 발생지역을 남군의 屬縣으로 파악했던 적이 있다.[22] 하지만 里耶秦簡의 발견으로 현재 '蒼梧'는 郡名임이 확정되었다.[23] 게다가 張家山漢簡「二年律令」'具律'에 따르면 "都吏가 覆治하는 바는 (사건을 심사하는) 廷 및 郡이 각각 인근의 郡으로 문서를 이첩하고, 御史·丞相이 覆治하는 바는 廷으로 문서를 이첩한다."라고 하였다. '覆治', 즉 사건의 복심을 인근 군의 관리나 중앙의 관리가 담당한 제도가 漢初에 있었던 것으로 보인다.[24] 만약 이 제도가 秦制를 계승한 것이라면, 「奏讞書」18案例에 나타난 상황은 논리적으로 합당하다. 즉, '蒼梧縣'은 바로 창오군의 屬縣인 攸縣을 가리킨 것이고, 해당 사건은 인근의 남군 屬吏가 파견되어 覆治했던 것이다.

當捕者名籍. 毉來會建(逮), 曰: 義死, 自以有罪, 棄籍去亡, 得, 孰視氏所言籍居一笥中者, 不署前後發, 毋章, 求不可智(知). 南郡復乃以智巧令脩(攸)誘召(聚)城中, 譖(潛)訊傳先後以別, 捕毄(繫)戰北者. 獄留盈卒歲, 不具斷. 蒼梧守已刻論, □媱·魁各□, 氏一甲, 毉及吏卒不救援義等去北者頗不具, 別奏. 它如(辭). •鞫之: 義等將吏卒新黔首毄(擊)反盜, 反盜殺義等, 吏·新黔首皆不救援, 去北. 當遝毉, 傳詣脩(攸), 須來以別黔首當捕者. 當捕者多別離相去遠, 其事難, 未有以捕章捕論. 上書言獨財(裁)新黔首罪, 欲縱勿論, 得, 審."

22 『二年律令與奏讞書』, p.364: "蒼梧縣反者, 御史恒令南郡復……."

23 『里耶發掘報告』, pp.192-193: J1(16)-5·6"……今洞庭兵輸內史及巴·南郡·蒼梧, 輸甲兵當傳者多節傳之……". 또, 蔡萬進은 문서에서 "敎謂"과 같이 상급기관이 하급기관에게 쓰는 문서용어가 나온다는 점, 다른 奏讞書의 안례에서 "輸巴縣鹽"과 같이 실제 郡의 명칭에 縣을 붙여 "某郡의 縣"이라고 쓴 용법이 존재했다는 점을 근거로 "蒼梧縣"의 의미는 "蒼梧郡의 縣"임을 논증했다(「秦"所取荊新地"與蒼梧郡設置」, 『鄭州大學學報』(哲學社會科學版) 2008年第5期, p.105).

24 『二年律令與奏讞書』, p.139: "都吏所覆治, 廷及郡各移旁近郡, 御史·丞相所覆治移廷."

또 한 가지 중요한 점은 바로 문서에 등장하는 '荊新地'·'新黔首'등의 용어이다. 문서는 판결의 근거를 법령의 일부 조문에서 찾고 있다.

- 令: 점령한 荊新地는 群盜가 많으니, 吏가 동원한 병력이 群盜와 조우했을 때, (전투를 피하고) 도망가면, '儋乏不鬪律'[25]로 논할 것이다. 律: 儋乏不鬪는 斬刑에 처한다. 함부로 죄수를 빼돌려 풀어준 경우, 사형죄에 해당하는 죄수라면, (죄수를 풀어준 자를) 黥爲城旦으로 처벌하고, 爵位가 上造 이상이라면 耐爲鬼薪으로 처벌하는데, 이러한 법률에 의거하여 庫를 처벌한다. • 그 처벌은 다음과 같다: 庫는 응당 耐爲鬼薪으로 처벌한다. 庫는 구금해두었다.[26]

널리 알려진 대로 '荊'은 '楚'의 다른 말이다. 즉 '荊新地'라 함은 새로 점령한 초지를 가리킨다. 蔡萬進은 이에 대해 秦이 楚를 공격하여 취한 陳 이남에서 平輿까지의 땅 및 '淮南'·'荊江南地' 등을 지칭한 말로, 기원전 278년에 점령하여 설치한 南郡 등의 지역에 대한 상대어라고 정의했다.[27]

그의 주장대로라면, 「奏讞書」18案例에 반영된 南郡, 蒼梧 및 攸縣 등의

---

[25] '儋乏'의 의미에 대해 整理小組는 '儋'이 '憺'과 통하고 "안일하여 움직이지 않는다(安而不動)"라는 뜻이라 하였다(『張家山漢墓竹簡』, p.105). 『二年律令與奏讞書』, p.369의 註는 '憺'은 두려워하다는 뜻이고, '乏'은 피로하다는 의미라고 하였다. 대체로 두려움 혹은 피곤함 등의 이유로 전투를 피한 것을 '儋乏不鬪'라 지칭했다고 이해할 수 있다.

[26] 『二年律令與奏讞書』, p.365: " • 令: 所取荊新地多羣盜, 吏所興與羣盜遇, 去北, 以儋乏不鬪律論. 律: 儋乏不鬪, 斬. 纂遂縱囚, 死罪囚, 黥爲城旦, 上造以上耐爲鬼薪, 以此當庫. • 當之: 庫當耐爲鬼薪. • 庫毄(繫)."

[27] 蔡萬進, 「秦"所取荊新地"與蒼梧郡說置」, 『鄭州大學學報』(哲學社會科學版) 2008年 第5期.

행정소재 문제는 자연스럽게 논리적 정황이 확보된다. 남군은 '荊新地'에 속하지 않으므로 여기서 지정한 법령의 해당지역이 아니며, 이 지역에서 동원된 '新黔首'는 물론 '荊新地'에서 동원한 병력이므로 그 곳이 남군의 관할 지역일 리도 없다.

기원전 278년 설치된 南郡은 楚 멸망 후 설치된 洞庭郡·蒼梧郡과는 확연히 다르다. 남군 지역은 한 때 초의 故都 郢이 있던 지역이었기 때문에 초의 중심지라는 인상이 현재까지 강하게 남아있다. 이에 기존 연구에서는 초의 반진 정서를 논할 때 이 지역을 포괄한 경우가 많았다. 그러나 약 70여 년 동안 진의 군현제 하에서 통치된 남군의 인구 구성과 풍속 등은 초의 통치 시기 때와는 확연히 다를 수밖에 없다.

'新地'와 관련한 또 하나의 중요한 자료로 睡虎地 4호 秦墓 6호 木牘을 들 수 있다. 이 자료는 당시 南郡 관할이었던 安陸縣 일대에서 발견되었다. 문서는 戰場에 나가 있던 黑夫와 驚이라는 병사가 부모 및 친척에게 보낸 家信으로, 여기에 '新地'라는 명칭이 등장한다. 이를 통해 우리는 당시 남군 편호민의 신지에 대한 인식을 감지할 수 있다. 당시의 상황을 자세히 이해하기 위해 同墓에서 출토된 11호 목독과 더불어 관련 내용을 소개하면 다음과 같다.

〈11호 木牘〉
2월 辛巳, 黑夫와 驚이 감히 中(衷)에게 再拜하여 문안드립니다. 어머님은 無恙하신지요? 黑夫와 驚은 無恙합니다. 前日에 黑夫와 驚은 떨어져 있었으나, 지금은 다시 함께 있습니다…(생략)…黑夫 등은 바로 淮陽의 병력을 도와 '反城'을 공격한지 오래되었는데, 戰傷을 당할지 알 수 없습니다……

〈6호 목독〉
[正面]
驚이 감히 진심으로 衷에게 문안을 드립니다. 어머니께서는 無恙하신지요? 家室 내외 모두……(衷과) 어머님은 기력에 별 탈이 없으신지요? 從軍하여, 黑夫와 함께 거하고 있으며, 모두 無恙합니다……(생략)……

[背面]

驚은 집에서 멀리 떨어져 있는 고로, 衷께서 딸(嬺)을 잘 가르쳐주시고, 먼 곳까지 땔나무를 취하러 가지 않도록 해주십시오. 衷께서는······<u>듣건대, 新地城이 많이 비어 차지 않으면, 장차 故民 중에 슈을 따르지 않는 자들을 명하여 채운다고 합니다</u>······驚을 위해 제사를 올려, 만약 크게 폐하여지고 망친다면, 驚이 '反城'안에 머물고 있기 때문입니다. 驚이 감히 진심으로 고모님께 문안드립니다. 고모님은 해산하시고 無恙하신지요······<u>新地의 사람들은 盜이니[28], 衷께서는 부디 新地에 가지 않으셔야 합니다.</u> 급하고도, 급하고도, 급합니다.[29]

---

28 古代 漢語에 있어 '盜'의 의미는 보다 포괄적이다. 사전적 의미에 따르면 일반적으로 재물을 훔치거나 강탈하다는 뜻 외에, '殺人者'·'刺客'을 지칭할 때에 '盜'가 쓰인 예가 있으며(『尉繚子·武議』: "殺人之父兄, 盜也."), 또 참언을 일삼는 小人을 표현할 때도 '盜'가 쓰인 예가 있다(『詩·小雅·巧言』: "君子信盜, 亂是用暴." 鄭玄箋: "盜, 謂小人也." 孔穎達疏: "盜竊者必小人, 讒者亦小人, 因以盜名之"). 이를 종합적으로 고려해 볼 때, 편지의 발신자인 驚이 말한 '盜'는 꼭 '도둑'을 가리킨다기보다 新地人들이 위험한 인물들임을 강조하기 위한 부정적 표현 정도로 이해할 수 있을 것이다.

29 〈雲夢睡虎地秦墓〉編寫組, 『雲夢睡虎地秦墓』, 文物出版社, 1981(이하 『雲夢睡虎地秦墓』로 약칭), pp.25-26: 〈11호 木牘〉"二月辛巳, 黑夫·驚敢再拜問中, 母毋恙也黑夫·驚無恙也. 前日黑夫與驚別, 今復會矣.···(생략)···黑夫等直佐淮陽, 攻反城久, 傷未可智(知)也······" 〈6호 木牘〉[正面]"驚敢大心問衷, 母得毋恙? 家室外內同······以衷, 母力毋恙也? 與從軍, 與黑夫居, 皆毋恙也.······(생략)······"·[背面]"驚遠家故, 衷敎詔嬺, 令毋敢遠就若取新(薪), 衷令······聞新地城多空不實者, 且令故民有爲不如令者實······爲驚祠祀, 若大發(廢)毁, 以驚居反城中故. 驚敢大心問姑秭(姐), 姑秭(姐)子産得毋恙······? 新地人盜, 衷唯毋方行新地, 急急急."문서의 상세한 분석은 尹在碩, 「秦簡「日書」에 나타난 "室"의 構造와 性格 - 戰國期 秦의 家族類型 고찰을 위한 시론」, 『東洋史學硏究』 44, 1993의 Ⅲ장을 참조할 수 있다.

서신의 발신자인 黑夫와 驚은 여러 차례 친속의 안부를 묻는 동시에 자신들의 안부를 함께 언급했다. 이러한 정황에 따르면 둘은 형제일 가능성이 높다. 그리고 서신이 작성된 시간은 淮陽 지역에서 발생한 전역으로부터 단서를 찾을 수 있다. 회양은 대략 秦王政 23년(B.C.224) 王翦으로 하여금 "荊을 치게 하여, 陳 이남의 平輿를 취하고, 荊王을 사로잡았다. 秦王이 郢陳까지 巡遊를 하였다"[30]라고 한 것에서 알 수 있듯이 초가 멸망하기 직전 진이 점령한 곳에 해당한다. 두 서신 중 첫 번째는 회양 지역 공략이 한창이던 秦王政 23년 전후에 작성되었을 것이고, 두 번째는 점령된 이후에 작성된 것 같다.

이상의 정황을 바탕으로, 서신에서 언급된 '新地' 관련 구절을 분석해보자. 먼저 "듣건대, 新地城이 많이 비어 차지 않으면, 장차 故民 중에 令을 따르지 않는 자들을 명하여 채운다고 합니다"라고 한 구절에 대해, 일찍이 黃盛璋은 '新地城'이 雲夢지역의 安陸城이라고 주장한 바 있다. 그는 墓의 인근에 위치한 雲夢古城이 바로 秦代의 '신지성'으로, 그 '신지성'에 법령을 위반한 '故民'들을 이동시켜 채우려한다는 의미로 이해했다.[31] 하지만 이를 논리적으로 반박한 연구도 있다.[32] 그에 따르면 오래 전에 이미 남군에 편입되어 통치되고 있었던 안륙현을 신지라고 지칭할 수는 없다.

사실 관련 해석의 차이는 睡虎地 4호 秦墓 木牘 정리 초기에 발표된 두 가지 다른 釋文의 차이에서 비롯되었다. 黃盛璋은 "新地人盜, 衷唯母方行新地"를 "新地入盜, 衷唯母方行新地"라고 釋讀했는데, 이에 따르면 "新地에 도적이 들어오니, 衷은 부디 어머니와 新地를 떠나십시오"라는 의미로 해석되어 衷이 있던 지역이 신지였다고 볼 수 있다. 하지만 후에 수정한 것에 따르면 '入'은

---

30 『史記』卷6「秦始皇本紀」, p.234: "……使將擊荊, 取陳以南之平輿, 虜荊王. 秦王游至郢陳."

31 黃盛璋, 「雲夢秦墓兩封家信中有關歷史地理的問題」, 『文物』1980年第8期, p.76.

32 劉玉堂, 「秦漢之安陸并非新地城 – 與黃盛璋同志商榷」, 『文物』1982年第3期.

'人'으로 보아야 하고, "母"는 '毋'를 잘못 읽은 것이다.³³ 즉, 이 구절은 "新地의 사람들은 盜이니, 衷은 부디 新地에 가지 않으셔야 합니다"라는 의미로 해석된다. 그렇다면 신지는 오히려 안륙이 아닌 그 외의 지역을 가리키는 말이 된다.

'驚'이 지칭한 新地는 어느 지역을 말한 것일까? 명확히는 알 수 없지만 서신의 문맥상 회양의 '反城' 혹은 그 부근을 지칭한 말일 것이다. 상식적으로 '驚'이 자신이 주둔하고 있던 지역의 소식을 접한 후 고향에 있는 친속에게 알렸다고 보는 것이 합리적이다. 이는 친속의 안위를 걱정하는 서신의 정서와도 부합한다. '驚'은 法令을 따르지 않는 자를 타지에 위치한 '新地城'에 충원한다는 소식을 접하자 가족의 안위를 걱정했던 것이다.

관련하여 주의할 점은 바로 '驚'이 언급한 '故民'의 실체이다. 이때는 秦始皇 26년에 백성의 명칭을 '黔首'로 바꿀 것³⁴을 명령하기 이전이었으므로, 여전히 검수가 아닌 민이란 용어가 더 보편적으로 쓰였다. 그렇다면 이에 대한 상대적인 개념도 존재했을 것이다. '驚'이 '新地'의 사람을 가리켜 '新地人'이라 한 것을 보면 확실히 그가 '故民'과 '신지'의 사람을 다르게 인식했다는 것을 알 수 있다. 게다가 그는 신지의 '盜'를 부정적으로 보고 경계하고 있다. 이는 당시 安陸을 포함한 南郡 지역민들이 자신들을 '고민'으로 인식하고 신지의

---

33 睡虎地 4虎 秦墓 11·6號 木牘에는 "母"와 "毋"가 여러 곳에 서사되어 있는데, 그 필체가 분명해 쉽게 구분이 가능하다. 특히 11호 木牘 정면에 "母毋恙"이라고 한 부분을 보면, '母'의 두 점이 확실히 두개의 필획으로 이루어져 있음을 알 수 있고, '毋'는 확실히 하나의 획으로 그어져 있는 것을 육안으로 확인할 수 있다. 마찬가지로 "衷唯毋方行"의 '毋'도 두 점이 아닌 하나의 획으로 되어 있음을 도판을 통해 확인할 수 있다(『雲夢睡虎地秦墓』, 圖版一六七(CLXVII)·圖版一六八(CLXVIII) 참조). 黃盛璋은 논문에서 어떤 석문을 참조했는지 언급 하지 않았다. 하지만 문맥을 고려해 볼 때, 湖北孝感地區第二期亦工亦農文物考古訓練班, 「湖北雲夢睡虎地十一座秦墓發掘報告」, 『文物』1976年第9期, p.61의 석문을 근거로 이 구절을 해석한 것 같다. 후에 출판된 『雲夢睡虎地秦墓』에서는 이러한 오류를 수정한 석문이 수록되었다.

34 『史記』卷6「秦始皇本紀」, p.239: 二十六年, "更名民曰'黔首'."

사람들과 구분했던 점을 간접 반영한다. 이에 근거하면 당시 남군 내에 주거했던 사람들은 남군을 신지라고 인식하지 않았을 것이다.

이상을 정리하면 다음과 같다. 秦은 통일전쟁을 거치며 새로 점령한 땅을 '新地', 그 땅의 주민들을 '新黔首'라고 칭했다. 그리고 새로 점령한 楚地는 특별히 '荊新地'라고 했다. 여기에는 일찍이 기원전 278년에 점령한 南郡은 제외된다. 즉, 과거에 점령했던 江北의 남군은 '秦地'로, 새로 점령한 江南의 초지를 '신지'로 분류하여, 각각 다른 방식의 통치를 실행했다.

II 秦代 '荊' 지명의 지향 – 南陽의 사례

里耶秦簡에는 1호 井에서 출토된 木牘 외에도 古城 북성곽 K11호 해자 내에서 출토된 24여 매의 목독 또한 포함되어 있다.[35] 그 내용은 대부분 '南陽' 지역 호구의 상황을 담은 기록이다. 목독 중 정보가 가장 풍부한 10호 목독을 소개하면 다음과 같다.

[第一欄]
南陽户人荊不更宋午
弟不更熊
弟不更衛
[第二欄]
熊妻曰□□
衛妻曰□

[第三欄]
子小上造傳
子小上造逐
□子小上造□
熊子小上造□
[第四欄]
衛子小女子□
[第五欄]
臣曰襦

---

35 『里耶發掘報告』, pp.203-208.

총 5欄으로 구성된 목독에서 제1란은 "南陽戶人荊"이라는 구절로 시작한다. '南陽'은 응당 거주지일 것이며, '戶人'은 호주, '荊'은 출신 성분을 표명한 것으로 보인다. 주지하듯이, '荊'은 '楚'와 동의어이므로, 남양 호인의 출신은 모두 초와 관련이 있다.

南陽의 해석에 관해 학계에서는 논쟁이 발생한 적이 있다. 이는 대략 '郡名說'과 '里名說'로 나누어진다.36 현재는 남양이 리명이라는 주장이 대세를 이루지만37 일부는 그것이 南陽郡과 모종의 관계가 있었을 가능성을 배제하지 않았다. 예를 들어, 리명 '南陽'이 군명 '南陽'으로부터 유래했다는 설이 있다.38 그 주장에 따르면 楚地인 남양군에서 온 천사민을 '秦人'과 구분하기 위해 '荊'이라 지칭했다는 의미가 된다.

그러나 그 추론은 근거가 박약하다. 결론부터 말해 리명 '南陽'은 南陽郡과 관련이 없다. 秦代 남양군은 결코 '荊'으로 지칭되지 않았기 때문이다. 전

---

36 관련 연구의 소개는 尹在碩, 「秦·漢初의 戶籍制度」, 『中國古中世史研究』제26輯, 2011을 참고할 수 있다.

37 '里名說'은 다음과 같이 정리된다. 첫째, 진한 공문서에 기재된 적관은 대체로 리명 기재가 원칙이다. 둘째, 진한 공문서에서 작위와 성명 앞에 군명 혹은 현명을 기재하는 사례는 거의 찾아볼 수 없다. 셋째, 漢代 부적의 사례는 모두 리명을 기재하고 있다. 관련 연구는 邢義田, 「龍山里耶鎭遷陵縣城遺址出土某鄕南陽里户籍簡試探」, 簡帛網(http://www.bsm.org.cn/show_article.php?id=744), 2007年11月3日 ; 張榮强, 「湖南里耶所出"秦代遷陵縣南陽里户版"研究」, 『北京師範大學學報』(社會科學版)2008年第4期 ; 陳絜, 「里耶"户籍簡"與戰國末期的基層社會」, 『歷史研究』2009年第5期 등을 참고할 수 있다.

38 관련하여 黎明釗(「里耶秦簡: 户籍檔案的探討」, 『中國史研究』2009年第2期)는 남양 호인이 천사민으로서 남양에서 왔을 가능성을 제시했고, 李成珪(「里耶秦簡 南陽戶人 戶籍과 秦의 遷徙政策」, 『中國學報』제57輯, 2008)는 보다 구체적으로 군명으로부터 유래하는 리명의 실례를 논증하여 천사민으로서의 남양호인을 분석했다.

통의 문헌 자료만 보더라도 전국시기 남양을 일괄하여 초지에 속했다고 단정할 수 없다. 남양은 西周 시기 申國과 鄧國의 소재지로 춘추시기에 이르러 楚文王이 그 국가를 정벌한다.[39] 그 후에 해당 지역은 초의 영향 하에 놓이게 되지만, 다수 자료는 戰國 시기 남양의 중심지가 韓의 강역 내에 속했음을 증언하기도 한다. 예를 들어 蘇秦은 한왕에게 유세하며, "한은 북으로는 鞏·成皐의 견고함이 있고, 서로는 宜陽·商阪의 장벽이 있으며, 동으로는 宛·穰·洧水, 남으로는 陘山이 있습니다"[40]라고 했다. 즉, 후에 진 남양군의 중심 지대가 되는 완·양이 한때 한 강역의 동변에 속했음을 증언했다. 뿐만 아니라, "무릇 진이 軹道 아래로 나아가면 남양이 위험해진다"[41]라고 했다. 이는 한의 입장에서 남양 일대에 가해지는 진의 위협을 증언한 것이다. 사료에 보이는 전국 시기 남양은 결코 초지로 특정할 수 없는 진·한·위·초 등이 뒤얽힌 격렬한 각축장이었다. 이것이 훗날 진이 점진적으로 잠식하여 기원전 272년에 남양군을 설치하기에 이른 것이다. 진이 처음 초로부터 남양을 획득하여 통치하기 시작한 것은 昭襄王15년(B.C.292)부터였다. 그리고 里耶秦簡에 '남양'이 언급되기까지는 최소 70년 이상의 세월이 존재한다. 그렇다면 이때 남양군의 사람들을 '荊'이라 칭하고 '秦'과 구분하여 통치할 필요가 있었을까?

---

[39] 『史記』卷40「楚世家」, p.1696 : "文王二年, 伐申過鄧, 鄧人曰 : '楚王易取', 鄧侯不許也."『正義』括地志云: "故申城在鄧州南陽縣北三十里. 晉太康地志云周宣王舅所封. 故鄧城在襄州安養縣北二十里. 春秋之鄧國, 莊十六年楚文王滅之."

[40] 『史記』卷69「蘇秦列傳」, p.2250: "韓北有鞏·成皐之固, 西有宜陽·商阪之塞, 東有宛·穰·洧水, 南有陘山."

[41] 『史記』卷69「蘇秦列傳」, p.2246: "夫秦下軹道, 則南陽危."

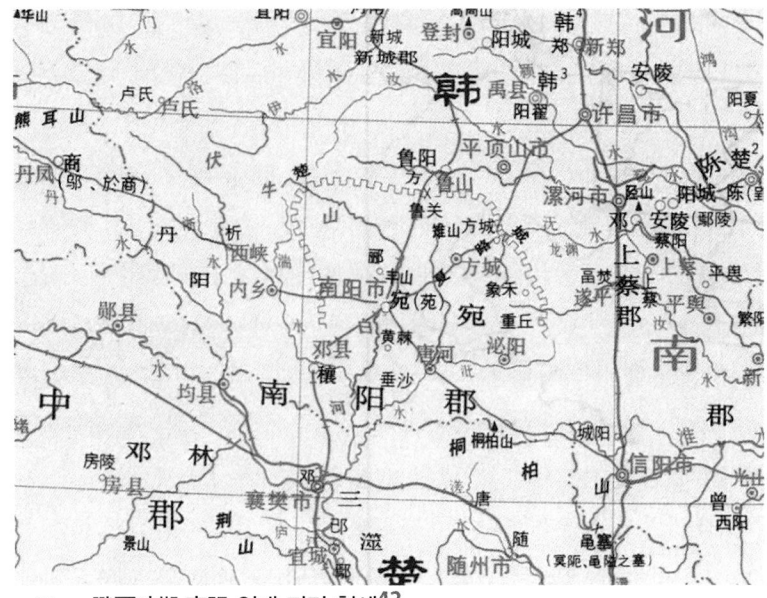
그림 3　戰國時期 南陽 일대 지리 형세[42]

南陽 거주민의 출신 성분에 관해, 또 한 가지 참고할만한 기록이 있다.

7월, 남양군수 齮가 항복하여 殷侯에 봉했고, 陳恢의 千戶를 식읍에 봉했다. 병력을 이끌고 서쪽으로 가자 항복하지 않는 자가 없었다. 丹水에 이르자 高武侯 鰓와 襄侯 王陵이 항복했다. 다시 길을 돌려 胡陽을 공격했을 때 番君의 別將 梅鋗과 조우했고, 그와 함께 析·酈을 공략하자 모두 항복했다. <u>지나는 길에 노략질을 하지 않으니, 秦民들이 좋아했다(所過毋得鹵掠, 秦民喜)</u>.[43]

42　지도 인용, 譚其驤, 『中國歷史地圖集』第一册, 中國地圖出版社, 1982, pp.45-46.
43　『漢書』(中華書局, 1962年版, 이하 동일) 卷1 上「高帝紀上」, p.20: "七月, 南陽守齮降, 封爲殷侯, 封陳恢千戶. 引兵西, 無不下者. 至丹水, 高武侯鰓·襄侯王陵降. 還攻胡陽, 遇番君別將梅鋗, 與偕攻析·酈, 皆降. <u>所過毋得鹵掠, 秦民喜.</u>"

표 3 『史記』와 『漢書』 "秦民喜" 비교

	『史記』[44]	『漢書』[45]
南陽之役	乃以宛守爲殷侯, 封陳恢千戶. 引兵西, 無不下者. 至丹水, 高武侯鰓·襄侯王陵降西陵. 還攻胡陽, 遇番君別將梅鋗, 與皆, 降析·酈. 〔脫簡〕遣魏人甯昌使秦, 使者未來. 是時章邯已以軍降項羽於趙矣.	七月, 南陽守齮降, 封爲殷侯, 封陳恢千戶. 引兵西, 無不下者. 至丹水, 高武侯鰓·襄侯王陵降. 還攻胡陽, 遇番君別將梅鋗, 與偕攻析·酈, 皆降. 〔所过毋得鹵掠, 秦民喜.〕遣魏人甯昌使秦. 是月章邯擧軍降項羽, 羽以爲雍王. 瑕丘申陽下河南.
藍田之役	又與秦軍戰於藍田南, 益張疑兵旗幟, 諸(誤入: 所過毋得掠鹵, 秦人喜)秦軍解, 因大破之. 又戰其北, 大破之. 乘勝, 遂破之.	沛公引兵繞嶢關, 踰蕢山, 擊秦軍, 大破之藍田南. 遂至藍田, 又戰其北, 秦兵大敗.

이는 劉邦軍이 關中에 진입하기 전 南陽郡을 정벌했던 부분 내용이다. 특히, "所過毋得鹵掠, 秦民喜"라는 구절은 『史記』에서는 유방이 武關을 통과한 후 藍田 전투를 서술한 부분에 삽입되어 마치 관중의 '秦民'이 유방군의 도래를 환영했다는 것을 의미하는 것으로 보인다. 하지만 이에 대해 陳蘇鎭이 이미 지적했듯이, 해당 기사는 앞뒤 맥락이 이어지지 않는다. 이는 저본의 錯簡을 훗날 수정하지 않은 채 판각함으로써 발생한 오류일 것이다.[46]

이를 보건대, 司馬遷과 班固 등의 漢代 史家는 南陽民을 '秦人'으로 인식하고 서술했다. 남양 전투의 전후 맥락을 보아도 남양태수는 투항 전에 楚軍 소속의 劉邦軍을 적대했다. 뿐만 아니라 張良이 유방에게 남양군과 진군의 호응에 대해 경계할 것을 간언하는 등[47], 남양은 당시의 정치 형세에 있어 초지에 속하지 않았다. 楚人이 일으킨 反秦起義의 지리범위는 江淮 및 江東 지역에 국한되었고, 이는 남양군과는 명확한 입장 차이를 보인다.

---

44 『史記』卷8「高祖本紀」, pp.360-361.
45 『漢書』卷1上「高帝紀上」, pp.20-22.
46 陳蘇鎭, 『〈春秋〉與"漢道" - 兩漢政治與政治文化研究』, 中華書局, 2011, pp.26-27.
47 『史記』卷8「高祖本紀」, p.359: "今不下宛, 宛從後擊, 强秦在前, 此危道也."

한 가지 남은 반론은 기존 楚地로 인식되던 南陽郡이 15년 남짓 秦帝國 시기를 지난 후에야 '秦地'로 전환되었을 가능성을 제기할 수 있다. 그러나 이 또한 성립되기는 어려울 것 같다. 한 예로 『嶽麓秦簡(參)』에 수록된 「爲獄等狀四種」의 14번 안례 "學僞爲書案"은 신분을 '馮將軍毋澤'의 자식으로 위조한 문서를 통해 남양군 胡陽縣의 전토를 취득하고자 한 '學'이라는 자를 체포해 심문을 진행한 내용을 담고 있다.[48] 여기서 피의자 '학'은 훔친 장물을 들고 '邦亡荊', 즉 '荊'으로 망명을 기도했다가 체포된다. 그것은 '학'이 남양군에서 '楚地'로 도망가려 했다는 말이 되므로, 여기서의 남양군은 초의 상대적 영역이 된다. 남양군은 결코 '荊'으로 지칭되지 않고 '秦地'로 인식되었음을 보여주는 것이다. 이 안건은 秦王政22년(B.C.225), 遷陵縣이 설치되기 3년 전, 秦帝國이 성립되기 4년 전에 진행된 것이다.

이상 '南陽'의 사례를 통해 분석한 '荊'의 함의는 나아가 진대 '荊地' 혹은 '荊人'의 범주를 유추할 수 있게 해준다. 상술한 내용과 결합해 이하의 簡牘 자료를 참고할 수 있다.

① · 令: (새로) 취한 荊新地에 군도가 많은 바, 吏가 병력을 일으켜 군도와 조우했을 때, 등을 보이고 도망하면 僞乏不鬪律로 논처한다.[49]

② 新地城이 많이 비어 채워지지 않으면 장차 故民 중에 불여령자로 하여금 채우도록 한답니다……新地人은 盜이니, 吏은 부디 新地에 가지 않으셔야 합니다.[50]

48　朱漢民·陳松長 主編, 『嶽麓書院藏秦簡』(參), 上海辭書出版社, 2013(이하 『嶽麓書院藏秦簡』(參)으로 약칭), pp.223-231.

49　『二年律令與奏讞書』, p.365: " · 令: 所取荊新地多群盜, 吏所興與群盜遇 [一五七] 去北, 以僞乏不斗律論……. [一五八]"

50　『雲夢睡虎地秦墓』, pp.25-26: "聞新地城多空不實者, 且令故民有爲不如令者實……

③ 24년에 가축의 새끼를 팔아 얻은 돈에 대한 고과 심사를 해서 최하위로 선정되었다. 沮守 周가 그것을 주관하였다. 新地吏로 삼아, 縣에서 일을 논하도록 하였다.[51]

④ 전날에 競陵 漢陰[52]의 狼이 遷陵의 길이 3장3척에 이름이 □인 公船 한 척을 빌려 故荊의 積瓦를 구하러 간다고 했습니다.[53]

이들은 모두 '荊'의 범위를 내포한 핵심 자료이다. 우선, ①에서 언급한 '荊新地'는 '진 이남에서 평여까지'·'회남'·'형강남지' 등의 지역으로, 기원전 278년 南郡으로 전환된 楚地와는 상대되는 말이다. ②③ 등의 자료를 통해 '荊新地'는 '新地'의 파생어이기도 했음을 알 수 있다. '新地'의 분류였던 '荊新地' 외에 남군을 따로 '荊'이라 지칭한 용어는 없었을 것이다. 또한 검토가 필요한 것은 ④에서 언급한 '故荊'인데, 이에 대해 江陵 일대의 남군 지역을 지칭한 것으로 보는 연구가 있다.[54] 그러나 『史記·秦始皇本紀』에서 "수졸 진승이 故荊

新地人盜, 衷唯毋方行新地."

51 『里耶秦簡牘校釋』(第一卷), p.343: "課廿四年畜息子得錢殿. 沮守周主. 爲新地吏, 令縣論言史(事)."

52 "漢陰"에 대해 기존 판본은 "薑(蕩)陰"으로 석독했다(『里耶發掘報告』, p.182). 그러나 『里耶秦簡牘校釋』(第一卷)은 이와 같이 수정했는데, 그 최초의 문제제기는 陳劍(「讀秦漢簡札記三篇」, 復旦大學出土文獻與古文字研究中心網站(http://www.gwz.fudan.edu.cn), 2011年6月4日)에 의해 이루어졌다.

53 『里耶秦簡牘校釋』(第一卷), p.72: "前日言競陵漢陰狼假遷陵公船一, 袤三丈三尺, 名曰□, 以求故荊積瓦."

54 馬怡, 「里耶秦簡選校」, 簡帛網(http://www.bsm.org.cn/show_article.php?id=86), 2005年11月14日(中國社會科學院歷史研究所學刊編委會 編, 『中國社會科學院歷史研究所學刊』, 2012 재수록) ; 李成珪, 「里耶秦簡 南陽戶人 戶籍과 秦의 遷徙政策」.

地에서 반란을 일으켜, 국명을 '張楚'라 하였다."[55]라고 한 것에서 알 수 있듯이, '故荊'은 통일전쟁 이후 점령된 초지를 지칭했다. 張榮强 또한 그 해석에 이의를 제기하며, 만약 '故荊'이 남군이라면 競陵에 거주했던 '狼'이 왜 군이 먼 천릉현으로 와서 公船을 빌렸는지 의문을 표했다.[56] 여기에 부연하면, 남군 일대를 지칭하고자 하면 공문서에 굳이 '故荊'이라는 단어를 쓸 필요가 없다. 여기에서 말한 '故荊'은 응당 초 멸망 후에 새로 점령된 초지로, '荊新地'와 의미가 유사한 이칭일 것이다.

종합하면, '荊新地' 및 '故荊'과 같이, '荊'으로 언급된 지역은 모두 새로 점령된 楚地를 말한다. 秦王政 25년(B.C.222) 이후 南陽郡은 '荊'으로 칭해졌을 리 없고, 南郡 역시 동일한 이유로 '荊'으로 지칭되지 않았을 것이다. 이미 앞 절에서 남군은 신지에 속하지 않고 '楚地'와는 구분되었음을 지적했는데, 본 절의 남양 관련 분석을 통해서도 그 관점이 다시 한 번 증명된다.

III 중원 일대의 '新地'와 '故徹'

戰國 시기 각 국의 진정한 각축장은 남방의 楚地가 아닌 중원 지역이었다. 때문에 해당 지역 秦의 군현 설치 또한 그에 상응하는 복잡다단함을 보인다. 秦帝國의 '新地'가 진 중앙의 어떠한 인식체계 하에서 구획되었는가를 파악하기 위해서는 남방보다는 중원의 사례에 더 주목할 필요가 있다. 그러나

---

55 『史記』卷6「秦始皇本紀」, p.269: "戍卒陳勝等反故荊地, 爲'張楚'."

56 張榮强, 「湖南里耶所出"秦代遷陵縣南陽里户版"硏究」, 『北京師範大學學報』(社會科學版)2008年第4期, p.75.

지금까지의 출토자료는 모두 오늘날 湖北·湖南 지역을 배경으로 한다. 이것이 북방이 남방에 비해 중시되지 않았음을 의미하지는 않을 것이므로, 관련 정보는 보다 신중히 다루어질 필요가 있다. 아래에 소개될 중원 지역 사례는 지금까지의 한정된 사료에 근거한 유추이므로, 차후 발견될 자료에 따라 수정의 여지가 큰 사안임을 우선 밝혀둔다.

비교적 최근에 공표된 『嶽麓秦簡』(伍) 중에는 '新地' 관련 문제의 보다 세부적인 사항을 적시한 법령이 포함되어 있다. 해당 조문을 다음과 같이 인용한다.

- 定陰(陶) 忠[57]이 말하길, "律에 이르길, '顯大夫[58]가 죄가 있어 징벌이 파면 이상에 해당할 경우 함부로 단죄해서는 안 되고 반드시 제청해야 한다'라고 했습니다. 지금 南郡司馬 慶은 과거 冤句令[59]에 재직 시 고과를 위

---

[57] '定陰'의 '陰'은 秦漢시기에 흔히 陶와 혼용해서 쓰인다(劉釗, 「『張家山漢墓竹簡』釋文註釋商榷(一)」, 『古籍整理研究學刊』, 2003年第5期, p.2 참조). 한 예로 『二年律令·秩律』에는 '官陶'를 '官陰'이라 표기했다(『二年律令與奏讞書』, p.282). 따라서 定陰은 定陶를 다르게 표기한 것으로 판단할 수 있을 것이다. 그 故址는 현 山東省 定陶縣 서북쪽으로 4리 떨어져 있다(后曉榮, 『秦代政區地理』, 社會科學文獻出版社, 2009, p.219 참조). 또 '定陶忠'이라 하면 이름이 忠인 定陶 縣令을 말한다. 관직을 생략하고 지명과 이름만을 표기하는 것은 관할 지역 혹은 기구의 장관을 지칭하는 진한대 문서 행정의 일반적 관례이다(劉樂賢, 「里耶秦簡和孔家坡漢簡中的職官省稱」, 『文物』2007年第9期 참조).

[58] '顯大夫'는 王 측근의 宦이나 지인 및 秩祿이 600石 이상에 이르는 吏員을 지칭한다(『睡虎地秦墓竹簡』, p.139: "可(何)謂'宦者顯大夫?'·宦及智(知)於王, 及六百石吏以上, 皆謂'顯大夫'. [一九一]").

[59] 冤句는 전래문헌 중 秦末에는 주로 '宛朐'로, 漢代에는 '冤句'로 기록되어 있다. 상기한 자료를 통해 진한대 모두 '冤句'縣으로 지칭되었음을 알 수 있다. 그 故址는 현 山東省 荷澤市 서남쪽에 위치해 있다(后曉榮, 『秦代政區地理』, p.227 참조).

조해 파면에 해당하나, 옛 질록으로써 新地吏 4년에 처해져 파면되지 않았으니, 慶의 논처를 제청합니다." 制書에 이르길, "무릇 징벌이 파면에 해당하나 신지리에 임명되어 파면되지 않은 경우는 파면이 아니다. 차후에 이같은 사례는 상언하지 말라." · 이십육**60**

    내용의 전후관계에 따라 상기한 조문을 정리하면 다음과 같다. 1) 현 南郡司馬 '慶'은 과거에 冤句縣令 재직시 고과를 위조한 것으로 밝혀져, 옛 질록을 유지한 채 新地吏로 4년 근무하는 처분이 내려졌다. 2) 그런데 600石 이상 吏員의 파면 사항을 함부로 처단해서는 안 된다는 기존 법률에 근거해, 定陶縣令 '忠'이 관련 사실을 중앙에 제청했다. 3) 이에 중앙은 신지리 임명은 파면 사항에 해당하지 않으므로 차후 관련 사례는 상언하지 않도록 制書를 내려 성문화 했다. 덧붙여 말하면, 신지리 임명에 관한 새로운 법령이 제정되면서 秦朝廷이 관리 파면에 관한 기존 법률을 조정한 사실을 상기한 조문을 통해 알 수 있다.

    新地의 범위와 관련하여 무엇보다 定陶·冤句 이 두 지명을 주목할 필요가 있다. 朱錦程은 자신의 논문에서 상기한 두 縣이 東郡에 속한 것으로 파악했다. 또 이에 기초하여 당시의 東郡이 신지였다고 주장했다. 동군을 신지라 파악한 근거로 그는 '慶'의 논처를 제청한 주체가 정도현령 '忠'이라는 사실을 들었다. '慶'이 신지리로 근무한 곳이 정도현이라 추정하고, 그렇다면 이것이

---

60 이상 내용의 釋文은 다음과 같다. 陳松長 主編, 『嶽麓書院藏秦簡』(伍), 上海辭書出版社, 2017(이하『嶽麓書院藏秦簡』(伍)로 약칭), pp.56-57: "・定陰忠言, 律曰: '顯大夫有睪當廢以上勿擅斷, 必請之.' 今南郡司馬慶故爲冤句令, (詐)課, 當 [053正] 廢官, 令以故秩爲新地吏四歲而勿廢, 請論慶. 制書曰: '諸當廢而爲新地吏勿廢者, 卽非廢. [054正] 已後此等勿言.' · 廿六 [055正]"

동군을 신지로 정의할 근거가 된다고 판단한 것이다.[61] 하지만 이 논리에는 비약이 존재하는데, 당사자들의 소재지로 등장한 定陶 및 冤句의 지역 특성과 사건 전후의 시간 관계를 보다 정밀히 파악할 필요가 있다.

우선 범위를 좁혀 定陶縣을 新地로 판단한 설을 다시 검토해보자. 사실 정도현령이 '慶'의 논처를 제청했다고 해서 반드시 그 지역이 '경'의 근무지였다고 볼 근거는 없다. 그것을 판단하기 이전에 법령이 '경'을 '과거(故) 冤句令'이었으며 '현재(今) 南郡司馬'라고 칭한 것을 주목할 필요가 있다. 만약 '경'이 정도현의 신지리로 이미 임명되었다면 과거의 직위인 남군사마는 '故'라고 지칭되어야 한다. 그리고 질급이 '顯大夫', 즉 현령급에 해당하는 '경'이 질록을 유지한 채 신지리로 임명된다면, 직위는 응당 현령이 될 것이다. 그러나 정도현의 현령직에는 '忠'이 이미 재임 중이었다. 현령은 단수 임명이므로 정도현은 '경'의 근무지가 될 수 없다.

南郡司馬 '慶'은 新地吏로 처분되었으나 아직은 발령 대기 상태였을 것이다. 관련하여 앞 절에서 인용한 바 있는 里耶秦簡 8-1516호 木牘에서는 漢中郡 沮縣의 임시 현령 '周'가 秦王政 24년 '畜息子得錢'의 고과 부진으로 신지리에 임명되었다는 내용이 나온다. 여기서의 '주'는 26년 12월에 이르기까지 근무지에 도착하지 않아 1년 넘도록 재직이 실행되지 않았다.[62] 이와 유사하게 남군사마 '경' 또한 처분과 동시에 바로 발령이 이루어지지는 않은 것으로 보인다. 그렇다면 신지리 처분 이전 근무지인 원구현과 남군이 신지였을 가능

---

61 朱錦程,「秦對新征服地的特殊統治政策 - 以"新地吏"的選用爲例」,『湖南師範大學社會科學學報』2017年第2期, p.151.

62 『里耶秦簡牘校釋』(第一卷), p.343: "廿六年十二月癸丑朔庚申, 遷陵守祿敢言之: 沮守瘳言: 課廿四年畜Ⅰ 息子得錢殿. 沮守周主. 爲新地吏, 令縣論言史(事). •問之, 周不在Ⅱ 遷陵. 敢言之Ⅲ •以荊山道丞印行. Ⅳ [正面] 丙寅水下三刻, 啓陵乘城卒秭歸□里士五(伍)順行旁. 壬手. [背面]"

성은 없어진다. 나아가 원구현과 마찬가지로 東郡에 속한 정도현 역시 신지가 아니었을 것이다. 원구현과 정도현은 동군의 최남변에 위치해 있었으므로, 그 북서에 위치한 동군 내부 또한 응당 秦地에 해당했을 것이다.[63]

이렇듯 戰國 시기 秦이 일찍이 郡縣을 설치했던 점령지 중 東郡까지 '秦地'로 인식되었다는 근거를 찾을 수 있다. 동군은 기원전242년에 설치되었으므로, 시기적으로 보아 그 보다 앞선 시기에 설치된 군현은 모두 '秦地'에 속한 것으로 파악할 수 있을 것이다. 이제 동군 설치 이후 어느 시기까지 '秦地'의 하한이 설정되었는지 살펴보자. 관련하여 『嶽麓秦簡』(柒)의 법령 문서 중 단서가 되는 내용이 포함되어 있어 아래와 같이 소개한다.

尉讞: 中縣有罪罰當戍者及陽平吏卒當戍者, 皆署琅邪郡; 屬邦·道當戍東故徼者, 署衡山郡. [1正]
☑它如令. 綰請, 許. 而令中縣署東晦(海)郡, 泰原署四川郡, 東郡·參川·穎(潁)川署江胡郡ㄴ, 南陽 [2正] ·河內署九江郡, 南郡·上黨·屬邦·道當戍東故徼者, 署衡山郡. ☑ [3正]
綰請, 許. 而令郡有罪罰當戍者, 泰原署四川郡ㄴ, 東郡·參川·穎(潁)川署江胡郡ㄴ, 南陽·河內署九江郡. 南郡·上 [4正]

---

[63] 일반적으로 定陶와 冤句는 秦代 東郡에 소속된 것으로 인식되나(譚其驤, 『中國歷史地圖集』(第二卷), 中國地圖出版社, 1982, pp.7-8; 后曉榮, 『秦代政區地理』, 218-228쪽), 한대에 이르러 이 지역은 諸侯國 지역에 편입된다. 『二年律令·秩律』에 기록된 東郡 屬縣名 중 定陶와 冤句는 빠져 있는데(『二年律令與奏讞書』, pp.257-295), 이는 高祖代에 동군 지역이 梁國에 분할된 뒤 呂后代에 회수하는 과정에서 제외된 것으로 보인다. 그리고 景帝代에는 濟陰國에 편성되었다가 宣帝代에 定陶國으로 개칭된 후, 成帝代에는 濟陰郡 소속으로 확정되었다(『漢書』卷28上「地理志上」, p.1571). 이러한 원구·정도 지역 행정 편제의 다변한 상황은 바로 진대에 형성된 경계적 특성이 지속된 영향일 것이다.

[缺1]

者, 署 衡山郡, 它如令. 一 [5正]⁶⁴

전체 簡册의 구성은 殘缺로 인해 완전하지 않다. 게다가 일부 중첩된 것으로 보이는 내용도 삽입되어 있다. 이를 전후 문맥에 따라 정리하면, 법령은 尉가 논의한 부분과 丞相으로 추정되는 綰⁶⁵이 이를 수정·확대하여 제정한 부분으로 구성되었을 것이다. 이에 따라 문서 전체 구성을 다음과 같이 복원할 수 있다.

尉議: 中縣有罪罰當戍者及陽平吏卒當戍者, 皆署琅邪郡; 屬邦·道當戍東故徼者, 署衡山郡. 它如令.

綰請許: 而令中縣署東晦(海)郡, 而令郡有罪罰當戍者, 泰原署四川郡; 東郡·參川·穎(潁)川署江胡郡; 南陽·河內署九江郡; 南郡·上黨·屬邦·道當戍東故徼者, 署衡山郡. 它如令.

문서는 '中縣', 즉 경기 지역에 해당하는 內史의 罰戍者와 '郡'의 벌수자의 파견 지역을 각각 구분하여 지정했다. "지명A+'署'+지명B"로 된 문법 구조를 병렬하고 있는데, 여기서 '署'는 서술어로서 벌수자를 관리하는 담당 혹은 책

---

64 陳松長 主編, 『嶽麓書院藏秦簡』(柒), 上海辭書出版社, 2022(이하 『嶽麓書院藏秦簡』(柒)로 약칭), pp.61-62.

65 于薇, 「試論嶽麓秦簡中"江胡郡"卽"淮陽郡"」, 簡帛網(www.bsm.org.cn/show_article.php?id=1090), 2009年6月17日. 한편 王偉, 「嶽麓書院藏秦簡所見秦郡名稱補正」, 『考古與文物』2010年第5期, p.101은 그가 '州陵守綰'으로 문서가 州陵의 임시 縣令이 南郡으로 발송한 것이라고 파악했다. 그러나 詔書를 제정하는 격식상, 문서는 중앙의 丞相 혹은 御史大夫에 의해 제작되었다고 보는 것이 합리적이다.

임을 의미하는 것으로 이해할 수 있다.[66] 이에 따라 그 의미를 해석하면 다음과 같다.

> 尉가 논의합니다. 中縣에서 죄의 처벌로서 戍에 해당한 것 및 陽平의 吏卒이 戍에 해당한 자가 있으면, 모두 琅邪郡에서 관리합니다. <u>屬邦·道에서 東故徼에 가서 戍하는 것에 해당한 경우</u> 衡山郡에서 관리합니다.
> 綰이 윤허를 청합니다. 만약 中縣에서 죄의 처벌로서 戍에 해당한 자가 있으면 東海郡에서 관리하고, 만약 郡에서 죄의 처벌로서 戍에 해당한 자가 있으면 泰原은 四川郡에서 관리하고, 東郡·參川郡·潁川郡은 江胡郡에서 관리하며, 南陽·河內는 九江郡에서 관리하고, 南郡·上黨郡 및 <u>屬邦·道에서 東故徼에 가서 戍하는 것에 해당한 경우</u> 衡山郡에서 관리하도록 합니다.

해당 문서는 일찍이 석문이 공표되기 전부터 여러 학자들의 주목을 받아왔다. 그 중 문장 속 南郡의 위치에 관해 분석한 曹旅寧의 연구는 재차 참고할 가치가 있다. 그는 '南郡'이 출현한 전후의 구두점을 "南陽·河內署九江郡·南郡;上黨……"으로 해서는 안 되고, "南陽·河內署九江郡; 南郡·上黨……"으로 해야 함을 환기하며 그 이유를 다음과 같이 설명했다. "南郡은 楚의 故地이긴 하지만, 일찍이 秦國에 귀속된 지역으로 (秦이) 획득한 楚의 新地가 아니었고, 令文은 획득한 楚의 新地에 (수변자를) 보강하는 것을 主旨로 한다."[67]

南郡과 관련한 曹旅寧의 해석은 본문이 앞서 분석한 사실과 부합한다. 더불어 동일한 논리를 중원 지역 군현에 적용하면, 東郡은 江胡郡으로 罰戍者를

---

66   睡虎地秦簡整理小組, 『睡虎地秦墓竹簡』, 文物出版社, 1978, p.78에서 '署君子'를 해석할 때 戍城 업무를 일정 부분씩 분담하여 방어하는 것을 '署'라 한다고 설명했다. 기본적으로는 '署'는 戍의 업무를 책임지고 관리한다는 의미로 이해된다.

67   曹旅寧, 「嶽麓書院新藏秦簡叢考」, 『華東政法大學學報』 2009年 第6期, p.99.

인계하는 주체이므로 新地가 아닌 故地, 즉 '秦地'로 구분하는 것이 가능하다. 뿐만 아니라 동군보다 훨씬 늦은 秦王政17년(B.C.230)에 설치된 潁川郡 또한 벌수자를 인계하는 군으로 분류되었다.

법령은 이 뿐만 아니라 이어지는 내용이 더 있었던 것으로 보인다. 아래와 같이 인용한다.

☑……□勿賞↳, 所新取荊 [6正]
☑能入而當戍請(淸)河·河間·恒山者, 盡遣戍荊新地; 淸河·河間當戍者, 各戍 [7正]
[缺02]⁶⁸

7번간에서 淸河·河間·恒山의 郡名을 지정한 해당 조문은 두 가지의 다른 상황을 상정했다. 즉, 상황은 "當戍淸河·河間·恒山者"와 "淸河·河間當戍者"로 나누어볼 수 있다. 전자는 어떠한 형벌로 인해 "청하·하간·항산군에 가서 戍하도록 해당한 것"을 가리킨다. 그리고 후자는 "청하·하간군에 적관을 둔 자가 戍에 해당한 것"을 말한다. 7번간과 이어지는 결간 부분은 아마도 청하·하간군에서 戍로 판결 받은 자가 파견되는 근무지를 지정한 내용일 것이다. 이에 7번간 전체를 다음과 같이 해석할 수 있다.

…… 능히 납입(?)하여 淸河·河間·恒山郡에 가서 戍하는 것에 해당한 경우, 모두 荊新地에 파견하여 戍한다. 淸河·河間郡에서 戍에 해당한 경우, 각각 ……에서 戍한다.

이상의 내용을 종합하면 다음과 같다. 罰戍者를 파견하는 지역의 면면은

---

68 『嶽麓書院藏秦簡』(柒), pp.62-63.

內史를 비롯한 泰原郡·東郡·參川郡·穎川郡·南陽郡·河內郡·南郡·上黨郡과 淸河郡·河間郡·恒山郡까지 포함된다. 지정한 군들은 모두 秦이 戰國 시기 동안 정복한 關東 지역에 속한다. 시간 순으로 보면 남군과 남양군의 점령이 가장 빨랐고, 이어서 삼천·태원·상당·하내·동군이 이어진다. 그리고 秦王政 17년(B.C.230) 韓의 멸망과 함께 영천군이 설치되었다. 청하·하간·항산군은 기존 문헌에 알려지지 않은 秦 郡名이다. 시기상 이들은 秦王政19년(B.C.228) 趙를 멸망시킨 후 설치한 군일 것이다.[69]

이와 대비되는 罰戍者의 파견 지역은 東海郡·四川郡·江胡郡·九江郡·衡山郡이다.[70] 그에 앞서 '尉議'에서 琅邪郡이 파견 대상 지역으로 제기되었지만, '綰'의 제청에는 포함되지 않았다. 아마도 당시 舊六國 중 '楚地'의 상황에 더욱 중점을 두었던 秦朝廷의 의중과 관련 있을 것이다.[71] 그럼에도 불구하고

---

[69] 『史記』卷6「秦始皇本紀」, p.233: "十九年, 王翦·羌瘣盡定取趙地東陽, 得趙王." 秦郡縣의 전통 인식을 반영하는 『史記集解』은 해당 지역에 鉅鹿郡·邯鄲郡이 설치된 것으로 기록했다(『史記』卷6「秦始皇本紀」, p.239). 이는 현장의 기록인 簡牘 자료를 근거로 수정되어야 한다. 官印이 찍혀 있어 당시의 지방행정편제를 직접 반영하는 秦封泥 자료에 따르면, '邯鄲'·'鉅鹿'의 지명은 나온다. 그러나 太守印이 발견되지 않았고 丞 혹은 造工印만이 있다. 반면, '淸河大守'·'河間大守' 등의 太守印은 확실히 나온다. 그리고 恒山郡의 속관으로 보이는 '恒山侯丞'의 印도 있다(劉瑞, 『秦封泥集存』, 中國社會科學出版社, 2020, pp.804-814, p.817). 상기의 嶽麓秦簡 기록과 상호 비교하여 청하·하간·항산 3군의 존재를 확정할 수 있을 것이다.

[70] '四川郡'은 사서에서 '泗水郡'으로 알려진 군의 본명이다. 江胡郡은 會稽郡 일대 吳楚 지역이라는 설이 유력하다(陳松長,「嶽麓書院藏秦簡中的郡名考略」,『湖南大學學報』(社會科學版)2009年第2期, pp.9-10; 陳偉,「"江胡"與"州陵" 嶽麓書院藏秦簡中的兩個地名初考」,『中國歷史地理論叢』第25卷第1輯, 2010, p.117).

[71] 張家山漢簡「奏讞書」18안례를 참고할 수 있다(『二年律令與奏讞書』, p.365: "• 令: 所取荊新地多羣盜, 吏所興與羣盜遇, 去北, 以儋乏不鬭律論. 律: 儋乏不鬭, 斬."). 楚 점령지만을 특정한 법령을 따로 제정할 정도로, 秦朝廷이 다른 점령지보다 이

법령에 낭야군이 언급되었다는 것은 그것이 진시황26년 이후에 제정되었음을 보여주는 유력한 근거가 된다. 秦은 六國 중 가장 늦은 26년(B.C.221)에 이르러서야 齊를 멸망시키고 군현을 설치했다.72

관련 이해를 바탕으로 조문 중에 언급된 '東故徼'라는 용어에 주목할 필요가 있다. '고요'는 이미 里耶秦簡 8-461호 木方에서 "邊塞曰故塞"라고 한 것과 더불어 "毋塞者曰故徼"라고 한 구절에서 언급된 바 있다.73 기존 戰國 시기 秦의 변경은 제국 시기에 들어 '故塞'와 '故徼'로 개칭되었던 것을 확인할 수 있다. 상기의 법령은 대체로 內史 일대의 中縣 및 關東 지역 郡의 벌수자를 새로 점령한 '荊新地'로 파견하는 것을 요체로 한다. 그 중 기존 '동고요'에 파견되었던 벌수자들은 衡山郡으로 옮겨졌다. 그렇다면 형신지에 해당했던 형산군은 고요의 외부에 위치했다는 말이 될 것이다.

東故徼와 유사한 사례로 『嶽麓秦簡』(柒)의 법령 조문 일부에는 다음과 같은 내용도 나온다.

> 禹는 과거에 獷平獄史로서 囚簿를 만들지 않은 것에 연루되어 河間故徼에 1년 均하는 것으로 판결 받았다.74

지역의 경계에 더욱 심혈을 기울였던 것이다.

72 『史記』卷6「秦始皇本紀」, p.235: "二十六年, 齊王建與其相后勝發兵守其西界, 不通秦. 秦使將軍王賁從燕南攻齊, 得齊王建."

73 『里耶秦簡牘校釋』(第一卷), p.157. 秦更名方에 대한 자세한 연구는 游逸飛, 「里耶8-461號〈秦更名方〉選釋」, 簡帛網(http://www.bsm.org.cn/show_article.php?id=1875), 2013年8月1日 참조.

74 이는 『嶽麓秦簡』(柒) 86번간의 일부이다. 전후 맥락에 따라 79번부터 88번까지 하나의 法令이었을 것이다(『嶽麓書院藏秦簡』(柒), pp.87-90). 상세 분석은 拙稿, 「秦代 內境의 형성과 변용-秦律令 용어 故徼와 新地의 분석을 중심으로」, 『동서인문』 제22호, 2023 참고.

律令 용어에 있어 '河間'이라는 지명은 혼동의 여지없이 엄밀히 설정되어 있었을 것이다. 앞서 보았듯이, 秦은 趙를 멸망시키고 그 지역 일부에 河間郡을 설치했다. 그렇다면 행정편제상 명명된 郡名을 기준으로, '하간고요'의 이름은 곧 '하간군에 있는 고요'를 지칭했을 것이다. 이를 미루어 볼 때 '東故徼'의 명칭은 '동군에 있는 고요'를 의미하는 것은 아닐까? 아마도 동군·하간군과 같이 후기에 점령한 군을 경계로 故徼가 구축되었고, 그 외부를 신지로 구획했다고 추정할 수 있다.

新地는 지리 구획인 동시에 시간이 설정된 개념이다. 즉, 일정한 시간이 지나면 '새로운(新)' 지역은 자연히 '옛(故)' 지역이 된다. 진율령은 신지의 기한을 어떻게 설정했을까? 이에 단서가 될 만한 내용이 『嶽麓秦簡(伍)』30호간에 기재되어 있다.

> (秦始皇)26년 정월 14일(丙申) 이래, 新地에서 관리가 된지 6년 미만일 때 反盜가 출몰하면……[75]

즉, 해당 法令은 新地에 임명된 관리의 재직 기간 6년을 기준으로 경계 근무의 강도를 달리 적용했다. 여기서 제시된 '6년'이 반드시 新地가 故地로 전환되는 기한이었다고 단정할 수는 없다. 다만, 신지 吏員에 대한 처벌 완화 조치는 해당 지역 경계 태세의 완화와 연동되는 문제이기 때문에, 6년을 기준으로 법 적용에 변화가 있었을 것임은 예상할 수 있다.

그와 더불어, 秦始皇26년(B.C.221) 正月 丙申(14일)[76]을 기준으로 앞선

---

75 『嶽麓書院藏秦簡』(伍), p.48: "廿六年正月丙申以來, 新地爲官未盈六歲即有反盜…… [030正]"

76 기존의 朔閏 계산에서 秦始皇26년 정월 삭일은 壬午로, 이로부터 추산하면 丙申은 15일이 된다(張培瑜, 『三千五百年曆日天象』, 大象出版社, 1997, p.59). 그러나 최

표 4 秦의 六國 정복 상황[77]

연 대 '廿六年正月丙申'기준		문헌 기록	簡牘 郡縣名과 비교
B.C.230(秦王政17년)	6년 이상	· 韓 멸망	· 潁川郡
B.C.229(18년)			
B.C.228(19년)		· 趙 멸망, 잔여 세력 代 건립	· 淸河郡, 河間郡, 恒山郡
B.C.227(20년)	6년 미만		
B.C.226(21년)		· 燕 수도 함락, 잔여 세력 遼東으로 퇴각	· 獷陽縣
B.C.225(22년)		· 魏 멸망	
B.C.224(23년)			
B.C.223(24년)		· 楚 멸망	· 東海郡, 四川郡, 江胡郡, 九江郡, 衡山郡
B.C.222(25년)		· 遼東 燕 멸망, 代 멸망, 楚 江南地 복속	· 遼東郡 · 洞庭郡, 蒼梧郡
B.C.221(秦始皇26년)		· 齊 멸망	· 琅邪郡

6년의 시간대에 있는 대 六國 정복 전쟁 상황을 시계열에 따라 정리하면, 한 가지 특이점을 발견할 수 있다.

표 4에서 6년 이상이 지난 趙의 점령 상황을 우선 살펴보면, 비록 조의 계보를 이은 代가 여전히 秦에 저항하고 있었지만 『史記·秦始皇本紀』에서는 이때 조가 멸망했다고 확정했다. 秦始皇26년 帝國 체제로 재편하며 故徼 내에 河間郡을 포함시킨 것은 이러한 내력이 작용했을 것이다. 그리고 燕 → 魏 → 楚(東海·四川·江胡·九江·衡山郡) → 遼東·代·洞庭郡·蒼梧郡 → 齊의 점령 순으로 6년의 기한을 두고 점차 경계를 완화했을 것이다.

근 출토 간독을 근거로 계산한 李忠林의 연구에 따르면 진시황26년 정월의 삭일은 癸未이다(「秦至漢初(前246至前104)曆法硏究 – 以出土曆簡爲中心」, 『中國史硏究』2012年第2期, p.65). 이에 근거하여 14일로 환산한다.

77 표 4의 시계열은 『史記』卷6「秦始皇本紀」, pp.232-235의 기록을 기준으로 했다.

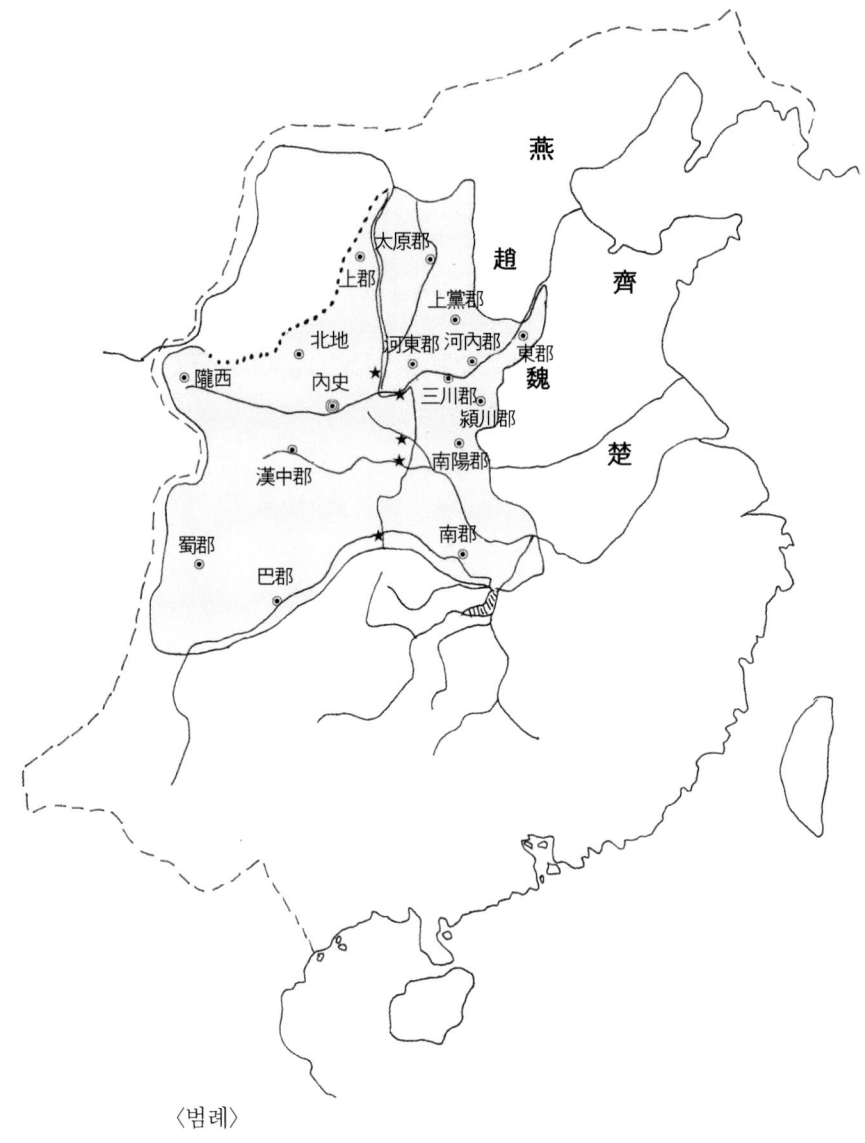

〈범례〉
★ 五關(북쪽에서부터): 臨晉關, 函谷關, 武關, 鄖關, 扞關
　　기원전 230년 진의 세력 범위
---- 秦帝國 최대 강역

그림 4　**秦王政17~19년(B.C.230~B.C.228) 세력 범위도**

이처럼 秦帝國 시기 '新地'로 대변되는 영토 구획은 그 일대 지역을 구분하는 핵심 단서라 할 수 있다. 상기한 嶽麓秦簡에서 보듯이 '故徼'·'故塞', 혹은 '東故徼'·'河間故徼' 등의 방어시설이 이를 구분하는 주요 지리 기준이었을 것이다. 관련하여 진한 율령에서는 '關外'·'徼外' 등의 용어가 빈번히 언급된다. 이는 해당 문제가 진대 뿐 만 아닌 한대까지 이어지는 장기 국면의 성격을 반영하고 있음을 보여준다. '秦地'와 '新地', 내지 '關外'와 '徼外' 개념의 진한 계승 문제는 후술할 제2부에서 구체적으로 다루도록 하겠다. 일단 제1부의 남은 장절에서는 진대의 사안에 보다 집중할 것이다. 특히 南郡 일대는 신지와 상대를 이루었던 關外의 秦地인 동시에 현재 진한 간독자료가 집중 출토되고 있는 지역으로서, 해당 지역과 주변 신지의 보다 분명한 차이를 규명하는 것이 가능하다. 그리고 '新地'의 주요 인적 구성원이라 할 수 있는 '新地吏'·'新黔首'등에 관한 구체적인 증언들이 출토자료에 포함되어 있어 이 또한 상세한 검토가 필요하다.

#03

'楚人'과 '秦人' 정체성의 경계 – 南郡의 사례

　　陳勝·吳廣의 봉기를 필두로 시작된 反秦 전쟁에서 楚 지역 정치세력의 역할이 가장 지대하였고 주도적이었다는 것은 이미 주지의 사실이다. 이는 前漢 초기 당대인의 역사인식을 통해서도 증명이 된다. 각종 출토 자료에서 陳勝이 세운 국명인 張楚가 기록되어 있다는 점,[1] 『史記』에서 項羽와 陳勝을 각

1　국명 '張楚'에 대한 문헌 기록은 다음과 같다. 『史記』卷48 「陳涉世家」, p.1942: "三老·豪傑皆曰, '將軍身被堅執銳, 伐無道, 誅暴秦, 復立楚國之社稷, 功宜爲王.' 陳涉乃立爲王, 號爲張楚." 馬王堆3號漢墓帛書 「五星占」의 '張楚' 기록은 최초 공식 발표된 釋文인 馬王堆漢墓帛書整理小組, 「≪五星占≫附表釋文」, 『文物』1974年第11期, p.38을 참조. '張楚'에 대한 문제를 전문적으로 다룬 중국 학계의 연구 성과는 다음을 참조할 수 있다. 田余慶, 「說張楚」, 『歷史研究』1989年第2期(『秦漢魏晉史探微』(重訂本), 中華書局, 2011, 재수록); 劉乃和, 「帛書所記"張楚"國號與西漢法家政治」, 『文物』1975年第5期; 鮑善淳, 「張楚非國號辨」, 『文史哲』1979年第5期; 張政烺, 「關於張楚問題的一封信」, 『文史哲』1979年第6期. 그 외에 현재 정리 중인 湖南省 益陽市 兎子山 遺址에서 출토된 漢簡 중에는 "張楚之歲"라고 기록된 簡牘이 포함되어 있

각「本紀」와「世家」로 격상시켜 편성한 점, 그리고 司馬遷이「秦楚之際年表」의 서문에서 "처음에 난을 일으킨 것은 陳涉에서 시작했고, 포악하고 맹렬하게 秦을 멸망시킨 것은 項氏부터였으며, 난폭함을 제압하고 다스려 海內를 평정하여 끝내 황제의 지위를 실천하게 된 것은 漢家에 의해 이루어졌다"[2]라고 한 것 등은 당시 사람들이 秦漢 교체기에 활동했던 楚人의 역할을 중요하게 인식했다는 점을 보여준다.

陳蘇鎭은 당시 反秦 전쟁에 참여한 楚人의 특징을 다음과 같이 요약했다. 첫째, 초인의 반진은 매우 선명한 자발성을 나타낸다. 둘째, 초지역의 백성들 역시 이를 적극 지지하여 반진에 참여했다. 셋째, 楚軍은 다른 지역의 봉기군과 달리 '亡秦'을 지향했고, 그 공격대상은 시종 咸陽을 지향했다. 이러한 경향은 齊·趙·燕·韓·魏 등의 지역에서 일어난 반진 전쟁과는 매우 대조되는 현상이었다. 따라서 진의 주요 위협세력은 바로 초였으며, 그들에 의해 반진 전쟁이 주도적으로 이루어졌음을 이를 미루어 알 수 있다는 것이다.[3]

나는 이에 대해 대체로 동의하지만 관련 문제는 보다 구체적으로 분석될 필요가 있다고 생각한다. 우선 楚의 지리 범위를 분명하게 개념화할 필요가 있다. 특히 秦漢 교체시기에 이른 南郡을 초의 멸망과 더불어 귀속된 초지와 동일하게 규정할 수 있을까? 기존의 많은 학자들은 秦·楚의 문화충돌과 반진 정서를 논할 때에 전후 시기가 다른 '楚地'를 구분하지 않고 南郡 지역에서 발

    음이 보도 매체를 통해 전해진다. 이를 미루어 볼때, '張楚'에 대한 논의는 장차 더욱 구체적인 연구 성과가 나올 것으로 기대된다.(http://news.xinhuanet.com/local/2013-07/24/c_116663499.htm)

2 『史記』卷16「秦楚之際年表」, p.759: "初作難, 發於陳涉 虐戾滅秦, 自項氏 撥亂誅暴, 平定海內, 卒踐帝祚, 成於漢家."

3 陳蘇鎭,「西漢再建帝業的道路-儒術興起的歷史背景」,『≪春秋≫與「漢道」: 兩漢政治與政治文化研究』, 中華書局, 2011, pp.15-28.

굴된 자료를 주요 논거로 삼는 경우가 많았다. 때 마침 발굴된 睡虎地秦簡은 실증 연구의 희망을 증폭시켰고, 湖北지역 출토 秦簡에 반영된 초문화 요소와 진문화의 융합 혹은 충돌, 나아가 진의 초지 통치의 한계에까지 이어지는 상상력의 시험장이 펼쳐졌다.[4] 하지만 앞서 지적했듯이 수호지진간 연구는 이제 검증의 시간을 가질 필요가 있다.

앞 장에서 대략 살펴보았듯이 南郡은 秦이 六國을 통일할 시기에 이르러 '秦地'에 속하게 된다. 따라서 남군 거주민은 자연히 '秦人'으로 분류되었던 것인데, 그렇다면 기존의 睡虎地秦簡 연구에서 남군의 정치형세를 통해 '楚遺民'의 반진정서를 읽어냈던 사실은 어떻게 생각해야 할까? 관련 자료가 늘어난 만큼 성급한 일반화를 배제하고 남군 자체의 문제에 한정해 기초부터 새롭게 분석할 필요가 있다.

---

[4] 그 일례로 睡虎地 11호 墓主 喜의 출신에 대한 논쟁을 들 수 있다. 묘주 喜가 楚人이라고 주장한 연구는 商慶夫,「睡虎地秦簡編年記的作者及其思想研究」,『文史哲』1980年第4期;「再論秦簡編年記的作者及其思想傾向」,『文史哲』1987年第6期; 松崎つねこ,「睡虎地十一號秦墓竹簡編年記よりみる墓主喜について」,『東洋學報』61-3·4, 1980; 松崎恒子,「從湖北秦墓看秦的統一和戰國傳統文化的融合」,『中國史研究』1989年第1期 등을 들 수 있다. 특히 商慶夫는 睡虎地秦簡「編年記」의 행간을 살펴보면 작자가 은연중에 秦에 대한 부정적인 태도를 내비치고 있음을 발견할 수 있다고 주장하며, 이것이 墓主 喜가 楚人임을 나타내는 증거라고 판단했다. 한편 松崎つねこ는 묘주 喜가 楚人일 가능성을 견지하면서도, 湖北省 일대의 묘장 중 秦墓의 양식이 다수를 차지함을 인정하였다. 하지만 이는 楚문화 지역에 秦문화 침투로 인한 문화융합 현상에 기인한 것이지, 그들이 반드시 秦人임을 증명하는 것은 아님을 주장했다. 그 외에 睡虎地秦簡을 근거로 하여 秦帝國의 통치와 지역 문화의 관계를 논한 연구로는 李成珪,「秦帝國의 舊六國統治와 그 限界」,『閔錫泓博士華甲紀念史學論叢』, 三英社, 1985; 任仲爀,「秦帝國의 통치이념과 실제 - 睡虎地秦簡을 중심으로」,『淑大史論』21, 1999; 工藤元男,「睡虎地秦簡よりみた戰國秦の法と習俗」,『睡虎地秦簡よりみた秦代の國家と社會』, 創文社, 1998 등이 있다.

江漢平原에 南郡이 설치되었던 초기에, 남군 인구는 아마도 秦으로부터 온 이주민과 기존 楚 시절의 원주민으로 구성되었을 것이다. 달리 말해 이들을 각각 '秦遷徙民'과 '楚遺民'으로 상정할 수 있다. 문제는 이러한 다층적인 인군을 일괄 秦人으로 단정할 수 있느냐이다. 남군이 설치되어 진이 장기간 통치를 진행한 상황 하에, 초유민은 완전히 동화되어 진인으로 전환되었던 것일까, 아니면 그 후예들이 계속해서 초인의 정체성을 유지하며 자신들을 진인과 구분했을까? 그것이 이 장에서 주목하는 남군 '秦人'의 핵심 문제이다.

I 南郡의 '秦人'과 '荊新地'의 '荊人'

南郡은 과거 楚의 중심지역인 동시에, 秦帝國期에 이르러서는 '秦地'로 규정된 복합적 성격을 지닌 지역이다. 남군 지역에서 발생한 현상은 秦·楚의 보편성으로 접근하기 보다는 남군만의 특수성을 우선 고려해야 할 것이다. 특히 秦簡을 사료로 이용할 때 진 혹은 초 한쪽에 치우친 보편 담론을 도출시키는 것에 신중할 필요가 있다.

그에 대한 예로 우선 睡虎地秦簡「語書」의 사료적 가치를 재고해 보고자 한다.[5] 「語書」는 戰國 통일을 전후한 시기 秦 지방통치의 한 측면을 보여주는 중요한 자료로 인정받아 왔다. 문서는 秦王政 20년(B.C.227) 南郡守 '騰'이 그 관할의 縣·道 吏員을 대상으로 반포한 공문서와 이원의 품행을 교화할 목적으로 배포된 口訣 문서로 나누어 볼 수 있다. 그 중 첫 번째 문서에 당시 남군의 상황을 짐작할만한 내용이 비교적 풍부히 기재되어 있다.

---

5 『睡虎地秦墓竹簡』, pp.13-16.

관련 사실의 이해는 주로 「語書」에서 언급한 '風俗' 혹은 '惡俗', '法律令'의 실체를 어떻게 이해하느냐에 집중되어 있다. 그 일부 내용을 분석해 보도록 하자.

> 옛날 민간에는 각기 '鄕俗'이 있었고, 그 이로운 바와 좋고 나쁜 것이 서로 달라서, 민에게 이롭지 못하거나 나라에 해가 되는 것도 있었다. 이에 聖王이 법도를 만들어, 민심을 교정하고 사악한 행위를 없애어 '惡俗'을 제거하였다. 그런데 법률이 충분히 완비되지 못하여 백성이 거짓을 꾸미는 일이 많아지고, 그러한 까닭에 나중에는 국가의 令을 어지럽히는 자가 생겨나게 되었다. 무릇 法律令이라는 것은 백성을 교도하고 사악한 행위를 없애어 '惡俗'을 제거함으로써, 백성으로 하여금 선량한 상태에 이르도록 하는 것이다.
>
> 지금 法律令이 이미 갖추어져 있으나, 관리와 백성이 이를 준수하지 않고 '鄕俗'을 음란케 하는 백성이 끊이지 않는데, 이것은 군주의 밝은 법을 폐하는 것이고, 사악하고 음란한 백성이 날뛰도록 조장하는 것이니, 이는 나라에 심각한 해가 되고 민에게 이롭지 못한 것이다. 그러므로 騰은 이를 바로잡기 위하여 法律令·田令 및 간사한 행위를 징벌하는 법령(爲間私方)을 정비하여 이를 하달하고, 관리들에게 이를 분명하게 반포하게 하여, 吏와 民 모두로 하여금 이를 분명히 알고 죄를 범하지 못하도록 하였다.[6]

---

6 『睡虎地秦墓竹簡』, p.13: "古者, 民各有鄕俗, 其所利及好惡不同, 或不便於民, 害於邦. 是以聖王作爲法度, 以矯端民心, 去其邪避(僻), 除其惡俗. 法律未足, 民多邪巧, 故後有間令下者. 凡法律令者, 以敎道(導)民, 去其淫避(僻), 除其惡俗, 而使之之於爲善殹(也). 今法律令已具矣, 而吏民莫用, 鄕俗淫失(泆)之民不止, 是卽法(廢)主之明法殹(也), 而長邪避(僻)淫失(泆)之民, 甚害於邦, 不便於民. 故騰爲是而脩法律令·田令及爲間私方而下之, 令吏明布, 令吏民皆明智(知)之, 毋巨(詎)於罪." 『睡虎地秦墓竹簡譯註』, pp.65-66 해석 참조.

여기서의 '鄕俗'및 '惡俗' 그리고 '法律令'의 관계에 대해 자세히 음미해 볼 필요가 있다. 南郡守 '騰'은 향속 내에 악속이 존재하므로 법율령을 준수하여 이를 바로잡아야 한다고 설파했다. 문서에서 법률이 이미 갖추어져 있는데도 吏員들이 준수하지 않는 것, 풍속을 음란하게 하는 백성이 끊이지 않아 "法律令·田令 및 간사한 행위를 징벌하는 법령"을 정비하였다고 말한 것을 볼 때, '악속'은 법을 준수하지 않는 행위를 통칭한 것으로 보인다. 불법의 만연은 어떤 면에서 남군에 잔재한 초문화가 秦의 통치방식과 완전히 융화되지 못하고 있었음을 시사한다. 이것을 기존 연구에서는 진·초문화 충돌의 한 사례로 파악해 왔다.

南郡의 불안정성은 같은 시기의 인근 지역, 혹은 같은 지역의 전후 시기 상황과 비교하여 상대적인 정도를 알 수 있다. 같은 시기 주변 지역의 상황은 張家山漢簡「奏讞書」18안례와 睡虎地4號秦墓 6호 木牘을 통해 비교가 가능하다.

① • 令: 점령한 荊新地는 群盜가 많은 바, 吏가 동원한 병력이 群盜와 조우했을 때, (전투를 피하고) 도망가면, 僥乏不鬪律로 논할 것이다. 律: 僥乏不鬪는 斬刑에 처한다. 함부로 죄수를 빼돌려 풀어준 경우, 사형죄에 해당하는 죄수라면, (죄수를 풀어준 자를) 黥爲城旦으로 처벌하고, 爵位가 上造 이상이라면 耐爲鬼薪으로 처벌하는데, 이러한 법률에 의거하여 庫를 처벌한다. • 그 처벌은 다음과 같다: 庫는 응당 耐爲鬼薪으로 처벌한다. 庫는 구금해두었다.[7]

② 新地의 사람들은 盜이니, 吏께서는 부디 新地에 가지 않으셔야 합니다.

---

7 『二年律令與奏讞書』, p.365: "• 令: 所取荊新地多群盜, 吏所興與群盜遇, 去北, 以僥乏不鬪律論. 律: 僥乏不鬪, 斬. 篡遂縱囚, 死罪囚, 黥爲城旦, 上造以上耐爲鬼薪, 以此當庫. • 當之: 庫當耐爲鬼薪. • 庫縠(繫)"

급하고도, 급하고도, 급합니다.[8]

①의 원본은 秦始皇 26년(B.C.221) 경에 작성된 것으로 보이고, ②는 秦王政 23년 혹은 24년 경에 해당할 것이다. 그런데 ①이 「奏讞書」의 案例에서 인용되었다는 것은 문서 작성 전에 이미 관련 율령이 존재했다는 의미이기 때문에, 실제 반포 시기는 그보다 더 이른 시기일 것이다. 따라서 ①②는 거의 동일한 시기의 상황을 반영한다.

두 자료에서 공통으로 언급되고 있는 것은 '新地'에 盜가 출현한다는 점이다. ①에서는 '荊新地'에 群盜가 많다는 것을 언급한 다음, 그 체포 담당 吏員의 전투 기피 행위에 대해 斬刑에 처한다는 令을 내렸다. ②의 경우 전쟁에 참여했던 병사가 새로 점령한 '新地'의 사람을 '盜'라고 칭하며 친속인 '衷'에게 '新地'에 가지 말기를 서신으로 당부한 것으로, ①에서 언급된 실상의 신빙성을 더해준다. 이에 반해 「語書」에서는 군도가 많이 출현한다거나 이원들이 이들과 전투를 기피하는 정도의 심각한 사안은 다루지 않았다. 주로 惡俗이 南郡 지역에 여전히 성행하고 이것이 이원들에 의해 묵인되고 있는 현실을 지적한 것이 주된 내용이다. 이는 국가가 특별 令을 반포해야 할 상황이었던 '荊新地'와는 대조를 이룬다.

「語書」는 이어서 상기한 南郡의 문제에 대해 다음과 같은 조치를 취했다.

이제 사람을 시켜 장차 각지를 돌며 시찰케 하여, 令을 따르지 않는 자를 검거하여 조사하게 하고, 律에 따라 처벌케 하며, 그 논죄의 대상이 縣의 令·丞에까지 이르도록 하겠다. 또한 각 縣의 官吏를 심사하도록 하여, 어느 縣의 官吏가 令을 많이 어겼음에도 令·丞이 이를 발각하지 못하였을 경우,

---

8 『雲夢睡虎地秦墓』, pp.25-26: "新地人盜, 衷唯毋方行新地, 急急急."

令·丞의 행위를 상부에 보고하여 처리하도록 하겠다.[9]

이러한 조치는 ①의 처리과정과 차이가 존재한다. 「語書」는 문제를 南郡 내부에 국한하여 각 縣 속리의 위법에 대해 令·丞이 심사하고, 이를 발각 못 했을 시 郡守에게 보고하여 처리하도록 했다. 반면 ①의 경우는 蒼梧郡 예하의 攸縣에서 일어난 위법 사항에 문제가 있음을 발견한 중앙 정부가 御史의 書를 통해 인근 군인 남군의 吏員으로 하여금 그 사건을 覆治하도록 한 것이다.[10] 요컨대 「語書」는 남군 내부 문제를 사전에 해결하기 위한 지침을 하달한 경우인 반면, 「奏讞書」 18안례는 창오군의 문제에 중앙이 개입한 경우이다. 창오군의 사안이 남군의 경우보다 더욱 위협적이고 중대했다.

게다가 群盜의 진압 과정에서 패배하여 도망간 자를 '儋乏不鬪律'로 논하는 法令을 '荊新地'에 대해서만 지정하여 내렸다는 것은 이것이 일반 法律과는 다른 특별한 경우임을 시사한다.[11] 실제 이에 대한 원래의 처벌은 ①보다 훨씬 가벼웠을 것이다. 張家山漢簡 「二年律令」 '捕律'에 따르면 '群盜'를 만나 패배하여 도망친 경우는 '畏愞'(두려움에 전투를 기피한 것)이라 하여 1년에서 2년 정도의 戍邊刑으로 처벌받았다.[12] 물론 秦律이 漢律에 비해 동일한 사안에

---

9 『睡虎地秦墓竹簡』, p.13: "今且令人案行之, 擧劾不從令者, 致以律, 論及令·丞. 有(又)且課縣官, 獨多犯令而令·丞弗得者, 以令·丞聞." 『睡虎地秦墓竹簡譯註』, p.66 해석 참조.

10 『二年律令與奏讞書』, pp.363-365.

11 富谷至 編, 『江陵張家山二四七號墓出土漢律令の硏究』(譯注篇), 朋友書店, 2006, p.92은 "遇而去北"에 대한 주석에서 「奏讞書」 18안례의 法令을 인용하였고, 이것은 新占領地에 대한 특수한 사례일 것이라고 언급했다.

12 관련 법률은 다음과 같다. 『二年律令與奏讞書』, pp.148-149: "羣盜殺傷人·賊殺傷人·強盜, 卽發縣道, 縣道亟爲發吏徒足以追捕之, 尉分將, 令兼將, 亟詣盜賊發及之所, 以窮追捕之, 毋敢□界而環(還). 吏將徒, 追求盜賊, 必伍之, 盜賊以短兵殺傷其

대한 처벌이 좀 더 엄격했을 가능성은 있지만, 그것이 체포에 참여한 말단의 인원까지도 일괄 '斬刑'을 시킬 정도로 가혹했을지는 의문이다.[13]

실제 秦漢律에 있어 '儋乏不鬪'와 '畏愞'이 엄연히 다른 개념의 처벌규정이었음을 보여주는 근거가 있다. 『嶽麓秦簡』(參)의 「綰等畏愞還走案」에서는 '畏愞'이라 하여 漢律과 동일 항목의 처벌 규정이 설정되어 있었음을 확인할 수 있다.

- 鞫之(최종 심리 결과): 得·文·芻·慶·綰 등은 反寇와 전투를 하여, 대오를 갖추지 않고 符에 따라 결속하지 않아 昆가 화살에 맞아 사망하게 되고, 卒 喜 등은 짧은 무기에 찔려 사망하였다. 그들은 '畏愞'하여 46步이상

將及伍人, 而弗能捕得, 皆戍邊二歲. 卅日中能得其半以上, 盡除其罪 得不能半, 得者獨 · 死事者, 置後如律. 大痍臂䏿股胏, 或誅斬, 除. 與盜賊遇而去北, 及力足以追逮捕之而官□□□□逗留畏耎(愞)弗敢就, 奪其將爵一絡〈級〉, 免之, 毋爵者戍邊二歲 而罰其所將吏徒以卒戍邊各一歲. 興吏徒追盜賊, 已受令而逋, 以畏耎(愞)論之."

[13] 이와 유사한 규정은 唐律에서도 발견된다. 즉, "대저 罪人이 도망하여 將吏가 이미 명령을 받아 추격하여 체포해야 하는데 출동하지 않거나 지체한 경우, 비록 출동하였어도 도망자와 조우하여 병력이 충분히 대적할 수 있는데도 싸우지 않고 퇴각한 경우는 각각 罪人의 죄 1등급을 감하여 처벌한다. 싸웠으나 퇴각한 경우는 2등급의 죄를 감한다. 그 병력으로 대적할 수 없는데 싸우지 않고 퇴각한 경우는 3등급의 죄를 감하고, 싸웠으나 퇴각한 경우는 죄를 묻지 않는다."(『唐律疏議』(中華書局, 1983年版)卷第二十八「捕亡」, p.525: "諸罪人逃亡, 將吏已受使追捕, 而不行及逗留 雖行, 與亡者相遇, 人仗足敵, 不鬪而退者: 各減罪人罪一等 鬪而退者, 減二等. 卽人仗不敵, 不鬪而退者, 減三等 鬪而退者, 不坐.")라고 했다. 비록 唐律의 경우 도망간 '罪人'의 체포에 적용되는 법률이기는 하지만, 범죄자의 체포를 다루는 넓은 개념에서 볼 때 이것이 秦의 '儋乏不鬪律'보다는 漢律의 捕律을 계승하고 있음이 분명해 보인다.

을 도망갔다. 포위를 당한 자는 모두 법에 따라 처분한다.[14] 또 卒 중에서 '畏耎'하여 가장 먼저 도망한 자 및 그 다음에 도망한 자 12人을 잡아들여 完爲城旦 및 鬼薪으로 처벌한다. 또 그 다음에 도망한 자(?) 14인을 잡아들여 耐爲(……)으로 처벌한다.

……□ □ 사로잡았다. 관련 사항은 縣이 책임지고 논처하였다.[15]

여기서 "畏耎하여 46보 이상을 도망갔다"라고 罪의 여부를 판단했다. 아마도 '畏耎'罪는 그 도망친 걸음 수를 기준으로 경중을 구분했던 것 같다. 그리고 '畏耎'하여 도망한 卒을 먼저 도망친 자 및 다음에 도망친 자, 또 그 다음에 도망친 자로 구분했다. 그 형벌은 각각 完爲城旦 및 鬼薪, 耐刑과 그에 상응하는 노역형(隸臣 혹은 司寇)을 부가했다.

상기한 안건은 群盜의 진압과정 중 吏와 卒이 사망하는 일이 발생했다는 점에서 일반적인 경우보다 더 엄격한 법적용이 이루어진 사례일 것이다. 그 점을 고려하더라도 앞서 ①에서 언급된 '儋乏不鬪'의 처벌은 斬刑인 반면 '畏

---

[14] 『嶽麓書院藏秦簡』(參), p.314에서 정리자는 "致法焉"을 "법에 따라 죽인다(以法處死)"라고 번역하였는데, 이는 재고의 여지가 있다. "致法"의 의미를 死刑으로 해석할 수 없고, 어디까지나 이는 "법에 따라 治罪한다"는 뜻이다. 앞 구절에 군데군데 殘簡이 많아 隊伍를 통솔한 吏員의 처벌 기준이 무엇인지 정확히 알 수 없다. 그런데 이어지는 내용에서 도망쳤던 卒의 罪에 대해서만 '畏耎'이라 지칭하고 이에 대한 처벌을 명시한 것을 볼 때, 통솔자에 대한 법률 적용은 '畏耎'과는 다른 문제로 접근하였을 가능성도 있다.

[15] 『嶽麓書院藏秦簡』(參), pp.239-241: "·鞫之:[242正] 得·文·芻·慶·縉等與反寇戰, 不伍束符, 忌以射死, 卒喜等[□]短兵死 畏耎, 去環(還)走卌(四十)六步. 逢包[243正]皆致瀗(法)焉. 有(又)取卒畏耎(最)先去·先者次(?)十二人, 完以爲城旦·鬼薪. 有(又)取其次(?)十四人, 耐以[244正]【……】□□殹(繫). 它縣論. 【……】[245正]"

奭'에 대한 처벌은 결코 참형까지 이르지는 않았다. 두 안건은 모두 秦始皇 26년에 진행되었기 때문에 동일한 체계의 법률용어를 사용했을 것이다. 즉 일반 형벌인 '畏奭'이 적용된 지역과 '儋乏不鬪'의 특수 법령이 적용되었던 '荊新地' 간에는 현격한 차이가 존재했던 것이다[16]

상기한 문서의 전반부는 훼손이 심해 안건이 진행된 지역에 대한 기록이 남아있지 않다. 嶽麓秦簡은 南郡 지역에서 발굴된 것으로 추정되기 때문에, 이것이 남군에서 진행된 안건을 발췌했을 가능성 또한 가장 높다.[17] 남군은 '荊新地'에 속하지 않았기 때문에 그 개연성은 충분하다. 그런데 한편으로 '秦地'에서도 '荊新地'와 마찬가지로 群盜가 출몰하기도 했음을 알 수 있다. 그럼에도 睡虎地秦簡「語書」에서 南郡守 '騰'은 군도 출현의 사례는 언급하지 않았다. 그는 군도가 출현하는 심각한 상황임에도 남군이 처한 문제를 직시하지 않았던 것일까? 아니면, 남군의 군도 출현은 그다지 심각한 상황이 아니었던 것일

---

[16] 그 외에 『漢書』卷6「武帝紀」, p.204에서 "匈奴入雁門, 太守坐畏愞棄市"라고 한 구절에 대해 如淳의 註에서 "軍法, 行逗留畏愞者腰斬"이라고 언급한 것을 참조할 수 있다. 이는 동일한 漢代의 상황임에도 「二年律令」〈捕律〉의 규정에서의 '畏奭(愞)'과 처벌의 경중에 있어 현격한 차이가 발견된다. 이러한 차이는 일반 형법에서의 '畏奭'과 軍法에서의 '畏奭'이 서로 다르게 적용되었기 때문인지도 모른다. 秦律에서의 '儋乏不鬪'가 斬刑으로 중히 다스려지는 것과 마찬가지로 漢律의 軍法에서는 이와 유사한 경우가 발생했을 때 사형죄를 적용하였다. 이를 고려해 볼 때 '儋乏不鬪'는 '畏奭'을 軍法으로 다스릴 경우에 지칭하는 법률용어일 수도 있다.

[17] 嶽麓秦簡「質日」을 살펴보면 '江陵'·'安陸'·'當陽'·'銷'·'鄢' 등 대체로 南郡 경내 지역명이 많이 등장하고, 일부 南郡 주변 지역명이 등장한다(朱漢民·陳松長 主編, 『嶽麓書院藏秦簡』(壹), 上海辭書出版社, 2010(이하, 『嶽麓書院藏秦簡』(壹)로 약칭), pp.3-24, pp.47-106). 曹旅寧, 「嶽麓書院新藏秦簡叢考」, 『華東政法大學學報』2009年 第6期, p.98은 嶽麓秦簡 문서의 종류와 성격을 고려해 볼 때, 墓主는 南郡 郡守府에서 복무했던 小吏일 가능성이 높다고 추측했다.

까?

그 외에 또 다른 가능성을 제기해보면, 「語書」가 반포된 때부터 秦始皇 26년 사이에 南郡의 상황이 변했을 수도 있다. 「語書」가 서사된 시기는 楚가 멸망하기 이전이었고, 상기한 예는 秦王政 24년 초가 멸망한 이후의 상황을 반영한다. '荊新地'의 통치 초기 群盜가 자주 출몰하는 불안정한 상황은 인접 지역이었던 남군에도 일정 정도 영향을 주었을 것이다.

한 가지 예로 『嶽麓秦簡』(參)「尸等捕盜疑購案」은 '荊人'이 南郡 경내로 들어와 群盜를 이루어 인명을 살상한 사건을 다루고 있다. 이를 통해 楚 멸망 후 달라진 남군 상황의 일면을 확인할 수 있다. 전체 문서 중 시간 및 장소와 최종 심리 내용을 발췌 인용하면 다음과 같다.

> 25년 5월 丁亥朔 壬人, 州陵守綰과 丞 越이 감히 讞합니다: ……
> • 鞫之(최종 심리 결과): 尸 등은 治와 閻등을 생포하여 群盜가 好 등을 盜殺傷한 죄로 고발하였다. 治 등은 秦人으로 거주지를 떠나 荊으로 망명하였 었고(邦亡荊), 閻등은 荊人이다. (이들은 함께 荊을) 망명하여 秦地로 들어와 귀의하고자 했으나, 이를 후회하여 吏에게 직접 찾아와 보고하지 않았고, 京州가 항복하여 秦이 된 후[18] 郡盜가 되어 好 등을 盜殺傷하였다. (이상은) 모두 확실하다.
> 尸 등의 포상에 대한 의문이 존재한다. 관련 사항은 縣이 책임지고 논처하였다. 감히 讞합니다.[19]

---

[18] 정리자는 京州를 楚의 어느 지역으로 파악하고 있는데(『嶽麓書院藏秦簡』(參), p.117), 이에 근거한다면 이 구절을 "(그들의 거주지인) 京州가 항복하여 秦에 예속된 후"라고 이해할 수 있을 것이다.

[19] 『嶽麓書院藏秦簡』(參), pp.113-115: "廿(二十)五年五月丁亥朔壬寅, 州陵守綰·丞越敢(讞)之:……[031正]…… •鞫: 尸等産捕治·閻等, 告羣盜盜殺傷[037正]好

이는 秦王政 25년에 일어난 일이고 州陵은 南郡 경내에 위치한 縣이다.[20] 그들은 楚의 영지였던 京州에 거주하다가 함께 망명하여 '秦地'인 주릉으로 왔다. 이와 같이 초가 멸망한 후 유망하던 초인의 존재는 '荊新地'의 불안정한 형세를 초래했고, 나아가 남군 경내의 치안을 위협하기도 했을 것이다.

요컨대, 「語書」에 반영된 사실 외에도 南郡에는 훨씬 많은 위험요소들이 내재되어 있었다. 게다가 이러한 위험요소는 일정 부분 '荊新地'의 상황과 연계된 것이었다. 하지만 여러 위험요소에도 불구하고 남군은 여전히 '荊新地'와 구분된다. 상기한 안건은 '秦地'의 호적에 속한 사람은 '秦人'으로, '荊新地'의 유민을 '荊人'으로 명확히 구분하여 치옥을 진행했다. 그것은 불안정한 형신지와 그 보다 덜 불안정했던 남군의 차이를 시사할 것이다.

기존 睡虎地秦簡「語書」에 기록된 惡俗을 통해 楚地의 불안정한 상황을 일반화했던 연구는 이제 수정·보충이 필요하다. 「語書」의 일부내용은 당시 南郡 지역에 초문화의 잔재가 상존했음을 시사하지만, 그로 인한 '불안정'은 '荊新地'와는 다른 성질의 것이었다. 「語書」는 남군에 대한 제한된 정보만을 제공하며, 이러한 사료적 한계는 기타의 자료들을 통해 보충되어야 한다. 남군의 정치 상황을 간단하게 설명하면, 春秋戰國 시기 초의 중심지였던 것이 전국 후기에 이르러 진의 점령과 초의 천도를 계기로 초문화의 변경지대가 되었고, 진의 군현제 하에서 장기간 통치를 받으며 점차 진과 동화되어 갔다. 상기한 흐름을 전제하여 남군 '秦人' 혹은 '楚人'이 어떻게 자신들의 정체성을 전환하거나 이어갔는지에 대해 살펴보도록 하자.

等. 治等秦人, 邦亡荊 閒等荊人. 亡, 來入秦地, 欲歸羛(義), 悔, 不詣吏. 以京州降爲秦後, 羣[038正]【盜盜殺傷好】等. 皆審. 疑尸等購. 它縣論. 敢(讞)之"

20 정리자의 주석에 따르면 州陵은 현재의 湖北省 洪湖 동북쪽에 위치했다(『嶽麓書院藏秦簡』(參), p.105).

Ⅱ 南郡 '秦遷徙民'과 '楚遺民'의 융합

1. 考古發掘을 통해 본 南郡 '秦人'의 이민

얼마나 많은 인구가 南郡에 유입되었는지 사료에 명확한 기록을 찾을 수는 없지만, 진이 그 지역을 정벌하는 과정 중 대규모 이민을 진행했다는 것은 추측이 가능하다. 『史記·秦本紀』에서는 "27년, 錯가 楚를 공격했다. 죄인을 사면해 南陽으로 천사시켰다"라고 한 것이나, "28년, 大良造 白起가 楚를 공격해, 鄢·鄧을 취했고, 죄인을 사면하여 천사시켰다"[21]라고 한 것 등, 南陽에서 江漢 지역에 이르는 정벌 노선 상에 秦人을 천사시켰음을 알 수 있다. 그 목적은 아마도 楚地에 대한 통제를 강화하고 병력 및 보급의 효율을 높이기 위해서였을 것이다. 그러나 남군 설치 이후 진인의 천사가 어떻게 진행되었는지는 문헌을 통해 증명하기 어렵다. 문헌자료의 결핍은 고고발굴을 통해 어느 정도의 보충이 가능하다. 현재 湖北省 각지에서 발굴된 秦墓를 통해 통치 기간 중 다수의 진인이 남군으로 천사되었음을 추측할 수 있다.

1975년과 76년 사이에 발굴된 睡虎地秦墓는 江漢 지역 진묘의 연대 표준을 제공해주는 이정비와 같은 자료이다.[22] 예를 들어 수호지7호묘 槨室

---

21 『史記』卷5「秦本紀」, p.213: "二十七年, 錯攻楚。赦罪人遷之南陽." "二十八年, 大良造白起攻楚, 取鄢'鄧, 赦罪人遷之."

22 中國社會科學院考古研究所主編, 『中國考古學·秦漢卷』, 中國社會科學出版社, 2010(이하 『中國考古學·秦漢卷』으로 약칭), p.129. 이에 대한 평가는 다음과 같다: "不但有確切的紀年墓存在, 而且提供了戰國至秦代墓葬文化演進的細微變化過程, 對鄰近地區的楚墓'秦墓乃至西漢初期墓研究都有標尺性的參考價值."

에 "五十一年曲陽士五邦"²³이라고 쓰여진 문자는 묘장 형성 연대에 관한 기년 증거이다. 秦 및 楚의 역대 왕 중 재위 기간이 51년을 초과하는 자는 56년을 재위한 秦昭襄王이 유일하다. 때문에 묘장의 형성 시기는 진소양왕51년(B.C.256) 전후로 판단한다. 이는 戰國 시기 南郡 진묘를 증명하는 최초의 의거 자료이다. 게다가 수호지11호 묘 내에서 출토된 다량의 죽간은 더욱 강력한 증거가 된다. 수호지7호 및 11호묘의 표준기년은 후에 진묘 연대의 주요 근거로 활용되었다.²⁴

秦墓의 표준 기년은 龍崗6호 진묘 발굴 후에 훨씬 풍부해 졌다. 용강6호 진묘에서 출토된 다량의 죽간과 목독은 주로 錢律 및 禁苑律 등 진대 법률문서를 포함하고 있다. 정리를 통해 법률문서에서 발견된 '皇帝' 두 글자는 묘장의 연대가 秦始皇 26년 이후였음을 보여준다. 그리고 수장기물의 양식은 통일 이후에서 前漢 초 사이의 것을 반영하고 있다. 정리자는 이를 기초하여 용강6호묘의 연대를 진말로 확정하고, 진묘 단대의 또 다른 표준으로 삼았다.²⁵

南郡 '秦墓'는 상술한 표준 자료에 기반하여 1986년 초에 발굴된 46기의 岳山秦漢墓 중 10기(M15·M19·M23·M27·M30·M35·M36·M38·M39·M41)를 '진묘'로 확정한 바 있다.²⁶ 또 1990년 揚家山 일대에서 발굴된 127

---

23 『雲夢睡虎地秦墓』, p.6.

24 『雲夢睡虎地秦墓』, pp.68-69. 정리자의 의견에 근거하면, 수호지진묘는 수장 기물의 유형에 따라 크게 두 부류로 나뉘는데, M3·M4·M5·M6·M8·M10 등 6기의 묘는 7호묘의 수장 기물과 비교하면 전국 진묘로 분류할 수 있고, M9·M12·M13·M14 등 4기의 기물은 비교적 11호묘에 근접하므로, 진대묘로 분류된다.

25 湖北省文物考古研究所·孝感地區博物館·雲夢縣博物館, 「雲夢龍崗秦漢墓第一次發掘簡報」, 『江漢考古』1990년第3期, p.25.

26 湖北省江陵縣文物局·荊州地區博物館, 「江陵岳山秦漢墓」, 『考古學報』2000년第4期, p.538, p.551.

기의 묘 중 135호묘를 銅鼎·銅鈁·小口陶瓷 등 기물에 근거해 연대를 진묘로 확정했다.[27] 그리고 1991년에 발굴된 擂鼓臺 묘장 M1을 陶甕·陶甑 및 漆奩·漆盒 등의 기물에 따라 진대로 단정했다.[28]

뿐만 아니라 1993년에 발굴된 王家臺15호묘 중 출토된 편명이「效律」인 진율문서는 그 내용이 睡虎地秦簡 법률문서와 유사하여, 묘장의 형성연대는 南郡 설치 이후였던 것으로 추측된다. 아마도 해당 묘의 연대는 江陵 일대의 楚墓보다 약간 늦은 시기의 戰國 秦墓일 것이다.[29] 그 외, 宜城 雷家坡 진묘[30] 및 襄樊余崗[31]·鄭家山[32]·王坡墓地 진묘[33], 宜昌 지역의 葛州垻M1·M2 및 前坪M23·M39 등 일군의 진묘가 출토되었다.[34] 여기에 그치지 않고 가장 최

---

[27] 湖北省荊州地區博物館,「江陵揚家山135號秦墓發掘簡報」,『文物』1993年第8期, p.9.

[28] 荊州市荊州區博物館,「荊州擂鼓臺秦墓發掘簡報」,『江漢考古』2003年第2期, p.21.

[29] 荊州地區博物館,『江陵王家臺15號秦墓』,『文物』1995年第1期, p.43. 이상 강릉 지역 진묘의 개관은 中國社會科學院考古研究所主編,『中國考古學·秦漢卷』, pp.132-133 참고.

[30] 楚皇城考古發掘隊,「湖北宜城楚皇城戰國秦漢墓」,『考古』1980年第2期; 武漢大學歷史系考古專業·宜城縣博物館,「宜城雷家坡秦墓發掘簡報」,『江漢考古』1986年第4期.

[31] 襄樊市博物館,「湖北襄樊市余崗戰國至東漢墓葬發掘報告」,『考古學報』1996年第3期; 襄樊博物館,「襄樊余崗戰國秦漢墓第二次發掘簡報」,『江漢考古』2003年第2期.

[32] 湖北省文物考古研究所·襄樊市博物館,「湖北襄樊鄭家山戰國秦漢墓」,『考古學報』1999年第3期.

[33] 湖北省文物考古研究所·襄樊市考古隊·襄陽區文物管理處,『襄陽王坡東周秦漢墓』, 科學出版社, 2005. 이상 襄樊·宜城 지역 진묘에 대한 개관은 中國社會科學院考古研究所主編,『中國考古學·秦漢卷』, pp.131-132 참고.

[34] 湖北省博物館,「宜昌前坪戰國兩漢墓」,『考古學報』1976年第2期. 의창 지역 진묘에 대한 개관은『中國考古學·秦漢卷』, p.134 참조.

근인 2021년에도 雲夢縣 鄭家湖 묘지에서 일군의 진묘가 발굴되는 등[35], 남군 영역 내 진묘의 수량은 부단히 증가하고 있다.

고고발굴을 통해 확보된 이상의 秦墓는 모두 당시 '秦人'이 대량 유입된 상황을 반영한다. 이러한 현상은 기타 楚地와 명확히 구별된다. 가장 대표적인 예가 바로 長沙 지역의 묘장이다. 이 일대의 묘장 양식은 상대적으로 농후한 楚墓의 특색을 띠는데, 그 경향은 한대 이후에도 장기간 지속된다.[36] 장사 지역이 진에게 점령된 것은 진왕정 25년(B.C.222) 이후였고, '진인'의 천사 및 그에 따른 동화는 단지 15년이라는 짧은 기간 동안만 진행되었다. 이로 인해 장사 지역에는 진묘 양식이 거의 발견되지 않는 것이다. 묘장 양식의 상반된 흐름은 湖北과 湖南 양 지역의 서로 다른 역사 배경과 정확히 부합한다.

2. 南郡 '楚遺民'의 정의와 성립 조건

南郡 설치 후, 江漢 지역은 '楚地'에서 '秦地'로 전환되었고, 이에 楚墓 양식에 비해 秦墓 양식이 다수를 점하는 남군 고유의 특성이 형성되었다. 그러나 趙化成의 지적대로[37] 다수의 초 원주민이 남군에 잔존했고 이에 '楚人墓'

---

[35] 湖北省文物考古研究院·雲夢縣博物館,「湖北雲夢縣鄭家湖墓地2021年發掘簡報」,『考古』2022年第2期.

[36] 湖南省博物館·湖南省文物考古研究所·長沙市博物館·長沙市文物考古研究所,「從長沙秦和西漢早期墓看楚文化的連續喝影響」,『長沙楚墓』, 文物出版社, 2000年, pp.552-558.

[37] 趙化成은 다음과 같이 언급했다: "피점령지의 원주민이 여전히 존재하나, 인구는 크게 감소하여 진의 사민과 함께 거주했다. 해당 지역 문화는 여전히 남아 있으나, 주도적 지위를 점하지는 못했다. 동시에 진문화 또한 해당문화로 인한 모종의 영향을 받았다"(「秦統一前後秦文化與列國文化的 撞及融合」,『蘇秉琦與當代中國考

가 존재했을 가능성을 완전히 배제할 수는 없다. 실제로 모든 남군 묘장이 완벽한 형식의 진묘인 것은 아니며, 어떤 묘장은 진묘와 초묘의 특성이 혼재되어 있고, 심지어 어떤 묘장은 초묘의 특성이 더욱 두드러지기도 한다. 따라서 어떤 이는 진묘 내에 남겨진 초묘 양식에 근거해, 그것이 '楚遺民墓'라고 판정하기도 한다.[38]

그런데 단지 묘장에 근거해 '楚遺民'의 여부를 단정하기에는 한계가 존재한다. 墓葬의 단대 구분은 표준 기년 자료에 따라 근사치를 추산한 것에 불과하므로, 이를 근거로 정확한 시간을 확정할 수는 없다. 초유민묘의 존재를 확정하는 문제는 여러 가지 변수를 고려해야 한다. 만약 어떤 초유민이 秦 통치에 순응하여 자신의 묘장을 완전한 진문화 양식으로 꾸몄다면, 그 묘장은 어떻게 분류해야 할까?[39] 반대의 가능성도 배제할 수 없다. 어떤 진천사민의 애호가 초문화에 경도되어 사후에 자신의 묘장 내에 다량의 楚式 器物을 수장하여, 그 묘가 '楚遺民墓'처럼 보이지만 실제로는 '秦墓'일 수도 있는 것이다.

古學』, 科學出版社, 2001, p.624)

[38] 丁蘭, 「湖北地區楚墓分區研究」, 民族出版社, 2006. '楚遺民墓'로 분류되는 예는 다음과 같다: 九店楚墓 중의 일부 墓葬(湖北省文物考古研究所, 『江陵九店東周墓』, 科學出版社, 1995); 宜城 雷家坡 楚式 墓葬(武漢大學歷史系考古專業·宜城縣博物館, 「宜城雷家坡秦墓發掘簡報」); 荊門市 羅坡崗 지역 墓葬(湖北省文物考古研究所·荊門市博物館, 『羅坡崗與子嶺崗』, 科學出版社, 2004; 荊門市博物館, 『荊門子嶺崗』, 文物出版社, 2008)등.

[39] 「宜城雷家坡秦墓發掘簡報」의 정리자는 진에 의해 동화된 '초인'은 모두 '진인'으로 전환되었으므로, 그들의 묘를 응당 '진인묘'로 분류해야 한다고 보았다. 그 외 松崎恒子는 睡虎墓11號墓主'喜'의 출신을 연구하며 이 문제를 일찍이 인식했는데, 남군 진묘는 단지 그 지역에서 발생한 초·진문화의 융합을 반영할 뿐, 그 묘주가 관중으로부터 온 진인임을 반영하지는 않는다고 했다. 松崎恒子, 「從湖北秦墓看秦的統一和戰國傳統文化的融合」, 『中國史研究』1989年第1期 참고.

南郡民을 秦人과 楚人으로 구분하는 문제는 비교적 장기간의 변천 과정을 고려할 필요가 있다. '楚遺民'은 본래 초의 편호민에 속했으나 후에 원 소속의 적관을 상실하여 해당 지역에 남아 있던 자들을 가리킬 것이다. 만약 우리가 시간을 남군 설치 초기로 정한다면, 그 지역의 원주민을 특정하여 '초유민'이라 칭할 수 있다. 그러나 세대를 거쳐 '초유민'의 후예가 이미 진 편호민으로 편성되었는데도 그들을 '초유민'으로 칭한다면, 그것은 정확하지 않다. 나아가 '초유민'의 3세 혹은 4세가 생존한 시대에 이르면, 우리는 또 다른 난관에 봉착하게 된다. 즉, '초유민'의 문제에 있어 혈통은 중요하지 않다. 관건은 그들 자신의 정체성(identity), 즉 '초유민'의 후예가 자신의 존재를 어떻게 인식했는지가 핵심이 된다.

이에 관해, 기존 연구 중 睡虎地11호 묘주 '喜'의 출신에 관한 논의가 진행된 적이 있다. 商慶夫는 '희'가 '楚人'의 후예라고 주장한 대표 논자인데, 그는 「編年記」의 내용에 근거해 다음과 같은 결론에 도달했다. 우선, 묘주 '희'의 3대 가족은 응당 秦 점령 전부터 해당 지역에 줄곧 거주했을 것이다. 「編年記」秦昭襄王29년 항목에는 "攻安陸"이라 서사되어 있는데, 이는 당시 '희'의 부친이 진이 安陸을 점령한 것을 직접 보았기 때문에 기록했을 것이다. 그 외에 초 북부 및 魏·韓 등 지역 공략 또한 비교적 상세히 기록했는데, 이 또한 동일한 이유로 이해할 수 있다. 다음으로, 묘장의 규모를 볼 때, 묘주는 지방 중소 지주로 상당한 경제 수준을 갖추고 있었고, 이는 그가 장기간 해당 지역에 거주했음을 증명한다. 또, 「編年記」에 기재된 내용을 통해 서사자의 사상 경향을 추측할 수 있다. 즉, 그는 '背秦嚮楚' 사상을 견지했다. 예를 들어 진왕의 이름 '正(政)'을 피휘하지 않고 바로 '正月'이라 서사했고, '今王'이나 '今上'이라 서사해야 할 부분에서 여러 차례 '今'이라고 한 글자만 서사했으며, 진왕 사망을 기록할 때에 경어인 '薨'을 쓰지 않고 '昭死'라고 서사한 것 등이다. 그 외에 그는 또 일찍이 초지에 속했던 '新城'을 기록한 것, 수장품 중 瑪瑙環이 7개의 조각으로 갈라져 戰國 七雄을 상징한 듯 보이는 것, 列國 멸망이나 초의 치욕적

사건을 기록하지 않은 것 등을 근거로 들어 묘주의 사상 경향이 '背秦嚮楚'였을 것이라 주장했다.[40]

商慶夫의 관점은 재고가 필요하다. 그는 「編年記」의 기록에 따라 '喜'가 '楚人'의 후예라고 유추했지만, 묘에서 출토된 전체 秦簡 및 수장 기물의 특성은 오히려 묘주가 '秦人'이었을 가능성을 더욱 농후하게 반영한다.[41] 게다가 「編年記」는 공문서가 아니기 때문에, 반드시 피휘나 존칭의 원칙을 엄격히 준수할 필요가 없었을 수 있다.[42] 그 외에 묘주 본인은 장기간 지방 중하급 吏員직을 역임했고, 생전에 다량의 법률문서를 휴대하고 참고했을 것으로 고려되는 바, 과연 그의 사상 경향이 反秦이었을지 의문이 든다.

만약 우리가 계속해서 이 같은 이분법에 따라 南郡 인구를 秦人 혹은 楚人으로만 구분하고자 한다면, 남군 인구 문제의 본질에 접근하기 어려울 것이다. 시간이 흐름에 따라 남군의 遷徙民 및 楚遺民의 후예는 모두 '秦人'이 되었다. 게다가 진의 법률은 오늘날의 민족주의와 결을 같이하는 배타적 순혈주의를 추진하지 않았다.[43] 당시의 율령 및 사회 인식에 민족주의적 요소가 결여되어 있었다면, 그들의 혈통 구분은 무의미한 논쟁에 불과할 것이다.

이렇게 관점을 재고하면, 睡虎地11호 묘주 '喜'의 사례는 秦遷徙民 혹은

---

40 商慶夫,「睡虎地秦簡〈編年記〉的作者及其思想傾向」,『文史哲』1980年第4期;「再論秦簡〈編年記〉作者的思想傾向」,『文史哲』1987年第6期.

41 湖北省博物館,「1978年雲夢秦漢墓發掘報告」,『考古學報』1986年第4期.

42 楊劍虹,「睡虎地秦簡〈編年記〉作者及其政治態度——兼與陳直'商慶夫同志商榷」,『江漢考古』1984年第3期.

43 예를 들어, 수호지진간「法律答問」에는 이민족 속국인 臣邦 출신자 중 모친이 진인이라면 응당 그를 '夏子', 즉 이민족이 아닌 진의 내부인으로 수용했다(『睡虎地秦墓竹簡』, p.135). 이를 보건대, 진은 혼혈인 정책에 있어 일찍부터 개방적 기조를 마련하고 있었다.

楚遺民 2·3세가 구분 없이 혼합 정주했던 南郡의 전형성을 반영한다. 「編年記」에 따르면 묘주 '喜'는 秦昭襄王45년(B.C.262년)12월 甲午 鷄鳴時에 출생했다. 그 외 '敢'·'遬(速)'·'獲'·'恢'·'穿耳' 등의 인명도 출현한다. '敢'은 '喜'가 출생한지 2년 뒤에 출생했고, '遬'은 '喜'가 12세 때에 출생했는데, 시간대로 보아 '喜'의 동생들이었을 것이다. '獲'·'恢'·'穿耳'는 모두 '喜'가 성년이 된 후 출생했으므로, 아마 그의 자식이었을 가능성이 높다. 정리자의 관점에 따르면 '穿耳'는 여자 아이의 이름으로, 그렇다면 '喜'의 자녀는 총 2남 1녀였다.[44]

'喜'의 형제·자녀는 南郡 설치 이후의 거주민 2세 혹은 3세였을 것이다. '喜'의 부모는 각각 秦王政16년(B.C.231)과 20년(B.C.227)에 사망했는데, 그때는 기원전278년 남군이 설치된 지 50여년이 지난 시기였다. 가령 '喜'의 부모가 20세 전후에 '喜'를 낳았다고 한다면, 남군이 설치된 때에 '喜'의 부모는 어린 아이에 불과했다. 따라서 그 출생지가 어디였든 간에, 그들은 어려서부터 남군에서 성장했을 것이다. 만약 그들이 천사민이라면 아마 그 전 세대의 부모가 그들을 남군으로 데리고 왔을 것이다. 종합하면, '喜'의 가족 내지 그 부모 세대는 아마도 남군의 정주민이었을 것이다.

묘주 '喜'가 진천사민의 후예인지 아니면 초유민의 후예인지를 확정하기 위해서는 南郡 점령 이전으로 거슬러 올라가 조부의 계보까지 살펴보아야 하겠지만, 이는 「編年記」에 기록되어 있지 않다. 최소한 '喜'의 사례를 통해 '초유민' 후예의 존재를 가정해볼 수는 있다. 만약 진대 초유민의 후예가 여전히 남군에서 생활했다면, 그 계보는 그 조부 세대까지 거슬러 올라갈 것이다. 진제국기에 이르러 그들은 3·40세 가량의 중년으로, 일부 자녀는 성년에 이르

---

[44] 『睡虎地秦墓竹簡』, pp.5-7 참조. '희'의 가족에 관한 자세한 설명은 睡虎地秦墓竹簡整理小組編, 尹在碩 역, 『수호지진묘죽간역주(睡虎地秦墓竹簡譯註)』, 소명출판, 2010, pp.43-44 주석 참조.

렀을 것이다. 이러한 초유민 3·4세에게 있어, 남군은 그들이 나고 자란 고향이었다. 秦王政23년(B.C.224)에 淮陽 전역에 참여한 '黑夫'와 '驚'의 부모 형제 및 그 자녀도 安陸 일대에 거주했는데, 그들 또한 단 시간 내에 이주한 천사민이 아니었다. 그들은 자신이 출생하고 자란 안륙 내지 남군을 '故地'라 여기고 자신을 '故民', 즉 진인이라 생각한 정주민들이다.

상술한 바가 南郡의 일반적인 상황이었다면, 남군 거주민은 秦에서 왔건 楚로부터 유래했건 간에, 대다수는 자신을 '秦人'이라 생각하고 그 통치에 순응했을 것이다. 그러나 모든 지역에는 '不如令者'가 존재할 수 있다. 남군의 동화정책이 순리적으로 진행되었다 하더라도, 일찍이 초의 중심이었으므로 關中 지역과 동일하게 안정적일 수는 없는 일이다. 게다가, 초는 동천 이후에도 秦王政24년(B.C.223)까지 국체를 보존했고, 남군은 그 동안 줄곧 초의 위협에 노출되어 있었으므로, 기타 점령지에 비해 안전한 통치를 보장하기 어려웠다. 睡虎地秦簡「語書」에서 지적한 '惡俗'은 남군에 여전히 안정적 통치를 방해하는 모종의 요소가 남아있었음을 보여준다. 따라서 기존 연구에서 수호지11호 묘주 '喜'가 초인의 후예라고 추론한 것에는 동의하기 어려우나, 묘주의 사상 경향 문제만 떼어놓고 본다면 여전히 토론의 가치는 있다고 생각한다. 혈통은 결코 정체성을 구분하는 표준이 될 수 없고, 문화적 경향 또한 반드시 정치 성향과 동일한 것은 아니다. 남군의 거주민이 '反秦' 사상을 품었는지의 여부를 밝히는 것은 남군 인구의 정체성을 증명할 핵심 요소가 될 수 있다.

3. 南郡 '秦人'의 '反秦' 사례와 그 실제

南郡 설치 후, 해당 지역 거주민은 모두 법률상 '秦人'이 되었다. 관련 문헌자료 및 秦簡 법률·행정문서는 모두 이 같은 秦朝廷의 남군민에 대한 기본 시각을 증명한다. 반면 피통치자인 남군민의 시각을 담은 사료는 거의 없어

그 사상경향의 분석은 결코 쉽지 않다. 사료가 없던 상황에서 睡虎地11·4호 묘에서 출토된 「編年記」⁴⁵와 '黑夫'·'驚'의 서신⁴⁶은 남군 진인이 가졌던 모종의 시각을 반영하여 학자들의 주목을 받았다. 그러나 우리는 이를 통해 남군민이 반진 사상을 가졌는지를 증명할 수 없다. 「編年記」를 통해 피통치자가 진정부에 반대한 생각을 찾을 수 있기를 기대하고 반진 정서를 파고든 연구도 있었지만⁴⁷, 그 논리는 근본적으로 성립할 수 없다. 「編年記」의 행간에 직접적인 반진 의식이 표출된 바 없고, 묘주가 은유를 통해 반진을 표현했다는 주장은 그저 문학적 해석에 불과하다. 남군민 사이에 잠재된 반진정서를 분석하기 위해서는 비교적 직접 발현된 사례를 찾아야 할 것이다.

최근에 공표된 嶽麓秦簡 「爲獄等狀四種」은 기존 연구의 한계를 어느 정도 타파해줄 것으로 기대된다. 그 중 '尸等捕盜疑購案'과 '多小未能與謀案'(이하 「嶽麓秦簡」(參)의 목록에 따라 각각 '2안례'와 '5안례'⁴⁸로 약칭하겠다)은 南郡民이 楚地로 월경하여 도망한(문서에서 말하는 '邦亡荊') 안건을 다루고 있다. 그들은 모두 '秦人'의 신분을 버리고 '楚人'이 되었는데, 그들의 진정한 사상 경향이 무엇이었건 간에 그 행위는 명확히 '反秦'이었다. 이에 근거해 남군민이 한 반진 행위 및 그 실제에 대한 논의를 진행할 수 있을 것이다.

우선, 2안례에 대해 분석하면, 그 문서는 크게 두 부분으로 구성된다. 첫 번째 부분은 州陵守'綰'과 丞'越'이 상급 기구에게 '讞'(미결안에 대한 심의 자문)하며 재판과정을 갖추어 쓴 기록이다. 두 번째 부분은 상급 기구의 南郡假守'賈'가 주릉현에게 답변한 기록이다. 그 중 첫 번째 부분의 전문을 다음과 같

---

45 『睡虎地秦墓竹簡』, pp.3-10.

46 『雲夢睡虎地秦墓』, pp.25-26.

47 商慶夫, 「睡虎地秦簡〈編年記〉的作者及其思想傾向」; 「再論秦簡〈編年記〉作者的思想傾向」.

48 『嶽麓書院藏秦簡』(參) 적외선도판 pp.113-118 및 pp.141-144가 이에 해당한다.

이 인용한다.

25년 5월 丁亥朔 壬寅, 州陵守 綰, 丞 越이 감히 다음과 같이 讞합니다: 이전 2월 甲戌에 走馬 達이 고발하기를, 走馬 好를 盜하여 상해를 입혀 部中에 ……했다. 獄史 驪, 求盜 尸 등 16인이 추적했다. 시 등이 秦 남자 治 등 4인, 荊 남자 閹등 10인을 생포하여 군도가 호를 도살상한 것 등의 혐의로 고발했다. • 치 등이 진술하길, 진인으로 邦亡荊했다. 랑 등이 진술하길, 荊邦人으로 모두 京州에 거주했는데, 함께 도망하여 진지에 들어와 귀의하고자 했다. 그러나 주릉의 경계에 이른 도중에 吏에게 친히 보고하지 않고 후회하여, 모의하길, 치 등이 이미 진에서 죄가 있으니, 진은 귀의를 받아주지 않을 것이다. 산곡에 거주하며 도적질을 하기로 하여, 군도로서 호 등을 도살상했던 것이다. 나머지 진술은 시 등과 같다. • 조사하고 심문한 것이 고발·진술한 바와 같다. 경주는 후에 진에 투항을 했고, 진 땅이 된 후에 치·랑 등은 호 등을 도살상했다. 율에 이르길, 군도 1인을 생포하면 포상금 14량이라 했고, 또 타방인……도하면 리가 징발하지 않아 什伍將長이 체포한 것이 아니라면, 포상금 2량이라 했다. • 최종 심리 결과: 시 등이 치·랑 등을 생포했는데, 치 등은 진인으로서 방망형 했다. 랑 등은 형인으로서 도망하여 진지에 들어와 귀의하고자 했으나, 후회하여 리에게 친히 보고하지 않고 경주가 진에게 투항한 후에 군도로서 호 등을 도살상 했다. 모두 확실하다. 시 등을 포상하는 문제가 의문으로 남아있고, 기타의 사항은 현에서 논처했다. 감히 이와 같이 讞합니다. **49**

---

49 『嶽麓書院藏秦簡』(參), pp.113-115: "廿(二十)五年五月丁亥朔壬寅, 州陵守綰·丞越敢讞(讞)之: 迺二月甲戌, 走馬達告曰: 盜到傷走馬[三一正簡]好□□□部(?)中(?). 即(?)令(?)獄(？)史(?)驪(?)·求盜尸等十六人追. 尸等產捕詣秦男 子 治 等[三二正簡]四人·荊男子閹等十人, 告群盜盜殺傷好等. •治等曰: 秦人, 邦亡荊; 閹等曰: 荊

이 사건은 간단히 다음과 같이 요약할 수 있다: 群盜는 총 14명으로 조직되었고, 그들은 '好'등의 사람을 도적질하여 살상, 즉 '盜殺傷'하였다. '治' 등의 4명은 원래는 '秦人'이었다가 楚로 도망갔던 자들이었고, 그 외의 10명은 모두 '荊人'이었다. 그들은 楚地인 京州에 거주하다가 도망하여 진으로 '歸義'하고자 했으나, 州陵의 경계를 지나는 도중에 생각을 바꾸어 군도가 되었다. 그런데 안례에서 주목한 핵심 문제는 군도를 체포한 공로가 있는 '尸' 등을 어떻게 포상할 것인가이다. 법률 규정에 따르면 '產捕群盜一人, 購金十四兩'으로, 여기서의 '群盜'는 '秦人'에 한하며, 타국에서 온 자는 포함되지 않은 것 같다. 법률은 또 '它邦人'이라는 용어를 설정해 타국인 체포에 대한 포상을 단독으로 규정했다. 해당 안례의 군도는 진인뿐 만 아니라 초인도 포함되어 있어, 법률 해석에 있어 이견이 발생할 수 있다.

이 안건의 최종 판결은 두 번째 부분의 南郡의 대리 군수 '賈'의 답변 내용을 통해 확인할 수 있는데, 그 내용은 다음과 같다.

25년 6월 丙辰朔 己卯, 南郡假守 賈가 州陵守 綰, 丞 越에게 회신한다: 讞에 이르길, 求盜 尸 등이 秦 남자 治 등 4인, 荊 남자 闆 등 10인을 체포하여 군도로서 好 등을 도살상한 것을 고발하였는데, 치 등은 진인으로서 邦

邦人, 皆居 [三三正簡] 京州. 相與亡, 來入秦地, 欲歸兼(義). 行到州陵界中, 未詣吏, 悔. 謀言曰: 治等已(已)有辠(罪)秦, 秦不 [三四正簡] □歸兼(義). 來居山谷以攻盜. 即攻盜盜殺傷好等. 它如尸等. ・診・問如告・辤(辭). 京州後降爲 [三五正簡] 秦. 爲秦之後, 治・闆等乃群盜【盜】殺傷好等. 律曰: 產捕群盜一人, 購金十四兩. 有(又) 曰: 它邦人 [三六正簡] □□□盜, 非吏所興, 毋(無)什伍將長者捕之, 購金二兩. ・ 鞠之: 尸等產捕治・闆等, 告群盜盜殺傷[三七正簡]好等. 治等秦人, 邦亡荊; 闆等荊人. 亡, 來入秦地, 欲歸兼(義), 悔, 不詣吏. 以京州降爲秦後, 群 [三八正簡]【盜盜殺傷好】等. 皆審. 疑尸等購. 它縣論. 敢讞(讞)之. ・吏議: 以捕群盜律購尸等. 或曰: 以捕它邦人 [三九正簡]……"

亡했고, 랑 등은 형인으로, 귀의하러 왔으나 주릉으로 오는 도중에 후회하여 ……도적질 하기로 하였는데, 京州가 진에게 투항한 후에 호 등을 살해했다. 시 등의 포상금에 의문이 남아있다. • 讞한 바는 진실로 확실하다. 치 등은 확실히 진인이므로, 시 등에게 응당 포상금 7량을 내린다. 랑 등은 형인으로서, 시 등에게 응당 포상금 3량을 내린다. 기타의 사항은 율령대로 한다.50

여기서 주목해 볼 부분은 마지막에 기록된 판결 내용이다. 판결자는 州陵縣의 심의가 합당하다고 생각했다. 문제는 '治' 등 4명과 '閭'등 10명의 신분을 구분하고 그에 따라 '尸'를 포상하는 것이다. 南郡假守 '賈'는 다음과 같이 판단했다: '治' 등 4명은 응당 '秦人'이고, '閭' 등 10인을 '荊人'으로 본다. 이러한 규정에 따라 포상규정을 실행한다.51 여기서 최소 한 가지 사실만은 확실히

---

50 『嶽麓書院藏秦簡』(参), pp.116-117: "廿(二十)五年六月丙辰朔己卯, 南郡叚(假)守賈報州陵守綰·丞越: 子瀍(讞): 求盜尸等捕秦男子治等四人·[四〇正簡] 荊男子閭等十人告群盜盜殺傷好等. 治等秦人, 邦亡; 閭等荊人. 來歸羛(義), 行到州陵, 悔[四一正簡] □□□□□攻(?)盜(?), 京州降爲秦, 乃殺好等. 疑尺(尸)等購. • 瀍(讞)固有審矣. 治等, 審秦人殹(也), 尸 [四二正簡] 等當購金七兩; 閭等, 其荊人殹(也), 尸等當購金三兩. 它有【律】令. [四三正簡]"

51 포상 규정의 세부 내용은 여전히 불명확한데, 법률에 따르면 군도 1인을 산 채로 잡으면 황금 14량, '타방인' 1명을 산 채로 잡으면 황금 2량을 포상한다. 그러나 남군의 판결은 '시' 등 16인은 '진인'(군도) 4명의 체포에 대해 황금 7량을 받고, '형인'(타방인)10 명의 체포는 황금 3량을 받았다. 이에 대해 陳偉 및 于洪濤은 "金三兩"의 "三"은 응당 "二"로, 釋文 중의 "三"은 오기인 것으로 보았다. 또 "二兩"의 상금은 바로 睡虎地 法律文書에서 언급된 "非吏所行"의 포상 규정에 부합한다고 보았다.(「尸等捕盜購金數試說」, 簡帛網(www.bsm.org.cn), 2013年9月11日;「再論岳麓簡尸等捕盜購金數額」, 簡帛網(www.bsm.org.cn), 2013年9月16日). 그러나 陳松長은 자신이 발표한 문장에서 적외선 스캔을 통해 본 묵적은 분명히 "三"자로 쓰

알 수 있는데, 진은 한 때 '邦亡荊'한 '秦人'을 여전히 '진인'이라 보았고, 楚가 멸망한지 2년이 지난 시기에도 여전히 '楚遺民'을 '荊人'으로 보았다.

'反秦'을 행한 '秦人'으로서, '治'등 4인의 조사는 모두 州陵縣에서 진행되었고 南郡이 다시 최종 판결을 내린 것으로 보아, 남군 내부의 호적 당안에 근거해 그들의 적관 정보를 조사할 수 있었을 것이다. 그렇다면 그들은 원래 남군, 특히 주릉현 내 편호민이었을 가능성이 크다. 張家山漢簡「二年律令」'亡律' 조문에 따르면 호적 담당자는 망명자의 '亡日'을 계산함으로써, 도망자가 돌아왔을 때 그 '망일'에 따라 형량을 계산하여 처벌했다.[52] 주릉현 내부의 심사 과정 중 '治'등 4명의 '邦亡' 사실이 발견된 것은 주릉현이 '亡律'의 규정에 따라 그들의 '亡日'을 줄곧 계산하고 있었기 때문일 것이다.

해당 안건은 '秦人'의 도망행위를 '邦亡荊'이라 지칭했는데, 이는 국외 망명으로서 楚地로의 도망 행위를 특정한 것이다. 이 사례를 미루어 보아 南郡에서는 진인이 초지로 도망한 사건이 종종 발생했을 것이다. 동시에 적지 않은 楚人이 초지로부터 남군으로 망명했던 사실도 상정할 수 있다. 상술한 '闊' 등 10명은 '荊人'으로서 진지로 망명을 시도했다. 비록 그들은 중간에 생각을 바꾸어 盜가 되긴 했지만, 진법률에는 '它邦人'을 체포하는 포상 규정이 마련되어 있고 현정은 이 법률에 따라 안건을 처리했다. 이는 기존에 타국인의 망명 사례가 다수 존재했음을 시사할 것이다.

어떠한 동기였건 간에, '治' 등 4명은 秦의 통치를 거부하고 南郡을 떠났

여있어 다른 종류의 범죄인 체포 포상 규정과 관련있는 것 같다는 의견을 표명했다(「〈嶽麓簡(三)〉"癸 鎖相移謀購案"相關問題瑣議」, 『華東政法大學學報』2014年第2期, pp.15-16).

52 『二年律令與奏讞書』, p.153: "吏民亡, 盈卒歲, 耐; 不盈卒歲, 黥(系)城旦舂; 公士・公士妻以上作官府, 皆償亡日. 其自出殹(也), 笞五十. 給逋事, 皆籍亡日, 軵數盈卒歲而得, 亦耐之. [一五七簡]"

다. 그런데 그들의 '反秦'에는 무언가 특이한 점이 있다. 망명 이후 그들의 행적은 명확한 목적성이 없었다. 그들은 '荊人' 10명과 함께 다시 秦에 귀의할 것을 도모했고, 남군 경내에 이른 후에는 또 생각을 바꾸어 盜가 되었다. 이러한 일련의 행위는 '亡秦'을 목표로 반군을 조직했던 진말 기의군의 속성과는 차이가 있다. 게다가 이들의 '盜殺傷', 즉 강도 살인은 州陵縣에서 징발한 獄史 '驩' 및 求盜 '尸' 등 16명에 의해 체포되면서 간단하게 종결된다. 縣廷은 그것이 현 단위에서 해결 가능한 소규모 '盜'라고 파악했을 것이고, 일반적 捕律의 순리에 따라 행정을 진행했다. 종합하면, 해당 안건에서 다룬 군도 행위는 반란이 아닌, 현 내에 국한된 일종의 소요 행위였다. 따라서 그들을 반진기의에 참여한 '楚人'의 사례와 직접 비교하기는 힘들다.

다음으로 5안례의 분석을 통해 南郡 '秦人'의 복잡한 정서를 관찰할 수 있다. 그 전문을 인용하면 다음과 같다.

> 감히 다음과 같이 讞합니다: 12월 戊午, 軍巫 間이 이르길, 荊의 廬谿를 공략하던 중……故 秦人으로서 邦亡荊한 남자 多를 (생포했다). 다가 이르길, 小走馬이다. 10년 전에 모친 兒와 함께 방망형했다. 도망했을 때는 어려서 아와 더불어 모의할 수 없었다. 기타의 사항은 군무의 書와 같다. 兒는 사망하여 심리하지 못했다. 문의하길, 다가 처음에 도망했을 때, 나이가 12살이었는데 지금은 22세이다. 이미 작위가 仕伍로 삭탈되었다. 신변 확보. 확실하다. 다의 죄에 의문이 있다. 구금된 상태이다. 기타의 사항은 현에서 논처했다. 감히 이와 같이 讞합니다. • 吏가 논의한 결과: 다를 면죄한다. 혹자는 黥爲城旦이라 한다.[53]

---

53 『嶽麓書院藏秦簡』(參), pp.141-143: "【敢】(讞)之: 十二月戊午, 軍巫間曰: 攻荊廬谿【□□】故(?)秦人邦亡荊者男子多. [八八正簡] 多曰: 小走馬. 以十年時, 與母兒邦亡荊. 亡時小, 未能與兒謀. 它如軍巫書. [八九正簡] 兒死不訊. [九〇正簡] 問: 多初

본 안건의 발생 시간인 "十二月戊午"에 대해 정리자는 秦王政22년 (B.C.225)12월 丙午朔 13일[54]이라 보았지만, 반드시 그렇다고 볼 수는 없다. 문서의 첫 번째 간 "……讞之" 윗부분에는 잔결이 있어 주요 연도 정보가 상실되었다. 문서 내용에 근거하면 진은 당시 "荊廬谿"를 공략할 때 성년 남자 '多'를 생포했다. 廬谿는 대략 동정호 부근 혹은 益陽 일대에 위치했는데[55], 『史記·秦始皇本紀』 "王翦遂定荊江南地"[56] 기사에 따르면, 이 지역 일대는 기원전 222년에 이르러서야 진에 평정된다. 그렇다면 진군이 노계에 진군한 시간 역시 진이 '荊江南地'를 공략한 때였을 것이기 때문에 '多'의 생포 및 문서 서사 시기는 진왕정 25년 전후로 추측된다. 그리고 담당 관서는 분명 노계에서 멀지 않은 남군의 모 현이었을 것이다.

'多'의 진술에 근거하면, 그는 생포되기 10년 전 모친 '兒'와 함께 秦에서 도망하여 楚人이 되었다. 이에 縣廷은 그의 '邦亡荊' 혐의를 조사했다. 그런데 여기서 모친 '아'와 '다' 본인의 입장을 구분할 필요가 있다. 먼저 모친 '아'는 자신이 진 편호민의 신분을 포기하고 '방망형' 했다. 그녀는 이미 사망하여 도망한 원인을 조사할 수는 없으나, 어쨌든 자신이 고의로 '秦人' 신분을 포기하고 楚地로 도망한 것이므로, 그것은 '反秦' 행위였다고 할 수 있을 것이다. 반

亡時, 年十二歲, 今廿二歲: 巳(已)削爵爲士五(伍). 它如辭(辭). [九一正簡] 鞫之: 多與兒邦亡荊, 年十二歲, 小未能謀. 今年廿(二十)二歲, 巳(已)削爵爲士五(伍). 得. 審. 疑多皋(罪). 毄(系). [九二正簡] 它縣論. 敢(讞)之 [九三正簡] •吏議曰: 除多. 或曰: 黥爲城旦. [九四正簡]"

54　『嶽麓書院藏秦簡』(參), p.143.

55　『嶽麓書院藏秦簡』(參), p.143. 嶽麓秦簡「二十七年質日」(朱漢民·陳松長主編, 『嶽麓書院藏秦簡』, 上海辭書出版社, 2010, p.58에는 "丙午宿廬谿"라 하여 , 동일한 지명이 나온다.

56　『史記』卷6「秦始皇本紀」, p.234.

면, '다'가 '방망형'했을 때 겨우 12살이었으므로, 縣廷은 그 때 '다'가 자신의 행동에 대한 판단 능력이 없었을 것이라 보았다. 즉, '다'의 '방망형'은 고의가 아니었으므로, 그의 면죄 가능성을 고려할 수 있는 것이다.

이와 같이 진율은 '邦亡荊'에 대해 상세한 판결 기준을 구비하고 있었다. 상술한 바와 같이 南郡 설치 초기의 천사민과 초유민의 후예들은 50여년 후에 그 지역에서 나고 자란 '秦人'이 되었다. 5안례에 나온 '多'는 그러한 '진인' 중 하나였을 것이다. 그가 진에 있을 때 신분이 '小走馬'였다는 것은 그 부친이 走馬(3등작) 이상의 작위를 영유했다는 것을 의미하므로, '다'는 응당 진인으로서 성장과정을 거쳤을 것이다. 비록 그 모친이 알 수 없는 이유로 그를 데리고 '방망형' 했지만, 만약 미성년 시 '방망'했다는 사실을 고려한다면 그 죄가 면죄될 수도 있다. 이와 같이 진은 현정 吏員으로 하여금 '방망'에 관한 여러 판례를 참고하도록 하여, 망명자가 다시 진편호민으로 귀속할 수 있는 기회를 보장했다.

2·5안례는 공통적으로 '邦亡荊'을 다루고 있을 뿐 아니라, 南郡 속하 縣廷의 호적관리에 대한 실제 상황을 반영하므로, 중요한 사료 가치가 있다. 그 중 5안례는 현정이 과거 10년 전 망명자의 기록까지 보관하고 그 자료에 따라 판결을 진행했음을 보여준다. 비록 이 문서가 '방망형' 등 남군사회 내부에 상존한 부정적 면모를 보여주지만, 그 범죄 기록은 오히려 남군이 엄격한 법률 규정에 따라 철저히 구역 내 편호민을 관리했음을 반증한다.

상술한 사례 외에도 여러 南郡民에 관한 기록을 통해 다방면의 시각에서 문제를 고찰할 수 있을 것이다. 남군 '秦人'의 전형성은 바로 睡虎地4호 秦墓 木牘에 보이는 '黑夫'와 '驚'의 사례를 통해서 찾을 수 있다. 그들은 진편호민으로서 멸초전쟁에 참여했고, 서신에서 '흑부'는 그의 가족에게 관부에 가서 작위 상승의 정상 처리 여부를 확인하도록 요청했다. 이는 그가 '진인'으로서 이전보다 더 높은 작위를 얻는데 적극적이었음을 표명한다. 게다가 "듣건대 新地城이 많이 비어 채워지지 않으면, 장차 故民 중의 '不如令者'로 하여금 채운다고 한다"⁵⁷라며 가족에게 전한 것은 서사자의 가족 모두가 '不如令者'가 되어 떠나는 일 없이, 고향에서 평안하게 생활하기를 희망했기 때문이 아닐까?

　　상기한 사례와 약간은 다른, 일견 전형적으로 보이지 않는 사례 또한 존재한다. 睡虎地秦墓 출토지에서 멀지 않은 雲夢縣 楚王城 유지 동남쪽 교외에 위치한 鄭家湖墓地 274호묘에서는 길이 33.6cm에 달하는 七面體의 木觚가 출토되었다. 여기에는 이름이 '筭'라는 유세객이 秦王에게 전쟁을 중지하고 關東의 국가들과 화의하여 지금까지 획득한 광대한 영토에 '知足'할 것을 간언한 고사가 수록되어 있다. 통일을 향해 나아가는 戰國 시기 秦의 방향과 달리 '反戰' 사상을 담은 이 고사는 진문화 양식을 농후하게 지닌 南郡 '秦人墓'에 수장된 것이다.⁵⁸ 해당 자료를 수장한 묘주는 진의 정복 전쟁을 더 이상 원하지 않았을 것이다. 그런데 그의 '反戰' 사상을 곧 '反秦'이라 할 수 있을까? 고대인의 관념을 대하는 우리의 시각은 좀 더 다양해질 필요가 있다. '반전'을 희망했다고 해서 그의 사상을 '반진'이라 재단하기는 어렵다. 戰國 시기의 진인들에게 통일은 아직 오지 않은 '미래'였고, 전쟁은 개인의 목숨을 담보로 한 위험한 도박이었다. '반전'은 '반진'의 잣대가 아닌 자연적 감성으로부터 발원할 수 있는 것이다.

　　이와 같이 南郡民의 정서는 다양하게 나타날 수 있다. 그것은 '秦人'이라는 보편성 속에서의 다양성으로 발현된다. 진으로의 귀속을 근본적으로 인정하지 않는 '反秦'은 남군의 사례보다는 '荊新地'의 사례를 비추어볼 때 보다 명확히 드러날 것이다. 秦·楚의 경계로서, 남군은 지리뿐만 아닌 인적 구성에 있어서도 일반화되지 않는 고유의 지역성이 있었다. 그것은 남군이 더 이상

57　이상, 『雲夢睡虎地秦墓』, p.25.

58　李天虹·熊佳暉·蔡丹·羅運兵, 「湖北雲夢鄭家湖墓地M274出土"賤臣筭西問秦王"觚」, 『文物』2022年第3期 참조.

전형적 '楚地'로 규정되지 않는 차이가 발생했다는 측면에서, 진의 확장과 초의 쇠퇴의 한 단면을 보여주는 현상이라 할 수 있을 것이다.

#04

'新地' 吏員의 구성과 그 한계

•

　　秦帝國의 新地 정책은 대략 戰國 통일(B.C.221) 6년 전을 기점으로, 그 전에 이미 영유한 지역을 '故地' 혹은 '秦地'로, 그 후 새로이 점령한 지역을 '新地'로 구분하는 영토 구획 개념을 전제한다. 정책의 적용 대상은 응당 신지 내부의 모든 인원일 것인데, 일찍이 于振波에 의해 소개된 嶽麓秦簡 율령 조문으로부터 '新黔首'와 '新地吏'라고 지칭된 용어가 알려지며 학계의 이목을 끈 바 있다. 조문의 대략적인 내용은 신지리가 신검수를 대상으로 자행할 가능성이 있는 경제 착취와 언어 및 신체 폭력 행위의 금지에 관한 것이다.[1] 이

---

[1] 于振波, 「秦律令中的"新黔首"與"新地吏"」, pp.75-76은 총 5매의 簡(893·1113·2028·1865·1866호)을 소개했는데, 그 중 1866호를 제외한 簡의 보다 완전한 조문 내용이 최근 『嶽麓書院藏秦簡』(伍)을 통해 정리 공표되었다. "•新地吏及其舍人敢受新黔首錢財酒肉它物, 及有賣買叚(假)賃貣於新黔首而故貴賦〈賤〉 [039正] 其賈(價), 皆坐其所受及故爲貴賦〈賤〉之臧(贓)·叚(假)賃費·貣息, 與盜同灋. 其賈買新黔首奴婢畜產 [040正] 及它物盈三月以上而弗予錢者坐所賈賈〈買〉錢數, 亦與盜同灋.

에 따르면 '新黔首'는 신점령지의 백성을 가리키고 '新地吏'는 신점령지의 吏員을 말할 것이다. 여기에는 몇 가지 중요한 사실이 배경으로 설정되어 있다. 먼저 법률이 '새로운(新)'이라는 상대적 성격의 어휘를 사용함으로써 그와 대응하는 '오래된(故)' 검수 혹은 지역의 존재를 상기시킨다. 즉 신지를 지정함으로써 구 영역과 새로이 점령한 영역이 서로 달랐고 이에 구분하여 통치함을 법률로서 인정한 것이다. 그리고 '신지리'와 '신검수' 지위가 상하관계, 나아가 통치자와 피통치자의 관계, 착취와 피착취의 관계로 발전할 수 있음을 해당 법률은 전제한다.

'新黔首'와 '新地吏'는 그 용어의 정의 단계에서부터 풀어야할 숙제들이 여전히 많이 남아있다. '秦地'와 '新地'라는 개념은 구분이 확연한 반면, 시공간의 구성원인 사람을 정의하는 문제는 좀 더 미묘하고 복잡하다. 그것을 단순히 이분법으로 설명할 수 없음을 앞선 南郡의 사례를 통해 살펴본 바 있다. 나아가 '신검수'와 '신지리' 역시 '신지에 속한 검수'와 '신지에 속한 이원'이라는 단순한 구분만으로는 정의되지 않는다. 2장에서 살펴본 바 있는 신지리에 처분된 南郡司馬 '慶'의 사례만 보더라도 이러한 복합적 성격을 알 수 있다.

南郡司馬 慶은 과거 冤句令에 재직 시 고과를 위조해 (기존 법률에 의하면) 파면에 해당하나, (새로 제정된 법령에 따라) 옛 질록으로써 新地吏 4년에

學書吏所年未盈十五歲者 [041正] 不爲舍人. 有能捕犯令者城旦皐一人, 購金四兩. 捕耐皐一人, 購金一兩. 新黔首已遺予之而能 [042正] 捕若告之, 勿皐, 有(又)以令購之. 故黔首見犯此令者, 及雖弗見或告之而弗捕告者, 以縱皐人 [043正] 論之. 廿一 [044正]"(pp.51-53); "以上及唯(雖)不盈三, 一歲病不視事盈三月以上者, 皆免. 病有瘳, 令爲新地吏及戍如吏. 有適過, 廢, 免爲新地吏 [276正] 及戍者. •遷吏令甲 [277正]"(p.190).

처해졌다.[2]

　현 南郡司馬 '慶'은 과거에 冤句縣令 재직시 고과를 위조한 것으로 밝혀져, 옛 질록을 유지한 채 新地吏로 4년 근무하는 처분이 내려졌다. 그렇다면 그의 과거와 현재 재직지인 원구현과 남군은 '故地'에 속할 것이다. 그리고 만약 '新黔首'의 의미를 신지 출신 백성이라 정의할 수 있다면, '경'은 고지에서 신지로 옮겨가는 자이기 때문에 신검수가 아닌 것이 된다. 여기서의 신지리는 바로 고지 출신으로서 신지에 파견된 이원을 가리키는 말이다.

　실제 지금까지 공개된 다른 사례를 검토해 보아도 '新地吏'는 모두 故地 이원을 대상으로, 병으로 인해 면직되었다가 건강을 회복한 경우나 파면의 대체 징벌, 혹은 고과 성적이 부진한 자를 선별 임명했음을 알 수 있다. 南郡司馬 '慶'의 사례처럼 '新地吏四歲'에 처분된 경우와 더불어 '新地吏二歲'와 같이 보다 낮은 양형 기준도 있으며[3] '新地吏及戍如吏'나 '新地吏及戍者'와 같이 징벌적 성격이 두드러지는 법률령 조문도 다수 포함되어 있다.

　요컨대, 현재까지 공개된 자료에 의하면 新地吏는 모든 신지 吏員을 포괄하는 용어는 아니었던 것이다. 만약 특정 사유에 따라 故地로부터 파견된 이원만을 한정하여 '신지리'라고 지칭했다면, 기타의 방식으로 임용된 신지 이원을 규정하는 문제가 여전히 의문으로 남는다. 즉, 신지리 외에도 '新黔首' 출

2　『嶽麓書院藏秦簡』(伍), pp.56-57: "……今南郡司馬慶故爲 句令, 詐課, 當 [053正] 廢官, 令以故秩爲新地吏四歲而勿廢……[054正]"

3　예를 들어 2년 이상의 옥사 경험이 없는 卒史 및 縣官佐·史를 治獄에 징발했을 경우, 관련 史를 '新地吏2년'에 처분하는 것으로 되어있다(『嶽麓書院藏秦簡』(伍), p.110: "·令曰: 御史節發縣官吏及丞相·御史·執灋發卒史以下到縣官佐·史, 皆毋敢名發. 其發治獄者官必遣 [128正] 嘗治獄二歲以上. 不從令, 皆貲二甲, 其丞·長史·正·監·守丞有(又)奪各一攻(功), 史與爲者爲新地吏二歲. ……[129正]").

신으로서 임용된 이원 또한 다수 존재하지 않았을까? 현실적으로 모든 인원을 신지리의 파견으로 보충할 수는 없었을 것이고, 현지 선발을 통해 채용된 인원 또한 다수를 점했을 것이다. 이러한 이원의 현지 채용은 기층 관리를 양성하는 군현 내부의 시스템에 의해 이루어졌을 것이다. 실제 신지 군현에서 그것이 작동되고 있었음을 里耶秦簡 등의 간독자료를 통해 확인할 수 있다. 이 글은 신지의 이원이 '秦地'로부터 각종 형태로 파견되는 '신지리'와 현지 채용되는 '신검수'로 구성되었음을 우선 전제한다. 이를 통해 아직은 불완전한 신검수·신지리의 정의 문제에 실마리를 풀어나갈 것이다. 나아가 기존에 밝혀지지 않은 새로운 일면을 규명함으로써, 秦帝國의 멸망과 漢帝國의 건립이 시대의 단절이 아닌 연속이었음을 이 '신지' 이원의 문제로부터 추적하고자 한다.

I '新地' 吏員 구성의 복합성

新地 吏員의 구성은 이미 일부 학자들에 의해 개략적으로 언급·연구된 바 있다. 하나의 예로 魯家亮의 연구는 里耶秦簡의 전면 분석을 통해 秦代 洞庭郡 遷陵縣 이원의 출신과 구성 및 임용 경로 등을 귀납했다.[4] 그중 다수의 내용은 신지 전역의 상황에 소급 적용하는 것도 가능할 것이다. 여기에 더해 이 글은 그 일부 내용을 보충하고, 보다 심도 있는 논의를 이끌기 위한 몇 가지 문제를 제기하고자 한다.

魯家亮이 파악한 遷陵縣 吏員의 구성은 다음과 같이 정리할 수 있다. 모든 이원의 출신은 크게 外郡人과 본지 출신으로 구분된다. 이를 바꾸어 말하

4　魯家亮,「里耶秦簡所見秦遷陵縣吏員的構成與來源」,『出土文獻』2018年第2期.

면 파견형 이원과 현지채용형 이원으로 구분될 것이다. 파견형 이원은 다시 두 부류로 나눌 수 있다. 하나는 법률이 제정한 정상 경로를 통해 전근한 이원, 다른 하나는 징벌성 좌천을 당한 이원이 이에 해당한다. 본지채용형 이원의 경우 郡縣制가 정착되어 감에 따라 천릉현이 보유한 시스템 내에서 다수 육성 배출되었을 것이다. 미공표 里耶秦簡 중에는 學童을 교육시켜 이원을 양성하는 學室이 천릉현에서 운영되었음이 언급되었고,[5] 현지 출신의 이원 중 佐 혹은 史로 선발된 뒤 令史에 승진되는 예가 간혹 보이기 시작한다.[6] 이에 노가량은 新黔首로서 천릉현에서 임직하여 타현·타군, 심지어 제국의 수도 咸陽까지 이르는 것이 가능했을 것이라 판단했다.

이에 기초하여 몇 가지 보충이 필요한 부분을 제기해 보도록 하자. 우선 縣級 吏員의 구성은 魯家亮이 지적한 것 외에도 보다 세밀한 사항을 파악할 필요가 있다. 무엇보다 이원 간에 설계된 秩祿 체계는 반드시 고려해야 할 요소이다. 『漢書·百官公卿表』에는 秦制를 계승한 縣令·長 이하의 질록 체계가 기록되어 있다. 이에 따르면 1000石에서 600석 사이의 縣令과 500석에서 300석 사이의 縣長, 그 예하 400석에서 200석 사이의 縣丞·尉까지가 長吏에 해당한다. 그리고 斗食 및 佐·史의 질급은 100석 이하로 少吏에 해당한다.[7] 그 외에 현내 諸官의 嗇夫職을 주로 담당하는 有秩吏의 질록은 대략 120석 이상

---

5 張春龍, 「里耶秦簡中遷陵縣學官和相關紀錄」, 『出土文獻』第一輯, 中西書局, 2010, p.232.

6 魯家亮은 대표적인 예로 여러 문서에 등장하는 '圂'이란 자가 동일인일 가능성을 제기했다. 그는 秦始皇 29년 庫佐에 역임했다가, 이듬해 令佐로 직위가 바뀐 뒤, 중간에 司空守의 직무를 잠시 수행하고, 진시황33년에 이르러서는 그 직위가 令史로 명기되는 변화를 겪는다. 「里耶秦簡所見秦遷陵縣吏員的構成與來源」, pp.216-217.

7 『漢書』卷19上「百官公卿表上」, p.742: "縣令·長, 皆秦官, 掌治其縣. 萬戶以上爲令, 秩千石至六百石. 減萬戶爲長, 秩五百石至三百石. 皆有丞·尉, 秩四百石至二百石, 是爲長吏. 百石以下有斗食·佐史之秩, 是爲少吏."

으로 설정되었을 것이다.⁸ 정리하면 현급 이원은 질급의 고하에 따라 장리·유질리·소리로 구분된다.

이를 참고하면 遷陵縣의 吏員 구성은 長吏·有秩吏·少吏 질급 간의 출신 및 임용 경로의 차이에 따라 다시 세분할 필요가 있다. 주제와 관련하여 먼저 이하의 두 사례를 인용한다.

① 8-269
資中縣의 令史, 陽里에 거주 중인 釦의 伐閱:
(진왕정)11년 9월 史에 임용
鄕史 9년 1일
田部史 4년 3개월 11일

---

8 裘錫圭는 '有秩嗇夫'가 질록과 직위를 함께 표기하는 진한대 일반적 관명 표기법이라 지적했으며, '有秩'은 대략 百石 이하일 것으로 추측했다(「嗇夫初探」, 『古代文史研究新探』, 江蘇古籍出版社, 1992, pp.438-443). 그러나 『二年律令·秩律』에 '有秩'로 표기된 직위는 대략 120石으로 설정되어 斗食(100石)보다 질급이 높다(『二年律令與奏讞書』, pp.292-293: "都官之稗官及馬苑有乘車者, 秩各百六十石, 有秩毋乘車者, 各百卄石. [四七〇] …… 都市·亭·廚有 [四七一] 秩者及毋乘車之鄕部, 秩各百卄石……[四七二]"). 鄒水傑은 논리를 더욱 확장하여 秦 및 漢初의 '有秩'은 300石에서 120石 사이의 질록 등급 구간의 吏員을 지칭한 것이라 주장했다(「秦簡"有秩"新證」, 『中國史研究』2017年第3期, pp.48-51). 漢文帝 시기의 법령으로 알려진 張家山336號漢簡 「功令」은 斗食이 有秩을 補缺하는 상하 관계를 명시한 한편, 200석과 300석 또한 분명한 등급으로 구분했다(荊州博物館 編, 彭浩 主編, 『張家山漢墓竹簡[三三六號墓]』, 文物出版社, 2022, p.98: "二百石補三百石. 斗食·學 [一六] 俾通課補有秩…… [一七]").

令史 2개월

□計

나이 36세

戶計

司空曹에 배치하는 것이 가능함[9]

② 10-15

□

□ [第一欄]

凡□□□□

官佐, 6년

縣令佐, 1년 12일

縣斗食, 4년 5개월 24일

縣司空, 有秩, 乘車, 3년 8개월 22일

대리 遷陵丞, 6개월 27일.

총계 15년 9개월 25일, (功勞의) 총계 功3, (勞)3년 9개월 25일 [第二欄]

......[10]

①의 令史 '釦'와 ②의 성명 불상의 守丞은 각각 遷陵縣의 少吏와 有秩吏

---

9 『里耶秦簡牘校釋』(第一卷), pp.125-126: "資中令史陽里釦伐閱: 十一年九月喩爲史 爲鄕史九歲一日 爲田部史四歲三月十一日 爲令史二月 [第一欄] □計 年卅六 [第二欄] 戶計 [第三欄] 可直司空曹 [第四欄]"

10 『里耶秦簡博物館藏秦簡』, p.54: "□ □ [第一欄] 凡□□□□ 爲官佐六歲 爲縣令佐一歲十二日 爲縣斗食四歲五月廿四日 爲縣司空有秩乘車三歲八月廿二日 守遷陵丞六月廿七日 凡十五歲九月廿五日凡功三└三歲九月廿五日 [第二欄]"

의 출신을 대변한다. 먼저 ①을 살펴보면, '釦'는 蜀郡 資中縣11 출신으로 秦王政 11년(B.C.236)에 처음으로 史에 선발되었다. 그리고 鄕史로 9년 1일을 근무하고 4년 3개월 11일의 田部史를 거친 뒤, 36세가 되던 해 令史로 승진한 지 2개월 만에 천릉현 司空曹에 배치되었다. ②는 대략 官佐 6년, 令佐 1년 12일, 斗食 4년 5개월 24일, 마차를 탈 자격이 있는 司空有秩(嗇夫) 3년 8개월 12일을 거친 뒤, 縣丞 대리직을 수행한 지 6개월 27일 째 되었을 것이다. 해당 인물의 개인 정보는 남아 있지 않으나, 관직 경력이 15년에 이르는 것을 볼 때 분명 그 또한 ①과 마찬가지로 故地에서 관직을 시작하여 新地인 천릉현으로 파견된 사례일 것이다.

  대략 살펴보았듯이 ①과 ②는 모두 외지 출신으로 파견형 吏員에 해당한다. 보다 세부적인 구분을 적용하면 ①은 파견형 少吏이고12 ②는 파견형 有秩吏이다. 여기서 ②는 관직이 守丞에 이르렀는데, 직급과는 별개로 그 질급이 반드시 長吏에 해당했다고 볼 수는 없다. 대리직은 일반적으로 정식 직급

---

11 『漢書』卷28上「地理志上」, p.1599에는 資中縣이 犍爲郡에 속하는 것으로 되어 있다. 이는 武帝 建元6년의 재편 결과이고, 이전까지는 蜀郡에 속했던 것으로 추정된다. 오늘날 四川省 資陽市에 속하는 자중현은 당시 촉군의 治所인 成都 동남부에 흐르는 長江 지류인 沱江을 연하여 위치해 있었다. 그리고 陽里는 기타 리야진간에 동일 里名이 출현하는 것으로 보아 천릉현에 소재했을 가능성이 높다(陳侃理, 「睡虎地秦簡『編年記』中"喜"的宦歷」, 『國學學刊』2015年第4期, p.48).

12 令史의 질급은 일반적으로 斗食, 즉 100石의 少吏로 구분한다. 『二年律令·秩律』은 2000石의 고관에서부터 120석의 有秩者까지를 하한으로 질록의 등급을 소개하고 있는데, 여기에는 令史 및 卒史 등 史계열 吏員의 등급이 기록되어 있지 않다(『二年律令與奏讞書』, pp.257-293). 이는 그들이 有秩吏 이하의 無秩, 즉 100석 이하의 소리에 한정되었기 때문일 것이다. 漢初의 郡縣은 秦代의 질급을 수정 없이 계승했을 가능성이 높은 바, 현재로서는 진대 영사의 질급 또한 100석의 두식에 그쳤던 것으로 판단할 수 있다.

에 비해 질급이 한 단계 아래인 이원이 수행한다. 때문에 수승의 질급은 유질리였을 것이다.[13] 다만 縣丞 임무를 대리한다는 것은 장리로 승진하는 과정에 있음을 의미하므로, 이를 통해 파견형 유질리가 장리가 될 수 있음을 충분히 확인할 수 있다.

이 두 사례는 과연 '新地吏'로 좌천된 것일까, 아니면 전근에 해당하는 것일까? 일단 자료 어디에도 이들이 처벌 받았다는 단서를 찾을 수 없다. 그렇다면 전근의 가능성을 우선 고려해야 할 것인데, 관련하여 ①의 내용을 보다 구체적으로 분석할 필요가 있다.

①의 '釦'는 표면적으로는 정상적인 진급 체계에 따라 令史에 임명된 것으로 보인다. 그러나 여기에는 몇 가지 특기할 사항이 존재한다. 우선 '釦'는 史로 임용된 이래 질급이 낮은 官史職(향사·전부사)을 도합 13년 역임했다. 이 기간 동안 영사로 승진하지 못했다는 말인데, 이는 정상적인 경우에 해당하는 것일까? 다음의 자료들과 비교해 보도록 하자.

③ (진소왕)45년…… 13월 甲午 鷄鳴時, 喜 출생.

(진왕정)3년…… 8월, 喜가 史에 임용되다.

4년, …… 11월, <u>喜가 安陸卿(鄕)의 史가 되다.</u>

6년, 4월, <u>安陸令史가 되다.</u>

7년, 정월 甲寅, 鄢令史가 되다.

---

13 守의 의미와 관련하여 학계에서 논쟁이 진행된 적이 있는데, 현재는 이것이 대리 혹은 試守를 뜻하는 것으로 정리 되고 있는 상황이다(楊智宇, 「里耶秦簡牘所見"遷陵守丞"補正」, 『簡帛』第13輯, 上海古籍出版社, 2016; 劉樂賢, 「也說"縣令"確爲秦制 - 兼論里耶秦簡官稱中的"守"字」, "新出土戰國秦漢簡牘研究: 中國簡帛學國際論壇 2017"論文集, 2017年10月11日 참조). 자료 ②는 그 사실을 확증하는 자료가 될 것인데, 해당 吏員은 '司空有秩乘車'의 질급으로 長吏인 縣丞의 직무를 대리했을 것이다.

12년, 4월 癸丑, 喜가 鄢에서 治獄을 담당하다.

21년, …… (郡)屬14이 되다.15

④ 지금 獄史 觸·彭沮·衷이 미묘하고 난해한 獄事를 해결해 磔罪 1인을 논처했으니, 奏 16牒을 만들어 올립니다. 觸은 令史로 22년을 재직했고 나이는 43세입니다. 彭沮·衷의 勞와 연령은 令에 부합합니다. 모두 淸潔하고 無害하며 郭愨합니다. 임무를 잘 완수하고 마음은 평온하고 예가 바르니, 외람

---

14 '安陸卿(鄕)史'와 '爲屬'의 해독은 陳侃理, 「睡虎地秦簡『編年記』中"喜"的宦歷」, 『國學學刊』2015年第4期를 참조하여 기존의 설을 수정했다. 그런데 '安陸卿(鄕)史'에 대해 『秦簡牘合集』의 주석에서는 적외선으로 재촬영된 도판에 근거해 이를 관서 혹은 객사를 뜻하는 '邸'로 석독하여 그 관직이 安陸邸史라는 의견을 제시했다(陳偉 主編, 『秦簡牘合集』(壹)上, 武漢大學出版社, p.27). 그러나 기본적인 현급 소리의 임용체계를 고려하면 그것이 鄕史이건 邸史이건 간에 맥락상 官佐級에 해당하는 사의 임명을 의미하는 것에는 변함이 없다. 이에 잠정적으로 陳侃理의 의견에 따라 鄕史로 표기한다. '爲屬'의 경우 陳侃理는 이것이 '喜'가 南郡屬으로 승진한 의미로 판단했는데, 그 근거는 다음과 같다. 우선 기존에 '□屬'이라 하여 식별되지 않은 글자의 字形과 筆跡의 분석 결과 '爲'로 판별할 수 있고, 그렇다면 '爲屬'은 앞 구절의 내용과 구분되는 단독의 구절로 해석이 가능해진다. 그리고 秦漢시기 郡守의 少吏는 卒史와 더불어 屬이 있었음을 여러 간독자료를 통해 확인할 수 있다. 또 후술할 ④의 기록과 비교할 때 당시 37세였던 '희'의 나이는 졸사로 승진하기에는 약간 이르고, 그보다 하위 등급인 屬으로의 승진은 가능했던 것으로 보인다. 이상의 고증과 여러 정황을 고려하면 당시 '희'가 영사직을 거쳐 속으로 승진했을 가능성이 매우 유력하다.

15 『睡虎地秦墓竹簡』, pp.5-7: "卌五年, ……十二月甲午鷄鳴時, 喜産. [四貳] 三年, ……八月, 喜揄史. [一○貳]【四年】……十一月, 喜□安陸卿(鄕)史. [一一貳] ……六年, 四月, 爲安陸令史. [一三貳] 七年, 正月甲寅, 鄢令史. [一四貳] ……十二年, 四月癸丑, 喜治獄鄢. [十九貳] 卄一年, …… 爲屬. [二八貳]"

되이 고과를 올려 卒史에 충원하고자 합니다. 기타의 吏는 성실히 근무하고 있습니다(勤它吏). 감히 말씀드립니다(敢言之).**16**

③은 유명한 睡虎地 11호 秦墓 묘주 '喜'의 경력 사항이고, ④는 秦王政 21년(B.C.226) 경 어느 縣의 令史 '觸'·'彭沮'·'衷'을 郡卒史로 추천한다는 내용이다. 여기서 ③의 '喜'는 진왕정 3년 8월 史로 임용되어 3개월 뒤인 4년 11월에 安陸 鄕史로 발령받았다. 그리고 향사가 된지 1년 6개월이 채 안되어 영사로 승진했는데, 이 때 그의 나이는 22세였다. 이는 36세에 이르러서야 영사가 된 ①의 '釦'와는 분명한 격차를 보인다. 또 이는 ④의 '觸'과도 직접 비교가 가능하다. '觸'은 당시 영사가 된지 22년이 되었고 연령은 43세였다. 그렇다면 그가 처음 영사로 승진했을 때는 약 21세 정도였을 것이다. 만약 17세에 學童으로 선발되어 3년 정도의 학습 기간을 거쳤던 것으로 가정하면, '觸' 역시 '喜'와 마찬가지로 약 20세 전후하여 史에 처음 임용되었을 것이다.**17** 또한 '喜'와 마찬가지로 영사가 되기까지 1년에서 2년 사이의 기간만이 소요되었던 것으로 예상할 수 있다.

그렇다면 '喜'와 '觸'의 令史 진급이 지나치게 빨랐던 것일까? 그렇지도

---

16 『嶽麓書院藏秦簡』(參), p.191: "今獄史觸·彭沮·衷得微難獄, 磔皋(罪) [168正] 一人. 爲奏十六牒, 上. **觸爲令史廿(二十)二歲, 年卅(四十)三**; 彭沮·衷勞·年中令. 皆請(淸)絜(潔), 毋(無)害, 郭殼(愨); 守吏(事), 心平端禮. 任謁 [169正] 課以補卒史, 勸它吏. 敢言之. [170正]"

17 『二年律令與奏讞書』, p.296: "史·卜子年十七歲學. 史·卜·祝學童學三歲…… [四七四]" 그런데, 『嶽麓書院藏秦簡』(參)의 奏讞 안례 중에는 15세의 나이에 '學史'를 한 '學'이란 자가 출현하기도 했다(pp.227-229: "……君子子, 定名學, 居新壄(野)……[223正]……學學史……[224正]……學不從軍, 年十五歲. 它如辝(辭)"). 이를 보면 학동은 대략 15세에서 17세 사이 傅籍 직전의 미성년 남성이 주요 선발 대상이었을 것이다.

않았을 것이다. 율령에 기록된 史의 임용 원칙에 따르면, 太史가 주최하는 시험의 최우수자는 鄕史나 官史를 거치지 않고 바로 영사에 임용되고, 3년에 한 차례 시행되는 종합 시험의 최우수자는 卒史에 바로 임명되었다.[18] 이를 볼 때 '喜'와 '觸'은 가장 우수한 史에 속하지 않았다. 하물며 '觸'은 영사에 재직한지 22년이나 걸린 43세에 졸사로 추천되었다. 이는 '喜'가 영사가 된지 15년 만인 37세에 郡屬에 임명된 것에 비하면 승진이 지체된 것이다. 이를 다시 '釦'와 비교하면 그는 군속으로도 승진이 가능했던 36세의 나이에 겨우 영사로 승진했던 셈이다. 세 영사의 진급 속도는 '喜'가 가장 빨랐고 '觸'이 그 다음이며, '釦'가 가장 지체되었다.

①에서 한 가지 더 특기할 사항은 '釦'가 令史로 승진 한 지 단 두 달 밖에 되지 않은 시기에 전근이 이루어졌다는 점이다. 또한 공교롭게도 그가 승진한 해는 遷陵縣이 처음 설치된 秦王政 25년이었다. 이는 '釦'의 승진이 애초에 천릉현으로의 파견을 전제로 이루어졌음을 시사한다. 앞서 살펴본 新地吏의 징벌성 좌천과는 달리, 이는 자발적 선택일 가능성도 있다. '釦'와 같이 진급이 지체된 吏員들에게 신지리가 되는 것은 진급의 기회이기도 했기 때문이다.

② 역시 ①과 비슷한 사례였을 가능성을 검토해 볼 수 있다. 그의 근무 이력에서 "守遷陵丞六月卄七日" 부분에만 '遷陵'이라는 지명을 명확히 기재한 것은 어쩌면 그가 수승으로 발령받은 시점에 근무지를 천릉으로 이동했음을 나타내는 것일지도 모른다. 그 추측이 틀리지 않다면, 有秩吏였던 ②의 해당 吏員은 新地吏로 파견되며 수승이 될 수 있는 기회를 얻어 長吏로 승진할 발판을 마련했을 것이다.

이상의 사례를 반영하여 遷陵縣에 배치되었을 것으로 예상되는 吏員의

---

18 『二年律令與奏讞書』, p.297: "……有(又)以八體課大(太)史, 大(太)史誦課, 取冣(最)一人以爲其縣令 [四七五] 史, 殿者勿以爲史. 三歲壹幷課, 取冣(最)一人以爲尙書卒史. [四七六]"

구성을 다시 정리해 보도록 하자. 우선 파견형 이원의 경우 징벌성 파견과 전근성 파견으로 구분할 수 있지만, 전근성 파견 이원 중에도 기존 故地에서 진급이 지체된 성적 부진자가 포함되었을 수 있다. 이들에게는 新地로 파견되는 조건으로 진급의 기회가 주어졌을 것이다. 그리고 현지채용형 이원은 현이 처음 설치된 秦王政 25년 이래, 기층에서부터 新黔首를 대상으로 이원을 양성하는 프로그램이 정상 가동하며 배출되기 시작했다. 대표적으로 史 계열의 이원은 신검수가 學童에 선발되어 관료 교육을 받을 수 있는 경로 중 하나였고, 여기서 배출된 史는 令史로 승진, 심지어는 郡屬 혹은 卒史까지의 승진도 가능했을 것이다.

그런데 현지채용형 吏員은 대부분 기층에서부터 관직을 출발했기 때문에, 질급을 보유한 상태에서 현지에 파견되는 新地吏와는 분명한 계급차가 존재했다. 물론 시간이 지날수록 그 격차는 점차 해소될 수 있었겠지만, 주지하다시피 秦帝國은 단 15년 남짓 밖에 유지되지 못했다. 그 짧은 시간 내에 과연 격차의 완전한 해소가 이루어질 수 있었을까?

어느 吏員이 자신의 직급을 史·佐 등의 少吏부터 시작할 경우, 有秩吏까지 승진하는데 최소 10년 이상이 소요된다. 업무 능력에 별다른 하자가 없었던 ③의 '喜'는 郡屬에 이르는데 15년이 걸렸고, 높은 난이도의 獄事를 해결했던 ④의 '觸'은 令史만 무려 22년을 근무했다. 그렇다면 15년 남짓한 짧은 기간에 遷陵縣에서 채용된 新黔首가 유질리로 진급한 사례는 소수에 불과했을 것이고, 하물며 長吏가 되는 일은 더욱 요원한 일이었을 것이다. 이러한 吏員 구성 간의 불균형은 점령자와 피점령자의 관계로 인해 발생하는 격절 내지 갈등의 정서를 관료 사회 내부로 전이시킬 가능성을 내재하고 있다. 그러한 일이 실제 발생했음을 우리는 秦帝國 말기 반진 봉기의 사례를 통해 확인할 수 있다.

II 秦末 豪吏의 등장과 그 배경

秦帝國은 지방 통치에 있어 향속과의 융화보다는 통제에 방점을 둔 '移風易俗'을 추구했다. 동시에 '以吏爲師'를 표방하여 향촌 질서를 철저히 郡縣 吏員 중심으로 재편하고자 했다. 그러나 각지의 서로 다른 향속으로 인해 그 계획은 이상적으로 추진될 수 없었다. 심지어 이원들이 향속을 이겨내지 못하고 토착 사회에 동조하는 상황 또한 발생했다. 睡虎地秦簡「語書」에서 南郡守 '騰'은 오랜 군현 통치를 지낸 南郡 내에도 法令을 따르지 않고 향속에 의지하는 이원이 다수 존재한다고 언급한 바 있다.[19]

秦王政 20년(B.C.227)에 반포된 南郡守 '騰'의 문서는 앞으로 新地에서 발생할 상황을 선제적으로 보여주는 예시일지도 모른다. 실제 법령이 정한 시스템을 따르지 않는 吏員은 남군보다는 통치 구조가 취약했던 신지에서 출현할 가능성이 더욱 높았다. 소위 '豪吏'라고 불리는 새로운 유형의 이원 집단이 신지를 중심으로 대거 등장한 것은 바로 이러한 현상이 실제 일어나고 있었음을 의미할 것이다.

豪吏는 秦末 각지에서 발생한 반진 기의와 밀접한 관계를 맺고 있다. 특히 長吏와의 관계에 있어 독특한 현상이 발견된다. 『史記·高祖本紀』에 이르길, "秦二世 元年 가을, 陳勝 등이 蘄에서 일어나, 陳에 이르러 왕에 올라 국호를 '張楚'라 하였다. 郡縣들은 모두 長吏를 다수 죽이고 陳涉에 호응했다."[20] 장리를 죽이고 진섭에 호응한 각지의 예는 다음과 같다.

---

19 『睡虎地秦墓竹簡』, p.13.
20 『史記』卷8「高祖本紀」, p.349: "秦二世元年秋, 陳勝等起蘄, 至陳而王, 號爲"張楚". 諸郡縣皆多殺其長吏以應陳涉."

⑤ 이에 籍(項羽)는 검을 빼어 郡守의 머리를 베었다. 項梁은 郡守의 머리를 들고 그 印綬를 찼다. 門下의 사람들은 크게 놀라 혼란에 빠졌는데, 籍이 격살한 자가 수십 수백명에 이르렀다. (郡守)府中의 사람들이 모두 두려움에 엎드려 감히 일어나지 못했다. 梁은 이에 오랫동안 알고 지내던 豪吏를 불러 모아 대사를 일으킬 것을 선언했고, 이에 吳中의 병사들이 들고 일어났다.[21]

⑥ 狄縣令을 만나 이에 縣令을 격살하고 豪吏 자제들을 불러 말하길, "諸侯들이 모두 反秦하여 자립하는데, 齊는 예전에 건설되었던 나라이고, 儋은 田氏이니 응당 王이 되어야 한다"라고 했다. 이에 자립하여 齊王이 되었다……[22]

⑦ 父老들은 이에 子弟들을 이끌고 沛令을 죽이고, 성문을 열어 劉季(劉邦)를 맞이했다……이에 蕭·曹·樊噲 등과 같은 少年[23]·豪吏들이 모두 그를 위해 沛의 子弟 이삼천명을 모았다.[24]

⑧ 陳嬰이란 자는 옛 東陽縣 令史였고 縣 내에 거주했는데, 그 소양이 信謹하여 長者로 칭송받았다. 東陽 少年들이 그 縣令을 죽이고 모인 자가 수 천 명에 이르렀다. 수장을 세우려 했지만 적당한 자가 없어, 이에 陳嬰에게 요

21　『史記』卷7「項羽本紀」, p.298: "於是籍遂拔劍斬守頭. 項梁持守頭, 佩其印綬. 門下大驚, 擾亂, 籍所擊殺數十百人. 一府中皆慴伏, 莫敢起, 梁乃召故所知豪吏, 諭以所爲起大事, 遂擧吳中兵."

22　『史記』卷94「田儋列傳」, p.2643: "見狄令, 因擊殺令, 而召豪吏子弟曰: "諸侯皆反秦自立, 齊, 古之建國, 儋, 田氏, 當王." 遂自立爲齊王……"

23　고대 중국의 '少年'은 주로 도시 지역을 중심으로 활동하는 좌식자 혹은 무뢰배, 사회 치안에 부정적 영향을 끼치는 청년 집단을 지칭하는 말이며, '惡少年'으로 불리기도 한다. 王子今, 「說秦漢"少年"與"惡少年"」, 『中國史研究』1991年第4期 참조.

24　『史記』卷8「高祖本紀」, p.350: "父老乃率子弟共殺沛令, 開城門迎劉季, 欲以爲沛令……於是少年·豪吏如蕭·曹·樊噲等皆爲收沛子弟二三千人."

청했다. 嬰은 할 수 없다고 사양했으나, 그들은 억지로 嬰을 세워 수장으로 삼았고, 縣 중에 그를 따른 자가 이만명에 이르렀다.[25]

長吏를 처단한 ⑤⑥⑦의 예는 한 가지 공통점이 발견된다. 즉, 이들은 모두 장리는 처단한 반면 豪吏와는 규합하여 세력을 결성했다. 호리는 군현 내에서 일정한 관직을 유지하고 있었기 때문에 '吏'라고 지칭되었을 것이다. 그러나 이들은 반진 기의가 발생하자 소속 관서 및 장리를 따르지 않고 지역의 任俠 혹은 舊六國 귀족 세력과 연합했다. 이 같은 '장리'와 '호리' 간에 발생한 분열은 앞서 밝힌 新地 吏員 구성의 취약성으로부터 기인한 것일 수 있다.[26]

그렇다면 이 '豪吏'라고 불리었던 인군의 주요 출신과 직급을 보다 분명히 규정할 필요가 있다. 결론부터 말하면, 이들은 주로 현지채용형 吏員에 속했을 것이다. 그리고 반진 기의군의 처단 대상이 된 '長吏'에 속하지 않았으므로, 그들은 직급상 有秩吏 혹은 少吏에 주로 분포되었던 것으로 추측된다.

이러한 豪吏의 성격을 가장 명확히 보여주는 것이 ⑧의 東陽縣 令史 陳嬰의 사례이다. 특히 동양현의 少年들이 長吏인 縣令을 처단한 뒤 진영을 수장으로 선택한 사실에 주목할 필요가 있다. 그는 비록 長者로 칭해지긴 했으나, 정식 신분은 縣廷의 少吏에 불과한 영사였다. 이러한 진영이 수장이 되자 수

---

25 『史記』卷7「項羽本紀」, p.298: "陳嬰者, 故東陽令史, 居縣中, 素信謹, 稱爲長者. 東陽少年殺其令, 相聚數千人, 欲置長, 無適用, 乃請陳嬰. 嬰謝不能, 遂彊立嬰爲長, 縣中從者得二萬人."

26 李成珪는 일찍이 지방관과 客, 豪吏의 관계 분석을 통해 구육국 지방 통치의 불안정성이 제국단명의 구조적 요인이었음을 지적한 바 있다(「秦帝國의 舊六國統治와 그 限界」, 『閔錫泓博士華甲紀念史學論叢』, 三英社, 1985, pp.800-807). 그러나 호리의 성격은 단순히 향리사회를 억압했던 통치자의 입장이기 보다, 그 자신이 향리 사회와 출신을 공유했던 '新黔首'이기도 했다. 즉, 호리의 성장은 관료 조직과 더불어 향리 사회를 기반으로 했기 때문에 가능했을 것이다.

천 명이던 무리가 이만 여명으로 불어났다. 이는 향리 사회가 그에게 보낸 지지를 반영한 것으로, 진영은 분명 군현제가 정한 직급을 넘어 향리 사회에 큰 영향을 끼치던 '豪吏'였을 것이다. 그런데 일개 영사가 어떻게 향리 사회의 질서를 좌우할 호리로 성장하고 반진군의 수장이 될 수 있었던 것일까?

사실 令史가 곧 豪吏로 성장할 수 있었음을 가장 잘 보여주는 사례는 劉邦이 기의했던 泗川郡 沛縣에서 찾을 수 있다. 유방의 공신집단 중 蕭何·曹參·夏侯嬰·周昌·周苛 등은 모두 패현이 배출한 관료 출신이다. 이들의 출신과 공직 경력 등은 앞서 살펴본 新地 吏員 구성의 또 다른 비교자료가 될 수 있다.

먼저 漢帝國의 초대 丞相 蕭何의 예를 살펴보자. 그는 劉邦과 동향인 豐邑 출신으로 沛縣의 主吏掾에 재직했다. 다른 기록에는 이를 功曹掾이라 칭하기도 했는데, 실제 秦律에는 이에 대응하는 직명이 발견되지 않는다. 그런데 里耶秦簡에 언급된 관서 중 曹는 현정의 예속기구로서 주로 令史 업무를 관장하는 곳이다.[27] 그렇다면 소하의 정식 직급은 주리 혹은 공조에 소속된 영사일 가능성이 높다. 또 소하는 泗川郡 卒史의 일에도 참여해 고과 성적 최우수를 기록한 적이 있다. 앞서 ④의 예에서 보았듯이 졸사는 공로가 높은 영사가 다음 단계로 나아가는 승진 코스였다. 그러나 이것이 곧 소하가 졸사로 승진했다는 의미는 아닐 것이다. 소하가 졸사의 일에 참여했던 것은 특정 업무를 위한 임시 파견이었을 것으로 추정된다. 실제 졸사로 승진했다면 패현을 떠나 사천군 治所로 근무지를 옮겼을 것인데, 그는 御史의 제의를 고사하고 패현에 남았다.[28]

---

27 縣廷 예하 '列曹'에 관한 연구는 金鍾希, 「秦代 縣의 曹조직과 地方官制 - 里耶秦簡에 나타난 遷陵縣의 토지 재정운영을 중심으로」, 『東洋史學硏究』128, 2014; 郭洪伯, 「秭官與諸曹」, 『簡帛硏究二○一三』, 廣西師範大學出版社, 2014; 孫聞博, 「秦縣的列曹與諸官 - 從『洪範五行傳』一則佚文說起」, 『簡帛』第11輯, 2015 등 참조

28 『史記』卷53「蕭相國世家」, pp.2013-2014: "蕭相國何者, 沛豐人也. 以文無害爲沛主

다음으로 2대 丞相을 역임한 曹參은 패현 출신이며, 秦代에 獄掾에 재직했다고 기록되어 있다. 진율 중에 옥연에 상응하는 직급은 獄史 밖에 없다.[29] 또 옥사는 앞서 살펴본 ④의 예에서 알 수 있듯이 영사이기도 하다. 아마 獄曹에 속한 영사였기 때문에 옥사로 지칭되었던 것 같다.[30] 또 그가 옥사로 재직할 시 蕭何가 主吏로서 함께 縣에 거주하며 豪吏가 되었다고 한다.[31] 조참의 경력이 줄곧 소하와 밀접한 관계를 맺었던 것은 바로 영사로 함께 재직할 시 형성된 두 사람 간의 신의가 가장 큰 영향을 끼쳤을 것이다.

汝陰侯 夏侯嬰은 처음에 令史가 아닌 마차를 끄는 廐司御였다고 한다. 그런데 후에 劉邦이 무리를 이끌고 沛縣을 공략하려 할 때 하후영은 영사의 신분으로 사신 역할을 수행했다.[32] 이는 史 이외의 하급 이원이 영사로도 진급할 수 있었음을 보여주는 예이다. 그 외에 周昌과 그의 從兄 周苛는 반진 기의 당시 郡卒史에 재임하고 있었다.[33] 일반적인 진급체계를 따른다면, 주창과 주

吏掾……秦御史監郡者與從事, 常辨之. 何乃給泗水卒史事, 第一. 秦御史欲入言徵何, 何固請, 得毋行."

29 『秦會要』는 『史記』와 『漢書』에서 司馬欣의 관직을 각각 '櫟陽獄掾'과 '櫟陽獄史'라고 기재한 것을 근거로 獄掾이 獄史의 다른 지칭인 것으로 판단했다. 또 다른 패현 출신 공신 중 任敖는 그 관직이 獄吏였는데, 『秦會要』는 이 역시 獄史를 지칭한 것으로 정리했다(孫楷 著, 『秦會要』, 上海古籍出版社, 2004, p.271).

30 陳侃理는 獄史가 일종의 특수한 "治獄"令史일 것이라 주장했다(「睡虎地秦簡『編年記』中 "喜"的宦歷」, p.50).

31 『史記』卷54 「曹相國世家」, p.2021: "平陽侯曹參者, 沛人也. 秦時爲沛獄掾, 而蕭何爲主吏, 居縣爲豪吏矣."

32 『史記』卷95 「樊酈滕灌列傳」, pp.2663-2664: "汝陰侯夏侯嬰, 沛人也. 爲沛廐司御……高祖之初與徒屬欲攻沛也, 嬰時以縣令史爲高祖使."

33 『史記』卷96 「張丞相列傳」, p.2676: "周昌者, 沛人也. 其從兄曰周苛, 秦時皆爲泗水卒史."

가는 패현에서 사로 임용되어 영사를 거친 뒤 졸사에 선발되었을 것이다. 혹은 學童 시절 성적 우수자로서 단계를 건너 뛰어 바로 졸사에 발탁되었을 가능성도 있다.

이상의 사례를 新地 吏員의 일반 구성 형태에 적용하면 다음과 같다. 우선 이들은 모두 沛縣 출신으로 현지채용형 이원에 해당한다. 그들은 廐司御에서 卒史에 이르기까지 다양한 직급에 분포해 있었는데, 공통적으로 史 계열의 관직을 거쳤다. 이는 패현의 新黔首가 기층에서 임용되어 令史나 卒史에 이르는 것이 보편적이었음을 보여준다. 또 遷陵縣의 상황과 비교해 보아도 유사한 결론을 도출할 수 있다. 里耶秦簡 9-633호 木牘의 '遷陵吏志'에 따르면 천릉현 이원의 전체 정원 103명 중 영사는 28명에 달했다. 이는 정원이 53명에 달하는 官佐 다음으로 다수에 해당한다.[34] 사실 관좌 역시도 기본적으로 사로부터 선별되었을 것이다. 『嶽麓秦簡』(肆)의 置吏律에 따르면,

縣은 無秩의 小佐를 임용할 때 각 縣 중의 인원을 임용한다. <u>모두 不更 이하에서 士伍에 이르는 史者를 택하여 佐로 삼고</u>, 부족하면 君子의 아들, 大夫의 아들, 小爵 및 公卒·士伍의 아들 중 18세 이상이 된 자를 보충하여 그 인원에 대비하고, 新黔首는 이를 강제하지 않으며, 연령이 60세를 초과한 자는 佐로 삼지 않는다.[35]

34　陳偉 主編, 何有祖·魯家亮·凡國棟 撰著, 『里耶秦簡牘校釋』(第二卷), 武漢大學出版社, 2018, pp.167-168: "遷陵吏志: 吏員百三人. 令史廿八人, 【其十】人繇(徭)使, 【今見】十八人. [第一欄] 官嗇夫十人. 其二人缺, 三人繇(徭)使, 今見五人. 校長六人, 其四人缺. [第二欄] 今見二人. 官佐五十三人, 其七人缺, 廿二人繇(徭)使, 今見廿四人. 牢監一人. [第三欄] 長吏三人, 其二人缺, 今見一人. 凡見吏五十一人. [第四欄]"

35　陳松長 主編, 『嶽麓書院藏秦簡』(肆), 上海辭書出版社, 2015(이하 『嶽麓書院藏秦簡』(肆)으로 약칭), pp.137-138: "置吏律曰: 縣除小佐毋(無)秩者, 各除其縣中, 皆擇除不更以下到士五(伍)史者爲佐, 不足, 益除君子子·大夫子·小爵 [210正] 及公卒·士

라고 했다. 이를 고려하면 縣內 史 계열의 吏員은 많은 경우 전체 정원의 약 80%에 이를 정도로 절대 다수를 차지한다. 게다가 사는 현지 출신자들이 채용될 수 있는 가장 표준적 경로이기도 했다. 沛縣 豪吏의 직위가 주로 令史에 집중되었던 것은 바로 현지인(신검수)이 승진할 수 있는 가장 보편적 직급이었기 때문이다.

新黔首가 斗食(令史)을 넘어 有秩吏로 승진하는 것 또한 불가능하지는 않았을 것이다. 실제 보편 규정에 따르면 유질리는 현지 채용이 원칙이었다. 우선 관련 진율 조문을 참고하면,

> 置吏律에 이르길: 縣은 有秩吏를 임용할 때 각 그 縣 중의 사람을 임용한다. 만약 它縣人을 임용하고자 하는 것 및 상부에 아뢰어(謁) 어느 사람을 縣令·都官長·丞·尉·有秩吏에 배치할 경우, 임용할 수 있는 자(能任者)라면 그것을 허락한다……[36]

와 같다. 이를 통해 有秩吏 이상의 직급은 현지인을 채용하는 것이 가능했음을 알 수 있다. 이 법률 규정이 新地에도 적용되고 있었음을 보여주는 것이 바로 亭長에 재직했던 漢高祖 劉邦의 사례이다. 유방이 재직한 정장이 진한율에 언급된 校長과 동일한 관직이었다면,[37] 그는 질록 120石의 유질리였을 것이

五(伍)子年十八歲以上備員, 其新黔首勿强, 年過六十者勿以爲佐……[211正]"

[36] 『嶽麓書院藏秦簡』(肆), pp.136-137: "置吏律曰: 縣除有秩吏, 各除其縣中. 其欲除它縣人及有謁置人爲縣令·都官長·丞·尉·有秩吏, 能任 [207正] 者, 許之……[208正]"

[37] 吳俊錫, 「秦代 亭의 기능과 吏員 조직」, 『中國古中世史研究』第41輯, 2016, p.62에 따르면 秦代의 校長은 漢代의 亭長으로 명칭이 전환되었거나, 원래 '亭校長'을 '亭長'으로 줄여 불렀을 가능성도 있다. 그렇다면 劉邦이 재직한 정장은 원래 명칭이

다.³⁸ 그런데 이는 앞선 ②의 유질리가 기층의 官佐부터 차례로 승진 코스를 밟아 올라간 것과 달리 예외적 사례에 속한다. 유방은 布衣 시절 이미 縣吏였던 蕭何로부터 비호를 받았다고 한다.³⁹ 그렇다면 유방은 소하보다 늦게 吏員이 되었음에도 질급이 그보다 높은 정장에 임명된 셈이다. 유방은 아마도 이 원 양성 시스템을 거치지 않고, 현 내의 '能任者'로 승인받아 바로 유질리에 임용된 사례일 것이다.

여기서 한 가지 의문이 드는데, 沛縣의 무뢰배 혹은 任俠이었던 劉邦이 어떻게 진율이 정한 요건에 부합해 정장에 임용될 수 있었던 것일까? 법률이 정한 '能任者'의 조건은 명확하지 않으나, 최소 유방을 '능임자'로 판단하고 '謁置'한 沛縣 長吏(縣令)의 결정이 없었다면 유방은 정장에 임명될 수 없었을 것이다. 추측컨대, 현령은 패현 소년들을 좌우할 수 있는 유방을 관직으로 회유하여 체제 내에 귀속시키고자 했을 것이다. 이러한 패현 현령의 경향은 睡虎地秦簡「語書」에서 밝힌 법치주의 노선과는 부합하지 않는다. 심지어 그는 單父 출신의 망명자 呂公을 客으로 후대하고 그를 매개로 향리 사회의 호걸 및 豪吏와의 연대를 적극 도모했다. 패현 현령이 향리 사회의 임협·호리와 타협하고자 했던 것은 신지리가 가진 취약한 권력 구조 때문일 수 있다. 관련하여 반진 기의가 발생했을 당시 蕭何·曹參과 패현 현령의 대화를 주목할 필요가 있다.

君은 秦吏이기 때문에 슈께서 (秦을) 배반하여 沛의 子弟들을 이끌려 해도,

교장이었을 것이다.

38 『二年律令與奏讞書』, p.293: "毋乘車者, 及倉·庫·少內·校長·髳長·發弩·衛將軍·衛尉士吏, 都市·亭·廚有 [四七一] 秩者及毋乘車之鄉部, 秩各百廿石……[四七二]"

39 『史記』卷51「蕭相國世家」, p.2013: "高祖爲布衣時, 何數以吏事護高祖."

그들이 말을 듣지 않을까 우려됩니다. 원컨대 君께서 외부의 망명자들을 부르면 수 백인을 얻을 수 있으니, 이로써 군중을 겁박하면 군중은 말을 들을 수밖에 없을 것입니다.⁴⁰

蕭何·曹參은 縣令을 '秦吏'라고 칭했다. 이는 그가 秦地 출신으로 沛縣에 파견된 '新地吏'일 가능성을 시사한다. 그는 각지에서 반진 운동이 확산되자 진과 반진 사이에서 입장을 결정짓지 못했다. 결국 현령은 소하·조참 부류의 豪吏와 劉邦·樊噲 부류의 任俠을 모두 신뢰하지 못해 적대하게 되었고, ⑦에서 보듯이 최후에는 패현 父老 子弟들에게 제거 당했다. 이러한 패현 내의 각 세력 간 합종연횡은 표면적으로는 복잡해 보이나, 실제로는 일관된 흐름이 존재했다. 사실 임협이든 호리이든 부로 자제이든, 패현 출신의 동향인들은 줄곧 연대하고 있었다. 이는 유방이 布衣-亭長-群盜로 처지가 다변하는 동안에도 호리 및 소년들과의 관계가 단절되지 않은 가장 결정적인 이유였다. 또한 이는 呂公이 현령과의 관계 파기를 감수하고서도 처지가 군도로 전락한 유방·번쾌 등과 관계를 유지한 이유이기도 할 것이다.⁴¹ 반면 현령은 진지 출신의 파견 장리였기 때문에 그들과의 연대에 실패했고 최후에는 제거 당했다.

범위를 넓혀 泗川郡의 상황을 살펴보면, 이 역시 長吏와 현지 출신 屬吏의 관계가 沛縣의 경우와 크게 다르지 않았다. 泗川郡守 壯과 監御史 平은 병력을 이끌고 사천군 내 반란에 대응했지만, 얼마 지나지 않아 劉邦軍에게 격

---

40 『史記』卷8「高祖本紀」, p.349: "君爲秦吏, 令欲背之, 率沛子弟, 恐不聽. 願君召諸亡在外者, 可得數百人, 因劫衆, 衆不敢不聽."

41 李成珪는 劉邦이 망명하면서 呂公과 沛縣令의 관계는 단절된 반면, 蕭何·曹參 등이 둘째 사위인 樊噲를 통해 유방과 연락을 유지한 것을 보면, 이들과 여공의 관계는 유방의 망명 후에도 여전히 건재했을 것으로 판단했다(「秦帝國의 舊六國統治와 그 限界」, p.807).

파 당했다. 이때 사천군 卒史로 재직하던 周昌과 周苛가 유방군에 합류한다.[42] 그들은 원래 패현 출신이었기 때문에 郡 長吏보다 유방에게 더욱 동조했고, 이에 무리 없이 공신 집단 내에 융화될 수 있었을 것이다.

　　동일한 패턴은 앞서 언급한 ⑤의 項梁·項羽의 사례에서도 찾을 수 있다. 다른 점이 있다면 항량은 會稽郡守의 客으로서 회계군 출신은 아니었다. 그러나 그는 초 명문귀족의 후예로서 초유민의 지지를 이끌어내기 용이한 출신 배경을 보유하고 있었다. 이를 바탕으로 회계군의 豪吏와 연대했던 전략이 주효할 수 있었던 것이다. 회계군 내부에는 각 속현에서 채용된 다수의 少吏 및 有秩吏가 향리 사회와 연대하고 있었을 것이다. 이들이 군현 長吏와 분열하고 구귀족 세력과 재결합한 것은 '楚人' 사이에 형성된 광범한 연대 의식이 작용한 결과이다. ⑥ 또한 ⑤와 유사한 사례로 분류 가능하다. ⑥에서 언급한 '豪吏子弟'들은 齊王이 되고자한 田儋을 지지했다. 이는 狄縣 호리들의 정서가 곧 현지 '齊人'의 정서와 일치했음을 반영한다.

　　다시 ⑧의 東陽縣 陳嬰의 사례를 회고해 보자. 그는 ⑤⑥⑦의 사례와 달리 縣 少吏가 직접 기의군 수장이 되었다는 점에서 독특하다. 이는 각 新地가 처했던 개별 상황 중 하나로 이해할 수 있다. 동양현에는 劉邦과 같은 임협 세력이 없었고, 項梁·項羽 및 田儋과 같은 구 왕족·귀족 세력 역시 일소된 상태였을 것이다. 그때 동양현 소년들이 차선으로 선택한 인물이 향리 사회에서 長者로 칭송받던 '令史' 진영이었다. 여기서 또 한 가지 더 독특한 점은 진영은 스스로의 의지가 아니라 떠밀려서 수장이 되었다는 사실이다. 게다가 그는 신지 각지에서 외치던 반진 구호에도 적극 호응하지 않았다. 그럼에도 동양현 소년들이 현령 예하에서 근무한 진영을 추대한 것은 결국 동향 출신 간에 가졌던 연대 의식이 기저로 작용했을 것이다.

42　『史記』卷96「張丞相列傳」, p.2676: "及高祖起沛, 擊破泗水守監, 於是周昌·周苛自卒史從沛公, 沛公以周昌爲職志, 周苛爲客."

관료 출신자로서 반진군 수장이 된 예를 하나 더 들면, 上谷郡 卒史의 경력만으로 燕王에 오른 韓廣이라는 자가 있다.[43] 그는 엄밀히 말해 구귀족 출신은 아니었고, 연왕에 즉위하기 전 張耳·陳餘에 의해 복벽된 趙의 장군 신분으로 燕地를 순찰하던 입장에 있었다. 그럼에도 불구하고 연의 貴人과 豪傑이 그를 연왕으로 추대한 것인데, 그 이유는 단순히 한광이 보유한 군사력 때문만은 아니었을 것이다. 여기에는 그가 과거 상곡군 졸사 출신이었다는 점이 결정적 원인이 되었을 것이다. 구 연지에 설치된 상곡군에서 졸사에 재임했다는 것은 한광이 '燕人' 출신으로서 현지 채용되어 관직을 거쳤음을 의미한다. 그렇다면 연인들이 그를 신임하고 지지한 것은 일차적으로 동향인이었기 때문일 것이다.

이상의 분석을 종합하면, 진 멸망에는 新地의 반진 정서 이면에 보다 실질적인 요소가 작동하고 있었음을 발견할 수 있다. 秦帝國 시기 신지는 秦地와 마찬가지로 현지 출신의 少吏와 有秩吏들을 다수 배출했다. 이와 동시에 구육국 세력을 해체하고 '以吏爲師'를 표방한 吏員 중심의 향리 사회 재편을 시도했다. 그로써 진제국의 군현 지배는 표면적으로 완성되었다. 그러나 현지에서 배출된 이원은 관료 사회로의 수렴보다는 향리 사회와 결탁한 豪吏로 성장할 여지가 다분했다. 그리고 故地(진지)로부터 파견된 각 신지 군현의 長吏는 이 호리들과의 정서상 격절로 인해 권력 구조가 취약할 수밖에 없었다. 결국 각지의 호리는 동향인을 중심으로 체제 외의 임협 혹은 구귀족 세력과 연대했고, 호리와 분열한 長吏는 고립되었다. 이 같이 반진 기의에 있어 호리의 역할은 劉邦으로 대표되는 임협, 項梁·項羽 등으로 대표되는 구귀족 세력 외에, 또 다른 한 축이 되는 '新黔首'로써 재평가 받을 필요가 있다.

---

[43] 『史記』卷48「陳涉世家」, pp.1955-1956: 趙王以爲然, 因不西兵, 而遣故上谷卒史韓廣將兵北徇燕地. 燕故貴人豪傑謂韓廣曰: "楚已立王, 趙又已立王. 燕雖小, 亦萬乘之國也. 願將軍立爲燕王."

III 餘論: 前漢 '酷吏'의 연원

이상 秦代 新地 吏員 구성의 특성과 그것이 秦 멸망에 끼친 영향에 대해 살펴보았다. 故地에서 신지로 파견된 長吏와 '新黔首' 출신 豪吏(少吏와 有秩吏) 간의 격절과 균열로 인해 반진 기의가 전면 확대될 수 있었다는 것이 이 장의 결론이다. 그러나 이것이 진 멸망의 직접 원인이 되었다는 섣부른 판단은 내리지 않겠다. 秦帝國의 붕괴는 한 가지 요소만으로는 설명할 수 없는 거대한 구조의 문제이다. 먼저 구조적으로 결정된 국면이 있었고, 진의 대처(신지 정책)는 그 국면을 타개하는데 실패했다고 총결할 수 있다.

사실 중앙의 입장을 대변하는 파견 장관과 토착 세력을 대변하는 향리 간의 견제와 갈등은 비단 秦帝國 만의 문제는 아니다. 중국 역대 왕조, 넓게는 동아시아 중앙집권형 왕조 국가 모두에 내재된 문제이기도 하다. 이러한 통사적 연속성에서 新地 문제를 바라보고 보편적 성격을 규명하는 것 또한 필요하다.

가장 가까운 시기의 예로 前漢 帝國의 關東 정책은 큰 흐름에서 볼 때 秦代 新地 정책의 연장선에 있었다. 특히 景帝에서 武帝 재위 기간 본격적으로 출현하는 소위 '酷吏'로 칭해진 관리의 형상은 진대 법치주의 하에서 강조된 '良吏'의 품격과 크게 다를 것이 없다.[44] 그들은 관방의 시각으로 보면 법치의 투철한 구현자였지만, 사회의 영역에서는 '가혹한 관리'라는 평판을 피할 수 없었다. 이 '혹리'에 대한 반작용과 사상 조류의 변화로 인해 武帝 시기 이후로는 '循吏'가 대거 등장하기 시작한다.

酷吏와 循吏로 대표되는 관리의 양면적 성향은 넓게는 覇道論과 王道論

---

[44] 睡虎地秦簡「語書」에서는 "凡良吏明法律令, 事無不能殹(也)"(『睡虎地秦墓竹簡』, p.15)라고 하여 法治를 명확히 구현하는 업무 능력을 良吏의 최우선 가치로 언급했다.

으로 이어지는 유서 깊은 논쟁의 일부이다. 법가 일변도의 정책을 추진한 것으로 인식되는 진나라의 정치 문화 역시 양자는 尙存하고 있었다. 기왕의 여러 학자들은 睡虎地秦簡「爲吏之道」와「語書」의 분석을 통해 이러한 양면적 성격을 지적한 바 있다. 특히 工藤元男의 경우 진왕정 20년을 전후하여 향속을 존중하고 순응하는「위리지도」식의 사상 경향이「어서」에서 강조한 법치주의 중심의 일원화된 통치 노선으로 일대 전환되었다고 주장했다.[45]

工藤元男의 지적대로 이때에 중앙의 노선이 강력한 법치로 급격히 기울어졌을 수도 있다. 그러나 본래 유지되었던 사상의 기저가 단번에 전환될 수는 없었을 것이고, 新地에 파견된 長吏 중 일부는 이에 갈등하고 나름의 판단에 따라 중앙의 노선과 상반된 통치를 진행하기도 했을 것이다. 張家山漢簡「奏讞書」18안례에는 秦始皇 26년 蒼梧郡 攸縣에서 발생한 反盜 사건을 다루고 있다. 여기에는 縣令 '庫'라는 인물이 전투를 기피하고 도망간 新黔首의 선처를 황제에게 上書로 요청한 내용이 언급되었다.[46] 시기 및 지역, 그리고 직급으로 보아 그는 진지 출신의 '新地吏'인 것으로 추측된다. 아마도 그는 법치 일변도로 추구되는 통치노선에 의문을 가졌고, 이에 철저한 법집행을 주저했을 것이다.

또 다른 부류의 예는 앞서 살펴 본 泗川郡 沛縣의 縣令과 會稽郡守 殷通을 들 수 있다. 지역의 豪傑 및 망명 중인 구 귀족 세력과 연대하고자 한 그들의 행위는 분명 睡虎地秦簡「語書」에서 강조한 '移風易俗'식의 법치 노선과는 거리가 멀었다. 이처럼 중앙이 제시한 법치의 기준은 新地 전역에 고루 침투될 수 없는 한계가 엄연히 존재했다.

그러나 沛縣令과 會稽郡守의 사례를 후대의 循吏와 동일한 부류였다고 볼 수는 없다. 秦帝國 시기는 秦地와 新地의 분열 국면이 고착되어, 신지에 郡

---

45 工藤元男, 『睡虎地秦簡よういみた秦代の國家と社會』, 創文社, 1998, p.390.
46 『二年律令與奏讞書』, pp.363-365.

縣制를 유지한 채로 교화를 진행하는 방식은 실효성을 기대하기 힘들었다. 이에 통일 초기 王綰은 진지와 거리가 먼 구육국에 분봉을 실시할 것을 제시했던 것이고,[47] 그 현실은 漢代 郡國制의 국면으로 이어졌다. 즉, 진대의 신지는 토착 문화에 순응하는 순리가 출현할 만한 환경이 애초에 마련되어 있지 않았다. 심지어 장리가 향속에 잠식되어 체제로부터 이탈할 위험마저 내재되어 있었다.

그에 반해 漢帝國 시기의 '酷吏'는 바로 秦帝國 시기에 구축된 법치주의의 여파라고 볼 수 있다. 漢朝廷은 비록 郡國制를 추진하기는 했지만, 郡縣制의 확장은 여전히 바뀌지 않은 명제였다. 그리고 중앙의 입장에서 보면 이러한 조정의 의지를 잘 따르는 長吏의 확보가 더욱 절실한 문제였을 것이다. 이에 한대 군현에 임명된 장리의 성과는 주로 游俠을 족멸하거나 豪族을 제압하고 盜賊을 소탕하여 '道不拾遺'의 풍습을 지역 사회에 정착시키는데 집중되었다.

흥미롭게도 漢武帝의 漢帝國은 秦始皇의 秦帝國과 많은 부분에서 닮아 있다. 郡縣 지역의 판도뿐만 아니라 황제 개인 이미지의 유사성은 줄곧 이 둘을 비교 대상으로 삼게 되는 이유이기도 하다. 뿐만 아니라 吏員의 임용과 이를 통해 구현되는 법치의 방식도 유사하다. 공교롭게도 무제 시기에 長吏의 본적지 회피제도가 본격적으로 정착되었다는 점[48] 또한 진제국과 비교 대상이 될 만하다. 이는 사실 秦代 新地에서 파견형 長吏와 현지채용형 屬吏를 복합 구성하는 방식을 常規化 시킨 것에 불과하다. 진의 실패를 답습할 위험이 있음에도 그 제도를 추진한 것은 漢朝廷 내부에 이 사안을 바라보는 연속적 시각이 있었음을 암시한다. 조정의 시각에서 보면, 장리가 속리를 통제하지 못하고 향리 사회에서 고립되는 것은 법치를 철저히 구현하지 않고 豪吏의 양

---

47 『史記』卷6「秦始皇本紀」, pp.238-239: "丞相綰等言: '諸侯初破, 燕·齊·荊地遠, 不爲置王, 毋以塡之. 請立諸子, 唯上幸許.'"

48 金燁, 「中國古代의 地方統治와 鄕里社會」, 『大邱史學』第37輯, 1989, pp.88-91.

성을 방치한 과오로 볼 수도 있는 문제였다. 이에 한무제는 자신의 의지를 관철시킬 '酷吏'를 선호했고, 그를 통해 군현 통치를 중앙의 주도 하에 두고자 했다.

　또 한편으로 漢武帝 시기에 이르러 郡縣의 吏員 조직은 秦代와는 다른 양상을 띠기도 한다. 한 예로 진대 令史의 업무는 縣 내의 거의 모든 분야와 연관되어 있을 정도로 광범했다. 이는 한대와 비교하여 官制의 분화가 이루어지지 않은 특징을 나타낸다. 그로 인해 新地에서 영사 출신의 少吏가 향리 사회를 장악하고 반진을 주도한 豪吏로 성장할 수 있었던 것으로 보인다.[49] 반면 前漢 중기에 들어서 영사의 업무는 보다 세분화되고 체계가 복잡해지는 과정을 거친다. 이러한 현 내 권력 및 직무의 분산이 吏員 질서의 전복을 방지했을지도 모른다. 이렇게 漢帝國은 秦帝國과 같으면서도 때로는 다른 특성이 상존했다. 사실 秦始皇에서 한무제에 이르기까지는 100여년의 시간차가 존재하므로 차이가 발생하는 것은 어쩌면 당연한 일일지도 모른다. 문제는 그럼에도 강한 유사성이 남아있다는 점에서 진으로부터 이어진 관성의 영향을 간과해서는 안 될 것이다. 진제국과 한제국은 표면적으로는 단절되었지만 실제로는 연속되는 구조 속에 놓여 있었다. 그 구조를 통해 '漢承秦制'가 내포한 진정한 함의가 무엇인지를 고찰할 필요가 있다.

---

[49] 池田雄一은 睡虎地秦簡의 분석을 통해 縣廷의 거의 모든 직무를 아우르는 秦代 令史의 특성을 분석했다. 이에 근거하면 영사는 현정 내에서 실력을 발휘할 수 있는 여러 요직을 점할 수 있었으므로, 영사였던 묘주 '희'는 秦人 출신이자 유력한 吏員이었던 것으로 유추했다(『中國古代の律令と社會』, 汲古書院, 2008, pp.170-177). 그렇다면 이러한 요직이 신지 점령 후 秦에 동화되지 않은 新黔首에게 개방된 결과 이원질서에 분열이 발생한 것으로 유추할 수도 있을 것이다.

2부
'漢承秦制'의 경계 – 前漢 前期의 關外郡

#05

漢初 '關外郡'의 設置와 그 源流

•

　　反秦起義와 楚漢전쟁 이후, 漢高祖 劉邦은 천하를 통일하고 關中 지역을 중심으로 秦制를 계승함으로써 통치 기반을 공고히 해나갔다. 漢朝廷는 건국 역량의 한계로 인해 전면적 郡縣制 대신 郡國制를 선택할 수밖에 없었다. 즉 '漢承秦制'의 실제 적용은 한이 직할한 군현 범위까지만 한정되었다.

　　漢初 郡國制 연구는 이미 張家山漢簡「二年律令」의 분석을 통해 활발히 진행된 바 있다.[1] 특히「津關令」에 근거해 당시 한조정이 직할한 郡縣과 諸侯國

---

[1] 崔珍烈,「漢初 郡國制와 지방통치책」,『東洋史學硏究』89, 2004; 宋眞,「前漢時期 帝國의 내부 경계와 그 출입 관리」,『東洋史學硏究』121, 2012; 吳貞銀,「前漢 初 帝國의 통치 방향 -《二年律令》의〈津關令〉과〈秩律〉을 중심으로-」,『中國古中世史硏究』33, 2014. 중국학계의 郡國制 관련연구는 다음과 같다. 李孔懷,「漢初"郡國竝行"政體芻議」,『復旦學報』(社會科學版)1985年第2期; 王云度,「秦漢時期對中央集權與地方分權關係的探索」,『徐州師範學院學報』1988年第3期; 巴新生,「漢初郡國竝行政

이 구분되었던 사실을 명확히 알 수 있다. 그러나 몇몇 연구에서 제기된 관점은 수정이 필요한 부분도 있다. 예를 들어 혹자는 法令이 언급한 '五關'(臨晉關·函谷關·武關·鄖關·扞關)을 경계로 關中과 關外 간 군사분계선이 설정되어 있었다고 주장했다.[2] 하지만 이러한 인식은 당시의 역사 배경을 오해했을 뿐 아니라, 법령이 지정한 문제의 본질을 간과하지 못했다. '오관'은 제후국을 대상으로 한 것이 아닌 바로 關中 지역과 關外郡과의 경계를 설정한 것이다. 이 법령이 관중과 관외군 간 군사적 대치를 전제한 것이 아님은 자명하므로, 그것을 군사분계선으로 인식해서는 안 된다.

또 다른 연구에서는 「津關令」에 언급된 '越塞闌關令'이 邊塞 지역에 적용된 法令이라 추론하고, '五關'에 변새와 동일한 법령이 적용되었다고 주장하기도 했다.[3] 하지만 변경에 관한 여러 법률에 따르면 특수한 경우를 제외하면 민간의 국외 출입은 원천 금지되었다. 반면 「진관령」은 禁令이 주를 이루기는 하나, 기본적으로 인적 혹은 물적 자원의 합법적 출입이 가능하다는 점을 전제하고 있다. 게다가 諸侯國 인접 지역에서의 왕래에 관한 처벌은 이미 별도의 규정이 마련되어 있었음을 「二年律令」의 기타 조문을 통해 확인할 수 있다.

「津關令」 내지 그것이 반영하는 郡國制의 특성을 파악하기 위해서는 關中과 諸侯國 사이에 위치한 關外郡 문제에 더욱 주목할 필요가 있다. 기존의

體試析」, 『東北師大學報』1992年第6期; 湯其領, 「西漢郡國並立行論」, 『史學月刊』2001年第4期; 史云貴, 「西漢郡國並立行制探略」, 『廣西社會科學』2003年第4期; 唐德榮, 「論郡國並行體制的特點」, 『湖南社會科學』2004年第4期; 唐德榮, 「郡國幷行體制積極作用的階段論分析」, 『廣西社會科學』2004年第8期.

2 董平均, 「〈津關令〉與漢初關禁制度論考」, 『中華文化論壇』2007年第3期

3 陳偉, 「張家山漢簡〈津關令〉"越塞闌關"諸令考釋」, 卜憲群·楊振紅 主編, 『簡帛研究2006』, 廣西師範大學出版社, 2008. 宋眞, 「前漢時期 帝國의 내부 경계와 그 출입 관리」, 『東洋史學研究』121, 2012는 관련 문제에 대한 비교적 상세한 분석을 진행하였지만, 陳偉의 설에 대해 별다른 의문을 제기하지 않았다.

연구는 「진관령」의 내용을 통해 郡縣과 제후국의 관계를 규명하는데 지나치게 집중한 경향이 있다.[4] 그러나 이는 法令에 반영된 부차적인 정보에 불과하다. 실제 법령에 언급된 통관 규정은 주로 군현 내에서 통용되었으며, 그 중에서도 관외군을 주요 대상으로 한다. 무엇보다 張家山漢簡의 출토지역은 당시의 행정구역상 南郡, 즉 관외군에 속한다. 따라서 자료의 활용 배경을 명확히 이해하기 위해서라도 논의의 초점을 관외군에 맞추어 검토할 필요가 있다.

I 郡國制의 이중구조: '關中', '關外郡', 그리고 '諸侯國'

「二年律令·津關令」에 관한 기존 연구는 關中과 關外郡, 諸侯國의 관계를 설정하는데 있어 몇 가지 오해의 소지를 내포하고 있다. 이 절에서는 그 문제를 선별하여 지적하고자 한다. 津·關의 개념을 설정하는데 전제가 되는 첫 번째 法令의 일부 내용을 소개하면,

> 御史가 상주하기를: 越塞와 闌關에 대한 논처에 있어 아직 법령이 갖추어지지 않았습니다. • 청컨대 塞에 위치한 津關을 증명서 없이 불법으로 출입하면(闌關) 黥爲城旦舂, 塞를 불법으로 넘을 경우(越塞) 斬左趾爲城旦으로

---

[4] 물론 국내 연구에서 崔珍烈, 「漢初 郡國制와 지방통치책」, 『東洋史學硏究』89, 2004; 吳貞銀, 「前漢 初 帝國의 통치 방향 -《二年律令》의 〈津關令〉과 〈秩律〉을 중심으로-」, 『中國古中世史硏究』33, 2014등이 漢의 郡縣 지역이 關中과 關外 지역으로 구분된다는 점을 언급한 바 있다. 하지만 그 연구는 關中 이내의 郡과 차별되는 關外郡의 특수한 지위에 대해 상세한 분석을 시도하지 않았다.

처벌하도록······.⁵

과 같다. 이는 津·關 이내 인구의 외부 출입 통제를 명시한 것이다. 傳을 소지하지 않고 진·관을 출입한 행위를 '闌關', 塞를 넘을 경우를 '越塞'라 지칭하고 각각 '黥爲城旦舂'과 '斬左趾爲城旦'의 형벌로 다스렸다. 그리고 이어지는 두 번째 법령에 이르길,

皇帝께서 御史에게 내린 조서: 다음과 같이 법령을 반포한다. 扞關·鄖關·武關·函谷關·臨晉關 및 모든 塞에 위치한 河津에서는 黃金, 黃金을 상감한 기물 및 銅의 유출을 금하는데, 법령을 어길 경우······."⁶

라고 했다. 법령이 적시한 關의 위치는 각각 扞關이 현재 重慶市 奉節의 동쪽, 鄖關이 현재 湖北省 鄖縣 동북쪽, 武關이 현재 陝西省 商州 동쪽, 函谷關이 현재 河南省 靈寶 서남쪽, 臨晉關이 현재 陝西省 大荔縣 동 曹邑鎭 동북쪽에 있었다.⁷ 이는 대체로 關中과 關外를 나누는 지리 경계와 일치한다. 長江 유역의 우관까지 포괄한 것은 巴蜀 지역까지를 아우르는 '大關中' 개념이 적용된 것임을 알 수 있다.⁸

혹자는 상기한 法令을 바탕으로 五關이 關中과 關外 간 군사분계선이라

---

5 『二年律令與奏讞書』, p.305: "御史言, 越塞闌關, 論未有令. •請闌出入塞之津關, 黥爲城旦舂; 越塞, 斬左止(趾)爲城旦······[四八八]"

6 『二年律令與奏讞書』, p.307: "制詔御史: 其令扞關·鄖關·武關·函谷【關】·臨晉關, 及諸其塞之河津, 禁毋出黃金·諸奠黃金器及銅, 有犯令[四九二]"

7 『二年律令與奏讞書』, pp.307-308의 注釋(2)~(6) 참조.

8 王子今·劉華祝, 「說張家山漢簡〈二年律令·津關令〉所見五關」, 『中國歷史文物』2003年第1期

고 주장하거나,⁹ 중앙 관할 지역과 비관할 지역의 경계라고 파악하기도 했다.¹⁰ 하지만 이러한 표현은 적절치 않다. 오관과 접한 지역은 모두 諸侯國이 아닌 郡縣 지역, 이른바 關外郡이었다. 오관 밖은 한조정의 비관할 구역이 아니라 여전히 중앙의 관할 구역이었던 것이다.

津關令에서 '關外'를 적시한 법령은 총 다섯 조문인데, 먼저 앞의 세 조문의 부분 내용을 소개하면 다음과 같다.

> □: 相國·御史에게 내린 조서: 대저 <u>집이 關外 지역에 있는 자(家在關外)</u>가 (關中 지역에서)불의의 사망을 당할 경우, 關에서 관을 열어 수색하는 것이 타당하지 않으니 수색을 금하도록 명하며, 해당사항을 법령으로 삼는다. 相國·御史가 주청하길: <u>關外人</u>이 宦이 되거나 吏가 된 자, 혹은 요역을 수행 중이거나, 기타의 일로 關中에 머물던 자가 불의의 사망을 할 경우, 縣道 혹은 소속 官은 삼가 검시 및 수렴하는데……¹¹
> □: 相國이 中大夫의 書를 상주하길: 청컨대 中大夫·謁者·郎中·執盾·執戟 중 <u>집이 關外지역에 있는 경우(家在關外)</u> 關中에서 개인적으로 마필을 살 수 있도록 해야 합니다…….¹²
> 一五: 相國·御史가 청하길, 郎騎의 <u>집이 關外지역에 있는 경우(家在關外)</u>,

---

9 董平均, 「〈津關令〉與漢初關禁制度論考」, 『中華文化論壇』2007年第3期.

10 楊振紅, 「從秦"邦"·"內史"的演變看戰國秦漢時期郡縣制的發展」, 『中國史研究』2013年第4期.

11 『二年律令與奏讞書』, p.313: "□: 制詔相國·御史, 諸不幸死家<u>在關外</u>者, 關發(索)之, 不宜, 其令勿(索), 具爲令. 相國·御史請<u>關外人</u>宦·爲吏若繇(徭)使·有事關中, 不幸死, 縣道若屬所官謹視收斂……[五〇一]"

12 『二年律令與奏讞書』, p.315: "□: 相國上中大夫書, 請中大夫·謁者·郎中·執盾·執戟<u>家在關外</u>者, 得私買馬關中…….[五〇四]"

> 타는 말이 죽으면 關中人에게서 말을 구매하여 보충할 수 있게 해야 합니다…….13

여기서 '關外'·'關外人' 등의 용어를 확인할 수 있다. 이들은 모두 '家在關外'라 하여 '관외'가 고향이면서 關中에 들어와 있는 인원을 지칭할 때 쓰이고 있다. 첫 번째 조문에서는 '禁物'이라 하여 특정 물품 중 관외로의 유통이 전면 금지된 것이 있었음을 확인할 수 있다. 하지만 '禁物'과는 달리 사람의 경우는 적법한 傳을 소지한 경우 허가한 범위에서 자유로운 출입이 가능했다. 여기서 '家在關外'와 '關外人'이 지칭한 지역은 諸侯國을 포함한 모든 관외를 가리킨 것이 아닌, 관중과 상시 출입이 이루어진 關外郡을 주요 대상으로 했을 것이다.

馬匹 역시 津·關에 합법적으로 등록된 경우 출입이 가능했다. 民이 사사로이 말을 구입하여 出關하는 것은 금지했지만, 말을 구입지의 內史 혹은 郡守에게 마필 수 및 관련 사항을 등록하면 출입할 수 있었다.14 '關外'가 기재된 네 번째 법령은 그에 관한 세부 규정이다.

> 一二: 相國이 논의하길: **關外郡**이 計獻馬를 구입할 경우, (關外郡)守는 각각 마필 수에 대해 구매한 관할 구역의 內史 혹은 郡守에게 고하고, 內史·郡守는 삼가 마필의 식별물·치아·신장을 기록하여 그 (關外郡)守에게 이첩하는 동시에 津·關에 致를 작성하여 고하며, 津關은 案에 따라 검열하여 출관

---

13 『二年律令與奏讞書』, p.320: "一五: 相國·御史請郎騎**家在關外**, 騎馬節(卽)死, 得買馬關中人一匹以補……. [五一三]"

14 『二年律令與奏讞書』, pp.316-317: "☐議, 禁民毋得私買馬以出扞關·鄖關·函谷【關】·武關及諸河塞津關. 其買騎·輕車馬·吏乘·置傳馬者, 縣各以所買 [五○六] 名匹數告買所內史·郡守, 內史·郡守各以馬所補名爲久久馬, 爲致告津關, 津關謹以藉(籍)·久案閱, 出……. [五○七]"

시키는데, 해당 사항은 법령과 같습니다…….¹⁵

　　여기서 언급된 '計獻馬'는 郡縣의 上計 문서와 貢物의 운반에 쓰이는 馬 匹을 가리킨다. 이러한 마필은 津·關을 빈번히 출입하기 때문에 상시 규정이 필요했을 것이다.¹⁶

　　이같이 關中과 關外郡 간 인원 및 馬匹의 이동이 통제되기는 했으나, 봉쇄된 것은 아니었다. 「津關令」은 관외군의 津·關에서의 이동 편의를 위해 마련된 허가 규정이기도 하다. 반면 諸侯國은 인원과 마필의 출입이 기본적으로 '봉쇄'되었다. 단, 長沙國과 魯國 및 長信詹事의 마필 매매 사례가 법령에 나오는데, 이는 당시의 정치 상황에 따른 예외 규정이다. 장사국은 "長沙 지역은 습지가 많아 마필을 이용하기 마땅치 않고 置가 결핍되어 수레 끄는 말이 갖추어져 있지 않으니 말 열 필을 구매하여 置傳에 공급해서 항시적 상태를 갖추기를 청한다"¹⁷라고 하여 漢朝廷에 관중 지역의 마필 구매를 요청했다. 그 절차는 '關外郡'과 같은 상시 규정이 아닌 일회성의 윤허이다. 그리고 魯國은 呂太后의 外孫이 분봉된 지역으로 특별대우를 받은 것으로 보인다.¹⁸ 무엇보다 장신첨사가 丞相에게 올린 書를 주의할 필요가 있다. 이는 「진관령」 중 '관

15　『二年律令與奏讞書』, pp.318-319: "一二: 相國議, 關外郡買計獻馬者, 守各以匹數告買所內史·郡守, 內史·郡守謹籍馬職(識)物·齒·高, 移其守, 及爲致告津關, 津關案閱, [五〇九] 出, 它如律令……[五〇八]"

16　관련 연구는 陳偉, 「張家山漢簡〈津關令〉涉馬諸令硏究」, 『考古學報』2003年第1期; 龔留柱, 「論張家山漢簡〈津關令〉之"禁馬出關" - 兼與陳偉先生商榷」, 『史學月刊』 2004年第11期를 참조할 수 있다.

17　『二年律令與奏讞書』, p.321: "長沙地卑濕, 不宜馬, 置缺不備一駟, 未有傳馬, 請得買馬十, 給置傳, 以爲恒.[五一六]"

18　『二年律令與奏讞書』五二〇·五二一, pp.323-324.

외'가 기재된 마지막 다섯 번째 조문이다.

> 廿一: 丞相이 長信詹事의 書를 상주하길: 청컨대 湯沐邑이 諸侯 지역에 위치하면서도 長信詹事의 관할 소속인 경우, 기마용, 경수레용, 吏의 탑승용, 置傳馬용 마필을 關中에서 구입할 수 있도록 하는데, 이는 <u>關外縣에 비견해야 합니다</u>……[19]

당시는 呂太后가 국정을 장악하고 있던 특수 상황이었다.[20] 이에 湯沐邑도 특별대우를 받았던 것을 보여준다. 여기서 '比關外縣'이라고 한 대목은 關外郡과 諸侯國의 차이를 보여준다. 제후국 영역 내의 탕목읍을 '關外縣'에 비견한다는 것은 관외군의 屬縣과 동일하게 취급한다는 말이다. 그렇다면 馬匹의 통관은 관외군에만 해당되고 제후국에는 적용되지 않았음을 의미한다. 특수한 경우를 제외하면 郡縣과 제후국 사이 마필의 이동과 매매는 원천 봉쇄되었을 것이다.

그렇다면 關外郡과 諸侯國 간에는 어떠한 법률 규정이 적용되었던 것일까? 이와 관련하여 「二年律令·賊律」의 다음 조문을 참조할 수 있다.

> 城邑·亭·障에 의거하여 반역을 일으키거나, <u>諸侯에게 투항한 경우</u> 및 城亭障에 올라 지키고 있을 시 <u>諸侯人이 공격해 와 도적질을 하는데</u> 위치를 견고히 지키지 않고 자리를 버리고 도망가거나 투항한 경우 및 모반을 일으킨

---

[19] 『二年律令與奏讞書』, p.322: "廿一: 丞相上長信詹事書, 請湯沐邑在諸侯屬長信詹事者, 得買騎·輕車·吏乘·置傳馬關中, 比關外縣……[五一九]."

[20] 「二年律令·秩律」에 長信詹事 등 呂太后와 밀접한 관련이 있는 관직들의 질록이 특별히 높게 책정되어 있다는 점은 崔珍烈, 「漢初 郡國制와 지방통치책」, 『東洋史學研究』第八十九輯, 2004, p.44에 의해 일찍이 제기된 바가 있다.

경우, 모두 腰斬으로 처벌한다. 만약 父母·妻子·同産이 있을시 연령 불문 모두 棄市에 처한다. 만약 모반에 연루된 자가 능히 그들의 다수를 체포하거나 吏에게 먼저 고발한 경우는 모두 그 죄를 연좌하지 않는다.²¹

이 조문과 關外郡을 적용 대상으로 하는 「津關令」의 차이는 분명하다. 여기서는 "降諸侯"·"諸侯人來攻盜" 등과 같이 諸侯國을 명확히 외부 지역으로 지정한다. 관련 행위의 처벌은 腰斬이었고, 그 가족 역시 연좌되어 일괄 棄市의 처벌을 받게 된다. 「진관령」이 '闌關'을 黥爲城旦舂, '越塞'를 斬左趾城旦에 다스린 것과 비교하면 그 처벌이 훨씬 더 엄격하다. 이는 吏民의 인적·물적 교류가 원천 불허된 제후국과의 접경에서 적용되는 법률이기 때문일 것이다. 다만, 상기한 조문은 城邑·亭·障의 방어에 동원된 병력이 제후국에 항복하거나 모반한 사례에 해당한다. 일반 民의 처벌과는 차이가 있을 것이다.

「賊律」의 이어지는 조문에서는 "……와서 회유한 것 및 간첩활동을 한 경우 磔에 처한다. 도망을 가면……(☐來誘及爲間者, 磔. 亡之☐)"²²라고 하는 구절이 나온다. 이는 제후국으로 망명한 일반 民의 처벌과 관련 있을 것이다. 陳蘇鎭은 「奏讞書」3案例를 근거로 이 구절을 "諸侯 지역으로부터 와서 회유한 것 및 간첩활동을 한 경우 磔에 처한다. 제후 지역으로 도망을 가면……(從諸侯來誘及爲間者, 磔. 亡之諸侯……)"라고 복원했다.²³ 이 '亡之諸侯' 이하의 조

---

21 『二年律令與奏讞書』, p.88: "以城邑亭障反, **降諸侯**, 及守乘城亭障, **諸侯人來攻盜**, 不堅守而棄去之, 若降之, 及謀反者, 皆 [一] 要(腰)斬. 其父母·妻子·同産, 無少長皆棄市. 其坐謀反者, 能備(偏)捕, 若先告吏, 皆除坐者罪. [二]"

22 『二年律令與奏讞書』三簡, p.90: "☐來誘及爲間者, 磔. 亡之☐"

23 陳蘇鎭, 「漢初王國制度考述」, 『中國史研究』2004年第3期 참조. 그는 張家山漢簡 「奏讞書」2안례에서 '亡之諸侯'의 사례에 따라 논처한 것을 단서로 삼았다. 『二年律令與奏讞書』, p.339: "…… • 人婢清 [二三] 助趙邯鄲城, 已卽亡從兄趙地, 以

문은 최근 공개된 張家山336號漢簡 「亡律」을 통해 재차 복원하는 것이 가능하다.

> 諸侯 지역으로 도망가는 것(亡之諸侯)과 諸侯人이 漢으로 도망하는 것(諸侯人亡之漢)은 비록 出徼하지 않았거나 일 때문에 망명하여 거주한 것이라도, 모두 黥爲城旦春으로 한다.[24]

여기서의 망명 행위는 '關'이 아닌 '徼'를 기준으로 판단했다. 그리고 군사 활동과 연계된 사안이 아니라면 망명은 일반적으로 黥爲城旦春으로 처벌되었음을 알 수 있다.

津·關을 통행증 없이 출입한 범죄 '闌關' 및 塞를 넘는 범죄 '越塞'는 諸侯國으로의 망명인 '亡之諸侯'와 분명 다른 범죄 행위이다. 그렇다면 '越塞闌關令'은 변경이 아닌 郡縣 내부의 津·關 및 塞를 지칭한 것은 아닐까? 그렇게 본다면 五關 역시 천연의 요지(塞)에 구축되었으므로 「津關令」이 지칭한 '塞之津關'에 속할 것이다. 반면 '亡之諸侯'는 漢朝廷의 군현 지역을 이탈하는 행위, 특히 關外郡과 諸侯國 간의 경계를 대상으로 한다.

종합하면, 당시의 郡國制는 '郡縣'과 '諸侯國'의 구분 이외에, 군현 지역 간에 '關中'과 '關外郡'의 구분 또한 존재한 이중 구조였다. 그 중 관외군은 漢의 內地에 속했음에도 명확한 변경적 특성을 보인다. 「二年律令·秩律」은 그 대략의 경계를 제시하고 있다.

亡之諸侯論. 今闌來送徙者, 卽誘南. •吏議: 闌與淸 [二四] 同類, 當以從諸侯來誘論……"

24　荊州博物館 編, 彭浩 主編, 『張家山漢墓竹簡[三三六號墓]』, 文物出版社, 2022(이하 『張家山漢墓竹簡[三三六號墓]』로 약칭), p.195: "亡之諸侯·諸侯人亡之漢, 雖未出徼若有事而亡居焉, 皆黥爲城旦春. [二二九]"

표 5 「二年律令·秩律」關外郡 屬縣 분류[25]

	千石級	八百石級	六百石級
河南郡	雒陽		陝·盧氏·新安·新成·宜陽·平陰·河南·緱氏·成皋·滎陽·卷·歧·陽武·陳留·梁·圉·酸棗·密
河內郡		溫·脩武·軹	河陽·汲·蕩陰·朝歌·鄴·野王·山陽·內黃·繁陽·共·館陶·隆慮
河東郡		楊·臨汾·蒲反·平陽·絳	垣·濩澤·襄陵·蒲子·皮氏·北屈·虢
上黨郡		沂陽·長子	潞·涉·武安·余吾·屯留·端氏·阿氏·壺關·泫氏·高都·銅鞮·涅·襄垣
南陽郡		宛·穰·新野·贊	析·酈·鄧·南陵·比陽·平氏·胡陽·蔡陽·隨·西平·葉·陽城·雉·陽安·魯陽·䜌
南郡		宜成·巫·江陵	姊(秭)歸·臨沮·夷陵·醴陵·孱陵·銷·竟陵·安陸·州陵·沙羡·西陵·夷道·下雋·索
潁川郡		陽翟	成安·陽城·苑陵·襄城·偃·郟·尉氏·潁陽·長社·許·中牟·潁陰·定陵·舞陽·啓封·傿陵
東郡		濮陽	陽平·東阿·聊城·燕·觀·白馬·東武陽·茌平·鄄城·頓丘
汝南郡		愼	郎陵·女陰
沛郡	酇·沛		

이상과 같이 「二年律令·秩律」에 반영된 관외군은 대략 河南郡·河內郡·

---

[25] 『二年律令與奏讞書』, pp.260-270. 각 縣의 군국 분포에 대해서는 周振鶴,「〈二年律令·秩律〉的歷史地理意識」(修訂), 中國社會科學院簡帛研究中心編『張家山漢簡〈二年律令〉研究文集』, 廣西師範大學出版社, 2007; 肯愛玲,「西漢初年漢郡區城市等級及空間分布特徵探析 - 張家山漢簡研究」, 『中國歷史地理論叢』2007年第4期; 국내 연구로는 金龍燦,「張家山漢簡 二年律令 중 秩律 地名 譯註」, 『中國古中世史研究』第17輯, 2007을 참조할 수 있다. 「秩律」에 언급된 여러 侯國名에 대해 많은 異說이 존재한다. 그 중 「秩律」이 기록될 당시 侯國의 지위가 삭탈되었거나 아직 侯國으로 분봉되지 않은 지역 모두 각 郡의 屬縣으로서 秩祿의 대상에 포함되었다는 설이 가장 유력하다(馬孟龍,「張家山二四七號漢墓〈二年律令·秩律〉抄寫年代研究 - 以

河東郡·上黨郡·南陽郡·南郡·潁川郡·東郡까지이다. 이것을 秦郡縣과 비교하면 흥미롭게도 戰國 통일 직전까지 秦이 關外 지역에 설치한 郡縣의 범위와 대략 일치한다. 즉, 秦王政 즉위 시기까지 "이미 巴·蜀·漢中을 병합하고, 宛을 넘어 郢을 점유하여 南郡을 설치했으며, 북으로는 上郡 이동을 접수하고 河東·太原·上黨郡을 점유하였으며, 동으로는 滎陽에 이르러 二周를 멸하고, 三川郡을 설치"[26]하였고, 이어진 5년 뒤 "東郡을 처음으로 설치했다."[27] 그리고 즉위 17년에 이르러 "內史 騰이 韓을 공격하여, 韓王 安을 사로잡아 秦이 그 영토를 접수하였고, 그 지역을 郡으로 삼아 潁川이라 명하였다."[28] 이는 모두 진제국 시기 '新地'와 구분된 '秦地'의 영역에 속했다. 예외가 있다면 秦代 太原·清河·河間·恒山郡이 위치했던 지역은 한에 이르러 代國과 趙國이 분봉되었다. 지리적으로 볼 때 이 지역은 거리가 內史와 비교적 멀고, 그 사이 지역에는 上郡과 雲中郡이 내사와 인접해 있었다. 남방 지역의 巴郡은 大關中의 일부이자 邊郡으로서 長沙國과 대치하고 있었다. 요컨대 한초의 관외군은 대관중 남·북단의 변군과 함께 내사를 보위하는 형태로 편성되어 제후국과 경계를 형성했다. 따라서 관외군의 원류는 그 경계가 형성된 지점이자 시점이기도 한 전국시기 진 군현으로부터 추적할 수 있다.

漢初侯國建置爲中心」, 『江漢考古』2013年第2期). 따라서 본고는 「秩律」에 출현한 모든 지역명이 漢의 직할지였다는 것을 전제하여 논의를 진행하였음을 밝힌다.

26 『史記』卷6「秦始皇本紀」, p.223: "莊襄王死, 政代立爲秦王. 當時之時, 秦地已并巴·蜀·漢中, 越宛有郢, 置南郡矣; 北收上郡以東, 有河東·太原·上黨郡; 東至滎陽, 滅二周, 置三川郡."

27 『史記』卷6「秦始皇本紀」, p.224: "五年, 將軍驁攻魏, 定酸棗·燕·虛·長平·雍丘·山陽城, 皆拔之, 取二十城. 初置東郡."

28 『史記』卷6「秦始皇本紀」, p.232: "十七年, 內史騰攻韓, 得韓王安, 秦納其地, 以其地爲郡, 命曰潁川."

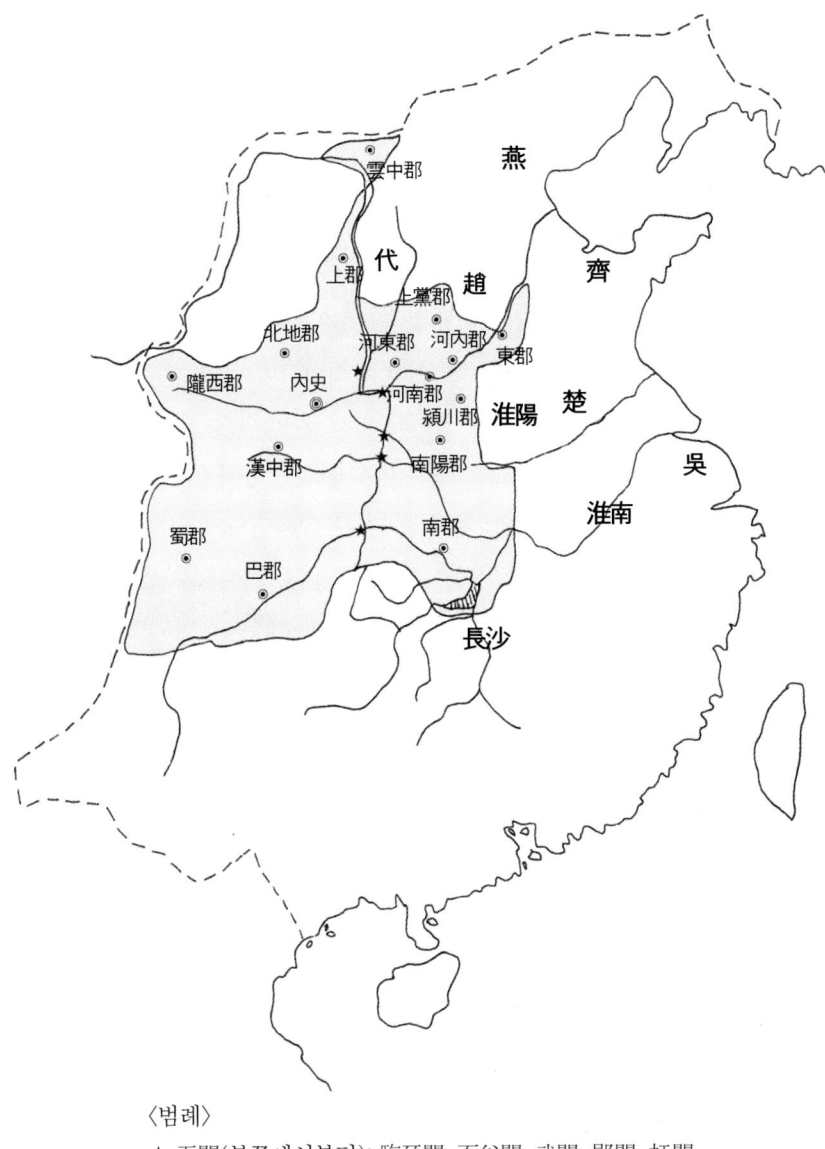

〈범례〉

★ 五關(북쪽에서부터): 臨晉關, 函谷關, 武關, 鄖關, 扞關

▨▨▨ 기원전 187년 진의 세력 범위

---- 秦帝國 최대 강역

그림 5 呂后元年(B.C.187) 세력 범위도

II 秦漢 郡縣 경계의 沿用과 變容

1. '關中'·'關外'의 확장과 法令 반포의 의미

널리 알려진 바와 같이 漢代에 통칭되는 '關東'과 '關西'는 函谷關을 경계로 하고, '山東'과 '山西'는 戰國 이래 崤山을 경계로 획정되어 왔다. 소위 '關中'과 '關外'라 함은 바로 '관서'·'관동'과 동의어이며, 지리 위치의 유사성에 따라 '산서'·'산동'과도 통용된다. 그런데 앞서 본 바와 같이 「二年律令·津關令」에 반영된 관중 개념은 파촉 지역까지 포괄하는 광의의 관중, 즉 '大關中'의 영역을 지칭하고 있다. 이에 '관외'는 그 광활한 영역의 외부 지역이 되고, 법령은 주로 '대관중' 동쪽에 접경한 '關外郡'을 적용 대상으로 한다.

그렇다면 「津關令」의 '大關中' 개념은 秦으로부터 유래한 것일까? 관련하여 다음의 嶽麓秦簡 법률 조문 일부를 참고할 수 있다.

①-1 <u>郡 및 襄武·上雒·商·函谷關外</u>의 사람 및 <u>郡·襄武·上雒·商·函谷關外</u>로 천사된 남녀가 (주거지 혹은 천사지를) 떠나 일년 이상의 도망(闌亡)·일년 미만의 도망(將陽)자 신분이 되어 <u>中縣·道</u>에 들어왔을 경우……29

①-2 • <u>郡 및 關外</u>의 검수가 들어와 친지를 만나거나 <u>中縣·道</u>의 市에서 거래를 하고자 하면, 금고형에 처해진 자가 아니라면 이를 허락한다……30

---

29 『嶽麓書院藏秦簡』(肆), p.56: "郡及襄武·上雒·商·函谷關外人及罨(遷)郡·襄武·上雒·商·函谷關外[053正]男女去, 闌亡·將陽, 來入之中縣·道……[054正]"

30 『嶽麓書院藏秦簡』(肆), p.216: "郡及關外黔首有欲入見親·市中縣【道】,【毋】禁錮者殹(也), 許之."

우선 ①-1에서 말한 "襄武·上雒·商·函谷關外"를 주목하면, 그 지명은 양무가 오늘날 甘肅省 隴西縣 동부, 상락 및 상은 陝西省 商縣에 위치하며, 함곡관은 河南省 靈寶市에 위치한다. 그 중 상락 및 상은 漢水 수계 상의 관소로, 武關 및 鄖關의 방어와 관련 있다. 반면 함곡관은 黃河 수계 상의 대표 거점이다. 정리자의 주석이 지적했듯이, 이러한 거점 내의 관할 구역은 대략 서로는 散關, 동으로는 函谷을 경계로 하는 협의의 관중과 일치한다. "中縣·道"는 바로 이상의 지리 범위에 둘러싸인 '관중'을 가리키는 말일 것이다.

법률 조문은 외지의 정주민 및 천사민이 관중 내에 진입하는 것을 통제하고 있다. 이러한 맥락에 의거하면, ①-2에서 말한 '關外'는 「津關令」에서 말하는 관외와 달리 "襄武·上雒·商·函谷關外"의 생략으로 巴蜀 지역 또한 '關外'에 해당한다. 이를 뒷받침하는 예로 다른 법률조문 중에는 "무릇 죄가 있어 응당 遷刑에 논처되어 蜀·巴 및 恒遷所로 옮겨진 자는⋯⋯"**31**라고 하여 파촉이 '恒遷所', 즉 죄인을 상시 천사시키는 지역과 등치되고 있다. 다시 말해 파촉은 관중의 부속 지역에 머물러 있었던 것이다. 따라서 秦帝國의 '關中'과 漢帝國의 '關中'은 지역 범위가 서로 같지 않았다.

漢帝國 시기 들어 '大關中'의 영역 개념이 출현한 것은 秦帝國 영역 구획에서 탈피한 것이다. 이는 해당 조문이 '律'이 아닌 새로 반포한 '令'의 형식으로 작성된 이유이기도 하다. 「津關令」이 반포된 것은 수정된 '關中'·'關外'의 경계에 적용할 새로운 법이 필요했기 때문이다.

여기에는 漢帝國 출발의 특수한 처지가 고려되었기 때문일 것이다. 漢高祖 劉邦은 애초에 漢王에 봉해졌던 연유로 국명을 '漢'으로 정했고, 巴蜀과 漢中을 기반으로 천하를 통일했다. 그러나 역량을 단번에 關東 전역으로 확장할

---

31 전문을 소개하면 다음과 같다. 『嶽麓書院藏秦簡』(伍), pp.49-50: "諸有皋當䙴(遷)輸蜀巴及恒䙴(遷)所者, 皋已決, 當傳而欲有告及行有告, 縣官皆勿聽而亟傳詣 [033正] 䙴(遷)輪〈輸〉所, 勿留. ·十九 [034正]"

수 없었기 때문에 郡國制를 시행한다. 이러한 군국 대치 국면 하에서 한제국의 상징이자 물적 기반인 秦嶺 이남을 關中으로 격상, 일체 관리함으로써 제후국에 대한 우위를 확보하고자 했을 것이다. 법령이 '五關' 이외의 물류를 통제한 것은 역설적으로 '大關中' 내부 교류는 보다 적극적으로 운영되었음을 의미한다. 그에 반해 關外郡은 오관과 통하는 인적·물적 교류가 통제되고 있었다. 그 이유와 의도는 무엇이었을까?

2. '徼中'·'徼外' 개념의 沿用

'關中'의 지리 개념이 새롭게 규정되었지만, 秦帝國의 '新地'를 제외한 '秦地'만이 漢郡縣으로 계승된 사실은 변하지 않는다. 그 기초 설계는 秦制와 직접 비교가 가능하다. 먼저 秦律의 관련 조문을 예로 들면 다음과 같다.

②-1 徼中蠻夷에게로 도망한 것이 1년 미만이면 完爲城旦舂에 처한다. 奴婢가 이간을 획책했는데, 徼中에서 잡았으면 그 얼굴과 관자놀이에 黥하고, 故徼外에서 잡았으면 城旦하여 黥하는데 모두 주인에게 돌려준다. 隷臣에게 회유한 것과 隷臣이 회유하여 故塞·徼外蠻夷에게로 도망한다면, 모두 黥爲城旦舂에 처한다. 徼中蠻夷에게로 도망하면 그 획책한 자를 黥하여 城旦舂으로 삼는다. 縣·道로 도망하면 그 획책한 자를 耐하여 隷臣으로 삼는다.[32]

---

32 『嶽麓書院藏秦簡(肆)』, pp.71-72: "……之亡徼中蠻夷而未盈 [099正] 歲, 完爲城旦舂. 奴婢從誘, 其得徼中, 黥(顔)頯; 其得故徼外, 城旦黥之, 皆畀主. [100正]誘隷臣·隷臣從誘以亡故塞徼外蠻夷, 皆黥爲城旦舂; 亡徼中蠻夷, 黥其誘者, 以爲城旦舂; 亡縣道, 耐其誘者, 以爲隷臣. [101正]"

②-2 ·尉卒律에 이르길: <u>故徼와 연한 縣</u> 및 군현의 검수 혹은 현에 소속된 자가 출타해야 할 일이 있다면, 반드시 위에게 알리고, 위는 이를 듣고 허가할 수 있는 일이면 기일을 정한다. 타 현에 가는데도 알리지 않고 5일 이상이 지나면, <u>故徼와 연한 縣</u>의 경우 (尉는) 貲一甲에 처하고, 典·老가 보고하지 않았다면 貲一盾에 처한다. <u>故徼와 연하지 않은 縣</u>의 경우 (尉는) 貲一盾에 처하고, 典·老가 보고하지 않았다면 笞......³³

②-3 ·吏가 <u>徼外</u>로부터 와서 이간을 획책한 자 및 타인에게 노략질을 한 자, 모반자 및 그에게 숙박을 제공한 자를 체포하여 고발한 경우는 모두 포상하지 않는다. ·隸臣이 <u>徼外</u>로부터 와서 이간을 획책한 자 1인을 체포하면, 사면하여 司寇로 삼고, 사구는 庶人으로 삼는다. <u>故塞·徼外蠻夷</u>로부터 와서 타인에게 노략질하여 체포된 자는 黥·劓하고 그 왼발을 斬하여 城旦으로 삼는다. 이전 법령에 따라 治獄하고 보고하지 않은 경우, 이 법령에 따라 논처한다. 참하여 성단으로 삼은 자가 백일이 넘어도 죽지 않으면, 체포를 한 자에게 포상을 한다. <u>縣·道人은 이 법령을 적용하지 않는다.</u> ·廷卒乙 21³⁴

율령의 내용은 다소 복잡할 수 있으나, 본 주제와 관련하여 공통으로 언

---

33 『嶽麓書院藏秦簡(肆)』, pp.111-112: "·尉卒律曰: 緣故徼縣及郡縣黔齒〈首〉·縣屬而有所之, 必謁于尉, 尉聽, 可許者爲期日. 所之[132正]它縣, 不謁, 自五日以上, 緣故徼縣, 貲一甲; 典·老弗告, 貲一盾. 非緣故徼縣殹(也), 貲一盾; 典·老弗[133正]告, 治(笞)□□……[134正]".

34 『嶽麓書院藏秦簡(伍)』, pp.126-127: "·吏捕告道徼外來爲閒及來盜略人·謀反及舍者, 皆勿賞. ·隸臣捕道徼外來爲閒者一人, 免爲司寇, 司寇爲 [176正] 庶人. 道故塞徼外蠻夷來盜略人而得者, 黥剽(劓)斬其左止(趾)以爲城旦. 前令獄未報者, 以此令論之. 斬爲城 [177正] 旦者, 過百日而不死, 乃行捕者賞. <u>縣道人不用此令</u>. ·廷卒乙廿一 [178正]"

급되는 '故塞·故徼' 혹은 '徼中'·'徼外' 등에 초점을 맞추어 그 개념을 따라가 보자. 우선 '故塞'와 '故徼'는 里耶秦簡 8-461호 木方의 "邊塞曰故塞; 毋塞者曰故徼"[35]라는 기록에서 알 수 있듯이 진제국기 과거의 국경 지대에 설치된 군사시설을 지칭하는 개념이다. 그것은 단순한 군사시설을 넘어 분명한 구분점을 지닌 경계로써 제시되고 있다. ②-1에 보듯이 '故徼外'와 '徼中' 간에는 법률상 명확한 구별이 존재한다.

②-2는 '故徼와 연한 縣(緣故徼縣)'과 '故徼와 연하지 않은 縣(非緣故徼縣)'을 구분했다. 고요와 연한 현이 일반 현보다 처벌이 높았다는 점에 주목할 필요가 있다. 이를 통해 기타 지역에 비해 고요가 군사적으로 더욱 중시되어 인구 이동이 엄격히 통제되었음을 알 수 있다.

②-3에서 특히 주목할 부분은 바로 "縣·道人은 이 법령을 적용하지 않는다"라고 한 것이다. 즉, 徼中과 徼外의 두 지역에는 모두 각각 현·도인의 거주지와 만이의 거주지가 따로 있다. 그 중 현·도인은 요중이건 요외이건 간에 동일한 법률을 적용받은 반면, 만이의 경우는 요중과 요외의 적용 기준이 달랐다. 그 외 '故徼外盜'라는 개념 또한 언급되는 것으로 보아,[36] 그와 상대되는 '故徼中盜'에 관한 법률 규정도 있었을 것이다. 이는 고새·요외로 확장하여 군현을 설치했던 진제국의 상황을 반영한다. 특별한 범죄 행위가 없는 한 요외의 '新黔首'는 요중의 '秦人'과 동일한 법 적용을 받았을 것이다. 그러나 만이와 연계되거나 盜罪에 해당할 경우, 신검수는 진인에 비해 더욱 엄격한 처벌을 받았다.

'故塞' 및 '故徼'의 개념은 진율령에서 뿐만 아니라, 漢代의 문헌에서도 찾을 수 있다. 『史記·衛將軍驃騎列傳』에서는 "투항한 자를 변경 5郡의 故塞

---

35 『里耶秦簡牘校釋』(第一卷), p.157.

36 위의 주석 및 『嶽麓書院藏秦簡(肆)』, pp.126-127: ……諸挾符者皆奔敬(警)故[177正]徼外盜徼所, 合符焉, 以譔(選)伍之……[178正]" 참조.

밖으로 나누어 천사하였다"라고 했는데, 胡三省은 『資治通鑑』에서 관련 내용을 주석하길,

> 故塞는 秦이 일찍이 匈奴에 대해 關을 구축했던 塞이다. 秦이 蒙恬으로 하여금 匈奴의 땅을 뺏어 邊關을 만들게 하여 더 먼 곳까지 배척한 이래, 秦·項의 난을 만나 冒頓이 故塞 지역까지 남침하여 중국과 關을 형성했다. 衛靑이 河南을 수복한 때에 이르러 邊關은 蒙恬이 차지했던 옛 범위를 회복하였다. 소위 故塞 밖이라 함은 北河의 남쪽에 위치한 지역이다."[37]

라고 했다. 비록 이는 서북 변방에 대한 기록이긴 하나, 진의 전국시기 변경이 漢代에 들어 재차 변경이 되는 흐름은 앞서 살펴본 관동 지역 군국제의 상황과 일치한다.

'故徼'는 서남 변방에 대한 기록에서 그 예를 찾을 수 있다. 『史記·西南夷列傳』에서 "10여년이 지나 秦이 멸망했다. 漢이 흥한 때에 이르러 그 나라들을 모두 포기하고 蜀의 故徼를 열었다."[38]라고 했다. 이에 대해 顔師古는 "서남의 徼는 북방의 塞와 같다"라고 주석했다.[39]

이상을 기초하여 漢律의 관련 조문을 살펴보자.

③-1 徼外人이 들어와 도적 행위를 할 경우 腰斬에 처한다. 吏가 징발한 자가 능히 한 명을 체포하거나 참하면 爵位를 한 등급 수여하고, 爵位를 원하

---

37 『資治通鑑』(中華書局, 2011年版) 卷第十九 「漢紀十一」, p.642: "故塞, 秦之先與匈奴所關之塞. 自秦使蒙恬奪匈奴地而邊關益斥, 秦·項之亂, 冒頓南侵, 與中國關於故塞. 及衛靑收河南, 而邊關復蒙恬之舊. 所謂故塞外, 其地在北河之南也."
38 『史記』卷116 「西南夷列傳」, p.2993: "十餘歲, 秦滅. 及漢興, 皆弃此國而開蜀故徼."
39 『漢書』卷95 「西南夷兩粵朝鮮傳」, p.3838: "西南之徼, 猶北方塞也."

지 않거나 吏가 징발한 자가 아니라면, 그 포상을 법률에 따라 한다.⁴⁰

③-2 도둑질하여 **邊關·徼**⁴¹ 밖으로 재물을 유출한 것 및 吏의 부서 주관자가 그것을 알고도 유출시켰다면, 모두 盜와 동일한 법률로 다스린다. 몰랐을 경우 벌금 4兩에 처한다. 使者가 (邊關·徼를) 나갈 때에 반드시 符致가 있어야 하는데, 符致가 없는데 吏가 그것을 알고도 내보냈다면 역시 盜와 동일한 법률로 다스린다.

③-3 도둑질하여 황금을 **邊關·徼** 밖으로 유출시켰을 경우, 吏卒 및 徒의 부서 주관자가 그것을 알고도 내보냈거나 수색을 하지 않았다면, 동일한 죄로 다스린다. 몰랐거나 수색했으나 잡지 못했다면 戍邊 2년에 처한다.⁴²

③-4 諸侯 지역으로 도망가는 것과 諸侯人이 漢으로 도망하는 것은 비록 出 徼하지 않았거나 일 때문에 망명하여 거주한 것이라도, 모두 黥爲城旦舂으로 한다.⁴³

③-1의 '徼外人'은 '關外人'과는 또 다른 더욱 엄격한 구분을 내포하고 있다. 그것은 앞서 본 ②에서 '徼中'과 '徼外'를 구분한 개념의 연용이라 볼 수 있

---

40 『二年律令與奏讞書』, p.114: "徼外人來入爲盜者, 要(腰)斬. 吏所興能捕若斬一人, (拜)爵一級. 不欲(拜)爵及非吏所興, 購如律.[六一]"

41 정리자는 이에 대해 구두점을 표기하길, "邊關徼"라고 이어서 표기했는데, 필자의 생각으로는 '徼外'의 사례를 통해 보건대 '徼'는 변경에 단독으로 설치되었던 것 같다. 따라서 "邊關徼"는 "邊關·徼"로 수정하는 바이다.

42 『二年律令與奏讞書』, pp.119-120: "盜出財物於邊關·徼, 及吏部主智(知)而出者, 皆與盜同法; 弗智(知), 罰金四兩. 使者所以出, 必有符致, 毋符致, [七四] 吏智(知)而出之, 亦與盜同法. [七五]"; "盜出黃金邊關·徼, 吏卒徒部主者智(知)而出及弗索, 與同罪; 弗智(知), 索弗得, 戍邊二歲. [七六]"

43 『張家山漢墓竹簡[三三六號墓]』, p.195: "亡之諸侯·諸侯人亡之漢, 雖未出徼若有事而亡居焉, 皆黥爲城旦舂. [二二九]"

다. 또 ③-2·3의 '邊關'·'徼'는 ②에서의 '塞'를 '邊關'으로 칭한 차이는 있으나, 기본적으로는 '故塞·徼'의 지리 경계로부터 연용되었을 것이다. 단독으로 '關'이라 칭하면 그것이 내지의 관까지 포괄하게 되기 때문에 특별히 '邊關'이라 칭한 것 같다. ③-2·3의 관련 구절에 대해 정리자는 「진관령」의 '五關' 관련 조문을 참고할 것을 제시했는데, 이는 좀 더 숙고가 필요하다. '오관'이 '변관'이었던 시절은 秦의 강역이 아직 關中 지역에 머물던 시절에만 해당한다. 한대에 이르러서 '오관'은 변경이 아닌 내지에 속했다.

③-4는 '徼'에 관한 가장 결정적 증언이다. 張家山336號漢簡 「漢律十六章·亡律」의 해당 조문은 漢郡縣과 諸侯國 간의 도망 행위를 '出徼'를 기준으로 판단했다. 그것은 戰國 시기의 법률 자료인 睡虎地秦簡 「法律答問」이 邦亡의 기준을 '出徼'로 하고 그 처벌을 黥爲城旦舂으로 했던 것과 유사하다. 漢律令이 대략 戰國 시기의 秦律令으로 회귀한 셈인데, 다른 점이 있다면 '邦亡'은 '亡之諸侯'로 개칭되었다. 구체적 사안은 다음 절에서 후술할 것이다.

종합하면, 본래 戰國시기 한때 秦 변경 방어시설을 지칭했던 '邊塞'와 '徼'는 秦帝國의 건립과 더불어 內境으로 전환, 즉 '故塞'와 '故徼'로 지칭되었다. 秦의 故地만을 郡縣으로 계승한 漢代에 이르러 그것은 漢 郡縣과 그 외 지역을 구분하는 경계가 되었다. 즉, '邊關'·'徼', '徼外人' 등의 유사 개념이 출현하게 된 것이다. 이러한 연속성은 그만큼 戰國 시대에 형성된 국경의 慣性이 漢代에 이르기까지 강한 영향을 미치고 있었음을 보여준다.

3. 秦 國境의 변용: '邦亡'에서 '亡之諸侯'로

「二年律令·秩律」과 「漢律十六章·亡律」에서 보듯이 '亡之諸侯'라 하여 '徼'를 기준으로 漢郡縣과 諸侯國 사이의 망명 행위를 처벌하는 법률이 있었다. 이를 보건대 당시의 漢律은 군현과 제후국 사이 일종의 '國境'을 설정하고 있었다. 그 개념의 원류는 戰國 시기 진율로부터 확인된다. 관련하여 睡虎地秦簡「法律答問」의 일부 내용을 소개하면 다음과 같다.

④-1 人臣 甲이 人妾 乙을 보내어 주인의 소를 훔치는 것을 모의하였고, (훔친 소를) 판 돈을 가지고 함께 <u>邦亡하여 徼를 넘어갔을 때(出徼)</u> 이들을 붙잡았다면, 논처하기를 각각 어떻게 해야 하는가? 응당 城旦으로 삼아 黥을 하고, 각각 주인에게 돌려준다.[44]

④-2 ……<u>사람을 고발하기를 邦亡이라 하였는데, 실제 徼를 넘지 않고 闌亡하였으므로</u>, 고발이 不審한 것인데, 논처하기를 어떻게 해야 하는가? 城旦罪에 대한 고발이 不審한 것으로 한다.[45]

睡虎地秦簡「法律答問」은 戰國 시기 秦律을 근거로 작성된 것이다. ④-1에서 '邦亡'의 죄목을 판단하는 기준으로 제시된 '出徼'의 여부는 바로 전국 시기의 기준이라 할 수 있다. ④-2 또한 '出徼'를 기준으로 '邦亡'의 여부를 판단했다. 실제 '出徼'하지 않았기 때문에 '闌亡'으로 판단하고, 잘못된 고발은 告不審, 즉 고발을 확실하게 하지 않은 것으로 처리했다. 그만큼 관련 개념이 엄격히 적용되었음을 알 수 있다.

嶽麓秦簡「亡律」에서 闌亡은 1년 이상의 도망으로 耐罪로 다스려졌고, 1년 미만의 도망인 將陽은 처벌이 繫城旦舂이었다.[46] 그리고 국경 밖으로의 망

---

44 『睡虎地秦墓竹簡』, p.94: "人臣甲謀遣人妾乙盜主牛, 買(賣), 把錢偕邦亡, 出徼, 得, 論各可(何)殹(也)? 當城旦黥之, 各畀主. [五]"

45 『睡虎地秦墓竹簡』, p.104: "…… 告人曰邦亡, 未出徼闌亡, 告不審, 論可(何)殹(也)? 爲告黥城旦不審. [四八]"

46 『嶽麓書院藏秦簡』(肆), p.69: "闌亡盈十二月而得, 耐. 不盈十二月爲將陽, 毄(繫)城旦舂. [091正]"

명은 '邦亡'이라 하여 黥爲城旦舂의 형벌을 적용했다. '繫城旦舂'-'耐'-'黥爲城旦舂'의 단계는 진율이 규정한 형벌 등차와 일치하므로, 진율의 망죄는 바로 '將陽亡'-'闌亡'-'邦亡'의 등급으로 구성되었을 것이다.

戰國 시대의 '邦亡'은 帝國의 건립과 더불어 內地의 망명으로 등급이 전환되었을 것이다. 예를 들어 嶽麓秦簡 「爲獄等狀四種」 '尸等捕盜疑購案'에서 '荊邦人', 즉 '楚人' 출신 群盜의 체포를 포상하는 문제에 의문이 발생했다는 것[47]은 이미 국경의 외연에 변화가 시작되었음을 시사한다. 비록 이 讞書를 받은 南郡의 판결이 여전히 출신지에 따라 秦人과 荊人으로 구분하고 있는 것[48]은 흥미로운 부분이지만, 이는 신지의 복속 초기에 유예 기간을 두었던 것으로 이해된다. 실제 ②의 예에서 보듯이 徼中과 徼外의 縣·道人은 동일한 법 적용을 받고 있었다. 蠻夷와 盜의 처벌을 구분하고 故徼에 연한 縣(緣故徼縣)에 대한 규정을 특별히 적용한 것은 關中·關外의 구분과 마찬가지인 內境의 구획으로 볼 수 있다. 즉, 故塞와 故徼를 경계로 '邦亡'을 적용하지는 않았을 것이다. 다만 秦帝國 시기 국외 망명에 대해 직접 언급한 자료를 현재 찾을 수 없으므로, 이 문제는 차후에 보충해야할 부분이 남아있다.

漢代의 '邊關'·'徼'는 秦代의 '故塞'·'故徼'와 같은 듯 또 미묘하게 다르다. 문헌의 예에서 보듯이 그것은 서북 혹은 서남의 蠻夷 지역과의 국경을 가

---

47 『嶽麓書院藏秦簡』(參), pp.114-115: "…… • 診·問如告·辟(辭). 京州後降爲 [035正] 秦. 爲秦之後, 治·閻等乃羣盜〔盜〕殺傷好等. 律曰: 產捕羣盜一人, 購金十四兩. 有(又)曰: 它邦人 [036正] □□□盜, 非吏所興, 毋(無)什伍將長者捕之, 購金二兩. • 鞫之: 尸等產捕治·閻等, 告羣盜盜殺傷 [037正] 好等. 治等秦人, 邦亡荊; 閻等荊人. 亡, 來入秦地, 欲歸羛(義), 悔, 不詣吏. 以京州降爲秦後, 羣 [038正]【盜盜殺傷好】等. 皆審. 疑尸等購. 它縣論. 敢巚(讞)之. • 吏議: 以捕羣盜律購尸等. 或曰: 以捕它邦人 [039正]"

48 『嶽麓書院藏秦簡』(參), pp.116-117: "……治等, 審秦人殹(也), 尸 [042正] 等當購金七兩; 閻等, 其荊人殹(也), 尸等當購金三兩. 它有【律】令. [043正]"

리키는 경우도 있지만, 關東 지역에 구획된 漢郡縣과 諸侯國의 경계선을 가리킬 수도 있다. 漢高祖 劉邦의 피휘, 천하가 皇家의 범위 내로 귀속된 것 등의 이유로 제후국으로의 망명은 '邦亡'이 아닌 '亡之諸侯'로 지칭되었을 것이다. 그런데 亡罪의 실제 처벌은 진보다 더욱 강화되었다. 만약 '從諸侯來誘' 부류의 행위로 판결되면 그 처벌은 磔刑이다. 이에 비해 진은 故塞·徼外蠻夷로부터 온 자의 노략질 행위도 黥·劓·斬左趾 정도로만 다스렸다.

우선 漢律의 亡罪 등차를 살펴보면 秦律이 등급을 세 단계로 설정한 것과는 달리 그것을 네 단계로 조정했음을 확인할 수 있다. 「二年律令·亡律」에 따르면 1년 미만의 亡은 繫城旦舂, 1년 이상은 耐罪로 다스린다."[49] 이는 진율의 '將陽'과 '闌亡'의 규정을 계승한 것으로 1년 기준으로 형벌의 경중을 가르고 繫城旦舂과 耐罪를 적용하는 것까지 모두 일치한다. 다른 것은 '亡之諸侯'급의 처벌 강도를 올리고, 그 사이 '闌關'과 '越塞'를 추가했다. 「津關令」의 관련 조문 첫머리는 난관과 월새의 규정이 아직 마련되지 않았다는 언급으로 시작된다.[50] 秦代에 '邦亡' 규정이 이미 있었던 점을 미루어 볼 때, 그것은 郡縣

표 6 **戰國 秦 및 西漢 亡罪 등급 비교**

	將陽亡	闌亡	闌關(및 越塞)	邦亡(戰國秦) → 亡之諸侯(漢)
秦	繫城旦舂	耐罪	·	黥爲城旦舂 ~ 斬左趾爲城旦
漢	繫城旦舂	耐罪	黥爲城旦舂 ~ 斬左趾爲城旦	黥爲城旦舂 ~ 磔刑(혹은 기타 死刑)
적용범위 및 시간	국내	국내	郡縣 내부 關·塞	(故)徼外
	1년미만	1년이상	無限	無限

---

49 『二年律令與奏讞書』, p.153: "吏民亡, 盈卒歲, 耐; 不盈卒歲, 𪔂(繫)城旦舂. [一五七]"

50 『二年律令與奏讞書』, p.305: "御史言, 越塞闌關, 論未有令. [四八八]"

지역 내 津·關·塞의 출입에 관한 처벌규정의 미비를 지적한 것이다.[51] 이에 1년 이상의 망명보다는 높고 諸侯國으로의 망명보다는 한 단계 낮은 단계의 망명을 새로이 설계했다.

'徼'를 경계로 한 율령의 전반적 기조는 모두 漢律이 秦律에 비해 더 엄격했다. 이는 보통 진의 법율이 한에 비해 가혹하다는 기존의 인식을 뒤집는 결과이다. 앞서 본 ②의 진율에서 가장 가혹한 징벌은 黥·劓·斬左趾城旦 정도이고, 그마저도 故塞·徼外 蠻夷로부터 온 자에게만 적용할 뿐 "縣·道人은 이 법령을 적용하지 않는다." 반면 ③은 徼外人의 盜를 腰斬으로 다스리는 현격한 차이를 보인다. 이 같은 한율의 엄격함은 전국 범위의 군현제를 실시한 진 제국과 달리, 諸侯國을 치외 영역으로 설정한 郡國制의 상황을 반영할 것이다. 진제국의 실패를 겪은 뒤 구육국 지역을 대하는 인식에 있어 더욱 엄격하고 배타적으로 변한 것이라 할 수 있다.

이렇게 '闌關' 및 '越塞'의 추가와 '亡之諸侯'(戰國秦의 '邦亡')의 형벌을 강화함으로써 漢朝廷이 추구한 의도는 무엇일까? 우선 제후국으로의 인구유출을 철저히 막아 郡縣 지역의 인력, 나아가 경제력을 보존하고자 했을 것이다. 秦 멸망 이후 거듭된 전쟁으로 인구가 급격히 감소했기 때문에, 그 보존과 회복은 가장 선결해야할 과제였다. 그 중에서도 關外郡은 反秦·楚漢 전쟁 기간 동안 치열한 전투가 벌어진 지역으로 인구의 유출이 타지에 비해 더욱 심했을 것이다. 게다가 이 지역은 秦代에 關中과 新地의 중간지대에 위치해 신지보다 위험성이 덜하긴 해도 구 점령지로서 여전히 관중에 비해 장악력이 낮았을 것이다. 이에 漢朝廷은 諸侯國과 관외군 간의 교류를 철저히 봉쇄하는

---

51 嶽麓秦簡 法令 중에는 扞關·漢陽關 및 巴蜀 지역 경계를 기준으로 대략 수로 교통을 이용한 수송 종사자의 도망 행위를 '送道亡故徼外律'로 규정하여 논죄한다는 조문이 나온다(『嶽麓書院藏秦簡』(伍), pp.53-54). 따라서 「津關令」과 동일하지는 않더라도 그 설계의 모태가 되었던 진율령은 있었던 것으로 보인다.

한편 관중과 관외군 간의 교류를 국가가 허가하는 범위 내에서만 가능토록 통제했다. 이로써 관외군에 대한 국가 장악력의 상승을 꾀했을 것이다.

또 한 가지 의도는 關中 지역에 대한 이중의 방어선을 구축하고자 했을 것이다. 漢初의 關外郡은 사실상 邊郡의 역할을 부여받은 것이다. 漢朝廷는 '五關'의 경계를 강화하고 秦代 '故塞·徼' 지대를 재편하여 諸侯國에 대한 방어태세를 완비했다. 여기에 관외군은 관중과 제후국 사이 완충 지대 역할을 했다. 이는 필연적으로 관외군의 군사 기능 강화를 수반했을 것이다. 「二年律令·賊律」의 해당 조문은 방어시설에 근무를 하는 병졸이 제후에게 항복했을 경우 당사자를 腰斬으로 처벌하고 그 가족은 연령을 불문하고 모두 棄市의 처벌로 다스렸다.52 이와 유사한 조문을 敦煌漢簡에서 확인할 수 있는데, 즉,

> 捕律: 망명하여 匈奴·外蠻夷의 지역으로 들어가거나, 亭·障·烽燧의 방어를 포기하거나, 견고히 지키지 않고 항복한 것 및 塞徼 밖으로부터 와서 항복했음에도 함부로 살인을 행한다면, 모두 腰斬에 처하고, 妻子는 耐爲司寇로 삼아 (노역을)······.53

라고 했다. 이와 비교해 볼 때 兵卒의 관리에 있어 漢初의 諸侯國에 대한 경계가 오히려 변방 흉노의 경계보다도 더욱 강력하게 이루어졌음을 알 수 있다.

이상에서 보듯이 關外郡은 諸侯國과 경계를 이루는 배타적 영역으로 설

---

52 『二年律令與奏讞書』, p.88: "以城邑亭障反, 降諸侯, 及守乘城亭障, 諸侯人來攻盜, 不堅守而棄去之, 若降之, 及謀反者, 皆 [一] 要(腰)斬. 其父母·妻子·同産, 無少長皆棄市. 其坐謀反者, 能捕(偏)捕, 若先告吏, 皆除坐者罪. [二]."

53 甘肅省文物考古研究所編, 『敦煌漢簡』, 中華書局, 1991, pp.256-257: "捕律: 亡入匈奴·外蠻夷, 守棄亭障逢(烽)燧者, 不堅守降之, 及從塞徼外來絳(降)而賊殺之, 皆要(腰)斬, 妻子耐爲司寇, 作如.[九三一]"

정되었다. 漢帝國은 표면적으로는 秦帝國의 영토와 국경을 계승한 것처럼 보이지만, 실제는 제후국에 대한 이중의 방어선을 구축함으로써 帝國 내부의 또 다른 국경을 설정했다. 한편으로 이러한 관중과 관외군, 제후국 간의 경계는 戰國 시기 秦의 영토 확장 과정에서 진행된 국경의 沿用과 變容의 결과물이므로, 이 역시도 '漢承秦制'의 또 다른 측면으로 평가할 수 있을 것이다.

III 漢初 關外郡 방어 전략의 형성

漢帝國은 秦帝國에 비해 郡縣 관할지역이 현격하게 감소한 상태에서 시작했다. 이미 많은 학자들이 지적했듯이 漢代의 郡國制는 진제국의 실패를 재차 반복하지 않기 위한 지정학적 판단에 근거한 것이다. 일반적으로 한제국이 성립될 수 있었던 것은 關中 지역을 수도로 택한 지리적 이점 때문이었다고 말한다. 하지만 漢이 단지 秦이 가졌던 관중 지역의 장점만을 계승해서는 關外의 제후 세력을 압도하기에 부족하다. 실제 秦은 昭襄王 시기 이미 강국으로 맹위를 떨치고 있었음에도 孟嘗君의 주도하에 齊·韓·魏의 연합군이 秦의 函谷關 내부까지 진격해 오자 潼關 일대 黃河와 渭水의 分水 지대를 절단당하는 위기를 겪기도 했다. 소양왕은 이러한 피동적 형세 속에서 한·위와 불리한 조건의 강화를 맺을 수밖에 없었다.[54] 이처럼 관중을 지키는 關門이 아무리 견고해도 관외의 세력이 대군을 결성하여 진입을 시도해올 경우 수세에 몰릴 수밖에 없다. 이것을 한초의 상황에 대입하면, 諸侯國을 상대하는 漢朝廷은

---

54 『史記』卷15「六國年表」, p.737: (B.C.298), [魏]"與齊·韓共擊秦於函谷關. 河·渭絶一日."; p.738: (B.C.296), [秦]"復與魏封陵"; [韓]"秦與我武遂和."

관중 지역의 견고한 방어를 위해서라도 관외의 교통로를 확보하여 그 가능성을 사전에 차단해야 한다.⁵⁵ 이 같은 방어 전략은 관외 영역을 군현으로 통치하게 된 이후에야 가능한 것이었다.

關外郡을 선점하고 있을 경우 기대할 수 있는 또 다른 이점은 적군이 關門으로 진입해 와도 적군 후방의 관외 지역을 사수한다면 앞뒤로 적군을 압박할 수 있다는 것이다. 예를 들어 파죽지세로 공세를 취하던 反秦起義 세력이 한풀 꺾이기 시작한 것은 바로 관외군 지역으로 진입해 들어왔던 시기와 일치한다. 關中 진입을 목표로 삼았던 反秦 군대의 계획은 函谷關으로 가는 길목인 滎陽의 점령이 지연되면서부터 헝클어지기 시작하여, 함곡관으로 진격했던 선봉이 章邯의 부대에게 괴멸당하며 실패로 끝났다.⁵⁶

關外郡 장악의 어려움에도 불구하고 劉邦軍은 武關을 통해 關中 진입에 성공했다. 여기에는 복합적인 요인이 작용했다. 우선 무관이 函谷關에 비해 진입이 용이했다는 점을 지적할 수 있다.⁵⁷ 『史記·高祖本紀』에서는 유방군이 洛陽 동쪽에서의 전세가 불리하자 陽城 방향으로 우회하여 南陽으로 향했다는 구절이 나온다.⁵⁸ 이를 참고하면 유방군은 확실히 함곡관도를 통한 관

---

55 秦의 關外 지역 점령 및 그 전략에 대한 연구로 宋傑, 「秦對六國戰爭中的函谷關和豫西通道」, 『首都師範大學學報』 1997年 第3期를 참조할 수 있다. 그는 函谷關과 연결되는 교통로인 豫西通道를 육국세력 攻略의 시각에서 분석하였는데, 이는 시각을 바꾸어 關中 방어 전략의 측면에서 파악할 필요도 있다.

56 『史記』卷48 「陳涉世家」, pp.1954-1957: "吳廣圍滎陽. 李由為三川守, 守滎陽, 吳叔弗能下. 秦令少府章邯免酈山徒·人奴產子生, 悉發以擊楚大軍, 盡敗之. 周文敗, 走出關, 止次曹陽二三月. 章邯追敗之, 復走次澠池十餘日. 章邯擊, 大破之. 周文自剄, 軍遂不戰……田臧乃使諸將李歸等守滎陽城, 自以精兵西迎秦軍於敖倉. 與戰, 田臧死, 軍破. 章邯進兵擊李歸等滎陽下, 破之, 李歸等死."

57 尤佳, 「劉邦循武關道入秦原因新解」, 『河南大學學報』(社會科學版) 2010年 第6期

58 『史記』卷8 「高祖本紀」, p.359: "戰雒陽東, 軍不利, 還至陽城, 收軍中馬騎, 與南陽守

중 진입을 시도했다가, 남하하여 무관을 통과하는 것으로 계획을 수정한 듯하다. 하지만 그렇다고 해서 무관을 진입하는 것이 절대적으로 용이한 일이었다고 말할 수는 없다. 앞서 陳勝의 反秦 군대는 함곡관 뿐만 아니라 무관을 통해서도 관중 진입을 시도한 적이 있었으나 이 또한 秦이 남양 지역을 수복하면서 실패했다.[59] 남양 일대는 확실히 복속시키지 않고 섣불리 무관으로 진입했을 경우 과거 진승의 부대가 겪었던 실패를 반복할 위험이 있었다. 그렇기 때문에 張良은 南陽郡의 主都인 宛을 지나쳐 바로 무관으로 향하던 유방에게 전략을 수정할 것을 다음과 같이 간언했다.

> 沛公께서 비록 급히 入關하고 싶으시긴 하겠지만, 秦의 병사는 여전히 수가 많고 험요지에 의거하여 방어하고 있습니다. 지금 宛城을 함락하지 않으면, 宛에서 우리 군의 후방을 타격할 것이고, 秦의 강군이 전방에 자리하게 될 것이니, 이는 위험한 방책입니다.[60]

이는 南陽 지역의 형세뿐만 아닌, 關外郡이 담당했던 방어 기능의 핵심을 간파한 지적이다. 劉邦은 張良의 간언에 따라 남양군 일대를 철저히 복속시킨 후 武關에 진입했고, 무관이 돌파당한 秦은 급속히 몰락할 수밖에 없었다.

劉邦이 漢王에 봉해진 후, 漢中을 넘어 三秦을 제압한 다음 項羽軍과의 일전을 준비하던 당시 유방군에게 당면한 과제는 바로 秦이 극복하지 못한 두 가지 문제를 해결하는 것이었다. 하나는 關中 지역의 보위를 위해 關外 지역

齮戰犨東, 破之."

59 『史記』卷48「陳涉世家」, p.1959: "留已徇南陽, 聞陳王死, 南陽復爲秦. 宋留不能入武關, 乃東至新蔡, 遇秦軍, 宋留以軍降秦. 秦傳留至咸陽, 車裂留以徇."

60 『史記』卷8「高祖本紀」, p.359: "沛公雖欲急入關, 秦兵尚眾, 距險. 今不下宛, 宛從後擊, 彊秦在前, 此危道也."

에서부터 楚軍의 진입을 차단하는 것과, 다른 하나는 병력 부족 문제를 해결하는 것이었다. 유방군이 삼진을 공략하는 동시에 관외로의 진출을 시도한 것은 관중 방어에 있어 관외군의 중요성을 명확히 인식했기 때문이다.

① (高祖)2년, 漢王이 동쪽의 땅을 공략하였고, 塞王 欣, 翟王 翳, 河南王 申陽이 모두 투항하였다. 韓王 昌이 투항의 권유를 듣지 않자, 韓信을 보내어 그를 격파시켰고, 이에 隴西·北地·上郡·渭南·河上·中地郡을 설치하고, <u>關外 지역에 河南郡을 설치했다.</u> …… <u>河上塞를 보수했다</u> …… 漢王은 出關하여 陝에 이르러 關外의 父老들을 위무하였고, 돌아와서는 張耳가 와서 접견하자, 漢王이 그를 후하게 대우하였다. [61]

② (高祖2년) 3월, 漢王이 臨晉으로부터 (황하를) 넘자, 魏王 豹가 병사를 이끌고 종군하였다. 河內를 점령하고, 殷王을 사로잡았으며, <u>河內郡을 설치했다.</u>[62]

③ (高祖) 3년, 魏王 豹가 부모의 간병을 핑계로 자신의 봉지로 돌아가길 청하였고, 영지에 이르자 곧 河津을 끊고 배반하여 楚에 가담했다. 漢王이 酈生을 보내어 豹를 설복시키려 했으나, 豹는 듣지 않았다. 漢王은 將軍 韓信을 보내어 공격하였고, 크게 격파하여 豹를 사로잡았다. <u>이에 魏地를 평정하고 세 郡을 설치하니, 河東·太原·上黨이라 하였다.</u>[63]

---

61 『史記』卷8「高祖本紀」, pp.369-370: "二年, 漢王東略地, 塞王欣·翟王翳·河南王申陽皆降. 韓王昌不聽, 使韓信擊破之. 於是置隴西·北地·上郡·渭南·河上·中地郡, <u>關外置河南郡</u>……<u>繕治河上塞</u>…… 漢王之出關至陝, 撫關外父老, 還, 張耳來見, 漢王厚遇之."

62 『史記』卷8「高祖本紀」, p.370: "三月, 漢王從臨晉渡, 魏王豹將兵從. <u>下河內, 虜殷王, 置河內郡.</u>"

63 『史記』卷8「高祖本紀」, p.372: "三年, 魏王豹謁歸視親疾, 至即絶河津, 反爲楚. 漢王

①에서 알 수 있듯이 高祖 2년에 漢은 三秦을 공략하는 동시에 關外 지역에 河南郡을 설치했다. 그리고 그 기간 중 "河上塞를 보수했다." 명칭으로 유추해볼 때 이는 河上郡에 위치한 塞를 의미할 것이다. 하상군은 후에 고조9년에 이르러 폐치되어 內史에 편입되었다가 武帝 建元6年 左馮翊으로 재편되었다.[64] 이 지역은 臨晉關과 인접한 지역인데, 이처럼 內史 지역 중 황하와 인접한 곳에는 秦代에 구축한 다수의 塞가 여전히 그 기능을 유지하고 있었을 것이다. 楚漢 전쟁 당시부터 漢軍은 그 중요성을 인식하고 이를 關中 지역 방어에 활용했던 것이다.

이후 漢軍은 여타의 주변 關外郡 지역을 차례로 장악해 나갔다. ②에서 보듯이 5개월 뒤 魏王 豹와 연합하여 殷王을 제압하고 河內郡을 설치했다. 이는 中原 제후국 일대와 연결되는 교통 요지를 우선 확보하기 위한 의도로 보인다. 그리고 ③은 河東·太原·上黨郡을 설치한 과정이다. 이때는 彭城에서의 패배 이후 劉邦이 滎陽으로 후퇴했을 때였다. 위왕이 배반을 하자 그의 영지를 강탈하고 분봉 없이 바로 郡을 설치했다. 이때 직할지로 확보한 臨晉關에서부터 河內郡 일대까지의 교통로는 韓信 부대의 진군 및 楚軍의 후방 타격에 있어 중요한 작용을 한다. 물론 이를 통해 임진관의 안전을 확보할 수 있었음은 분명한 사실이다.

漢軍은 關中으로 들어오는 또 다른 통로인 武關의 안전을 위한 조치도 소홀히 하지 않았다. 河南郡이 설치되기 전부터 南陽郡을 자신의 영역으로 만들기 위한 작업에 착수했다. 여기에 王陵이라는 인물의 포섭이 상당히 중요한 작용을 한다. 왕릉은 劉邦이 무관에 진입한 이후 유방에게 복종하지 않고 남

使酈生說豹, 豹不聽. 漢王遣將軍韓信擊, 大破之, 虜豹. **遂定魏地, 置三郡, 曰河東·太原·上黨.**"

64 『漢書』卷28上「地理志上」, p.1545: "左馮翊, 故秦內史, 高帝元年屬塞國, 二年更名河上郡, 九年罷, 復爲內史. 武帝建元六年分爲左內史, 太初元年更名左馮翊."

양에 거처하다가 모친을 죽인 項羽에 대한 원한으로 인해 나중에서야 漢軍에게 적극 협조하게 된다. 게다가 유방과 舊怨이 있는 雍齒와 가까운 사이였기 때문에 논공행상에 불리할 수밖에 없었다.[65] 그럼에도 불구하고 그는 개국공신인 陳平보다 앞서 右丞相의 지위에까지 오른다.[66] 이는 그만큼 漢의 건국에 있어 왕릉의 공로가 높이 인정되었음을 의미한다. 아마도 남양 점령에 있어서 王陵의 공로가 기타의 사유를 앞설 만큼 결정적 역할을 했기 때문일 것이다. 그 외에 長沙王 吳芮가 여타 異姓諸侯와 달리 후에 숙청되지 않고 諸侯王의 지위를 유지한 것 또한 남양과 관련이 있다. 그의 別將 梅鋗은 유방이 무관으로 진입할 때 남양 공략에 참여하여 공을 세웠다. 때문에 오예가 장사왕에 봉해졌던 것이다.[67]

關中 지역의 부족한 병력을 보충할 수 있었던 것은 關外 지역 확보를 통한 부수적인 효과였다. 義帝의 피살 소식을 들은 劉邦은 병력을 동원하여 彭城으로 진격한다. 『史記·高祖本紀』에서는 "漢王이 이로 인해 다섯 제후의 병사를 겁박할 수 있었고, 이에 彭城으로 진입했다."[68]라고 하였다. '五諸侯'가

---

[65] 王陵의 신변에 관한 기록은 다음을 참조할 수 있다. 『史記』卷56「陳丞相世家」, pp.2059-2060: "王陵者, 故沛人, 始為縣豪, 高祖微時, 兄事陵. 陵少文, 任氣, 好直言. 及高祖起沛, 入至咸陽, 陵亦自聚黨數千人, 居南陽, 不肯從沛公. 及漢王之還攻項籍, 陵乃以兵屬漢. 項羽取陵母置軍中, 陵使至, 則東鄉坐陵母, 欲以招陵. 陵母既私送使者, 泣曰:「為老妾語陵, 謹事漢王. 漢王, 長者也, 無以老妾故, 持二心. 妾以死送使者.」遂伏劍而死. 項王怒, 烹陵母. 陵卒從漢王定天下. 以善雍齒, 雍齒, 高帝之仇. 而陵本無意從高帝, 以故晚封, 為安國侯."

[66] 『史記』卷56「陳丞相世家」, p.2060: "安國侯既為右丞相, 二歲, 孝惠帝崩."

[67] 『漢書』卷34「韓彭英盧吳傳」, p.1894: "沛公攻南陽, 乃遇芮之將梅鋗, 與偕攻析·酈, 降之……項籍死, 上以鋗有功, 從入武關, 故德芮, 徙為長沙王, 都臨湘."

[68] 『史記』卷8「高祖本紀」, p.371: "漢王以故得劫五諸侯兵, 遂入彭城."

누구를 가리키는 것인지는 논자마다 약간씩 차이가 있지만,[69] 그 군대는 대체로 漢軍에 의해 제압되었거나 연합에 협조한 관외 세력이 주축이 되었음이 분명하다. 비록 彭城 함락 소식을 듣고 회군한 項羽軍의 반격으로 漢軍은 대패를 하게 되나, 관외의 제후 세력이 주로 손실을 입었을 것이고 이로 인한 관중 병력의 손실은 크지 않았을 것이다. 실제로 팽성에서의 패배에도 불구하고 관중 일대를 중심으로 한 郡縣 지역은 별다른 동요가 일어나지 않았다. 이후 章邯軍을 완전히 제압하고[70] 魏王 豹의 영지마저도 군현에 귀속시킴으로써 관중 지역에 대한 방어는 오히려 더 공고해지게 되었다.

彭城 공략의 실패를 통해 漢軍의 전략은 더욱 분명해졌다. 더 이상 전면전을 통해 병력을 낭비하지 않고 函谷關과 武關으로 통하는 關外郡 방어에만 집중하기 시작했다. 그리고 외부의 전장에서 韓信과 彭越 등이 성과를 내면서 전세는 역전되었다. 項羽의 화려한 전과로 인해 전쟁 기간 내내 마치 楚軍이 유리했던 것처럼 보이지만, 사실 전황은 줄곧 楚軍에게 유리하지 않았다. 항우는 단지 표면 위를 浮遊할 뿐이었고 유방은 내면의 구조를 장악하고 있었다. 함곡관도의 입구인 滎陽·成皋·敖倉 등에서 격렬한 전투가 이어진 것은 이미 臨晉關道와 武關道가 막힌 상황에서 항우가 관중 지역 진출을 위해 선택할 수 있는 유일한 방법이었기 때문이다. 이에 반해 한군은 南陽 지역에 확보한 교통로를 통해 黥布軍과 접선하고,[71] 楚軍이 成皋를 포위한 사이 북방의 郡縣 지역을 따라 우회한 유격대가 白馬津을 넘어 彭越과 연합하여 梁地를 수복하

---

[69] 顏師古는 주석에서 '五諸侯'는 각각 常山·河南·韓·魏·殷王을 지칭한 것이라 하였다. 그 외에 辛德勇은 역대 史家의 '五諸侯兵'에 대한 의견을 정리한 후 顏師古와는 달리 '五諸侯'는 翟·塞·殷·韓·魏王이라고 보았다(「楚漢彭城之戰地理考述」, 『歷史的空間與空間的歷史』, 北京師範大學出版社, 2005, pp.110-135).

[70] 『史記』卷8「高祖本紀」, p.372: "引水灌廢丘, 廢丘降, 章邯自殺. 更名廢丘為槐里."

[71] 『史記』卷8「高祖本紀」, p.373: "漢王從其計, 出軍宛葉閒, 與黥布行收兵."

는 등72 초의 후방을 지속적으로 유린했다. 이러한 전략들은 모두 관외군의 사전 확보가 없으면 불가능했을 것이다.

요컨대, 漢初의 關外郡은 關中 지역 방어와 關外 지역으로의 확장을 위한 교두보로서 漢이 반드시 직할해야할 영역이었다. 秦의 멸망 및 反秦·楚漢 전쟁의 성패가 이를 증명하며, 여기에 교훈을 얻은 漢朝廷이 관외군 통치 강화를 위해 진행한 일련의 조치는 필연적 수순이었다. 뿐만 아니라 漢帝國 건립 후 병력이 부족한 채로 諸侯國 세력을 견제해야 하는 상황에서 관외군은 안정된 직할을 보장할 수 있는 최소한의 강역이기도 했다. 楚漢 전쟁의 종료 후, 南郡 및 潁川郡 일대는 신속히 郡縣으로 재편되었다. 이어서 군현 지역은 東郡까지 확장하며 戰國 秦이 영유했던 '故地'의 영역을 점차 회복해갔다. 이렇게 漢은 關外郡 지역의 점령을 통해 諸侯國 세력에 대한 실질적 우월성을 확보했다.

戰國시기 동안 秦과 六國 세력 간의 균형이 무너지기 시작한 것은 秦이 關外郡을 설치하기 시작하면서 부터다. 다시 말해 秦이 諸侯國 간의 연합에 의지하던 合從連橫의 시대를 지나 힘으로 압도하는 遠交近攻의 시대로 접어들게 된 것은 關外 지역으로 점차 세력을 확장해 감에 따라 六國의 쇠퇴가 명백해졌기 때문이었다. 漢帝國은 바로 그 우월적 지위에 대한 마지노선을 확보했고, 바로 이 지점에서부터 한제국의 역사는 시작되었다.

---

72 『史記』卷8「高祖本紀」, p.374: "漢王聽其計, 使盧綰·劉賈將卒二萬人, 騎數百, 渡白馬津, 入楚地, 與彭越復擊破楚軍燕郭西, 遂復下梁地十餘城."

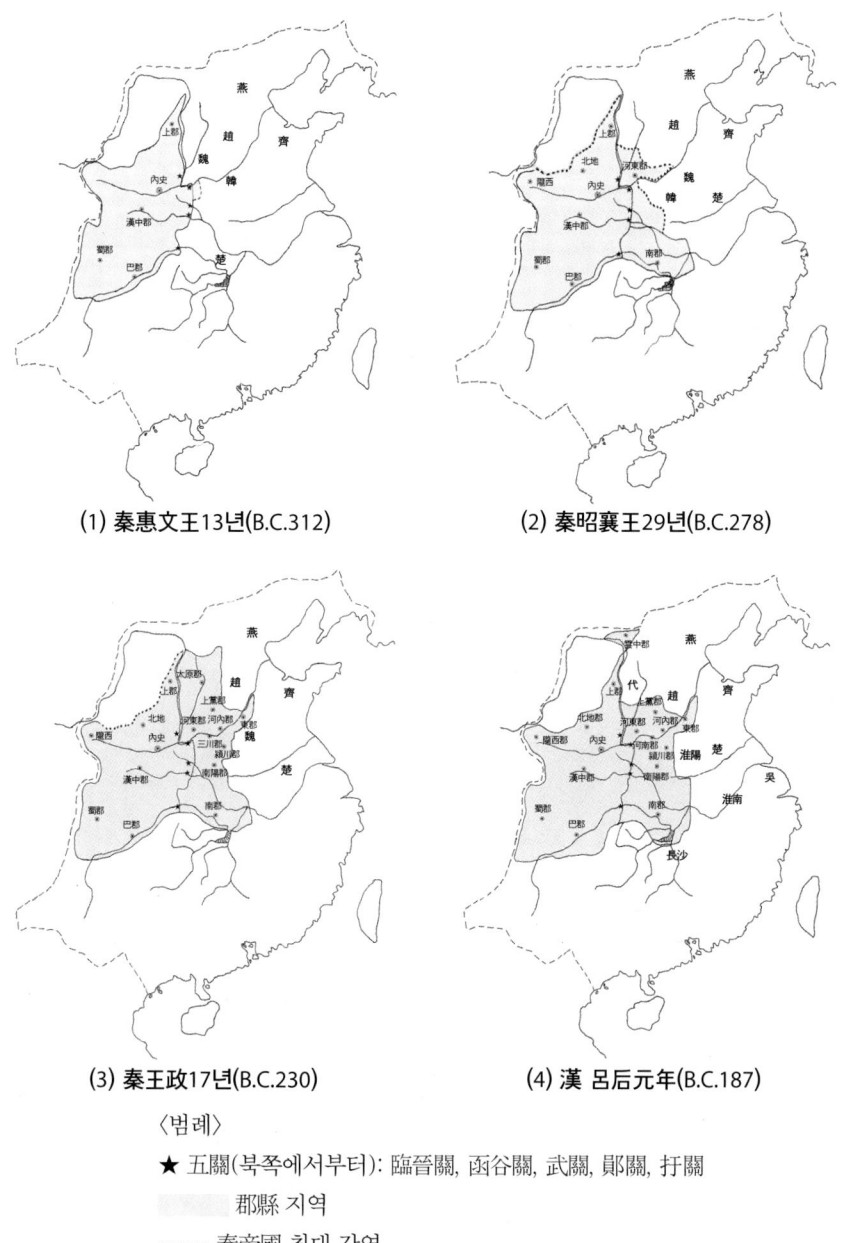

(1) 秦惠文王13년(B.C.312)
(2) 秦昭襄王29년(B.C.278)
(3) 秦王政17년(B.C.230)
(4) 漢 呂后元年(B.C.187)

〈범례〉
★ 五關(북쪽에서부터): 臨晉關, 函谷關, 武關, 鄖關, 扞關
▨ 郡縣 지역
---- 秦帝國 최대 강역

그림 6 B.C.312~B.C.187 진한 군현 실질 지배 범위 변화

#06

郡國 대치의 前哨 – 黃河 沿線 지역 郡縣

·

　黃河는 靑藏 고원에서 발원해 황해로 유입되기까지, 총 5,400km에 달한다. 그 중, 소위 중화 문명 영역에 속하는 구간은 내몽고 오르도스 이남의 중·하류 유역으로 한정된다. 또 戰國 秦에서 漢初 사이 郡縣 지역으로 다시 한정하면, 晉陝 협곡지대부터 河南省 중북부 및 山東省 서부, 河北省 남부 일대만을 대상으로 한다.

　이 장은 바로 秦 및 前漢 초기 關外郡 중 黃河 沿線 일대에 주목한다. 해당 지역에서 시행된 郡縣 통치는 당시 영역 지배와 관련한 모종의 특수 요소를 반영한다. 이는 앞서 살펴본 「二年律令·津關令」의 세부 내용과도 관련이 있다. 「진관령」의 적용대상에는 '塞之津關'·"塞之河津"·"諸河塞津關"·"夾谿關" 등 '河'와 관련한 교통 거점이 광범하게 포함된다. 이미 앞 장의 분석을 통해 이들 津·關·塞는 주로 내지, 특히 관외군에 분포해 있었음을 알 수 있었다. '河津'이라 함은 국경 내부 수로 거점, 즉 황하 연선 지역 일대를 포괄할 것이다.

漢初 郡國制 하에서 關外郡은 군국 간의 완충지대로서 특별한 군사 기능을 갖춘 지역이었다. 이러한 특징은 대개 戰國 시기 秦의 대 六國 방어 전략으로부터 기원한다. 그러나 각각의 관외군을 구체적으로 살펴보면 그 영역 범위가 줄곧 고정되어 있었던 것은 아니다. 특히, 우리가 지금 보고 있는「津關令」이 반영하는 사실은 한초 군국제의 모든 상황이 아닌, 특정 시기 혹은 특정 지역 형세를 더욱 세밀히 반영하는 것일지도 모른다. 그런 면에서 '河津'의 소재지인 黃河 중하류 일대를 주목할 수 있다.

I 黃河 沿線 지대 關外郡의 원류

戰國 秦과 六國의 대치는 商鞅 變法 이래 130여년의 장기 역사이고, 그 기간 동안 진의 영토 및 법률제도·사회문화 등은 부단한 변화를 겪었다. 漢初의 郡國制는 전국 진의 모든 방면에 대한 계승이 아닌, 전국의 모 시기 이후 상황의 연속일 것이다. 『史記·秦始皇本紀』에 기록된 秦王政 즉위 당시 (B.C.247) 진 강역 서술을 재차 인용하여 설명하겠다.

당시에 이르렀을 때에, 秦의 영토는 이미 巴·蜀·漢中을 병합하였고, 宛을 넘어 郢을 차지하여 南郡을 설치하였다. 북쪽으로는 上郡 이동 지역을 거두어 들여, 河東·太原·上黨郡을 차지하였다. 동쪽으로는 滎陽에까지 이르러, 二周를 멸하고 三川郡을 설치하였다.[1]

---

[1] 『史記』卷6「秦始皇本紀」, p.223: "當時之時, 秦地已幷巴·蜀·漢中, 越宛有郢, 置南郡矣. 北收上郡以東, 有河東·太原·上黨郡; 東至滎陽, 滅二周, 置三川郡."

여기서 秦의 점령지를 세 방향의 노선으로 묘사하고 있는 것에 주목해야 한다. 첫 번째 노선은 巴·蜀·漢中으로부터 宛을 거쳐 南郡에 이르는 남방 노선이다. 진은 漢水 수계 상류에 근거해 남으로 확장, 최종 南陽에서 남군에 이르는 교통 노선을 완성했다.[2] 그 외의 북방 및 동방 노선은 동일한 시각에서 그 영역을 黃河 수계 상류로부터 하류의 교통 노선을 점진적으로 확장해간 것으로 이해할 수 있다. 인용 자료에서 언급되지 않은 河內郡·東郡·穎川郡은 바로 秦王政 즉위 이후 황하 노선을 따라 확장된 영토이다.[3]

莊襄王 元年에 周를 멸하고 三川郡을 설치한 이래[4] 20여년의 기간 중, 秦의 郡縣 설치는 모두 중원 지대에 집중되었다. 이 시기의 군현 설치는 그 전대인 秦昭襄王 시기와 명확한 구분점이 있다. 秦王政 시기의 확장은 멸국 전쟁을 통한 직할을 추구한 반면, 소양왕 시기에는 멸국보다는 세력을 통한 宗藩 관계의 수립이 주목적이었다. 그러나 종번 관계의 수립은 邯鄲 공방전에서 진이 육국 연합군에게 패하면서 실패로 끝이 났다.

秦昭襄王의 '실패'는 그 후 呂不韋 집권 시기 대외전략을 수립할 시 반면교사가 되었을 것이다. 對趙 전쟁 실패의 배후에는 應侯와 白起 간의 갈등이 초래한 내부분열이 있었다. 이로 인해 秦은 이상적인 戰機를 상실한 상황에서

---

2   孫聞博, 「秦據漢水與南郡之置——以軍事交通與早期郡制為視角的考察」, 曾磊·孫聞博·徐暢·李蘭芳 編, 『飛軨廣路——中國古代交通史論集』, 中國社會科學出版社, 2015.

3   그중, 진 동군에 관해 孫聞博이 관련 연구를 진행한 바 있다(孫聞博, 「東郡之置與秦滅六國——以權力結構與郡制推行為中心」, 『史學月刊』2017年第9期). 필자는 그의 관점에 기본적으로 동의하고, 본문은 그의 논점에 기초해 시야를 한초 군국제까지 확대할 것이다.

4   『史記』卷5「秦本紀」, p.219: "東周君與諸侯謀秦, 秦使相國呂不韋誅之, 盡入其國······使蒙驁伐韓, 韓獻成皐·鞏. 秦界至大梁, 初置三川郡."

보급 노선을 趙의 수도 邯鄲까지 과도하게 연장하는 실책을 범한다.[5] 게다가 韓·魏 등 중원 국가에 대한 藩屬 정책은 실질적 의의가 없다는 것이 명확해졌다. 이에 秦朝廷은 그 지역에 대한 직할을 모색하게 되었고 徙民 정책 역시 이때에 제기되었을 것이다. 내민 정책의 실제 실행 여부는 알 수 없지만, 최소한 秦이 三晉 영역에 대한 직할을 추진했다는 사실은 알 수 있다.

呂不韋 집권 시기에 진행된 郡縣 설치는 아래의 기록을 참고할 수 있다.

> 莊襄王 元年······東周의 군주가 제후들과 모의하자, 秦은 相國 呂不韋로 하여금 그를 주멸토록 하여, 그 나라를 모두 복속시켰다. 진은 그 사직을 단절하지 않고 陽人의 땅으로써 주군에게 하사해 그 제사를 봉양하게 했다. 蒙驁로 하여금 韓을 정벌토록 하자, 한은 成皐·鞏을 바쳤다. 진의 경계는 大梁에까지 이르러, 처음으로 三川郡을 설치했다. ······3년······王齕이 上黨을 공략했다. 처음으로 太原郡을 설치했다.[6]
> (秦王政)5년, 장군 驁가 魏를 공략하여, 酸棗·燕·虛·長平·雍丘·山陽城을 평정하여 모두 함락하고, 20성을 취했다. 처음으로 東郡을 설치했다.[7]

이상의 기록에서 알 수 있듯이 그 기간 중 三川郡·太原郡·東郡이 설치

5　對趙 전쟁의 전략 착오는 『史記』 卷73 「白起王翦列傳」, p.2337에서 白起가 자술하길, "遠絶河山而爭人國都, 趙應其內, 諸侯攻其外, 破秦軍必矣. 不可."라고 했다. 그 시말에 대한 상세한 내용은 『戰國策』(上海古籍出版社, 1988) 卷33 「中山」, pp.1185-1192을 참고할 수 있다.

6　『史記』 卷5 「秦本紀」, p.219: 莊襄王元年······東周君與諸侯謀秦, 秦使相國呂不韋誅之, 盡入其國. 秦不絶其祀, 以陽人地賜周君, 奉其祭祀. 使蒙驁伐韓, 韓獻成皐·鞏. 秦界至大梁, 初置三川郡. ······三年······王齕攻上黨. 初置太原郡.

7　『史記』 卷6 「秦始皇本紀」, p.224: (秦王政)五年, 將軍驁攻魏, 定酸棗·燕·虛·長平·雍丘·山陽城, 皆拔之, 取二十城. 初置東郡.

되었다. 그 외에 지리 위치상 그 사이에 해당하는 지역으로 河內郡과 上黨郡이 있었다. 하내군의 설치 연대에 대해서는 여러 자료를 검토해 보아도 명확한 기록이 없다. 상당군의 경우는 일반적으로 長平 전투 후에 秦에 의해 점령되었던 것으로 여겨지나, 위의 기록에서 알 수 있듯이 그 후 여전히 秦이 상당 지역을 공략하고 있었음을 전한다. 하내군과 상당군은 아마도 呂不韋가 相國에 있을 당시에도 설치되지 않았거나, 설치 된 후에도 불안정한 통치 상황이 지속되었을 것이다.

중원 지역의 秦郡縣은 黃河를 경계로 三川·東郡은 河南에 속하고, 太原·上黨·河內郡은 河北 지역에 속한다. 宋傑은 전국 시기 秦이 遠交近攻 정책에 따라 主攻 노선을 하북으로 정하여 성공함으로써 통일전쟁의 순탄한 완성을 보증할 수 있었다고 했다.[8] 만약 그의 주장대로 라면, 진은 태원·상당·하내군을 순탄하게 설치한 후 이어서 삼천·동군을 설치했을 것이다. 그러나 진이 중원 지역에서 군현을 설치한 과정은 그렇게 간단하지는 않았다.

여기서 秦과 趙를 통하는 황토고원 일대의 교통노선을 개략적으로 살펴보자. 진이 上黨郡의 직할을 통해 太行 산맥 일대를 장악하면 河北 평원 입구에 위치한 河內 지역까지 연결된다. 그렇게 되면 關中에서 출발하는 보급은 황하 북안을 따라 하북 평원까지 안정성이 보장된다. 반대로 조는 진에게 포위되는 국면에 처하게 될 것이다. 이에 따라 조는 그 일대 지역에서 격렬한 방어전을 전개했다. 그것이 전국 말기 상당·하내 일대의 귀속 관계가 명확하지 않은 이유일 것이다. 그 외 太原郡은 莊襄王 3년에 설치되었지만, 이 또한 진이 안정적 통치를 진행할 수 있었을지는 의심스럽다. 태원군이 설치된 다음해(秦王政 元年, B.C.247)에 도회인 晉陽에서 반란이 발생해 장군 蒙驁를 보

---

8 宋傑,「秦對六國戰爭中的函谷關和豫西通道」,『首都師範大學學報』(社會科學版)1997年第3期.

내어 토벌한다.⁹ 이를 보아 태원은 상당·하내처럼 조의 울타리에 해당해 순탄하게 획득할 수는 없는 지역이었다.

　북안 지역의 郡縣이 주로 趙를 포위하는 역할을 했다면, 남안 지역에 설치한 三川·東郡은 이후 三晉의 연합을 분쇄하는데 관건적 역할을 했다. 삼천군의 설치는 황하 수계 상의 거점을 장악하는 것이 주목적이었을 것이다. 그랬기 때문에 秦은 천하 宗主를 멸했다는 악명을 무릅쓰고서라고 그 지역을 직할할 필요가 있었던 것이다. 그 강역은 서쪽으로는 函谷關을 경계로 하고 동으로는 魏의 수도 大梁의 교외에 이른다. 이는 삼천군의 설치가 황하 남안 豫西走廊의 교통 거점 확보를 명확히 지향했음을 보여준다.

　東郡은 秦王政 5년(B.C.242)에 설치되었다. 그 전에 信陵君이 사망하여 六國은 합종의 領袖를 잃었다. 秦은 이를 기회로 魏의 황하 남안 영지를 돌파해 동군에 귀속시켰다.¹⁰ 동군은 황하 중류에서 하류의 남안 일대를 연하여, 그 모양이 마치 쇠뿔처럼 돌출되어 三晉 지역을 관통한다. 동군의 설치 과정은 진이 명확한 전략에 따라 황하 연선 교통의 연장을 진행했음을 반영한다. 진은 삼천군 및 동군을 설치함으로써 육국 정벌의 중요한 기초를 마련했다.¹¹

　여기서 더 나아가 秦은 黃河 河口에 이르는 河間 지역까지 직할을 계획했을 것이다. 『史記·樗里子甘茂列傳』에는 甘茂의 손자 甘羅가 번뜩이는 외교 책략으로 조에게서 河間 지역 다섯 성을 획득한 고사를 수록했다. 비록 시간의 선후관계에 문제가 있어 해당 고사를 사료로 삼을 수는 없지만¹², 秦이 오래

9　『史記』卷6「秦始皇本紀」, p.224: "晉陽反, 元年, 將軍蒙驁擊定之."

10　『史記』卷77「魏公子列傳」, p.2384: "秦聞公子死, 使蒙驁攻魏, 拔二十城, 初置東郡."

11　孫聞博,「東郡之置與秦滅六國」, p.27.

12　해당 고사는 『史記』卷71「樗里子甘茂列傳」, pp.2318-2320을 참고할 수 있다. 『戰國策』(上海古籍出版社, 1988年版)卷7「秦策五」, p.282에도 동일한 고사를 전하고 있다. 그러나 고사에서 燕太子 丹이 인질로 오가던 때에 文信侯 呂不韋가 전

전부터 하간 지역을 대상으로 영토 확장을 꾀해 왔다는 것은 이를 통해 추측할 수 있다. 그리고 앞선 2장에 보았듯이 秦帝國은 '河間故徼'를 경계로 외부의 '新地'를 구획했다. 이처럼 하간은 기타 황하 연선지대와 함께 六國의 역량을 분산시키는 핵심 요지였다.

황하 연선 일대를 특별 관리하여 '河津'을 통제한 것은 육국 연합세력을 분열시키는 핵심 기제로 작용했을 것이다. 反秦·楚漢 전쟁 시기 들어 진이 해당 지역을 상실함으로써 멸망의 단초를 제공한 것은 그러한 사실을 반증한다. 예를 들어 鉅鹿 전투는 반진군과 秦軍의 승부를 가른 분수령이었다. 『史記·項羽本紀』는 이때에 항우를 위시한 楚軍의 초인적 활약만을 묘사[13]한 반면, 「張耳陳餘列傳」의 기록은 「본기」와 달리 보다 실질적 측면을 반영하고 있다.

> 章邯은 병력을 이끌고 邯鄲에 이르렀는데, 그 백성들을 모두 河內로 천사시키고 성곽을 없앴다. 張耳는 趙王 歇과 함께 鉅鹿城에 들어갔고, 王離는 그를 포위했다. 陳餘는 북쪽으로 가 常山兵을 수습해 수만의 병력을 얻어 거록의 북쪽에 주둔했다. 장한은 거록 남쪽 극원에 주둔했는데, <u>甬道를 구축하여 河와 이어지게 하여 왕리에게 양식을 공급했다.</u> 왕리의 병력은 보급이 충족되자 신속히 거록을 공격했다……
> 당시에 燕·齊·楚는 趙의 급박함을 전해 듣고, 모두 구원을 왔다. 張敖 역시 북쪽에서 대병을 수습하여 수만 병력을 얻어서 왔는데, 모두 壁餘 옆에 주

체의 판을 기획한 것으로 되어 있으나, 연태자 단이 실제 진에 인질로 왔던 것은 여불위가 죽은 지(B.C.235) 3년 뒤의 일이었다(『史記』卷15「六國年表」, p.754: (B.C.232) "二十三, 太子丹質於秦, 亡來歸.").

13 『史記』卷7「項羽本紀」, p.307: "當是時, 楚兵冠諸侯. 諸侯軍救鉅鹿下者, 十餘壁, 莫敢縱兵. 及楚擊秦, 諸將皆從壁上觀. 楚戰士無不一以當十, 楚兵呼聲動天, 諸侯軍無不人人惴恐."

둔했지만, 감히 秦을 공격하지 못했다. 이 때 <u>項羽軍은 장한의 甬道를 수차례 절단했고, 王離軍의 보급이 부족해지자, 항우는 병력을 모조리 이끌고 河를 넘어 장한을 격파했다.</u>[14]

秦의 王離軍이 鉅鹿을 포위한 상황에서 章邯軍은 河內 지역으로부터 보급을 지원했다. '甬道'에 관해서는 다양한 문헌 기록이 전하고 있다. 특히 楚漢 전쟁 과정에서도 유사한 전략을 찾을 수 있다. 즉, "漢王이 滎陽 남쪽에 주둔하고 용도를 구축하여 河와 연결함으로써 敖倉을 취했다……항우는 수차례 한의 용도를 침탈하였고 한군은 식량이 부족해졌으며, 이로써 한왕을 포위해왔다."[15] '용도'의 쟁탈이 곧 전쟁 승패의 관건으로 작용했던 것이다.[16] 진의 길고 불안정한 보급노선은 용도를 통해 보호받고 있었고, 이러한 진군의 결점을 파악한 항우군은 수차례 황하를 넘어 용도를 단절했다. 그 결과 수적 우위에 있던 진군은 보급 부족으로 인해 수적 열세의 항우군에게 격파 당한다.

秦의 河津 관리에 발생한 이상 징후를 보여주는 또 다른 예가 있다. 劉邦軍의 關中 진입 과정에 있어 한 차례 일관성이 결여된 군사행동이 확인된다. "당시 趙의 別將 司馬卬이 황하를 넘어 入關하고자 할 때, 沛公은 북으로 가 平

---

14 『史記』卷89 「張耳陳餘列傳」, pp.2578-2579: "章邯引兵至邯鄲, 皆徙其民河內, 夷其城郭. 張耳與趙王歇走入鉅鹿城, 王離圍之. 陳餘北收常山兵, 得數萬人, 軍鉅鹿北. 章邯軍鉅鹿南棘原, 築甬道屬河, 餉王離. 王離兵食多, 急攻鉅鹿……當是時, 燕·齊·楚聞趙急, 皆來救. 張敖亦北收代兵, 得萬餘人, 來, 皆壁餘旁, 未敢擊秦. 項羽兵數絶章邯甬道, 王離軍乏食, 項羽悉引兵渡河, 遂破章邯."

15 『史記』卷8 「高祖本紀」, pp.372-373: "漢王軍滎陽南, 築甬道屬之河, 以取敖倉. 與項羽相距歲餘. 項羽數侵奪漢甬道, 漢軍乏食, 遂圍漢王. 漢王請和, 割滎陽以西者爲漢."

16 王子今, 「秦漢"甬道"考」, 『文博』1993年第2期, p.29.

陰을 공격하여 河津을 절단했다."[17] 같은 反秦 진영인 司馬卬軍이 황하를 넘어 오는 것을 유방군이 하진을 단절하여 막은 것이다. 여기서 몇 가지 흥미로운 사실을 발견할 수 있다. 우선 趙軍과 楚軍은 관중 진입을 경쟁했을 뿐 동일 대오를 갖추고 있지 않았다. 또 반진군이 하진을 쟁탈하고 있을 때 진군의 방어체계는 전혀 작동하지 않았다. 황하 연선지대 거점의 장악 혹은 단절이 반진군에 의해 좌우될 정도로 진의 방어체계는 무너져 있었다.

劉邦은 關中 지역을 장악한 후에도 關外 河津 방어의 중요성을 분명히 인식하고 있었다. 유방군은 楚漢 전쟁 중 滎陽과 敖倉 간의 보급노선을 유지하기 위해 필사의 투쟁을 벌였다. 그 전략은 三川郡 일대 河津의 장악이 전제되어야 실현할 수 있다. 게다가 유방군은 후에 별군을 파견해 후방을 교란함으로써 項羽軍에 대한 우세를 점진적으로 확보한다. 이 또한 東郡을 점령하고 白馬津 등의 하진을 구축한 후에야 성공할 수 있었다.[18] 보다 명확한 예로 항우를 격파한 후 각지에 제후국을 분봉했을 때, 실제 漢朝廷은 黃河 河口 지역까지를 포함한 모든 황하 연선 지대를 직할하고자 했다. 물론 얼마 지나지 않아 그 구상은 長庶子 肥에게 齊를 분봉하면서 폐기된다. 군사적 수요뿐 만 아니라 제 지역의 특수한 사정 또한 고려하지 않을 수 없었던 것이다. 그럼에도 한조정은 최소 呂不韋 집권 시기까지 진이 확보했었던 지역까지는 어떻게든 직할하고자 노력했다. 그 의지가 수행된 결과를 우리는 「二年律令·秩律」과 「津關令」의 관련 조문을 통해 읽을 수 있다.

---

17 『史記』卷8「高祖本紀」, p.359: "當是時, 趙別將司馬卬方欲渡河入關, 沛公乃北攻平陰, 絕河津."

18 『史記』卷8「高祖本紀」, p.374: "使盧綰·劉賈將卒二萬人, 騎數百, 渡白馬津, 入楚地, 與彭越復擊破楚軍燕郭西, 遂復下梁地十餘城."

II 「二年律令·津關令」 개정의 주요 배경

漢初 郡國制의 상세한 상황을 파악하기 위해 관련 자료의 형성 연대를 고증하는 것은 필수이다. 그 중 「二年律令」의 연대 고증에 대해 더욱 정밀한 분석을 진행할 필요가 있다. 주지하듯이 간독 정리자는 「이년율령」의 첫 번째 간 배면에 서사된 '二年律令'이라는 표제에 근거해 율령의 서사 연도를 呂后2년(B.C.186)으로 확정했다. 그 외에 같이 수장된 「曆譜」가 高祖5년에서 여후2년까지의 干支를 기록하고 있는 것, 법률 조문에 언급된 呂宣王 및 여후 외손 張偃 등은 모두 연대를 증명하는 주요 근거가 된다.[19]

이상의 근거에도 불구하고, 일부 학자들은 진한대 법전 편찬이라는 관점에서 「二年律令」 편찬 연대에 대한 여러 다른 의견들을 제시하기도 했다.[20] 楊振紅이 지적한 바와 같이, 관련 문제는 진한 율령의 본질부터 파악할 필요가 있다.[21] 즉, 「이년율령」은 한편의 法典이 아닌, 그 최초의 반포로부터 점진적인 증보·수정을 거친 산물이다. 엄격한 의미에서 '呂后二年'은 율령의 반포시기가 아닌 최종 집성 시기라고 할 수 있다.

이러한 관점에 기초해, 「二年律令」의 제정 연대에 대해 다방면의 분석

---

19 『二年律令與奏讞書』, p.87.

20 張建國·曹旅寧은 "二年"이 漢二年이라고 보았고(張建國, 「試析漢初"約法三章"的法律效力——兼談"二年律令"與蕭何的關係」, 『法學研究』1996年第1期; 曹旅寧, 「張家山二四七號漢墓漢律製作時代新考」, 『出土文獻研究』第六輯, 上海古籍出版社, 2004), 邢義田은 惠帝二年인 것으로 생각했다(「張家山漢簡〈二年律令〉讀記」, 『燕京學報』新一五期, 2003).

21 楊振紅, 「從〈二年律令〉的性質看漢代法典의 編撰修訂與律令關係」, 『中國史研究』 2005年第4期, p.28.

을 진행할 수 있다. 즉, 제정 시기에 따라「이년율령」내 각각의 율령을 분류할 수 있다. 특히「津關令」의 경우 각 법령의 반포 혹은 개정 시간이 동일하지 않다. 彭浩는 일찍이 진관령의 '廿一' 항목 앞에 배열된 각 법령은 高祖9년(B.C.198)에서 惠帝6년(B.C.189)10월 사이에 반포되었고, '廿一' 뒤의 법령은 혜제6년 10월에서 呂后2년 사이에 반포되었다고 주장했다. 법령 중에 언급된 '相國'은 丞相에서 개칭되었던 고조9년에서 혜제6년 사이에 해당 법령이 반포되었다는 증거가 된다.[22] 반면, 법령 중 '丞相'이 언급된 '廿一'에서 '廿三'항은 혜제 6년 후로 한정할 수 있다. 長信詹事가 湯沐邑 마필의 통관을 개방해 줄 것을 제청한 내용과 여후 외손 張偃이 언급된 것은 여후 집권 시의 상황과 관련 있다.[23]

  彭浩의 의견은 대체로 합리적이나, 몇 가지 문제는 보충이 필요하다. 특히 '廿三'항의 법령은 여후 집권시기의 상황을 직접 반영하지는 않는다. 이 법령은 '一'·'四'·'五'항의 법령 조문과 함께 '越塞蘭關令'에 속하므로, 전기에 반포된 '越塞蘭關令'를 기초로 증보된 것이다. 그럼에도 해당 법령은「津關令」최후 항목에 배치되었다.「진관령」의 편호는 대체로 시간 순으로 배열되었음을 유추할 수 있다. 그렇다면 '廿三' 항 법령의 반포 시간 또한 혜제6년에서 여후2년 사이였고, 나아가 모든 법령 중 반포 시간이 가장 늦었던 것일까? 또 그것은 여후 집권 시기 모종의 상황을 반영한 것일까?

---

22 『漢書·百官公卿表』는 "十一年更名相國"이라 하여 다른 연도를 제시했다. 이에 대해 李學勤은 다음과 같이 설명했다. "소하는 한고조 원년에 승상이 되어, 9년에 상국에 올라 혜제2년에 사망했다. 조참이 그 직을 이어 6년에 사망했고, 왕릉이 우승상이 되고 진평이 좌승상이 되었다"(『簡帛佚籍與學術史』, 江西教育出版社, 2001, p.182). 즉, 승상이 상국으로 개칭된 것은 고조9년보다 늦지 않았을 것이다.

23 彭浩,「〈津關令〉的頒布年代與文書格式」,『鄭州大學學報』(哲學社會科學版)2002年 第3期.

표 7 "越塞闌關令" 비교[24]

	上書	提請內容	전기 법령의 적용
①	"御史言"	• 請闌出入塞之津關, 黥爲城旦舂; 越塞, 斬左止(趾)爲城旦; 吏卒主者弗得, 贖耐; 令·丞·令史罰金四兩. 智(知)其請(情)而出入之, 及假予人符傳, 令以闌出入者, 與同罪. 非其所□爲□而擅爲傳出入津關, 以□傳令·闌令論, 及所爲傳者. 縣邑傳塞, 及備塞都尉·關吏·官屬·軍吏卒乘塞者, 禁(?)其□弩·馬·牛出, 田·波(陂)·苑(?)·牧繕治塞, 郵·門亭行書者得以符出入.	"越塞闌關, 論未有令."
②	"相國·御史請"	緣關塞縣道羣盜·盜賊及亡人越關垣·離(籬)格(落)·塹封·刊, 出入塞界, 吏卒追逐者得遂出入服跡窮追捕. 令將吏爲吏卒出入者名籍, 伍以閱具, 上籍副縣廷.	"事已, 得道出入所人〈入〉, 盈五日不反(返), 伍人弗言將吏, 將吏弗劾, 皆以越塞令."
③	"相國·上內史書言"	請諸詐(詐)襲人符傳出入塞之津關, 未出入而得, 皆贖城旦舂; 將吏智(知)其請(情), 與同罪.	"制曰: 可, 以闌論之."
④	"丞相·上備塞都尉書"	請爲夾谿河置關, 諸漕上下河中者, 皆發傳, 及令河北縣爲亭, 與夾谿關相直.	"• 闌出入·越之, 及吏卒主者, 皆比越塞闌關令."

「津關令」중 '越塞闌關令'의 핵심 정보에 의거해 시간관계를 표 7과 같이 정리할 수 있다.

上書 담당자를 보면, ①은 '御史'이고 ②③은 '相國', ④는 '丞相'이다. ①의 상서자 정보만으로 반포시기를 알 수는 없지만, 법령은 "越塞·闌關' 논처에 관한 법령이 제정된 바가 없다"고 했다. 그렇다면 ①은 ②③④에 비해 이른 시기에 제정된 최초의 법령일 것이다. 楊振紅은 ①과「奏讞書」3안례의 비교를 통해 그 반포가 늦어도 高祖10년(B.C.197)을 넘기지 않을 것이라고 확

---

24 『二年律令與奏讞書』, pp.305-324.

정했다.²⁵ 그러나 필자의 생각은 그와 다르다. 「주언서」3안례의 재판은 고조 10년7월 齊의 臨淄 獄史 '闌'이 관중인 '南'과 결혼한 후 신분을 위조하여 관소 통과를 시도한 사건을 다루었다.²⁶ 현정이 제기한 처벌 규정은 '亡之諸侯'와 동류인 '從諸侯來誘' 혹은 '奸及匿黥舂罪'일 뿐, 결코 '越塞闌關令' 관련 규정을 언급하지 않았다. 게다가 중앙 정부는 '讞固有審'이라고 하여 현정이 疑案을 올린 절차에 아무 문제가 없다고 말했다. 만약 당시에 이미 '越塞闌關令'이 반포되었다면 '讞固有審'이라 하지 않고 분명 '越塞闌關令' 규정을 제시했을 것이다. 따라서 그때는 아직 '越塞闌關令'이 반포되지 않았음이 분명하다.²⁷ 시간 순서에 따르면 「津關令」이 반포되기 전(즉, 고조10년) '亡之諸侯' 및 '從諸侯來誘' 관련 규정이 먼저 있었던 것이고, 별도의 규정인 '越塞闌關令'은 후에 제정된 것이다.

②③은 ① 법령의 증보편으로, 관련 문제의 논처에 '皆以越塞令'과 "以闌論之'한다는 것은 바로 ①을 가리킨다. 게다가 ④ 또한 '皆比越塞闌關令'이라고 했는데, ②③과 마찬가지로 ① 법령에 의거한 증보일 것이다. 그러나 법령의 제청인은 ②③이 相國, ④는 丞相이다. 따라서 ②③과 ④의 반포 시기는 혜제6년10월 이전과 이후로 구분된다. 이상 '亡之諸侯' 및 '從諸侯來誘' 법률을 포함하여, ①②③④ 법령의 반포 시간을 총결하면 다음과 같다. 고조10년 이

---

25 楊振紅, 「從〈二年律令〉的性質看漢代法典的編撰修訂與律令關係」, pp.37-38.

26 『二年律令與奏讞書』, pp.338-339.

27 宋眞은 해당 안례를 분석하며 중앙이 판결한 '黥為城旦'이 「津關令」에서 언급한 闌關의 처벌과 동일하다고 했다(「前漢시기 帝國의 내부 境界와 그 出入 관리」, 『東洋史學研究』第121輯, 2012, p.22). 그러나 闌의 혐의가 '黥為城旦'으로 판결된 데에는 다른 법률 근거가 있었다. 바로 縣廷이 보류한 판결인 '奸及匿黥舂罪'의 처벌이 바로 '黥為城旦舂'이었던 것이다. 반면 상기한 「津關令」③ 법령에서 타인의 신분증을 위조하여 관소를 통과하는 행위의 처벌은 "黥為城旦舂"이 아닌 "贖城旦舂"이었다.

전에, '亡之諸侯' 및 '從諸侯來誘' 법률이 이미 있었고, 고조10년8월 이후에 ① 의 '越塞闌關令'을 반포했다. 이어서 혜제6년10월 전에 ②③ 법령을 증보했고, 마지막으로 惠帝6년에서 呂后2년 사이에 재차 ④ 법령을 증보했다.

이처럼 '越塞闌關令'은 동시에 제정되지 않았고, 몇 년의 과정을 거쳐 차례로 진행되었다. 그렇다면 각각의 '越塞闌關令' 제정 및 개정에는 어떠한 배경이 있었던 것일까? 당시 郡國 편제 상황에 관한 문헌의 내용을 표 8과 같이 정리할 수 있다.

각 항의 시간 분류는 앞서 살펴본 '從諸侯來誘' 및 '亡之諸侯' 규정과 '越塞闌關令'의 제정 시기를 기준으로 했다. 먼저 '從諸侯來誘' 및 '亡之諸侯'의 제정은 高祖5년에서 10년 사이에 진행되었다. 이 기간 중 제후왕은 이성에서 동성으로 점차 전환되었다. 특히 고조6년12월에 楚王 韓信을 체포한 뒤 淮陰侯

표 8 漢初 郡國 영역 변동과 律令 비교

	「二年律令」	『史記』
高祖5~10년8월 (B.C.202-B.C.197)	'從諸侯來誘' 및 '亡之諸侯'에 관한 법률	·6년: (12월) 이후 10여일……高祖가 이르길, 장군 劉賈는 수차례 공이 있으니 荊王으로 삼아 淮東 지역에 봉하고, 아우 交는 楚王으로 삼아 淮西 지역에 봉한다. 아들 肥는 齊王으로 삼는다……韓王 信을 太原으로 徙封한다. ·7년: 匈奴가 한왕 신을 마읍에서 공격하자, 신은 이로 인해 태원에서 모반했다……형 劉仲을 代王으로 세웠다. ·8년: 대왕 유중이 나라를 버리고 도망갔다가 스스로 洛陽으로 돌아오니, 폐하여 合陽侯로 삼았다.²⁸

---

28 『史記』卷8「高祖本紀」: 六年, "(十二月)後十餘日……高祖曰將軍劉賈數有功, 以爲荊王, 王淮東, 弟交爲楚王, 王淮西. 子肥爲齊王……徙韓王信太原."(p.384); 七年, "匈奴攻韓王信馬邑, 信因與謀反太原……立兄劉仲爲代王."(pp.384-385); 八年, "代王劉仲棄國亡, 自歸雒陽, 廢以爲合陽侯."(p.386)

	「二年律令」	『史記』
高祖11~惠帝5년 (B.C.196-B.C.190)	①②③	· 11년: 이에 趙山 북쪽을 나누어 아들 恒을 代王으로 세우고, 晉陽을 도읍으로 삼았다. 여름, 梁王 彭越이 모반하여, 폐하여 蜀으로 천사했다. 다시 반역하려 하자 삼족을 멸했다. 아들 恢를 양왕으로, 아들 友를 淮陽王으로 삼았다. 가을 7월, 淮南王 黥布가 반란을 일으켜 동쪽으로 가 荊王 劉賈의 땅을 병합하고 북쪽으로 회수를 넘자 楚王 交는 薛로 도망갔다. 高祖가 친히 그를 격파하고, 아들 長을 회남왕으로 세웠다. · 12년: 沛의 父兄들이 거듭 청하자, 豊邑을 합하여 회복시키길 沛縣에 비등하도록 했다. 이에 沛侯 劉濞를 吳王으로 삼았다. ……4월 갑진, 고조가 長樂宮에서 붕어했다. · (惠帝)2년: 제왕이 이에 城陽의 군을 바쳤다……29
惠帝66년~呂后2년 (B.C.189-B.C.186)	④	· (呂后)원년: 太后가 呂氏를 왕으로 세우고자 하여, 우선 혜제의 후궁 아들을 들여 회양왕으로 삼고, 아들 不疑를 常山王으로 삼았으며, 아들 山은 襄城侯, 아들 朝는 軹侯, 아들 武는 壺關侯로 삼았다. 태후가 대신들을 부추기자, 대신들은 呂侯 呂台를 呂王으로 세우길 청하였고, 태후는 그것을 허락했다.30

로 사봉했고, 고조의 長庶子 肥, 장군 劉賈, 동생 交를 각각 齊王·荊王·楚王으

---

29 이상의 원문은 다음과 같다. 『史記』卷8「高祖本紀」 십일년, "於是乃分趙山北, 立子恒以爲代王, 都晉陽……夏, 梁王彭越謀反, 廢遷蜀. 復欲反, 遂夷三族. 立子恢爲梁王, 子友爲淮陽王. 秋七月, 懷南王黥布反, 東幷荊王劉賈地, 北渡淮, 楚王交走入薛. 高祖自往擊之. 立子長爲淮南王."(p.389); 십이년: "沛父兄固請, 乃幷復豊, 比沛. 於是拜沛侯劉濞爲吳王. ……四月甲辰, 高祖崩長樂宮."(pp.390-392); 『史記』卷9「呂太后本紀」, p.398: (惠帝)二年: "齊王迺上城陽之郡……"

30 『史記』卷9「呂太后本紀」, p.401: · (呂后)元年: "太后欲王呂氏, 先入孝惠後宮子彊爲淮陽王, 子不疑爲常山王, 子山爲襄城侯, 子朝爲軹侯, 子武爲壺關侯. 太后風大臣, 大臣請立酈侯呂台爲呂王, 太后許之".

로 분봉했다. 이때 한조정과 이성제후는 긴장 관계에 들어섰고, 제후국 세력의 군사행동을 방비하기 위해 관련 처벌을 강화했을 것이다.

高祖11년에 彭越을 숙청하고 黥布를 정벌할 때에 재차 劉氏 자제를 梁王·淮陽王·淮南王에 봉했다. 그 다음 해에, 劉濞를 吳王에 봉함으로써 동성제후체계는 대략 완성되었다.「津關令」①②③은 동성제후체계가 확립된 후에 반포되었을 것이다. 그런데 고조10년8월 동성제후 분봉 후의 군국관계는 화평 국면에 접어들었다. 이때에 한조정은 오히려 황하 중하류 지대의 직할을 해제하여 제후왕에게 할양했다. 이러한 상황을 고려하면 '越塞闌關令'는 고조 년간 보다는 惠帝 즉위 후에 이루어졌을 가능성이 더 크다.

④가 반포된 시간대 중, 呂后元年(B.C.187)에 呂台가 呂王으로 봉해졌고, 이어서 朝廷은 諸侯國 편제에 대한 조정을 진행했다. 그렇다면 ④는 당시 이 사건과 관련이 있었던 것일까? 해당 법령은 '夾谿河'에 關을 설치하고 조운선에 대해 傳을 발급하며 河岸의 關과 상응하는 亭을 설치하도록 했다. 나아가 새로이 설치된 관소의 출입은 '越塞闌關令'을 적용해 논처할 것을 요청했다. 즉, 越塞闌關令을 황하 지류가 교차하는 수로교통요지에 확대 적용했다. 그 지역은 여후 원년 전후에 새로이 귀속된 직할지를 가리킬 것이다.

이 문제는 다시「二年律令·秩律」을 참고할 수 있다. 이로부터 呂后 연간에 있은 郡國 영역의 변동 상황을 찾을 수 있다. 일찍이「이년율령·질율」에 근거해 지리연혁 분석을 진행한 여러 선행 연구가 존재한다. 그 중 馬孟龍의 연구에 따르면,「질율」에 보이는 侯國名은 사실 후국이 폐치된 후에 수록 되었거나,「질율」을 서사할 당시에는 후국으로 분봉되지 않았던 지역이다. 즉,「질율」에 기록된 지명은 모두 한조정의 직할지인 것이다. 뿐만 아니라 그는「질율」의 초사연대를 呂后元年(B.C.187) 5월 전후로 확정했다. 그 핵심정보는 600석 질록등급 중 '•'부호 이하에 기록된 지명들로, 이들은 여후 원년 5월에 증설한 행정편제 부분이다.[31] 관련 내용을 인용하면 다음과 같다.

31　馬孟龍,「張家山二四七號漢墓〈二年律令·秩律〉抄寫年代研究 – 以漢初侯國建置爲

• 廓·美陽·裹德·共·館陰〈陶〉·隆慮·□□·中牟·穎陰·定陵·無陽·啓封·閑陽·女陰·索·鄢陵·<u>東阿·聊城·燕·觀·白馬·東武陽·茌平·鄄城·頓丘</u>.³²

佐佐木研太의 연구에 따르면,³³ 睡虎地秦簡 법률문서 중의 '•'부호의 역할은 추가 보충 부분을 제시한 것이다. 馬孟龍은 이를 참고하여「秩律」중의 '•'이하에 나열한 지명은 후에 추가 기재된 것이라 주장했다. 나아가 그는 侯國 설치의 전후 시간을 분석하여 '•'부호 이하 廓·共·隆慮·中牟·舞陽·啓封·女陰·鄢陵이 呂后 원년 5월 후에 漢 직할지 영역에 속했다는 것을 밝혔다. 나아가 東阿·聊城·燕·觀·白馬·東武陽·茌平·鄄城·頓丘는 秦代 東郡 지역 내의 현에 속하는데, 東郡은 이때에 재차 漢朝廷에 귀속되었을 것이다.

주지하듯이,『漢書』에 기재된 "罷東郡, 頗益梁"을 통해 高祖11년 劉灰가 梁王에 봉해졌을 때 東郡이 폐치되었음을 알 수 있다.³⁴ 그러나「秩律」중에 다수의 동군 관할 縣이 포함된 것은 그 후 동군 편제에 변화가 있었음을 반영한다. 관련하여『史記·高祖本紀』의 최후 구절 중 高祖8男의 분봉상황을 기록한 부분에서 "차남 梁王 恢, 呂太后 때에 趙共王으로 徙封되었다³⁵"라는 기록을 주목할 수 있다. 이때에 동군은 한의 직할지로 재차 편입되었던 것이고, 그 영지가「질율」에 추가 기록되었을 것이다.

東郡의 屬縣은 주로 수많은 황하 지류가 교차하던 지역에 위치해 있었다.

中心」,『江漢考古』2013年第2期.

32 『二年律令與奏讞書』, p.270.

33 佐佐木研太,「出土秦律書寫形態之異同」,『淸華大學學報』(哲學社會科學版)2004年第4期.

34 『漢書』卷1下「高帝紀下」, p.72: "燕王綰·相國何等請立子恢爲梁王, 子友爲淮陽王. 罷東郡, 頗益梁; 罷潁川郡, 頗益淮陽."

35 『史記』卷8「高祖本紀」, p.393: "次梁王恢, 呂太后時徙爲趙共王."

위에서 언급한 ④ 법령에서는 '夾谿河'를 지정했는데, 동군의 지리환경이 바로 '夾谿河'의 조건에 부합한다. 呂后 원년에 漢朝廷은 황하 중하류에 분포한 侯國 및 諸侯國 지역을 회수한 동시에 ④를 반포하여 그 지역까지 '越塞闌關令'을 확대 적용했을 것이다. 그렇다면 ④의 제정 시기는 기타의 법령보다 더욱 늦은 여후 원년 5월 이후였을 것이다.

　　이상, 「津關令」 '越塞闌關令'을 중심으로, 漢初 郡國制의 변천 상황을 분석했다. 「진관령」은 高祖9년에서 呂后2년 간에 점차 누적된 법령이다. 특히 '越塞闌關令'은 주로 惠帝 재위 이후의 상황과 밀접한 관련이 있다. 한초에 津·關의 출입을 더욱 엄격히 통제했던 원인은 두 가지 방면에서 추측할 수 있다. 우선 그 목적은 2대 황제 재위 기간 돌발 상황을 방비하기 위한 조치일 수 있다. 前朝에 秦二世가 즉위했을 때 舊六國 각지에서 일어난 反秦起義의 학습효과로 한조정은 황위 계승을 보다 신중히 준비했을 것이다. 다음으로, 여씨 집단의 집권을 비호하기 위해 특별히 제정한 법령일 수 있다. 여후가 중앙권력을 장악한 후 郡縣과 諸侯國 간에 긴장 국면이 조성되었다. 심지어 여후는 재위 원년에 오직 劉氏만을 제후왕으로 삼도록 한 白馬之盟을 파기하고 여씨 가족을 제후왕에 책봉하기 시작했다. 이어서 황하 연선일대를 직할지로 귀속함과 동시에, 해당 지역 수로교통 거점까지 '越塞闌關令'을 확대 적용했던 것이다.

　　漢初 郡縣 지역 방어체계의 대강은 '五關'을 경계로 關外郡을 설정하는 동시에 '河津'의 장악을 통해 중원 제후국 세력을 견제하는 방식을 취했다. 漢高祖가 楚漢 전쟁에서 승리하여 帝國을 건립했을 때 漢朝廷은 잠정적으로 황하 중하류의 모든 거점을 장악했다. 그 후 점진적으로 방비를 해소하여 고조 사망 전에는 東郡 일대의 방비까지 해제했다. 그러나 呂后 및 그 일족이 권력을 장악한 후, 재차 하진의 통제를 강화한다. 「二年律令」에 보이는 정보는 바로 이때의 상황을 반영한다. 文帝 시기에는 賈誼의 건의에 따라 塞關 및 河津의 방비는 다시 완화된다. 그러나 吳楚七國의 난 이후 재차 강력한 통제로 회

귀했다.³⁶ 이러한 조치들은 하부 구조가 확장되어 가는 일련의 과정에서 나타난 주기적 변화일 것이다.

III 餘論: 漢初 郡縣 설치의 기본 조건

지금까지 中原 지역, 특히 黃河 연선지대 關外郡의 지역성에 대해 서술했다. 해당 지역은 漢初에 이르러 타 지역 보다 역동적이면서 긴장된 상황이 조성되었다. 제2부는 지리 경계로서의 '漢承秦制'를 주제로 삼는 만큼, 秦漢을 관통하는 지정학의 일관된 이해가 필요하다. 이를 강조하여 진 郡縣과 한 군현의 관계를 지정학의 측면에서 다시 한 번 정리해 보도록 하자.

앞선 1장에서 戰國 시기 秦 점령지의 특성을 결정하는 주요 기제로서 전쟁으로 인한 인구이동과 反秦정서, 그리고 인프라스트럭처를 꼽은 바 있다. 전자의 두 항목이 군현의 인적 하부구조를 구성하는 요소라면, 후자는 물적 하부구조를 구성하는 요소일 것이다. 中原 지역의 입지 조건을 언급한 여러 문헌은 주로 물적 하부구조의 중요성을 더 부각하는 편이다. 그것은 곧 漢初 關外郡 설치에 있어 가장 기본적으로 고려되었던 조건이기도 하다.

漢初 關外郡은 楚漢 전쟁이 종결되어 郡國 영역이 획정된 후에도 몇 차례 조정이 진행되었다. 그 대표로 潁川郡은 최초에 韓王 信이 분봉되었다가, 초한 전쟁이 끝난 高祖6년(B.C.201) 봄에 이르러 그를 太原으로 徙封하면서 郡縣으로 귀속된다. 한왕 신의 사봉 이유에 대해 사서는 다음과 같이 기록했다.

---

36 관련 내용의 분석은 宋眞, 「前漢시기 帝國의 내부 境界와 그 出入 관리」, pp.23-25 참고.

다음 해 봄, 황제는 韓信의 재능이 武에 능하고, 왕의 영지 북편은 鞏·洛에 이르고, 남으로는 宛·葉을 압박하며, 동으로는 淮陽이 있어, 모두 天下勁兵處이기 때문에, 조서를 내려 한왕 신을 사봉하여 太原 이북의 왕으로 삼아 오랑캐를 방어하도록 했고, 晉陽을 도읍으로 삼았다.[37]

여기서 언급된 韓王 信의 사봉은 그 영지가 북변의 鞏·洛과 남변의 宛·葉 및 동변의 淮陽과 통달하는 "天下勁兵處", 즉 군사 교통의 요지였기 때문이다. 한왕 본인의 우수한 군사능력이 북방 오랑캐를 방어하는데 적합하다는 구실을 들었으나, 이는 한편으로 그의 능력이 潁川의 탁월한 입지조건과 결합하는 것을 漢朝廷이 경계했음을 암시한다. 반대로 영천군의 입지조건은 關外郡의 군사 역량을 배가 하는 요지였다는 말도 될 것이다.

입지 조건의 우세는 齊地를 설명할 때에도 동일하게 적용된다. 田肯이 高祖에게 齊王 분봉을 간언하기를,

> 무릇 齊는 동으로 琅邪·即墨의 풍요로움이 있고, 남으로는 泰山의 견고함이 있으며 서로는 濁河의 경계가 있고 북으로는 渤海의 이익이 있습니다. 그 땅은 2천리에 이르고, 100만의 적이 창을 쥐고 달려들어도 천리 밖에 떨어진 것과 같아 제는 2만의 병력만 있어도 10만을 대적할 수 있을 것입니다. 고로 이는 서쪽의 秦과 대응해 동에 진이 하나 더 있는 것이나 다름없습니다. 친자제가 아니라면 제왕이 되는 것이 가능한 자가 없을 것입니다.[38]

---

37 『史記』卷93「韓信盧綰列傳」, p.2633: "明年春, 上以韓信材武, 所王北近鞏·洛, 南迫宛·葉, 東有淮陽, 皆天下勁兵處, 廼詔徙韓王信王太原以北, 備御胡, 都晉陽."

38 『史記』卷8「高祖本紀」, pp.382-383: "夫齊, 東有琅邪·即墨之饒, 南有泰山之固, 西有濁河之限, 北有勃海之利. 地方二千里, 持戟百万, 县隔千里之外, 齊得十二焉. 故此東西秦也. 非亲子弟, 莫可使王齊矣."

간단히 말하면, 齊는 군사적 잠재력에 있어 秦에 상당할 정도로 중요한 지역이었다. 그런데 韓이 그 중요성으로 인해 군현으로 전환된 것과 달리, 제는 그럼에도 郡縣에서 諸侯國으로 전환되었다. 이는 군현 설치에는 물적 하부구조 외에도 기타의 조건 또한 성립되어야 가능했음을 보여준다. 그것은 바로 앞서 살펴 본 秦의 점령지가 '秦地'가 될 수 있게 한 요소, 즉 인적 하부구조의 성립 여부이다. 劉肥가 제왕으로 책봉된 후 "백성 중 제나라 말을 할 줄 아는 자들은 모두 제에 귀속했다"[39]라고 했다. 이는 齊人의 정체성을 나타내는 공동의 문화권이 齊地 일대에 형성되어 있었음을 시사한다. 또 韓信이 楚王으로 봉해졌을 때도 그 분봉에 유사한 이유를 들었다. 즉, "齊王 韓信은 초의 풍속을 익히 알고 있으니, 초왕으로 사봉한다"[40]라고 했다. 이처럼 풍속의 이질은 군현 설치를 미루고 분봉을 하게 되는 주요한 원인 중 하나였다. 한조정은 친자제를 분봉시켜 더 이상의 척력이 발생하지 않도록 하는 차선을 택했던 것이다.

그 외, 문헌에 따르면 淮陽郡은 高祖11년(B.C.196)에 諸侯國으로 전환되었다고 한다.[41] 그 구체적 과정은 명확하지 않지만, 張家山漢簡 「奏讞書」 16 안례에 고조11년 이전 회양군의 사례를 담고 있어 참고할 만하다. 여기에는 회양군에서 법률이 원만히 실행되지 않은 상황을 반영한다. 안례는 楚漢 전쟁의 공으로 작위를 받은 新郪縣 縣令 '信'이 獄史 '武'와의 개인 원한으로 인해 그를 청부 살인한 사건을 다룬다. 여기서 捕盜를 담당한 吏員은 살인의 주범 '蒼'을 일찍이 발견하여 체포했으나, 사정을 듣고서 오히려 '蒼'을 풀어주었다.[42] 여기에는 楚地에 속한 회양 일대 인사들이 가진 임협적 성격을 보여준

---

39 『史記』卷8「高祖本紀」, p.384: "民能齊言者皆屬齊."
40 『史記』卷8「高祖本紀」, p.380: "齊王韓信習楚風俗, 徙爲楚王."
41 『漢書』卷28下「地理志下」, p.1635: "淮陽國, 高帝十一年置."
42 『二年律令與奏讞書』, pp.354-358.

다. 회양군이 재차 제후국으로 회귀한 것은 이 같이 원만한 군현 통치가 어려웠던 사정이 반영되었을 수 있다.

이에 한 가지 가설을 세울 수 있다. 즉, 漢初의 關外郡은 군사전략의 필요에 따른 것이다. 그러나 그것은 풍속의 통제가 가능하다는 충분조건이 성립되었을 때 비로소 진행할 수 있다. 南郡과 南陽郡 등 비교적 이른 시기 진에 복속된 지역은 그 조건에 부합했기 때문에 군현제가 견지되었다. 그렇다면 후에 복속된 三川·東郡·潁川郡 또한 동일한 조건이었을까?

나는 아직 이를 확신하지 못하고 있다. 오히려 같지 않았을 가능성이 더 높다고 생각한다. 일단 통치 기간부터 南陽郡 이하 남방의 郡縣은 秦帝國期를 포함해 70여년 이상 지속된 반면, 黃河 연선 지대는 呂不韋 집권 시기에 편입된 신생 지역이었다. 또 여기에는 三川郡이 41년, 東郡이 36년, 潁川郡이 24년으로 각각의 통치 기간 또한 다르다.

단순하게 물적 하부구조가 구축된 후에 인적 하부구조로 이어진다고 전제하면, 물리적 통제가 원활해진 후에야 관념의 지배, 즉 漢家의 일원임을 인식하는 정체성이 확립될 수 있을 것이다. 물론 이는 각지의 특성상 획일화할 수 없는 문제이다. 중원과 남방은 중앙 조정, 즉 關中과의 거리가 같지 않았고, 이에 군사적 긴요함에 있어서도 서로 같지 않았다. 군사적 긴요함이 더 하다면 통제 강도는 세지고, 덜 하다면 약해진다. 통제는 경우에 따라 '强制'일 수도 '順治'일 수도 있는 것이다.

그런 면에서 보면, 三川郡·東郡·潁川郡은 강제를 해서라도 직할이 필요했던 긴요한 지역이었다. 前代의 秦이 그보다 더 늦게 점령한 河間 지역에도 故徼를 구축한 것은 바로 황하 연선 지역의 긴요함에 따른 통치 의지의 반영일 것이다. 黃河 연선지대는 차지하면 諸侯國을 압도하지만 뺏기면 關中의 안위도 보장할 수 없는 '天下勁兵處'였다. 게다가 타지역에 비해 관중과 지리적으로 가까운 삼천군과 영천군은 약소국인 韓과 周室이 소재했던 지역이기 때문에 강제가 보다 잘 통하는 환경에 있었다. 그 보다 거리가 멀었던 동군은 분봉과 직할을 수차례 반복한다. 이는 그 이남 지역에 위치한 梁國의 영향 때문이었을 것이다. 그러나 후술하듯이 양국 역시 동군을 필두로 漢朝廷의 지속적인 강제를 받으며 군현에 편입되어 가는 과정을 보게 될 것이다. 그에 비해 趙·燕·齊 등의 안정된 직할은 보다 요원했다. 이처럼 중원 지역의 여러 사정을 郡縣制로 일괄하기에는 각지에 얽힌 지정학이 지나치게 복잡다단했다.

이와 비교해 남방의 關外郡, 즉 南郡은 巴蜀 지역만큼 중앙과 가깝지도 않고 이에 중앙에 위협이 되는 긴요함 또한 덜했던 지역이었다. 그런 연유로 劉邦軍은 남방보다 중원에서의 전쟁에 집중했고, 남군은 楚漢 전쟁이 종결된 후에야 郡縣으로 편입된다. 그럼에도 그 편입 과정은 중원보다 훨씬 전격적이면서 성공적으로 진행되었다. 그것은 남군이 오랜 군현 통치로 인해 물적·인적 하부구조가 모두 갖추어진 順治 지역이었기 때문이다. 현재 우리가 남군 지역 출토 簡牘을 통해 보듯이, 어쩌면 가장 이상적 형태의 '漢承秦制'는 바로 남군에서 발현되고 있었는지도 모른다.

#07

남방 郡縣 확장의 기반 – 南郡과 주변 지역

•

　　反秦·楚漢 전쟁 시기 중원 일대 關外郡은 주요 戰場으로서 문헌에 누차 출현한다. 그와는 달리, 南郡에 관한 기록은 거의 없어 그 시기 남군의 정치·군사를 주제로 한 연구는 진행된 바 없다. 그러나 남군은 漢代의 주요한 郡縣 지역 중 하나였고, '秦地'의 일부로서 '漢承秦制'가 발현되는 공간이자 나름의 전략 가치를 가진 지역이었다. 때문에 남군이 반진·초한 전쟁을 겪은 뒤 재차 군현제를 회복하게 된 고유의 과정을 더 깊이 분석할 필요가 있다.

I 臨江國의 흥망과 南郡 설치의 배경

1. 異姓諸侯 8王과 臨江王

　　反秦·楚漢 전쟁 기간 南郡에 대한 문헌 기록이 적은 것은 函谷關과 武關

일대를 중심으로 진행된 전쟁 과정에서 비교적 소외되어 있었기 때문이다. 그러나 당시 주목할 만한 전역이 발생하지 않았다고 해서 남군 나름의 특성이 간과되어선 안 된다. 그 자체로서 남군 고유의 지역성을 보여주는 사례일 수 있기 때문이다.

秦 멸망 후 項羽가 18諸侯國을 분봉할 때, "義帝 柱國 共敖는 병력을 이끌고 남군을 공격한 공이 크므로, 오를 임강왕에 세우고 江陵을 도읍으로 삼는다"[1]라고 했다. 남군 함락의 공로에 따라 의제 주국 공오를 임강왕에 봉한 것이다. 즉, 이는 남군이 점령되기 전까지 反秦 세력에게 대적하고 있었다는 말이 된다. 그리고 그를 격파한 공오가 임강왕에 책봉되었다는 사실은 해당 지역에 정치 안배를 필요로 하는 별도의 반진 세력이 존재하지 않았음을 의미할 것이다.

臨江王 共敖는 楚軍 내에서 상당한 정치 지위를 가진 자였던 듯하다. 『史記·秦楚之際月表』의 高祖 원년 12월에 "分楚爲四"라고 한 구절이 있다. 이를 『索隱』주석의 "西楚·衡山·臨江·九江也"[2]에 의하면 '임강'에 속한 南郡 지역 또한 楚地에 포괄된다. 게다가 『史記·項羽本紀』에서 "義帝가 행차하는 것을 따라가던 군신들이 서서히 그를 배반했고, 이에 은밀히 형산·임강왕에게 명하여 江中에서 그를 죽이도록 했다"[3]라고 했다. 이처럼 그는 초군 내 핵심적 정치 지위를 지녔던 것으로 추측되지만, 그 실체가 문헌에 충분히 반영되어 있지 않다.

『史記』에 臨江王 共敖의 기재가 결핍된 주요 원인은 그가 楚漢 전쟁 종료

---

1 『史記』卷7「項羽本紀」, p.316: "義帝柱國共敖將兵擊南郡, 功多, 因立敖爲臨江王, 都江陵."

2 『史記』卷16「秦楚之際月表」, p.775.

3 『史記』卷7「項羽本紀」, p.320: "趣義帝行, 其群臣稍稍背叛之, 乃隱令衡山·臨江王擊殺之江中."

전 사망했고, 이후 영지가 각각 南郡과 長沙國으로 분할되었기 때문이다. 즉, 한제국 건립 이후 공오를 시조로 하는 임강왕 계보는 완전히 단절되었다. 이로 인해 漢初의 異姓諸侯 8王의 분류 중 임강왕 공오는 제외된다.

그런데 이 이성제후 8왕의 분류에 대해 『史記』 주석에는 약간의 이견이 있다. 『史記·惠景間侯者年表』에 이르길, "옛날 高祖가 천하를 평정하고 공신 중 동성이 아닌 자로서 강토를 가지고 왕이 된 곳이 8국이다"라고 했다. 이에 대해 『集解』는 "이성국 8왕은 吳芮·英布·張耳·臧荼·韓王信·彭越·盧綰·韓信이다"라고 했다. 그러나 『索隱』은 이와 달리 "동성이 아니면서 왕이 된 자는 齊王 한신, 韓王 한신, 燕王 노관, 梁王 팽월, 趙王 장이, 淮南王 영포, 臨江王 共敖, 長沙王 오예로서, 총 8명이다"라고 하여 임강왕 공오를 포함시켰다.[4] 이 중 『색은』의 해석은 타당하지 않다. '王者八國'은 고조가 천하를 평정한 후의 이성제후왕을 가리킨다. 그러나 임강왕 공오는 高祖3년(B.C.204) 7월 劉邦이 칭제하기 전에 이미 사망했다.[5] 이성제후 8왕의 분류는 응당 재위 시점과 공로의 여부가 기준이 될 것이다. 한고조가 천하를 평정한 후 재위한 이성 제후왕을 다시 한 번 추려보면 다음과 같다.

> 齊王 韓信은 楚의 풍속을 익히 알고 있어 초왕으로 옮겨 下邳를 도읍으로 삼았다. 建成侯 彭越을 梁王으로 세워 定陶를 도읍으로 삼았다. 옛 韓王 信을 한왕으로 삼아 陽翟을 도읍으로 삼았다. 衡山王 吳芮를 長沙王으로 옮기어 臨湘을 도읍으로 삼았다……淮南王 布, 燕王 臧荼, 趙王 敖는 모두 원래

---

4 『史記』卷19「惠景間侯者年表」, p.977: "昔高祖定天下, 功臣非同姓疆土而王者八國." 『集解』注: "異姓國八王者, 吳芮·英布張耳·臧荼·韓王信·彭越·盧綰·韓信也." 『索隱』注: "非同姓而王者八國, 齊王韓信·韓王韓信·燕王盧綰·梁王彭越·趙王張耳·淮南王英布·臨江王共敖·長沙王吳芮, 凡八也."

5 『史記』卷16「秦楚之際月表」, p.791: 〈高祖三年七月〉"(臨江)王敖薨."

대로 분봉했다.[6]

즉, 이때에 이성제후 7인의 분봉을 단번에 완성했다. 그런 후에 『史記·韓信盧綰列傳』에서는 "高祖가 이미 천하를 평정하여, 제후 중 劉氏 성이 아닌 자가 7인이었다"라고 하여 7인의 諸侯王을 언급한 뒤,

> 臧荼를 사로잡고 詔書를 여러 장상과 제후들에게 내려 군신 중 공이 있는 자를 택해 燕王으로 세우도록 했다. 군신들은 황제가 盧綰을 왕으로 세우고 싶어 하는 것을 알고 모두 말하기를, "太尉 長安侯 노관은 항상 황제를 따르며 천하를 평정하여 공이 가장 많으니, 가히 연왕이 될 만합니다"라고 했다. 이에 조서를 내려 윤허했다.[7]

라고 했다. 그렇다면 燕王 臧荼는 반란 이전까지 이성 제후 7인 중 하나였고, 高祖5년 8월에 盧綰을 분봉함으로써 최후의 8인이 채워졌다. 『漢書』의 기록도 다르지 않아, "功臣 중 異姓으로서 왕이 된 자는 8국이다. 張耳·吳芮·彭越·黥布·臧荼·盧綰과 양 韓信"[8]이라고 했다. 이처럼 '王者八國'은 모두 漢高祖가 천하를 평정한 이후의 공신만을 포함한다. 공신이 아니었던 共敖는 여기에 제외되므로, 『索隱』의 인식은 한대의 역사인식과 부합하지 않는다.

---

6 『史記』卷8「高祖本紀」, p.380: "齊王韓信習楚風俗, 徙爲楚王, 都下邳. 立建成侯彭越爲梁王, 都定陶. 故韓王信爲韓王, 都陽翟. 徙衡山王吳芮爲長沙王, 都臨湘. 番君之將梅鋗有功, 從入武關, 故德番君. 淮南王布·燕王臧荼·趙王敖皆如故."

7 『史記』卷93「韓信盧綰列傳」, p.2637: "及虜臧荼, 迺下詔諸將相列侯, 擇群臣有功者以爲燕王."

8 『漢書』卷34「韓彭英盧吳傳」, p.1895: "昔高祖定天下, 功臣異姓而王者八國. 張耳·吳芮·彭越·黥布·臧荼·盧綰與兩韓信……"

2. 臨江國 정벌과 南郡 설치 과정

그렇다면 臨江王은 어째서 공신 자격을 상실했던 것일까? 그는 漢 朝廷으로의 귀순 대신 項羽를 지지함으로써 훗날 공훈록 상에 철저히 지워졌을 것이다. 임강왕의 정치 입장은 楚漢 전쟁 관련 사료를 통해 추측할 수 있다. 劉邦이 關中에서 關外로 확장하며 각지 諸侯들에게 대 항우 전쟁의 참여를 호소했을 때 다음과 같이 말했다.

> 천하가 함께 義帝를 세워 북면하며 따랐다. 지금 項羽가 바야흐로 강남에서 의제를 죽였으니 이는 대역무도이다. 과인은 친히 발상할 것이니, 諸侯들은 모두 縞素를 입으라. 關內의 병사를 모두 동원하여 三河의 士들을 수합하고 남으로는 江漢 이하로 배를 띄울 것이니, 원컨대 제후왕들을 따라 楚의 의제를 죽인 자들을 공격할 것이다.[9]

여기서 '關內'와 '三河'·'江漢以下'의 지역을 아울러 지적했다. '관내'와 '삼하'는 응당 巴蜀을 포함한 關中 지역 및 河南·河東·河內를 가리킨다. 그리고 '강한이하'라고 하면 臨江國의 영역이 여기에 해당한다. 임강왕 共敖가 劉邦의 호소에 어떻게 대응했는지는 문헌에 어떠한 기록도 남아있지 않다. 아마 후에 彭城 전역에 참여하는 '五諸侯兵'에 속하지 않았던 것으로 보인다. 때문에 임강왕은 楚漢 전쟁의 공신에서 제외되었을 것이다. 나아가 그의 사후 反秦 기의에서조차 공로가 없던 후사에게 분봉을 유지해 줄 명분은 사라졌다.

臨江國은 정치형세 뿐 아니라, 漢朝廷이 일찍부터 南郡 회복을 목표로 했

---

9 『史記』卷8「高祖本紀」, p.370: "天下共立義帝, 北面事之. 今項羽放殺義帝于江南, 大逆無道. 寡人親爲發喪, 諸侯皆縞素. 悉發關內兵, 收三河士, 南浮江漢以下, 願從諸侯王擊楚之殺義帝者."

기 때문에 특별히 정벌된 것이었다. 『史記·高祖本紀』에 말하길, "천하는 크게 평정되었다. 고조는 洛陽을 도읍으로 정하고, 제후들은 모두 신속했다. 옛 임강왕 환은 項羽를 위해 漢에게 반역하여, 盧綰·劉賈가 그를 포위하였으나 함락하지 못했다. 수 개월 후에 항복하여 그를 낙양에서 죽였다"[10]라고 했다. 즉, 임강왕은 반란을 일으키고 포위당하여 저항하기를 수개월을 지속한 뒤 살해되었던 것이다. 그런데 그 세부 과정은 각 기록마다 약간씩의 차이가 있다. 『史記·秦楚之際月表』에 근거하면, 임강왕의 즉위 17개월 후 '漢虜驩'[11]했다고 한다. 10월을 세수로 계산하면 그것은 고조5년(B.C.202) 12월에 해당하며, 곧 항우가 최종 패배한 바로 그 달이었다. 『漢書·高帝紀』 또한 고조5년 12월에 임강왕을 사로잡은 것으로 나온다.[12] 이렇게 임강왕을 '虜'한 시기를 고조5년 12월로 보면, 그가 한에 저항한 '數月'과 그 후의 남은 생을 새롭게 해석할 여지가 생긴다.

먼저 臨江王이 죽음에 이르는 동안, 劉邦은 5년 2월 갑자일에 氾水 남변에서 칭제하고[13] 洛陽을 임시 수도로 정한다. 즉, 12월에 項羽를 정벌하고 임강왕이 체포된 지 2·3개월 후의 일이다. 낙양 정도 후에 임강왕이 죽게 되므로, 그는 체포로부터 최소 2개월가량 지연 후에 살해된 셈이다. 「秦楚之際月表」에 근거하면, 그 사이 南郡은 高祖5년 正月에 설치되었고, 다음 달에 衡山王 吳芮가 長沙王에 사봉된다.[14] 이 일련의 기록을 보면, 임강왕이 죽지 않은

---

10 『史記』卷8「高祖本紀」, p.380: "天下大定. 高祖都雒陽, 諸侯皆臣屬. 故臨江王驩爲項羽叛漢, 令盧綰·劉賈圍之, 不下. 數月而降, 殺之雒陽."

11 『史記』卷16「秦楚之際月表」, p.796.

12 『漢書』卷1下「高帝紀下」, p.50: "初項羽所立臨江王共敖前死, 子尉嗣立爲王, 不降. 遣盧綰·劉賈擊房尉."

13 『史記』卷8「高祖本紀」, p.379: "甲午, 乃即皇位氾水之陽."『集解』徐廣曰: "二月甲午."

14 『史記』卷16「秦楚之際月表」, pp.796-797: 〈五年正月〉[漢]"殺項籍, 天下平, 諸侯臣

상황에서 남군 및 장사군의 설치가 먼저 이루어졌던 것이다.

그리고 項羽의 사망과 臨江王의 체포가 같은 달에 이루어졌으므로, 그가 漢에 저항한 '數月'은 바로 그 몇 개월 전의 일이 된다. 즉, 漢 朝廷은 응당 垓下 전투가 발생하기 수개월 전에 이미 임강국 정벌을 기획했던 것이다. 그러나 관련 사료들은 약간의 논리적 모순이 존재한다. 그 내용을 모두 인용하면 다음과 같다.

① 漢 5년, 漢王은 項籍을 高陵까지 추적했고, 劉賈로 하여금 남으로 淮水를 넘어 壽春을 포위하게 했다. 다시 돌아와 사람들로 하여금 楚 大司馬 周殷을 회유하게 하니, 주은은 초에게 반란을 일으켜, 유가를 도와 九江을 일으켰고, 武王 黥布兵을 만나 모두 垓下에 모여 함께 항적을 공격했다. 한왕은 이에 유가로 하여금 구강병을 이끌고 太尉 盧綰과 함께 서남으로 가 臨江王 共尉를 공격하니, 공위는 이미 사망하여, 임강을 南郡으로 삼았다.¹⁵

② 漢5년 겨울, 項籍을 격파하니, 이에 盧綰을 別將으로 삼아, 劉賈와 함께 臨江王 共尉를 공격하여 격파했다. 7월에 돌아와 종군하여 燕王 臧荼를 공격했고, 장도가 항복했다.¹⁶

③ 돌아와 項籍을 陳下에서 공격하여 격파했다. 江陵을 따로 평정했는데,

属漢", [臨江國]"属漢, 爲南郡", [長沙國]"分臨江爲長沙國"; 〈五年二月〉[長沙國]"衡山王吳芮爲長沙王."

15 『史記』卷51「荊燕世家」, pp.1993-1994: "漢五年, 漢王追項籍至固陵, 使劉賈南渡淮圍壽春. 還至, 使人間招楚大司馬周殷. 周殷反楚, 佐劉賈擧九江, 迎武王黥布兵, 皆會垓下, 共擊項籍. 漢王因使劉賈將九江兵, 與太尉盧綰西南擊臨江王共尉, 共尉已死, 以臨江爲南郡."

16 『史記』卷93「韓信盧綰列傳」, p.2637: "漢五年冬, 以破項籍, 迺使盧綰別將, 與劉賈擊臨江王共尉, 破之. 七月還, 從擊燕王臧荼, 臧荼降."

강릉 柱國, 大司馬 이하 8인이 항복했고, 江陵王을 사로잡아, 洛陽으로 산채로 압송하니, 이에 南郡을 평정했다.[17]

상기한 내용은 각각 劉賈·盧綰·靳歙의 공적이다. 우선 ①에서 유가·노관이 모두 임강국 공략에 참여한 것으로 나와 있다. 그러나 유가는 楚 大司馬 周殷을 漢에 귀속시킨 후 黥布의 부대와 "모두 垓下에 모여 함께 항적을 공격했다"고 나온다. 그렇다면 유가군은 적어도 고조5년 12월 이후에야 임강국 정벌에 참여했다. 만약 고조5년 12월에 "漢虜驩" 한 것이 틀림없다면, 유가가 임강왕을 수개월 간 포위했다는 논리가 성립될 수 없다. ①에서 盧綰은 劉賈와 함께 서남으로 가 임강국을 공격했다. 그리고 ②에서 항우를 격파한 후 別將이 되어 임강왕 '共尉'[18]를 공격했다고 한다. 그렇다면 그 역시 고조5년 12월 이후에야 임강국 정벌에 참여했을 것이다.

또 한 가지, ①에서 臨江王 사후에 南郡이 설치되었다는 언급을 주의해야 한다. 이는 「高祖本紀」에서 洛陽 정도 후에 임강왕을 처형했다는 기사와 모순된다. 이러한 오류는 ③의 내용에 근거해 수정할 수 있다. ③에 근거하면 江陵을 함락하고 임강왕을 체포한 것은 劉賈와 盧綰이 아닌 靳歙의 공로이다. 여기서 말하는 江陵王은 임강왕이 틀림없다. 당시 강릉은 임강국의 수도였고, 강릉에서 생포되어 낙양으로 압송된 상황은 임강왕의 이력과 일치한다. 『史記·高祖功臣侯者年表』에서는 또 근흡의 공로를 기록하길, "騎都尉로서 三秦을 평정하고 항우를 공격했으며, 별도로 강릉을 평정했다"[19]라고 했다. ③은

17　『史記』卷98「傅靳蒯成列傳」, p.2710: "還擊項籍陳下, 破之. 別定江陵, 降江陵柱國·大司馬以下八人, 身得江陵王, 生致之雒陽, 因定南郡."

18　臨江王의 이름은 『史記』에서 '驩' 혹은 '尉'라고 칭해지는데, 둘은 동일인물이다. 왜 이렇게 호칭이 다른지는 아직 타당한 해석을 할 수 없다.

19　『史記』卷18「高祖功臣侯者年表」, p.883: "以騎都尉定三秦, 擊項羽, 別定江陵."

또 근흡이 임강왕을 산 채로 압송한 것으로만 언급했는데, 이는 낙양 정도 후 임강왕을 죽인 상황과도 일치한다.

靳歙이 강릉에 도달한 시간은 劉賈와 盧綰보다 빨랐을 것이다. 漢軍이 楚軍을 향해 총공격을 개시했을 때 陳下에서 한 차례 項羽軍을 격파한 적이 있다. 이때 근흡 역시 참여하고 있었다.[20] 진하 전투는 응당 高陵과 垓下 전투 사이에 발생했으나, 「高祖本紀」에서는 기록이 없다.[21] 『史記·樊酈滕灌列傳』에서 말하길, 灌嬰이 "漢王과 함께 頤鄕에 모였다. 종군하여 항적군을 진하에서 공격하여 격파했고, 장졸을 이끌고 樓煩의 장수 2인을 베었고 騎將 8인을 사로잡았다"[22]라고 하여, 이 전투의 발생 사실을 증명한다. 頤鄕에 대해 『集

---

20 『史記』卷98「傅靳蒯成列傳」, p.2710: "還擊項籍陳下, 破之."

21 陳下 전투에 대해 학계에서는 垓下의 고증 문제와 더불어 토론을 진행한다. 대략 두 가지 다른 의견이 있다. 첫째는 해하가 오늘날 안휘 靈璧에 위치한다는 '영벽설'이다. 둘째는 해하가 오늘날 하남 鹿邑에 위치한다는 '녹읍설'이다. 그 중, '녹읍설'을 지지하는 자들은 '진하'가 바로 '해하'를 가리킨다고 주장하여, '해하'는 '진하'의 오기라고 보았다(蘇城鑒, 「垓下戰場在河南不在安徽」, 『安徽師大學報』(哲學社會科學版)1979年第2期; 陳可畏, 「楚漢戰爭的垓下究竟在今何處」, 『中國史研究』1998年第2期; 辛德勇, 「論所謂"垓下之戰"應正名爲"陳下之戰"」, 『中國社會科學院歷史研究所學刊』, 2001年 등). 이와는 달리, '영벽설'을 지지하는 쪽은 '진하'가 '해하' 전에 발생한 또 다른 전투라고 본다(魏嵩山·鄒逸麟, 「垓下在安徽不在河南」, 『安徽師大學報』(哲學社會科學版)1979年第4期; 施丁, 「陳下之戰 垓下之戰是兩事──與陳可畏 辛德勇商榷」, 『中國史研究』2003年第1期; 卜憲群·劉曉滿, 「垓下位置研究評議」, 『安徽廣播電視大學學報』2010年第4期). 본문은 해하의 지리 위치 문제를 주제로 다루지 않으니, 여기서 별술하지 않고 '영벽설'에 기초하여 논의를 진행했다. 본문은 근흡이 진하 전투에 참여한 이후의 과정을 고증하여 한군이 임강왕과 항우의 정벌을 동시에 진행했다는 의견을 제기했는데, 이는 나아가 '영벽설'이 더 믿을 만한 설임을 방증하게 될 것이다.

22 『史記』卷95「樊酈滕灌列傳」, p.2670: "與漢王會頤鄕. 從擊項籍軍于陳下, 破之, 所

解』는, "苦縣有頤鄉"[23]이라 주석했다. 『漢書·地理志下』에 근거하면, 淮陽國에 '苦'라는 현명이 있으므로[24], 전투가 회양 일대의 陳地에서 발생한 것을 알 수 있다. 劉邦軍이 고릉 일대에 주둔했을 때부터 해하 전투로 인해 항우가 사망하기 까지는 대략 3개월의 시간 간격이 있다. 진하 전투는 아마 고릉 전투에 이어 10월 전후에 발생한 것으로 추측된다.

    陳下 전투의 승리를 기점으로 漢軍은 楚軍에 대한 명확한 우세를 점했다. 劉邦은 바로 이때에 靳歙에게 別軍을 이끌고 江陵을 향해 진군하도록 명했다. 漢高祖5년 10월부터 12월까지의 시간이라면 臨江王의 '數月' 간의 저항이 논리적으로 성립된다. 『漢書·高帝紀下』는 이러한 과정을 『史記』보다 명확하게 요약했다. "처음에 項羽가 세운 臨江王 共敖는 이미 죽어서, 그 아들 尉가 후사를 이어 왕이 되었으나, 항복하지 않았다. 이에 盧綰·劉賈를 보내어 공격해 尉를 사로잡았다"[25]라고 했다. 아마도 班固는 먼저 임강왕에게 투항을 권한 절차가 있은 다음 재차 병력을 보내 토벌한 것으로 이해했을 것이다.

    이상의 과정을 요약하면 다음과 같다. 高祖5년 10월 전후 선봉으로 파견된 靳歙軍의 공격에 臨江王은 '수월'간 저항했다. 項羽와의 결전이 종료된 12월에 劉賈와 盧綰이 지원군으로 오자 그는 더 이상 버티지 못하고 항복한다. 그리고 그가 사로잡혀 있는 동안 임강국은 사라지고, 劉邦이 칭제하여 洛陽을 임시 수도로 정한지 얼마 지나지 않아 임강왕은 살해되었다.

將卒斬樓煩將二人, 虜騎將八人."

23 『史記』卷95「樊酈滕灌列傳」, p.2671.

24 『漢書』卷28下「地理志下」, pp.1635-1636.

25 『漢書』卷1下「高帝紀下」, p.50: "初項羽所立臨江王共敖前死, 子尉嗣立爲王, 不降. 遣盧綰·劉賈擊虜尉."

II '秦人'에서 '漢人'으로 전환

이제 臨江王이 떠나고 남은 南郡民의 동향에 대해 살펴보자. 稱帝를 한지 3개월 후인 5월에, 漢高祖는 詔書를 하나 반포한다. 그것이 바로 『漢書』에 수록된 高祖5년 조서이다. 이때에 천하가 漢家에게 귀속되었음을 선포하는 동시에 다음의 세부 조칙을 하달한다.

> 諸侯子로서 關中에 거주하는 자는 12년간 세역을 면제하고 귀향하는 자는 그 절반으로 한다.
> 백성 중 이전에 서로 취락을 만들어 산택에 기거하며 書名數 하지 않은 자가 있곤 했는데, 지금 천하가 이미 평정되었으니, 각자 소속 현으로 돌아갈 것을 명하며, 옛 작위와 전택을 회복하고, 吏는 문법에 따라 교훈하고 변고하되, 태형을 가하거나 욕되게 하지 않는다. 백성 중에 굶주림으로 인해 스스로 인신을 팔아 타인의 노비가 된 자는 모두 庶人으로 사면한다.
> 軍吏卒의 사면에 있어, 만약 죄가 없는데[26] 爵을 잃었거나 大夫 미만이었던 자는 모두 그 작위를 대부로 삼는다. 옛 대부 이상이었던 자는 각 1급씩 높여 賜爵한다.[27]

---

[26] 원문은 '亡罪'라고 기재했으나, 일단 如淳의 설에 따라 '無罪'로 해석한다(『漢書』卷1下「高帝紀」, p.55. "軍吏卒會赦, 得免罪, 及本無罪而亡爵級者, 皆賜爵爲大夫."). 다만, 反秦起義에 참여한 軍吏卒은 율령에 의거하면 '亡罪'를 저지른 자들이고, '亡人'은 기본적으로 작위가 삭탈된다. 한이 秦制를 계승하므로 공로자가 도리어 처벌되는 모순을 해결하기 위해 사면한 것으로 이해할 수도 있을 것이다. 어느 쪽으로 해석하든, 군리졸이 '無罪'라는 인식은 동일하다.

[27] 『漢書』卷1下「高帝紀下」, pp.54-55: "諸侯子在關中者, 復之十二歲, 其歸者半之. 民

詔書의 반포 목적은 編戶의 회복 및 戰功者의 賜爵 원칙을 제시한 것이다. 이는 국가가 정상 궤도로 진입하는 기본 조치로서, 정식으로 '漢承秦制'를 표방하고 있다.[28] 그런데, 조서가 표면상으로 전국을 대상으로 하고 있지만, 諸侯國은 關中과 같은 漢律의 철저한 시행을 기대할 수 있는 상황이 아니었다.[29] 漢高祖는 '秦制'를 기준으로 편호의 회복을 명했지만, 秦制에 대한 저항이 강한 제후국 지역에서 조서의 효력을 발휘할 수 있었을지 의심스럽다.

한발 더 나아가, 郡縣 지역 내부에도 편차가 존재했을 것이다. 조서의 서두는 關中에 머무는 '諸侯子'를 지정하고 있다. 그렇다면 關外郡의 '제후자'는 이에 적용되지 않았다는 말이 될 것이다. 여기에는 몇 가지 원인이 있었을 것이다. 우선 이때 관외군과 諸侯國의 경계가 명확하지 않아 관련 法令의 실행이 보류되었을 수 있다. 아니면 한조정이 관중 인구 증가의 목적만을 특정했을 지도 모른다. 南郡은 관외군에 속했으므로, 관중과 달랐던 남군 지역만의 특수 상황을 논의할 필요가 있다. 이하 내용은 주로 남군의 編戶와 賜爵 문제에 주목해, 高祖5년 詔書가 남군 지역에 어느 정도의 효력을 가졌는지에 대해 검토할 것이다.

1. 編戶의 회복과 奴婢의 赦免

詔書에서는 奴婢와 奪爵된 軍吏卒의 신분을 회복하도록 조치했다. 그 핵

前或相聚保山澤, 不書名數, 今天下已定, 令各歸其縣, 復故爵田宅, 吏以文法教訓辨告, 勿笞辱. 民以飢餓自賣爲人奴婢者, 皆免爲庶人. 軍吏卒會赦, 其亡罪而亡爵及不滿大夫者, 皆賜爵爲大夫. 故大夫以上賜爵各一級……"

28　朱紹侯,「西漢初期劉邦呂后時期的軍功爵制」,『軍功爵制考論』, 商務印書館, 2008.

29　심지어는 제후국 자체의 법률을 시행했을지도 모른다. 陳蘇鎭,「漢初王國制度考述」,『中國史研究』2004年第3期 참고.

심어는 "歸其縣"과 "復故爵"이다. 여기서 '歸'와 '復故'가 지정하는 시간은 戰國 시기일까 아니면 秦帝國 시기일까? 최소 南郡에서의 지정 대상은 분명 '秦代' 였을 것이다. 게다가 전쟁 기간에 노비가 된 자만이 포함되는지, 아니면 전쟁 이전에 노비가 된 자들까지도 포함하는지가 명확하지 않다. 이 문제와 관련하여 張家山漢簡「奏讞書」 2안례와 5안례를 참고할 수 있다. 우선 2안례의 최종 심리(鞫) 부분 이하를 인용하면 다음과 같다.

• 최종심리(鞫) 결과: 媚는 예전 點의 婢인데, 楚 시기에 망명하여 漢에게 항복했는데, 書名數 하지 않은 채, 점이 그를 다시 잡아들였고, 占數하여 다시 비로 삼고, 祿에게로 팔았는데, 媚는 그에게서 도망갔으며, 나이는 40, 신변 확보(得), 모두 확실하다. • 미의 죄에 의문이 있고, 기타의 사항은 현에서 논처했다. 감히 讞합니다. 회신 요청, 中廥의 업무를 담당한 기관이 수신할 것. • 吏의 심의 결과(當): 媚의 이마와 관자놀이에 黥을 하고 祿에게 돌려준다. 혹은 庶人으로 사면한다.³⁰

심리는 高祖11년(B.C.196) 8월 南郡 江陵縣에서 진행되었다. 여기에 출현한 士伍 '點'의 婢 '媚'는 고조6년 2월 중 大夫 '祿'에게 매입되었다. 그러나 11년 3월 丁巳日에 도망갔다. 진술에 따르면, '媚'는 자신이 노비가 아니라고 생각했다. 그녀가 그렇게 생각한 근거는 아마도 노비 사면령과 관련 있을 것이다. 최종 심리에서 말한 '楚時'는 陳勝과 項羽의 초 시기를 말한다. 그렇다면 '媚'가 "예전에 點의 婢"였던 시점은 응당 秦代일 것이다. 그러나 노비 사면은 "書名數"(호적 등록)의 조건을 갖추어야하기 때문에, 縣廷은 판결에 의문을

---

30 『二年律令與奏讞書』, p.337: •鞫之: 媚故點婢, 楚時亡, 降爲漢, 不書名數, 點得, 占數, 復婢, 賣祿所, 媚去 [一四] 亡, 年卅歲, 得, 皆審. •疑媚罪, 它縣論, 敢(讞)之. 謁報, 署中廥發. •吏當: 黥媚顏頯 [一五] 畀祿, 或曰當爲庶人. [一六]

제기했다. 판결의 관건은 조정에서 반포한 노비 사면령을 어디까지 적용할 것인가에 달려 있었을 것이다. 고조5년 조서 또한 그 검토 대상 중 하나가 될 수 있다.

상술한 讞書는 안례에 대한 중앙의 최종 결정이 기록되지 않아, '媚'가 과연 사면될 수 있었는지의 여부를 우리는 알 수 없다. 반면 5안례는 秦代의 노비가 漢代에 사면을 획득한 사례를 명확히 언급하고 있다. 그 최종 심리와 최종 판결 내용을 다음과 같이 소개한다.

- 최종 심리 결과: 武는 다시 軍의 奴가 될 수 없음에도 軍은 노비가 도망한 것으로 池에게 고발했고, 池는 그 고발에 따라 視와 더불어 武를 체포했는데, 武는 격투를 벌여 검으로 쳐서 尸에게 상해를 입혔고, 尸 또한 검으로 찔러 상해를 입힌 끝에 武를 체포했다. 확실하다. • 武·尸의 죄가 의심된다. 감히 讞합니다. 회신 요청, 獄西廥의 업무를 담당한 기관이 수신할 것.
- 吏의 심의결과(當): 武를 黥하여 城旦으로 삼고, 尸는 무죄이다. • 廷尉의 심의결과: 武는 黥爲城旦, 尸는 무죄이다.[31]

심리는 高祖10년(B.C.197) 7월에 南郡 江陵縣에서 진행된 것이다. 사건은 동년 5월에 성년 남자 '武'가 체포 과정 중 求盜를 상해한 것에 혐의를 두고 있다. '武'는 楚 시기에 망명했다가 漢에게 투항하여, 정식으로 호적 등록(書名數)를 거쳐 庶人이 되었다. 그렇다면, 그가 지칭한 '故軍奴'의 '故'는 바로 秦代의 신분을 의미한다. 士伍 '軍'은 '武'가 여전히 자신의 노비인 것으로 오해

---

[31] 『二年律令與奏讞書』, p.343: "• 鞠之: 武不 [四五] 當復爲軍奴, 軍以亡弩(奴)告池, 池以告與視捕武, 武格鬪, 以劍擊傷視, 視亦以劍刺傷 [四六] 捕武, 審. • 疑武·視罪, 敢(讞)之. 讞報, 署獄西廥發. • 吏當: 黥武爲城旦, 除視 • 廷以聞, [四七] 武當黥爲城旦, 除視 [四八]".

하여 縣廷에 고발했다. 그러나 후에 '軍'은 '告誡不審'이라 하여 자신의 고발이 잘못되었음을 인정했다. 이에 '武'는 노비의 망죄를 적용받지 않았고, 그의 일반 상해죄 혐의만을 적용했다. '武'는 결국 중앙까지 올라간 廷尉의 심의에서 黥爲城旦의 처벌로 결정되었는데, 이것은 상해죄에 대한 처분 형량이었다.[32]

상기한 두 안건은 또한 漢初 南郡 거주민의 기본 인구 구성을 추측할 수 있게 해준다. 우선, 2안례의 관련 인물 士伍 '點'은 秦代 南郡 編戶民이었을 것이다. 大夫 '祿'의 경우는 '媚'의 구매자로만 등장하지만, 그 또한 高祖5년 詔書와 관련하여 중요한 정보를 담고 있다. 조서에서 말하길, "죄가 없는데 작을 잃었거나 大夫 미만이었던 자는 모두 대부의 작을 내린다"라고 했다. 즉, 楚漢 전쟁 기간 중 작위를 삭탈당했거나 대부 미만의 유작자로서 종군한 軍吏卒은 漢代에 대부 작위를 얻을 수 있었다. 그렇다면, '祿'은 기본적으로 楚漢 전쟁의 공로로 인해 대부 작위를 얻을 수 있었을 것이다.

다음으로 5안례에 출현한 '軍'은 秦代 '武'의 주인이었으나, 漢代에 들어 '武'가 여전히 자신의 노비인 것으로 오해했다. 이를 통해 '軍' 역시 秦代 南郡 編戶民이었음을 추측할 수 있다. 재미있는 사실은 縣廷이 '軍'의 고발을 수리하여, 校長 '池'와 求盜 '視'로 하여금 '武'를 체포하도록 조치했다는 것이다. 이는 남군에서 진대의 호적이 한대에도 여전히 유효했음을 반영한다. 따라서, 남군에서 '楚時亡'한 사람들은 기존 진 호적에 근거해 재차 귀속되었을 것이다. 나아가 남군의 인구 구성은 진대와 기본적으로 큰 차이가 없었을 것이다.

---

32 『二年律令與奏讞書』, p.100: "賊傷人, 及自賊傷以避事者, 皆黥爲城旦舂. [二五]" 만약 '武'가 도망한 奴로서 처벌되었다면 원주인에게 돌려주는 규정에 따라 '武'는 '軍'에게 다시 귀속되었을 것이다(『二年律令與奏讞書』, p.155: "奴婢亡, 自歸主, 主亲所智(知), 及主·主父母·子若同居求自得之, 其當論畀主, 而欲勿詣吏論者 , 皆許之.[一六〇]").

2. 南郡 漢人의 軍功賜爵

漢初에 南郡 編戶를 회복하고 노비를 사면한 사례는 비교적 쉽게 찾을 수 있지만, 軍功 賜爵에 대한 사실은 증명하기 어렵다. 상술한 張家山漢簡「奏讞書」2안례의 大夫 '祿'은 楚漢 전쟁 중 종군으로 인해 大夫 작위를 획득했을 것이다. 그러나 그것이 그가 분명히 南郡 編戶民이었다는 것을 의미하지는 않는다. 남군은 기타 關外郡과 달리, 高祖5년 12월에야 한에게 점령되었다. 남군은 초한전쟁 기간에 줄곧 臨江王의 영지에 속했기 때문에, 해당 지역에서 漢에게 종군한 인원은 소수에 불과했을 것이다. 대부 '祿'은 秦代 남군 출신으로서 임강왕 통치에 저항해 공을 세웠거나, 전쟁이 종결된 뒤 외지에서 천사해온 자일 수도 있다. 그러나 그가 제후국에서 왔을 가능성은 적다. '諸侯子'는 關中에 머무를 때 가장 우대받을 수 있었다. 관외군에 정주한 제후국 출신자에게 어떠한 우대가 있었는지를 현재로서는 알 수 없다. 또한 대부 '祿'은 진대 유작자였으므로, 반진기의 때부터 종군하지는 않았을 것이다.

南郡 거주민의 軍功 賜爵에 관해 참고할 만한 한 가지 사례가 있다. 邔의 열후로 봉해진 黃极中에 대해 『史記·高祖功臣侯者年表』는 다음과 같이 기록했다.

> 故群盜長으로써 臨江國의 장군이 되었고, 이를 관둔 후 漢을 위해 임강왕 및 제후를 공격했고, 布를 격파하여 공이 侯에 이르렀는데, 식읍이 1000호에 달했다.
> 12년 10월 戊戌, 莊侯 黃极中 원년.[33]

---

[33] 『史記』卷18「高祖功臣侯者年表」, p.965: "以故群盜長〔爲〕臨江將, 已而爲漢擊臨江王及諸侯, 破布, 功侯, 千户. 十二年十月戊戌, 莊侯黃极中元年."

『漢書·高惠高后文功臣表』는 黃极忠이라 하여 이름을 달리 기재했지만, 동일한 공로를 전한다. 황겁중(충)은 反秦起義 때에 群盜의 두목, 즉 '故群盜長'이었고, 臨江國 시기에는 장군이 되었다. 그러나 최후에 漢이 임강국을 공략했을 때 임강왕을 배반하고 漢軍에 투항하는 복잡한 이력을 지닌 공신이다. 아마도 그는 군도 활동부터 한에 귀부할 때까지 줄곧 南郡 일대에 머무르고 있었을 것이다. 주의해야 할 사실은 그 공적의 출발이 '起'가 아닌 '群盜長'이라는 것이다. 반진기의 당시 그의 군도 행위는 공로 누적에 있어 '起'로 인정되지 않았다. 『史記·高祖功臣侯者年表』에서는 반진기의부터 종군한 공신은 '起沛'·'起碭' 등과 같이 지칭하여, 기의군으로서의 공로를 누적한다. 예를 들어, 대후 戴野에게는 다음과 같은 공로가 있었다.

> 舍人으로서 碭에서 '起'하여, 군대를 이끌고 한으로 들어와, 都尉로서 籍을 공격했고, 적이 죽자, 臨江으로 진군방향을 돌려 공격했는데, 장군 (劉)賈에게 속해 공로가 侯에 이르렀다. 장군으로서 燕을 공격했다."[34]

戴野는 '起碭'을 기반으로, 臨江國을 격파한 공로를 더해 일찍이 侯에 봉해졌다. 반면 黃极中 역시 동일하게 임강국 정벌에 공이 있음에도 黥布 정벌에 공을 세운 후에야 후로 봉해진다. 이를 보건대, 漢朝廷은 확실히 그의 초기 이력을 起義로 승인하지 않았다. 그것은 당시 南郡에서 대규모 반진활동이 일어나지 않았음을 간접 반영한다. 황겁중의 사례와 같이 당시 임강국 사람 중에 漢軍에 투항하여 임강왕 공략에 참여한 자들은 존재했다. 다만, 그들은 '기의군'으로 인정받지 못했고, 楚漢 전쟁 참여의 공로만으로 賜爵되었을 것이다.

---

[34] 『史記』卷18「高祖功臣侯者年表」, p.924: "以舍人從起碭, 用隊率入漢, 以都尉擊籍, 籍死, 轉擊臨江, 屬將軍賈, 功侯. 以將軍擊燕."

3. 南郡 역사에서 소실된 고리

　　이상을 다시 간략하게 설명하면, 漢初 南郡 편호는 秦代 남군 편호를 계승했다. 남군민을 대상으로 한 軍功 賜爵은 楚漢 전쟁 후 臨江國 정벌을 참여한 자들 위주로 이루어졌을 것이다. 이는 남군이 '秦地'로서 기타 舊六國 지역과 다른 특성을 지녔음을 반영한다. 한초의 군현 지역은 남군의 경우처럼 反秦起義가 일어났을 때 기의군을 적대했던 지역이 많다. 高祖5년 詔書에서 말한 "지금 小吏들 중에 종군을 경험하지 않은 자가 대다수이고 유공자는 도리어 대우를 받지 못하니, 공적인 것을 위반하고 사사로운 것을 앞세워 守·尉·長吏의 교훈이 심각히 어겨지고 있다"[35]라고 한 것은 바로 이러한 배경을 지닌 郡縣 지역의 상황을 표명한 것이다. 즉, 반진기의 참여자는 전무하고 楚漢 전쟁 종군자는 소수에 불과해, 종군을 하지 않은 吏員의 이해관계가 더욱 두텁게 반영되었던 것이 당시 군현 지역의 현실이었다.

　　한 가지 아쉬운 것은 南郡 '秦人'이 '漢人'으로 전환되는 과정 중, 臨江國 통치의 5년간은 공백으로 남아있다. 남군 출토의 秦 기년 簡牘 중에는 周家臺 30호 秦墓에서 출토된 秦二世 元年 曆日이 가장 늦은 시기에 속하는 자료이다. 그 간독 배면에는 "以十二月戊戌嘉平, 月不盡四日. 十二〔月〕己卯□到"[36]라는 기록이 있다. 간지일에 근거하면 秦 曆法은 최소 秦二世 원년 12월까지도 정상 운영되었음을 알 수 있다. 또 한 가지 참고할 수 있는 것은 龍崗6호 진묘에서 출토된 목독 1매이다.

　　• 鞠之: 辟死, 論不當爲城旦. 吏論: 失者, 已坐以論.

35　　『漢書』卷1下「高帝紀下」, p.54: "今小吏未嘗從軍者多滿, 而有功者顧不得, 背公立私, 守尉長吏教訓甚不善."

36　　湖北省荊州市周梁玉橋遺址博物館 編, 『關沮秦漢墓簡牘』, 中華書局, 2001, p.103.

九月丙申, 沙羨丞甲·史丙, 免辟死爲庶人. 鞫〔正面〕

自尚也.〔背面〕³⁷

　　簡文 중의 '九月丙申'에 대해 정리소조는 그 날짜가 秦二世2년(B.C.208) 9월30일 혹은 高祖3년(B.C.204) 9월27일 중의 하나로, 그 중 고조3년 9월27일 가능성이 더욱 크다고 생각했다.³⁸ 그러나 이러한 견해는 재고가 필요해 보인다. 주지하듯이 고조3년 대에 南郡은 臨江國의 통치범위에 속했다. 우리는 현재 임강국 시기 남군에서 여전히 秦制가 실행되었는지 증명할 방법이 없다. 정리소조는 또 '九月丙申'의 앞부분에 년도 정보가 결핍된 것은 무정부 시기였기 때문에 고의로 삭제한 것이라 주장했지만, 이 또한 타당하지 않다. 문서 서두에 보인 '鞫'은 현정 재판의 최종 심리 단계를 가리킨 것이다. '鞫'은 고발(告)·심문(問)이 이루어진 후에 기재된다. 앞선 단계에서 연도가 기록되었을 경우 이어지는 심문 단계에서는 기년이 생략되는 경우가 많다. 앞 단계에서 기재한 연도를 '鞫'의 단계에서는 중복할 필요가 없는 것이다.³⁹ 이 같은 사례를 볼 때, 그것을 무정부시기의 기년방식인 것으로 단정할 수 없다. 아마 전체의 원본 문서 중 연도가 없는 날짜와 내용의 일부를 모방한 산물일 것이다.

37　中國文物研究所·湖北省文物考古研究所 編,『龍崗秦簡』, 中華書局, 2001(이하『龍崗秦簡』으로 약칭), p.144.

38　『龍崗秦簡』, p.145.

39　예를 들어,「주언서」 2안례 중 문서 서두에 이르길, "十一年八月甲申朔丙戌"라고 한 뒤 대부 '선'의 진술 부분에 이르러서는 '三月己巳'라고 하여 연도를 생략했다. 그 후 과거를 회고한 진술에 있어 "六年二月中"이라고 년도를 언급한 뒤에는 "三月丁巳"라고 하여 또 한 차례 년도를 생략하여 기재했다. 그 중, "三月己巳"와 "三月丁巳"의 년도는 응당 고조11년으로, 서두에 언급한 년도가 기준이 된다(『二年律令與奏讞書』, pp.337-338 주석 참고).

따라서 '九月丙申'이 高祖3년일 가능성은 극히 적고, 그렇다고 이를 秦二世2년이라고 확정하기도 어렵다. 진이세2년 9월은 바로 劉邦軍이 武關을 통해 關中으로 진입한 시기이다. 유방군이 관중을 향해가는 동안 義帝柱國 共敖는 남군을 공략하던 중이었고, 남군의 최동단에 위치한 沙羨縣은 진이세2년 9월에는 이미 전쟁 상태에 돌입했거나 楚軍에게 점령되었을 것이다. 따라서 목독의 원본은 反秦起義 이전의 것으로, 행정 업무가 정상 운영되었을 때 형성되었을 것이다. 관련하여 里耶秦簡 공문서 기년이 진이세2년에 끝이 난다는 것을 주목할 필요가 있다.[40] 이는 遷陵縣이 楚軍에게 점령된 후 행정업무가 정지되었음을 보여준다. 마찬가지로 臨江國의 영지에 속한 지역은 모두 관련 행정이 종료되었을 것이다. 「奏讞書」에 보이는 '楚時亡'은 표면상 그들이 호적으로부터 망명했음을 가리키나, 실제로는 임강국 시기 기존 행정의 정지로 인한 '亡'이었을 것이다.

南郡 지역 내에 출토된 漢代 기년 간독 중 가장 이른 시기의 간독은 張家山漢簡「曆譜」이다. 이 曆日 기록이 高祖5년부터 시작된 것은 결코 우연이 아니다.[41] 게다가 고조5년 중 기록된 "新降爲漢"은 남군 전체 혹은 일부 지역이 한에게 귀부했음을 보여준다. 그렇다면 臨江國이 유지되고 있었을 때 자체 운영한 기년을 가지고 있었을까?

馬王堆 3호 漢墓 帛書에서는 '張楚'라는 국명이 언급되었고,[42] 兎子山漢簡에서 역시 '張楚之歲'라는 구절이 적힌 간독 자료가 나온다.[43] 이를 통해 진한 교체기 楚人들이 '張楚'의 기년을 사용했음을 유추할 수 있다. 특히 이들은 모두 長沙國 지역에서 출토되었다. 장사국은 臨江國에 속했던 지역이었으므

---

40 『里耶發掘報告』, pp.228-239.
41 『張家山漢墓竹簡[二四七號墓]』, pp.3-4.
42 馬王堆漢墓帛書整理小組, 「〈五星占〉附表釋文」, 『文物』1974年第11期, p.38.
43 http://news.xinhuanet.com/local/2013-07/24/c_116663499.htm

로, 남군 역시 동일하게 '張楚' 기년을 사용했을 것이다. 그러나 현재까지 남군 지역에서 관련 자료가 출토된 적은 없다. 감히 추측컨대, 우리는 미래에 출토될 漢代 남군 간독자료 중 '장초'가 언급되거나 임강국 관련 사실이 기록된 간독을 영원히 찾을 수 없을지도 모른다. 남군은 장사국과 달리, 諸侯國을 철회하고 郡縣을 바로 회복하면서 정상궤도에 진입한다. 이는 남군 '漢人'이 '反秦'이 아닌 '承秦'을 지지했음을 반영한다. 睡虎地秦簡과 張家山漢簡에 보이는 秦漢律 간의 계승 관계는 바로 남군의 지역성으로도 설명이 가능하다. 흔히 간과되는 사실로, 「二年律令」과 「奏讞書」를 수장한 張家山 247호 묘주는 실제 秦代에 출생했고 어렸을 때부터 '秦人'으로 생활했음이 분명하다. 그는 秦 郡縣의 文法吏로 양성되었으므로, 그에게는 楚制가 아닌 秦制로의 회복이 진정한 '復辟'이었다. 진대 편호민이었던 남군 거주민의 사정 또한 그와 다르지 않았을 것이다. 즉, 풍속의 이질과 동질을 기준으로 보아도, 남군은 진제를 회복하고 계승해야 할 지역이었던 것이다. 이 같은 정서를 가진 남군 거주민이 과연 '張楚之歲'를 기록하고자 했을까? 남군 '漢人'에게 있어 그 간의 5년은 감히 말할 수 없는 불편한 진실이 아니었을까?

III 漢初 南郡의 前進 據點과 郡國 관계

漢初 郡國制 국면 하에, 關外郡 설치의 일차 목적은 군사 기능이었다. 특히 교통 노선 장악이 우선 과제였고, 남군 또한 그에 상응하는 기능을 수행할 필요가 있었다. 남군이 소재한 江漢平原은 일찍이 楚都의 소재지로서 여기로부터 모든 楚地가 연결된다. 동변은 江淮와 연결되고 남으로는 湘中 및 湘西 지역에 이른다. 뿐만 아니라, 초의 전성 시절에는 서북으로 武關을 점령하고

漢中 지역까지 확장했다. 秦은 昭襄王 29년(B.C.278) 이 지역 점령과 동시에 군현을 설치했다. 이는 진 조정이 남군의 교통 인프라를 얼마나 중시했는지를 보여준다. 진이 전국을 통일한 후 秦始皇은 남방을 순행할 때마다 남군을 경유했다.[44] 그것은 남군이 초지를 관통하는 중요 거점이었기 때문이다. 그 지정학적 가치는 한대에 이르러서도 변하지 않았다. 초지역 제후국을 견제하고 군현을 확장하는데 한조정은 남군의 직할을 적극 활용한다.

1. 長江 이남의 前進 據點

南郡 이남에 위치한 長沙國은 吳芮가 사봉된 이래, 文帝 後元7년(B.C.157)까지 吳姓王 世系를 유지했다. 장사왕은 충성스럽다는 평가를 받을 정도로 한조정과 깊은 우호 관계를 맺고 있었다.[45] 그러나 한조정은 결코 장사국의 영토 및 권력을 줄곧 보장해 주지 않았다. 관련 간독자료를 통해 한대 남군 강역이 장강 이남으로 더 확장했음을 확인할 수 있다. 이는 한이 애초부터 장사국을 대상으로 직할지 확장을 추진했음을 보여준다.

현 湖南 湘西 일대에 위치했던 武陵郡은 『漢書·地理志上』에 근거하면 高

---

44 예를 들어, "彭城을 넘어 재계하여 제사를 지내고 泗水에서 周鼎을 건지고자 했다. 1000명을 잠수시켜 구하고자 했으나 얻지 못했다. 이어서 서남으로 가서 회수를 건너고 衡山·남군으로 갔다. 장강을 건너 湘山祠에 이르렀다"라고 하여, 형산에서 상산으로 가는 중간에 남군을 경유한다. 그리고 관중으로 돌아갈 때는 "황제는 남군으로부터 무관을 거쳐 돌아갔다"라고 하여 또 다시 남군을 경유했다.(『史記』卷六「秦始皇本紀」, p.248: "過彭城, 齋戒禱祠, 欲出周鼎泗水. 使千人沒水求之, 弗得. 乃西南渡淮水, 之衡山·南郡. 浮江, 至湘山祠."; "上自南郡由武關歸.")

45 『漢書』卷34「韓彭英盧吳列傳」, p.1894: "長沙王忠, 其定著令."

祖 연간에 설치되었다고 한다.⁴⁶ 그러나 王國維는 일찍이 「漢郡考」에서 관련 의문을 제기한 적이 있다. 즉, "長沙王과 南越 사이에 한은 군을 설치하지 못했다. 게다가 장사는 문제 시기에도 2만5000호에 불과해 그 세력은 3군을 분치할 수 없었으므로, 武陵·桂陽 2군은 高帝가 설치한 것이 아닐 것이다."⁴⁷라고 했다. 『漢書·西南夷兩越朝鮮傳』에 기록된 文帝가 南越王 趙佗에게 보낸 서신에는 남월을 정벌하고자 하나 장사국 고유의 영토를 침범할 수 없어 전쟁을 발동하지 못했다는 언급이 나온다.⁴⁸ 그렇다면 그때까지도 무릉군은 설치되지 않았을 것이다. 문제 후원7년(B.C.157) 吳姓 장사국이 끝난 후 비로소 한 조정의 영역에 속하게 되었을 것이다.⁴⁹

「二年律令·秩律」에 따르면 武陵郡 속현의 대부분이 항목 내에 포괄되지 않아, 한초에 무릉군이 설치되지 않았다는 설이 타당함을 증명한다. 그런데 소수의 현명은 여기에 포함되어 있으므로, 왜 그 일부 지역이 직할되었는지를 명확히 설명할 필요가 있다. 「질율」에 보이는 현명 중 南郡의 속현으로 확정할 수 있는 것은 巫, 秭歸, 夷道, 夷陵, 醴陵, 孱陵, 州陵, 沙羨, 安陸, 宜成(城), 臨沮, 江陵, 竟陵, 西陵, 下雋, 鎭, 索 등 총 18개 현이다.⁵⁰ 그 중 '孱陵'과 '索' 및 '醴陵'(혹은 '醴陽')은 무릉군과 관련이 있다.

'索'에 대해 정리자는 그것이 河內郡에 속했을 가능성을 제기한 적이 있

---

46 『漢書』卷28上「地理志上」, p.1594: "武陵郡, 高帝置."

47 王國維,「漢郡考」,『觀堂集林』第二册, 中華書局, 1959, p.547.

48 『漢書』95「西南夷兩越朝鮮傳」, pp.3849-3850: "前日聞王發兵于邊, 爲寇災不止. 當其時長沙苦之, 南郡尤甚, 雖王之國, 庸獨利乎! 必多殺士卒, 傷良將吏, 寡人之妻, 孤人之子, 獨人父母, 得一亡十, 朕不忍爲也. 朕欲定地犬牙相入者, 以問吏, 吏曰'高皇帝所以介長沙土也', 朕不得擅變焉."

49 周振鶴,『西漢政區地理』, 商務印書館, 2017, p.130.

50 『二年律令與奏讞書』, pp.264-270.

다.⁵¹ 그러나 「二年律令·行書律」에는 "10리에 郵 하나를 설치한다. 南郡 江水 이남 索의 남쪽 경계에 이르기까지는 20리에 郵 하나를 설치한다"⁵²라는 구절이 나온다. 이에 근거하면 索은 장강 이남 남군의 남쪽 경계에 위치해 있었다. 더불어 里耶秦簡 16-52호 목독에 기재하길, "……江陵到屛陵百一十里; 屛陵到索二百九十五里; 索到臨沅六十里……"⁵³라고 하여 '屛陵'과 索이 진대에 일찍이 설치되었음을 알 수 있다. 그래서 周振鶴 및 『二年律令與奏讞書』 주석이 정리자의 의견을 수정한 것과 같이,⁵⁴ '索'은 응당 남군에 속할 것이다.

'醴陵'은 「地理志」에는 기재되어 있지 않은 위치 불명의 현이다. 周振鶴은 그것이 侯國名이라 보고, 呂后가 長沙國相 越을 여기에 봉했다고 했다.⁵⁵ 반면, 『二年律令與奏讞書』에서는 '예릉'이 '醴陽'의 오기라고 주석했다.⁵⁶ 예양에 관해 홍콩 중문대학문물관 소장 「河隄簡」222호에서는 "醴陽江隄卅九里二十囗步"⁵⁷라고 했다. 「奏讞書」 15안례에서도 예양이 출현한다.⁵⁸ 나아가 武帝 초년 남군 속현 및 후국명을 반영한 紀南城 松柏 35호 한묘에서도 예양이

51　『張家山漢墓竹簡[二四七號墓]』, p.77.

52　『二年律令與奏讞書』, p.198: "十里置一郵. 南郡江水以南, 至(索)南界, 廿里一郵 [二六四]".

53　『里耶發掘報告』, p.199.

54　周振鶴, 『〈二年律令·秩律〉的歷史地理意識』(修訂), p.358; 『二年律令與奏讞書』, p.283.

55　周振鶴, 『〈二年律令·秩律〉的歷史地理意識』(修訂), p.360.

56　『二年律令與奏讞書』, p.277.

57　陳松長 編, 『香港中文大學文物館藏簡牘』, 香港中文大學文物館, 2001, p.91；彭浩, 「〈河隄簡〉校讀」, 『考古』2005年第11期.

58　『二年律令與奏讞書』, p.352: "(高祖)七年八月己未江陵忠言：醴阳令恢盜縣官米二百六十三石八斗[六九]".

포함되어 있다.⁵⁹ 이렇듯, 예양은 고조부터 무제시기까지 줄곧 남군에 속했을 것이다. 예양의 위치는 '醴'가 澧水의 '澧'와 밀접한 관계가 있는 것에 따라 澧水 연안에 있었던 것으로 추측한다. 또한 「하제간」의 '醴陽江隄'에 근거하면 그것은 長江과 멀지 않았다. 종합하면, 예양은 대략 장강 이남과 澧水 북안 사이에 위치했을 것이다.

呂后2년 경 '屛陵'과 '索', '醴陽'(혹은 '醴陵')은 모두 南郡 속현으로 武陵郡과 長沙國 지리연혁 연구에 중요한 단서를 제공한다. 특히 '색'은 한 조정이 무릉군을 설치하기 전 일찍부터 湘西 지역 수로교통의 요지를 장악했음을 의미한다. 里耶秦簡 16-52호 목독에 따르면 江陵-屛陵-索-臨沅-遷陵이 하나의 노선이었다.⁶⁰ 그 중 색-임원-천릉은 모두 沅水와 酉水 수도를 연결하는 교통 요지이다. 색의 위치는 원수의 하류가 상서를 경유한 후 洞庭湖로 진입하는 입구였으므로, 원수-유수 간 수로 교통의 기점에 해당한다. 한조정이 색을 장악하면 장사국 내 동정호-원수-유수의 노선은 필연적으로 단절된다.

관련하여 '下雋'도 함께 주목할 필요가 있다. 하준에 대해 『水經注·沅水』에 이르길, "또 동으로 흘러 長沙 하준현 서에 이르고 북으로 흘러 장강에 주입된다"라고 했다. 또 주석에서는 "원수가 洞庭湖에 주입되어 바야흐로 장강에 모인다"⁶¹라고 했다. 이에 따르면 하준은 동정호 동변 장강과 湘水가 연결되는 지점에 위치했을 것이다. 종합하면, 한조정은 이때에 동정호 서변의 색과 동변의 하준을 남군에 편입해 동정호 수도의 모든 기점을 직할하고자 한

---

59   湖北省荊州博物館,「湖北荊州紀南松柏漢墓發掘簡報」,『文物』2008年第4期.

60   『里耶發掘報告』, p.199: "……江陵到屛陵百一十里, 屛陵到索二百九十五里, 索到臨沅六十里, 臨沅到遷陵九百十里."

61   『水經注』卷37「沅水」, p.871(陳橋驛校證,『水經注校證』, 中華書局, 2007): "又東至長沙下雋縣西, 北入于江" 注"沅水下注洞庭湖, 方會於江."

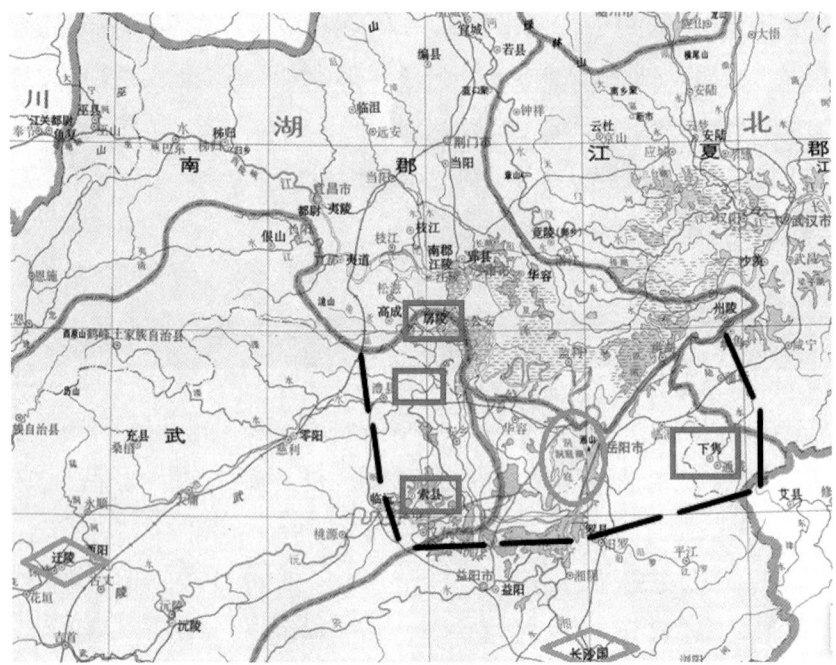

그림 7 洞庭湖 水道 주변 郡·國 영역 분포[62]

것이다.

洞庭湖 水道의 단절로 인해 長沙國은 湘水 연안과 沅水·酉水 일대를 연

---

62 지도 인용, 譚其驤, 『中國歷史地圖集』第二册, 中國地圖出版社, 1982(이하 『中國歷史地圖集』第二册으로 약칭), pp.22-23 참조. 〈지도〉에 표시된 군현 영역은 훗날 成帝 시기의 자료인 『漢書·地理志』에 의거한 것이기 때문에 「二年律令」에 반영된 漢初의 강역과는 다르다. 그보다는 별도로 부가 편집한 라인에 주목해 주길 바란다. 보이는 바와 같이 洞庭湖로부터 발원하는 여러 지류는 북쪽의 屠陵과 澧陽 영역 아래로, 서쪽의 索, 동쪽의 下雋을 한조정이 직할함으로써 장사국의 모든 수로 기점을 장악하는 것이 가능하다. 예를 들어 수로를 통해 장사국의 수도 臨湘에서 遷陵에 이르고자 한다면, 한조정의 직할지인 索을 반드시 거쳐야 하는 감시 하에 놓이게 된다.

계하는 데 난관에 봉착했을 것이다. 이 두 지역을 이을 유일한 방법은 長沙-益陽-臨沅 간의 육로 노선을 이용하는 것이었다.63 「二年律令·津關令」에서 장사국이 한조정에 傳馬 구입을 요청하여 이를 윤허하는 법령이 나온 것은 이러한 숨겨진 역사가 배경이 되었을 것이다.64 습지가 많아 마차 운행이 불편함에도 장사국이 상비의 置傳을 건립하고자 한 것은 동정호 수도를 대체할 육로교통의 확보가 절박했기 때문이다. 설령 육로교통이 확보되었다 한들, 천혜의 환경으로부터 취할 수 있는 이점을 빼앗긴 장사국의 국력 하락은 불가피했다.

'屛陵'·'索'·'醴陽'·'下雋'의 네 개 현 중, 紀南 松柏 漢墓 35호 목독에서는 색과 하준이 더 이상 포함되지 않고 잔릉·예양은 여전히 여기에 속한다.65 文景 연간에 武陵郡과 長沙郡이 설치되면서 색과 하준은 남군으로부터 분리되었을 것이다. 잔릉은 成帝 연간에 편찬된 「地理志」에 이르러 무릉군의 속현 중 하나가 되고66, 예양은 불명한 어느 시기에 사라진다. 종합하면, 무릉군 및 장사군 설치는 洞庭湖로 주입되는 沅水·湘水의 하구를 틀어쥐어 장사국의 교통 인프라를 통제하는 것에서부터 시작되었다. 「二年律令」에 기록된 '잔릉'·'색'·'예양'·'하준'의 직할은 그 과정의 시작을 보여준다.

---

63 鍾煒, 「試探洞庭兵輸内史及公文傳遞之路線」, 『長江大學學報』2007年第1期, p.80. 그 연구에 따르면, 진대에는 천릉 - (유양) - 영양(오늘날의 자리현 일대) - 임원 (혹은 색) - 익양에 이르는 관도가 존재했다. 장사국는 치전을 상설하기 위해 해당 노선을 복원했는데, 최소 상수 - 자수 - 원수를 가로지르는 육로가 있어야 상중과 상서 지역을 연결할 수 있다.

64 『二年律令與奏讞書』, p.321: "相國上長沙丞相書言, 長沙地卑湿, 不宜馬, 置缺不備一駟, 未有傳馬, 請得買馬十, 給置傳, 以爲恒. [五一六]"

65 「湖北荊州紀南松柏漢墓發掘簡報」, pp.29-32.

66 『漢書』卷28上「地理志上」p.1594.

2. 安陸城의 사례로 본 郡國 대치 국면의 변화

前漢 시기 南郡의 행정편제는 대략 두 차례의 변동이 있었다. 첫째는 景帝2년(B.C.155) 關于, 경제4년(B.C.153)에 故太子 榮을 臨江王에 책봉했던 것이다. 그러나 유알우는 즉위한 지 1년이 채 되지 않아 사망했고, 유영 또한 짧은 재위 끝에 반란 혐의를 받아 자살하면서 南郡은 재차 원래의 郡縣 체제를 회복했다.[67] 둘째, 漢武帝 시기 江夏郡의 설치에 따라 安陸을 중심으로 하는 漢水 이동 지역이 분리된 것이다. 강하군의 설치는 남군의 군사적 역할에 전환이 발생했음을 반영한다.

江夏郡은 武帝 元狩2년(B.C.121)에 이르러서야 설치되었다는 것이 정설이다.[68] 紀南 松柏 漢墓 35호 목독 중에는 南郡 속현 및 후국명을 다음과 같이 나열하고 있다.

> 武, 秭歸, 夷道, 夷陵, 醴陽, 屠陵, 州陵, 沙羨, 安陸, 宜城, 臨沮, 顯陵, 江陵, 襄平侯中廬, 邔侯, 便侯, 軑侯[69]

그 중 沙羨·安陸·軑는 「地理志」에서는 강하군 영역에 속한다. 특히 安陸은 漢水 이동의 도회지이기 때문에, 그것이 아직 南郡의 屬縣이었다면 江夏郡은 武帝 초년까지 설치되지 않았음을 의미한다. 강하군은 아마 衡山國이 폐치된 이후 새롭게 편제되었을 것이다.[70]

67　『史記』卷59「五宗世家」, p.2094.

68　「地理志」에서 高祖 연간에 설치되었다고 했으나, 王国維는 그 설을 수정했다(「漢郡考」, 『觀堂集林』第二册, 中華書局, 1959, pp.543-544).

69　「湖北荊州紀南松柏漢墓發掘簡報」, pp.29-32.

70　강하군에 대한 연구는 蘇衛國, 「西漢江夏郡沿革考——從紀南松柏漢墓簡牘說起」,

그렇다면, 江夏郡 설치 전후 南郡 동변의 형세에 어떠한 변화가 발생했던 것일까? 이에 대한 단서는 성읍 遺址의 분석을 통해 찾을 수 있다. 오늘날 호북 雲夢 현성 동측에 위치한 安陸縣城 유지는 총 면적 1.9km^2이고, 성벽의 총 길이는 9.7km에 동서1.9km, 남북1km에 이르는 대형 성읍이다.[71] 고찰에 따르면 성읍의 건축 연대는 戰國 중기에서 만기 사이이지만, 중앙 담장은 그보다 늦은 前漢 초기 이후로 추측한다. 중앙 담장의 수축 시간을 기준으로, 안륙현성의 규모는 大에서 小로 전환되었다. 중앙 담장 서측의 성곽은 계속 연용된 반면 동측은 폐치되었다. 우리는 여기서 두 가지 문제를 제기할 수 있다. 첫째, 戰國 楚 시기에 건설된 '大城'이 왜 동일한 규모로 秦漢 시기까지 연용되었던

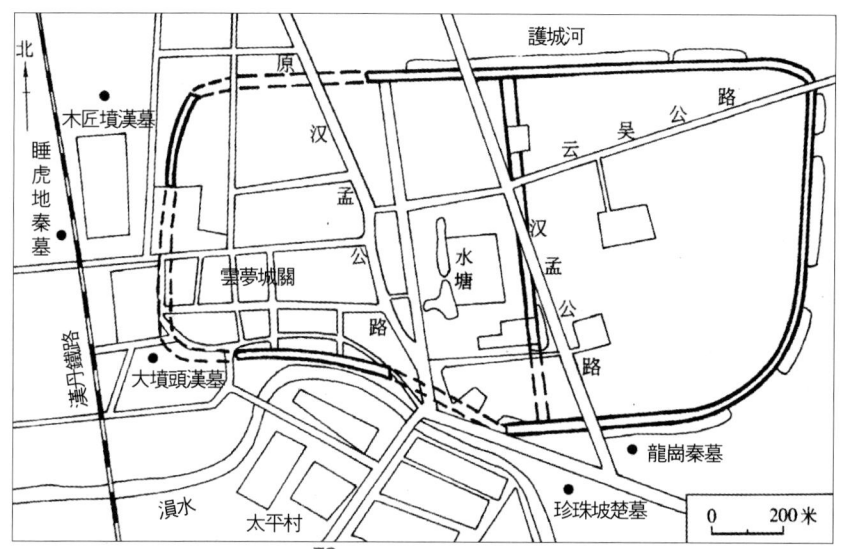

그림 8 雲夢楚王城遺址 평면도[72]

『學術交流』2010年第5期 참조.

71 湖北省文物考古硏究所·孝感地區博物館·雲梦縣博物館, 「'92雲梦楚王城發掘簡報」, 『文物』1994年第4期, p.42.

72 『中國考古學·秦漢卷』, p.265.

것일까? 둘째, 이렇게 동일한 규모를 줄곧 유지해 온 현성이 왜 전한의 어떤 시기에 이르러 축소된 것일까?

총 면적이 1.9km^2에 달하는 安陸城은 秦漢代 縣城의 일반 면적이 10만m^2 (0.1km^2) 미만인 것에 비해 상당히 큰 편에 속한다. 예를 들어 소형 현성 중의 里耶古城, 즉 遷陵縣城은 총면적이 2만m^2에 불과하다.[73] 안륙성과 직접 대비되는 사례로 동일하게 남군 경내에 위치한 宜城 楚皇城 유지가 있다. 이 두 성지는 공통점이 많다. 우선 모두 戰國 楚에 수축된 성읍이다. 초황성 유지는 응당 楚 鄢城이었을 것이다. 문헌에서는 秦昭襄王 29년(B.C.278)에 白起에 의해 함락된 것으로 전해진다. 규모에 있어 鄢城은 총면적이 2.2km^2에 성벽 총 길이가 6.44km에 달해, 대략 안륙성 규모에 상당한다.[74] 또 하나의 공통점은 성내에 담장이 축소된 흔적이 있다는 것이다. 이는 다른 한편으로 두 성지를 구분하는 핵심적 차이이기도 하다.

宜城 楚皇城 '大城'의 폐치 시기는 安陸城보다 빨랐다. 秦漢代에 이르러 대성 내부에 小城이 다시 수축되었다. 발굴보고에 따르면, 소성의 총면적은 38만m^2(0.38km^2)로, 표층에서 출토된 유물은 대부분 한대의 것이다.[75] 일찍이 秦將軍 白起는 河水를 성에 관개하는 전술을 통해 鄢을 함락했는데,[76] 실제 대성 동남단에는 60m 정도의 缺口가 남아있다.[77] 게다가 대성의 표층에는 진한대 유물이 전무하다. 이는 진통치 시기에 들어 대성이 폐치되고 소성이 신

---

73 『里耶發掘報告』, p.12.

74 楚皇城考古發掘隊, 「湖北宜城楚皇城勘查簡報」, 『考古』1980年第2期, p.108.

75 『中國考古學·秦漢卷』, pp.266-267.

76 『水經注』卷28「沔水」, pp.667-668: "又南過宜城縣東, 夷水出自房陵, 東流注之"注曰: "昔白起攻楚, 引西山長谷水, 即是水也……水潰城東北角, 百姓隨水流, 死于城東者數十萬, 城東皆臭, 因名其陂爲臭池."

77 「湖北宜城楚皇城勘查簡報」, p.109.

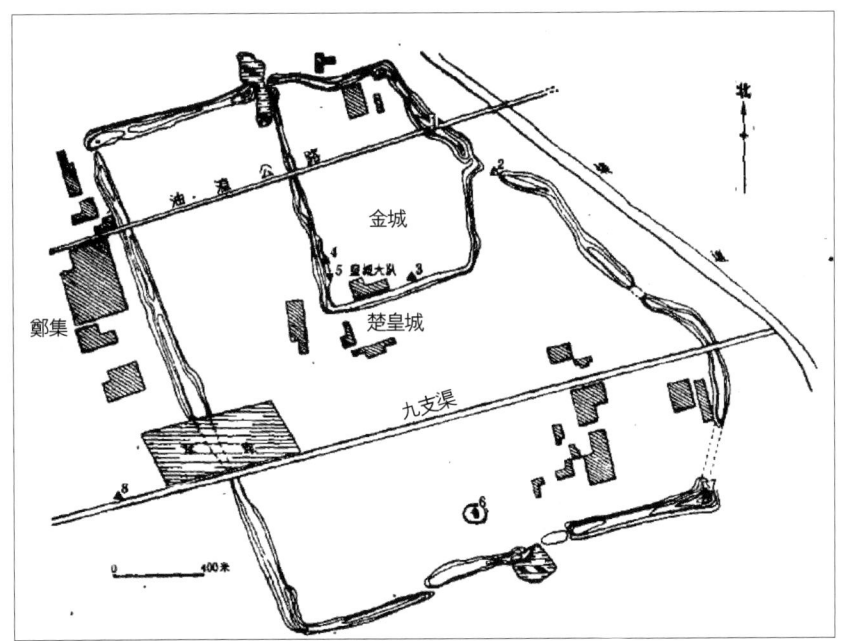

그림 9 楚皇城 평면도[78]

설되었음을 반영한다.

　이와 달리 安陸 '大城'은 최소 前漢 초기까지 연용 되었다. 그 증거는 후에 구축된 중앙 담장과 남 성벽의 지표로부터 찾을 수 있다. 남 성벽의 지층을 누르고 있는 중앙 담장 하부 및 남 담장 상부의 제5 문화층에서 전한 초기의 盆이 발견되었다. 이에 따라 발굴보고는 담장의 건축연대가 전한 초기 이후인 것으로 확정했다. 안륙의 대성은 秦 점령 시에 파괴되지 않고 적어도 漢初에 이르기까지 연용되었던 것이다.[79]

　安陸이 漢代에도 과거 구축된 대형 성곽을 연용한 것은 흥미로운 현상이

---

78 「湖北宜城楚皇城勘查簡報」, p.109.
79 「92雲夢楚王城發掘簡報」, p.51.

다. 사실 안륙은 인구가 많은 현읍이 아니었다. 「二年律令·秩律」에 보이는 질록등급에 따르면 안륙 縣令은 3등급(600石)이었다. 반면 그보다 현성 규모가 현저히 작았던 宜城 縣令의 질록은 2등급(800석)에 배치되었다.[80] 『漢書·百官公卿表』에서 밝혔듯이 현령 질급 구분의 주요 기준은 해당 현의 호구 수였다.[81] 이것이 절대 표준이 될 수는 없지만, 최소 현성의 규모와 인구의 다소가 비례하지는 않음을 알 수 있다.

安陸의 대형 현성은 군사 수요에 따른 계획이었을 것이다. 秦代 南郡 설치 이후 楚를 방어하기 위한 전진 기지가 필요했고, 안륙성이 그 임무를 담당했을 것이다. 이러한 국면은 漢初 郡國制 하에서도 지속되었다. 「二年律令·賊律」의 관련 조문에서도 보듯이[82], 이 시기 군국 간에는 배타적 군사 경계가 형성되어 있었다. 안륙 일대에는 城·邑·亭·障 등의 방어 시설이 집중 배치되어 제후국의 침입을 저지했을 것이다.

安陸城은 군사 요지로서 중요한 기능을 담당했지만 훗날 축소된다. 이는 그 지역의 군사 구도에 변화가 발생했음을 의미한다. 발굴보고는 안륙성 중앙 담장의 건축 연대를 前漢 초기 이후로 추측했다. 그런데 여러 자료를 검토하면 실제 건축 연대는 전한 초보다 더 늦은 시기였을 것이다. 文景 시기 이래 발생한 주요 변화에 의거하면 안륙성 축소에는 세 가지 가설을 제기할 수 있다. 첫째, 景帝 시기 두 차례 臨江王 분봉이 진행되었을 때 축소되었을 가능성이 있다. 만약 諸侯王이 이 같이 대규모의 현성을 보유했을 시 군사상의 위험요소가 될 수 있었기 때문이다. 둘째, 江夏郡의 설치와 더불어 진행되었을 가능성이다. 南郡 동변은 줄곧 제후국 영지에 속해 있던 것이 武帝 元狩元年

80　『二年律令與奏讞書』, pp.264-270.

81　『漢書』卷19上「百官公卿表上」, p.742: "萬戶以上爲令, 秩千石至六百石. 減萬戶爲長, 秩五百石至三百石."

82　『二年律令與奏讞書』, p.88.

(B.C.122) 淮南國이 폐치된 이래 대부분 郡縣 지역으로 전환된다.[83] 이때 이후로는 더 이상 안륙을 거점으로 제후국 세력을 경계할 필요가 없었다. 이에 漢水 이동 지역에 강하군이 설치되었고, 그 과정 중에 안륙성이 축소되었을 수 있다. 셋째, 훗날 강하군 治所가 조정되는 과정 중 성읍이 축소되었을 가능성이 있다. 「地理志」에 따르면, 강하군의 首縣은 西陵이다. 그러나 어떤 학자는 서릉 이전에 안륙이 강하군의 치소였다는 의견을 제시한다.[84] 만약 그렇다면 강하군의 치소가 안륙에서 서릉으로 옮겨가며 역할이 감소한 안륙성을 축소시켰을 수 있다.

위에 제기한 가설 중, 아직 정확한 답은 찾을 수 없다. 그럼에도 安陸城의 사례는 戰國에서 漢에 이르는 南郡의 지역성을 상징적으로 보여준다. 前漢 郡國의 대치 국면이 장기 지속되며, 안륙성은 남군의 대 六國 혹은 諸侯國 전략을 위한 前進 據點이 되었다. 그것이 언제까지 연용 혹은 축소되었건 간에, 최소 漢初에서 武帝 시기 간 군국 대치국면의 한 단상을 보여준다는 측면에서 주목할 가치가 있다.

---

[83] 周振鶴, 『西漢政區地理』, 商務印書館, 2017, pp.50-51.

[84] 黃盛璋은 安陸城 동변이 江夏郡 치소였을 때 확대되었다고 주장했다(「雲夢秦墓兩封家信中有關歷史地理的問題」,『文物』1980年第8期, pp.76-77). 그러나 성벽의 실제 발굴보고는 동변과 서변의 대성이 모두 漢初까지 연용되었고, 중앙 담장이 수축된 후 동변성이 폐치되었던 것으로 확정해 황성장의 설과는 상반된다. 만약 안륙성이 정말 한때 군 치소였다면, 옛 성이 연용 되었고 치소를 西陵으로 옮긴 후에 규모가 축소되었을 것이다.

#08

鴻溝 水系 교통의 재건
- 梁楚 지역 郡國의 변천

•

현대 중국어에서 다양한 함의를 지닌 鴻溝는 우선 동아시아 전통 놀이인 장기에서 발견된다. 장기의 판은 가로 10줄과 세로 9줄로 구성되어 있다. 현대의 한국식 장기판은 가로 세로의 모든 줄이 격자로 짜여 져 그것이 잘 드러나지 않지만, 중국식 장기판은 가로 5번과 6번 줄

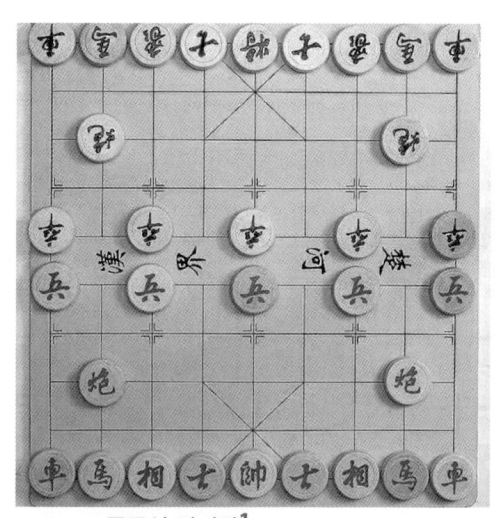

그림 10 중국식 장기판[1]

---

1 그림 인용, https://image.baidu.com.

사이의 공간을 비워 두어 공수 양 영역의 경계가 보다 선명하게 드러난다. "楚河 漢界"라는 글귀가 적혀 있기도 한 가로 5번과 6번 줄 사이의 이 공간이 바로 홍구이다. 『史記·項羽本紀』에서 "홍구 서쪽을 한의 영역으로 하고, 홍구 동쪽을 초의 영역으로 나누었다"[2]라고 한 것에서 알 수 있듯이, 홍구는 楚漢 경계의 대명사였다. 초한 전쟁을 모티브로 설계된 장기판에서 홍구는 그 상징성이 가장 잘 구현된 공간이라 할 수 있다.

홍구는 경계를 뜻하는 장기에서의 상징과 더불어 큰 격차, 넘을 수 없는 한계를 뜻하기도 한다. 또한 세대 차이(generation gap)를 뜻하는 신조어 '代溝'[dài gōu]는 세대의 '代'와 홍구의 '溝'를 결합한 용어이다. 이는 초한 경계에서 비롯된 홍구의 은유가 중국인의 심상 속에 얼마나 깊게 뿌리 내리고 있는지 보여주는 좋은 예이다.

그런데 홍구의 본 뜻은 『漢語大詞典』의 첫 번째 해석에서 밝힌 바와 같이 "옛 운하의 이름(古運河名)"이다.[3] '운하'라 함은 선박 운항을 위해 인공으로 연결한 수로를 의미한다. 『史記·河渠書』는 滎陽으로부터 발원한 홍구가 전국시기 宋·鄭·陳·蔡·曹·衛와 통하고, 濟·汝·淮·泗水와 합류하는 광역의 수로였음을 밝히고 있다.[4] 그렇다면 애초에 연결과 개방을 위해 만들어진 홍구가 왜 초한전쟁 시기에 들어 단절과 경계의 용도로 전환되는 역설이 일어난 것일까?

앞선 장에서 漢初 黃河 일대와 江漢 지역의 關外郡을 살펴보았다. 漢朝廷은 이를 기반으로 점차 관외 영역을 확장해 나간다. 특히 楚漢 전쟁 시기 鴻溝를 기준으로 양측을 가른 경계는 한초 郡國의 경계로도 연용 되었다. 따라서 홍구의 문제는 단순히 초한 전쟁에만 국한되지 않는다. 전한 시기 군국, 홍구

---

2   『史記』卷7「項羽本紀」, p.331: "割鴻溝以西者爲漢, 鴻溝而東者爲楚."

3   羅竹風 主編, 『漢語大詞典』第十二卷, 上海辭書出版社, 2011, p.1100.

4   『史記』卷29「河渠書」, p.1407: "自時之後, 滎陽下引河東南爲鴻溝, 以通宋·鄭·陳·蔡·曹·衛, 與濟·汝·淮·泗會."

수계와 연결된 梁楚 지역의 문제에까지 확장된다. 관련하여 이 장에서는 「二年律令·秩律」에 기록된 홍구 주변 거점에 관한 세부 고증으로부터 논의를 시작한다. 나아가 홍구 수계 교통의 점진적 복원이 '漢承秦制'의 경계를 넘어선 漢帝國 영역의 확장이라는 맥락에서, 기타 관외군과 차별되는 특성을 발견할 수 있을 것이다.

I 『二年律令·秩律』을 통해 본 鴻溝 연선 지역 귀속 문제

「二年律令·秩律」(이하 「질율」로 간칭)의 세부 지역에 주목한 각론은 여전히 논의를 발전시킬 여지가 많다. 특히 東郡·潁川郡 및 河南郡 일부 지역의 경우 梁國·淮陽國 등과 접경을 이루는 교차 지대였기 때문에 보다 복잡한 곡절을 내포하고 있다. 그것은 이 일대가 황하와 홍구 수계 거점이 집중된 요충지이기 때문이기도 할 것이다. 먼저 해당 군들의 속현을 유형별로 분류하면 표 9와 같다.

표 9 鴻溝 일대 속현 분류[5]

	①	②	③
河南郡	雒陽, 新成, 平陰, 河南, 緱氏, 成皋, 滎陽, 卷, 陽武, 梁, 密	陝, 盧氏, 新安, 宜陽, 岐, <u>陳留</u>, <u>酸棗</u>, <u>黃鄉(小黃)</u>	偃師, 京, 平, 原武, 鞏, 穀成, 故市, 新鄭, <u>封丘</u>, <u>浚儀</u>
東郡	濮陽, 陽平, 東阿, 聊城, <u>燕</u>, 觀, 白馬, 東武陽, 茌平, 頓丘	鄄城	發干, 范, 博平, 黎, 清, 離狐, 臨邑, 利苗, 須昌, 壽良, 樂昌, 廩丘
潁川郡	陽翟, 成安, 陽城, 苑陵, 襄城, 偃鄔, 潁陽, 長社, 許, 潁陰, 定陵, 舞陽, <u>傿陵</u>	圉, 尉氏, 中牟, 啓封	昆陽, 新汲, 窴高, 臨潁, 父城, 周承休, 綸氏, <u>扶溝</u>

5 자료의 출처로 「秩律」은 『二年律令與奏讞書』, pp.257-295; 「地理志」는 『漢書』卷28 上 「地理志上」, pp.1555-1560을 참고했다.

표 9의 세 가지 유형은 다음과 같은 기준으로 분류한 것이다.

① 「질율」과 『漢書·地理志』(이하 「지리지」로 간칭)에 동일하게 발견되는 현 혹은 후국
② 「질율」에 발견되지만 「지리지」에서 발견되지 않거나 소속 군이 달라진 현 혹은 후국
③ 「지리지」에 발견되나 「질율」에서는 발견되지 않는 현 혹은 후국

①②는 呂后 2년 경 한 군현 소속으로 확정할 수 있는 지역이다. 그 중 ②가 보다 복잡한 함의를 지닐 것이다. 河南郡의 陝·盧氏·新安·宜陽은 후에 漢武帝 시기 弘農郡을 분리 설치할 때 소속 편제된 지역이다. 이들이 홍농군 설치 전까지 하남군에 속했던 것은 의심할 여지가 없다. 반면 陳留·酸棗·黃鄕은 후에 陳留郡의 속현으로, 당시에는 하남군에 속했던 것으로 추정된다. 동군과 영천군의 ② 또한 하남군의 사례와 유사하다. 鄄城은 후에 동군으로부터 양국 소속으로 세부 조정이 이루어진 듯하다(최종적으로는 定陶國에 편제). 圉·尉氏·中牟·啓封은 후에 하남군·진류군·淮陽國 등에 배치되었다. 이들을 영천군에 분류한 것은 단지 맥락에 의거해 추정한 것이다. 『二年律令與奏讞書』 주석은 이 글과는 달리 위씨·중모·계봉은 영천군, 어는 하남군에 속하는 것으로 보았다.[6] 이 글에서는 만약 위씨·계봉·언릉이 모두 영천군에 속했다면, 그와 지리적 위치가 가까운 어 역시 영천군에 속했을 가능성이 더 높다고 생각했다.[7]

---

6 『二年律令與奏讞書』, pp.269-283.
7 晏昌貴는 어·위씨·중모·계봉이 모두 하남군에 속했던 것으로 추정했다(「〈二年律令秩律〉與漢初政區地理」, 『歷史地理』第21輯, 2006, p.50). 이 또한 불가한 것은 아니다.

鴻溝 수계 주변에 위치한 陳留·酸棗·黃鄕·圍·尉氏·中牟·啓封 등의 속현과 인접한 제후국은 梁國과 淮陽國이었다. 특히 양국의 경우『史記·梁孝王世家』에서 그 최대 강역을 대략 "地北界泰山, 西至高陽"이라 요약했다.[8] 高陽은 어의 속향으로 어와의 접경을 의미하는 표지로 지칭된 것 같다. 이는 진류·어 등의 홍구 동쪽 지역이 한군현에 속했던「秩律」의 상황과 동일하다. 한 조정은 양국과 회양국의 영역이 홍구 상류 유역에 이르지 않도록 일관되게 저지했던 것이다. 이렇게 하류 너머 前沿 지대의 확보를 통해 제후국의 거점을 장악하는 방식은 淮南國·長沙國 등과 인접했던 南郡에서도 유사한 예가 발견된다. 또한 呂后가 양국으로부터 東郡을 분리해 황하 하류 지역을 직할하고자 한 것도 이와 동일한 의도였을 것이다. 나아가 해당 전략은 후술할 梁楚 지역 郡國制 운영의 일관된 원칙으로 발전한다. 홍구 수계 거점의 장악은 양초지역 제후국의 견제와 군현 확장의 목적을 겸한 대비로 볼 수 있다.

③은「秩律」에 기록되어 있지 않은 지역이다. 그러나 후대의 郡縣 편성을 분석하는데 있어 더욱 중요한 정보를 담고 있다. ③이「질율」에 기록되지 않은 것은 이 시기에 아직 해당 현이 설치되지 않았거나, 해당 현이 제후국 영역에 속했을 가능성이 있다. 해당 현이 군 강역 내부에 위치했다면, 아직 이때에 설치되지 않았을 가능성을 더 많이 반영한다. 예를 들어「地理志」는 潁川郡의 崈高가 武帝 시기 中嶽 제사와 관련하여 새로이 설치되었음을 명시했다. 周承休 역시 侯國이었던 것을 元帝 시기에 설치했다고 전한다.[9] 그 외의 현은 설치 시기를 명확히 단정할 수 없으나「질율」과 비교해 세부 연혁을 더 규명할 수 있을 것이다.

梁國 및 淮陽國과의 접경 지대에 위치했던 封丘·浚儀·扶溝는 제후국 영

---

8 『史記』卷28「梁孝王世家」, p.2083.

9 『漢書』卷28上「地理志上」, p.1560: "崈高, 武帝置, 以奉太室山, 是爲中岳. 有太室·少室山廟……周承休, 侯國, 元帝置, 元始二年更名鄭公. 莽曰嘉美."

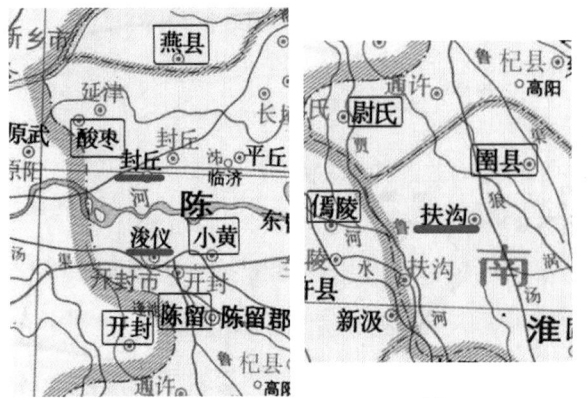

그림 11 封丘·浚儀·扶溝 주변 속현 상황[10]

역에 속했을 수도 있다. 그러나 여기에는 이해되지 않는 몇 가지 의문점이 존재한다. 이들 지역은 주변 현과의 관계를 생각하면 諸侯國 영역에 속했다고 생각하기 어렵다. 우선 봉구는 燕의 남쪽, 酸棗의 동남쪽에 인접한 현이고 그 바로 남쪽에 준의가 위치한다. 다시 그 남쪽에 啓封과 陳留가 위치하게 되고 黃鄕(훗날의 小黃)은 바로 준의의 동쪽에 위치한다. 즉 봉구와 준의는 속현에 둘러싸인 위치임에도 「秩律」에서 빠졌다. 그리고 부구 주변 또한 회양국에 속했다는 기존 인식과는 달리 한군현에 속했다. 부구 서편의 尉氏·傿陵과 동편의 圉가 모두 한군현에 속했음에도 그 사이에 위치한 부구는 여기에 포함되지 않았던 것이다.

무엇보다 封丘·浚儀·扶溝縣은 鴻溝 지류의 河口가 위치한 핵심 거점이었으므로 특별한 관리가 필요했다. 「地理志」에는 이 세 현의 수계 정보를 다음과 같이 기술했다.

> 封丘. 濮渠水가 처음으로 沛(水)로부터 나와, 동북으로 都關에 이르러 羊里水로 주입되기까지, 군 세 곳을 지나고 그 거리가 630리에 이른다.[11]
> 浚儀. 옛 大梁이다. 魏惠王이 安邑에서 이곳으로 도읍을 옮겼다. 睢水가 처

---

10 지도 인용, 『中國歷史地圖集』第二冊, pp.19-20.
11 『漢書』卷28上「地理志上」, pp.1558-1559: "封丘. 濮渠水首受沛, 東北至都關, 入羊里水, 過郡三, 行六百三十里."

음으로 狼湯水로부터 나와, 동으로 取慮에 이르러 泗(水)로 주입되기까지, 군 네 곳을 지나고 그 거리가 1360리에 이른다.[12]

扶溝. 渦水가 처음으로 狼湯渠로부터 나와, 동으로 향해 淮(水)로 주입되기까지, 군 세 곳을 지나고 그 거리가 1000리에 이른다.[13]

封丘의 설명에서 沛水는 곧 濟水와 같다. 滎陽에서 분류한 鴻溝 수계는 북쪽의 陽武·봉구 방향으로 한 갈래 흘러 제수를 형성하고 남쪽의 中牟·浚儀(전국시기의 大梁)을 거쳐 狼湯渠를 형성한다. 『水經注·濟水』의 "又東過封丘縣北" 구절에서는 "漢高祖가 翟盱를 후국에 봉했고, 濮水가 출원한다"[14]라고 했다. 그러나 『史記·高祖功臣侯者年表』에서는 한고조 12년에 책봉된 적우의 봉지를 봉구가 아닌 衍으로 기록하고 있다.[15] 濮(渠)水가 봉구로부터 출원한다는 기록은 틀림없어 보이나, 해당 縣의 설치 유무 혹은 侯國의 존재 유무는 이처럼 명확하지 않다. 복수가 羊里水에 이르기까지 지나는 세 군은 「地理志」를 기준으로 대략 陳留郡·東郡·濟陰郡(혹은 定陶國)을 지칭할 것이다.

魏의 수도 大梁을 전신으로 하는 浚儀는 漢代부터 그 명칭이 등장한다. 『水經注·渠沙水』에서 "漢文帝 때에 孝王을 梁에 봉했는데, 효왕은 그 토지가 습한 관계로 동천하여 睢陽을 수도로 삼았고, 또 그 이름을 양으로 고쳐 이때부터 현을 설치했다."[16]라고 했지만, 그 기록은 정확하지 않다. 「秩律」을 통해

---

12 『漢書』卷28上「地理志上」, p.1559: "浚儀. 故大梁. 魏惠王自安邑徙此. 睢水首受狼湯水, 東至取慮入泗, 過郡四, 行千三百六十里."

13 『漢書』卷28上「地理志上」, p.1636: "扶溝. 渦水首受狼湯渠, 東至向入淮, 過郡三, 行千里."

14 『水經注』卷7「濟水」, p.197: "漢高帝封翟盱爲侯國, 濮水出焉."

15 『史記』卷18「高祖功臣侯者年表」, p.963: "衍, 十一年七月乙巳, 簡侯翟盱元年."

16 『水經注』卷22「渠沙水」, p.530: "漢文帝封孝王于梁, 孝王以土地下溼, 東都睢陽, 又

알 수 있듯이 한초의 대량 지역은 한군현과의 접경 지대에 해당했다. 梁國 초기의 수도는 定陶였기 때문에, 만약 천도를 했다면 정도에서 휴양으로 옮겼을 것이다.[17] 다만, 휴양이 양국의 수도가 된 것은 睢水의 치수사업이 이때에 완비되었음을 의미한다. 휴수의 발원지인 준의현 역시 이와 연계하여 설치되었을지도 모른다. 泗水와 합류하기까지 휴수가 거치는 네 개의 군은 陳留郡·梁國·沛郡·臨淮郡을 지칭할 것이다.

扶溝는 狼湯渠가 반드시 거치는 중류 지역 거점이다. 명칭에서 알 수 있듯이 현의 설치는 水渠의 존재와 밀접한 관련이 있다. 따라서 "扶亭이 있었고 또 洧水溝가 있어, 이에 현의 扶溝라는 명칭이 있게 되었다"[18]라는 『水經注』의 기록은 참고할 만하다. 이 부구의 명칭이 漢代 이후에 들어 등장하는 것은 특기할 만한 사실이다. 부구현이 한대에 들어 신설되었을 가능성을 충분히 고려해볼 수 있는 것이다. 淮水와 합류하기까지 渦水가 거치는 세 개의 군은 淮陽郡(혹은 國)·陳留郡·沛郡을 지칭할 것이다.

위의 정황을 종합하면 封丘·浚儀·扶溝는 梁楚 지역 치수와 조운의 핵심 거점이었다. 鴻溝 수계의 상류가 漢朝廷에 속했던 郡國制의 상황을 고려하면, 이들은 「秩律」에 반드시 포함되었어야 할 지역이다. 그럼에도 「질율」에 기록되지 않았다는 것은 봉구·준의·부구현이 한초에 아직 설치되지 않았기 때문

改曰梁, 自是置縣."

17 이에 관해 기존 학계에 정도로부터 휴양으로 옮겼을 것으로 추측한 王遂一, 「漢梁孝王封於開封質疑」, 『河南大學學報』(社會科學版)1995年第1期과 대량으로부터 휴양으로 옮겼다는 설을 견지한 程有爲, 「論西漢梁國的都城遷徙 – 與王遂一先生商權」, 『河南大學學報』(社會科學版)1995年第6期의 연구가 상충한 적이 있다. 세부 문제의 논증은 재고가 필요하나, 큰 틀에서는 王遂一의 설이 사실에 더 가까울 것이다.

18 『水經注』卷22「渠沙水」, p.533: "有扶亭, 又有洧水溝, 故縣有扶溝之名焉."

이 아닐까? 참고로 秦代 封泥 자료에서 봉구·준의·부구의 현명은 현재까지 출현하지 않고 있다.

浚儀의 전신인 大梁의 경우 秦代에 설치되어 있었다는 설이 있지만, 이 또한 재고가 필요하다. 湖南 衡陽市 唐家山 戰國墓에서 출토된 大梁戈에는 "卅三年大梁左庫工師丑治□"[19]라는 명문이 새겨져 있다. 그런데 여기서의 33년은 秦始皇이 아닌 魏惠王 재위 년도이므로, 이것이 진 대량을 증명하지는 않는다. 문헌 기록의 경우 『史記·張耳陳餘列傳』에서 張耳와 陳餘의 출신을 대량인으로 적시해 이들의 경력으로부터 단서를 이어 진 대량의 존재를 유추하기도 한다.[20] 그러나 장이와 진여는 대량을 떠나 外黃과 陳에서 활동했고, 진대에 대량에 머문 기록이 없다. 따라서 그들의 행적을 통해 진 대량의 단서를 찾는 것은 불가하다. 덧붙여 말하면, 대량의 '大'는 다분히 위국 입장에서 수도를 높이는 주관적 표현이므로 진제국이 그 명칭을 그대로 사용했을 리 없다. 또 王賁의 水攻으로 인해 대량은 철저히 파괴되었다.[21] 이를 종합해 볼 때 과연 대량현이 진대에 존재했다고 볼 수 있을까?

현재 封丘·浚儀·扶溝縣의 명확한 설치시기는 알 수 없지만, 적어도 梁楚 지역 치수 및 수운 인프라 운영이 세 현의 설치와 밀접한 관련이 있음은 분명해 보인다. 前漢 시기 양초 지역 치수의 큰 틀은 鴻溝와 더불어 黃河를 어떻게 제어하느냐에 달려 있었다. 『史記·河渠書』에는 그와 관련한 武帝 시기 황하 決口의 발생과 그 복원 상황을 다음과 같이 기록했다.

---

19 單先進·馮玉輝, 「衡陽市發現戰國紀年銘文銅戈」, 『考古』1977年第5期, p.357.

20 『史記』卷89「張耳陳餘列傳」, p.2571: "張耳者, 大梁人也……陳餘者, 亦大梁人也."; 周振鶴·李曉傑·張莉, 『中國行政區劃通史·秦漢卷』, 復旦大學出版社, 2017, p.82은 '張耳(陳餘)列傳」을 근거로 대량이 진대에 설치되어 있었던 것으로 확정했다.

21 『史記』卷7「秦始皇本紀」, p.234: "二十二年, 王賁攻魏, 引河溝灌大梁, 大梁城壞, 其王請降, 盡取其地."

(문제 시기 황하 결구를 치수한) 그 후 40여년, 현재 천자의 元光 년간에 황하가 瓠子에 決口가 발생해 동남으로 흘러 鉅野에 주입되어 淮·泗와 통하게 되었다. 이에 천자가 汲黯·鄭當時로 하여금 人徒를 징발해 하류를 막도록 했지만, 곧바로 다시 무너졌다. 그 때에는 武安侯 田蚡이 승상으로 있었고, 그는 鄃에서 식읍을 받고 있었다. 유는 하북에 위치해 있었는데, 황하에 결구가 발생해 남으로 흐르니 유에는 水災가 없어져 식읍의 수확이 늘어났다. 蚡이 황제에게 다음과 같이 말했다. "江河의 결구는 모두 天事라서 인력을 통해 억지로 막는 것은 쉬운 일이 아니며, 막는 것이 반드시 하늘에 호응하는 일이라 할 수도 없을 것입니다." 기운을 보고 數를 택하는 자의 의견 역시 그와 같았다. 이에 천자는 오랫동안 다시 결구를 막는 일에 사역을 동원하지 않았다.²²

황하가 瓠子에서 결구가 발생한지 20여년 후, 세수가 이로 인해 수차례 등록되지 않았는데, 양초 지역이 특히 심했다. 천자가 封禪을 하고 순행하여 산천에 제를 지냈고, 그 다음 해에 가뭄이 들어 비가 적게 내렸다. 천자는 이에 汲仁·郭昌으로 하여금 병졸 수 만인을 징발해 호자의 결구를 막도록 했다…… 이에 병졸들이 호자를 막았고 그 위에 궁을 세워 이름을 宣房宮이라 명했다. 河道가 북쪽의 두 水渠로 흘러, 禹 임금의 옛 업적이 복원되었으며, 양·초지역은 다시 안녕을 찾아 수재가 없게 되었다.²³

---

22 『史記』卷29「河渠書」, p.1409: "其後四十有餘年, 今天子元光之中, 而河決於瓠子, 東南注鉅野, 通於淮·泗. 於是天子使汲黯·鄭當時興人徒塞之, 輒復壞. 是時武安侯田蚡爲丞相, 其奉邑食鄃. 鄃居河北, 河決而南則鄃無水菑, 邑收多. 蚡言於上曰: '江河之決皆天事, 未易以人力爲彊塞, 塞之未必應天.' 而望氣用數者亦以爲然. 於是天子久之不事復塞也."

23 『史記』卷29「河渠書」, pp.1412-1413: "自河決瓠子後二十餘歲, 歲因以數不登, 而梁楚之地尤甚. 天子既封禪巡祭山川, 其明年, 旱, 乾封少雨. 天子乃使汲仁·郭昌發卒數萬人塞瓠子決……於是卒塞瓠子, 築宮其上, 名曰宣房宮. 而道河北行二渠, 復禹舊

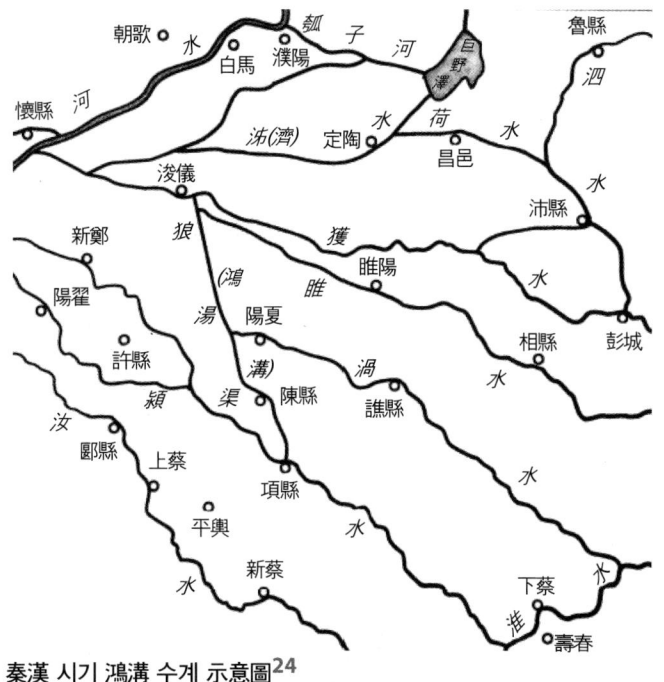

그림 12 秦漢 시기 鴻溝 수계 示意圖[24]

黃河는 평원 지대가 펼쳐지는 하류 지역부터 流路가 불안정해진다. 홍수·범람에 의해 발생하는 決口 현상이 그 대표적인 예이다. 무제 시기 황하 결구 발생과 치수 사업의 완성을 『漢書·武帝紀』에서는 각각 元光3년 (B.C.132)과 元封2년(B.C.109)의 일로 기록하고 있다.[25] 이때 치수 사업의 성공이 成帝 시기까지 이르는 홍구 수계의 장기 안정을 이끌게 된다.

迹, 而梁·楚之地復寧, 無水災."

24 도면 참조, 鄒逸麟·張修桂 主編, 『中國歷史自然地理』, 科學出版社, 2013, p.450.

25 『漢書』卷6「武帝紀」, p.163: "(元光三年)河水決濮陽, 氾郡十六. 發卒十萬救決河. 起龍淵宮."; p.193: "(元封二年)至瓠子, 臨決河, 命從臣將軍以下皆負薪塞河隄, 作瓠子之歌."

특히 이 글과 관련하여 주목해 보아야할 사실이 있다. 우선 黃河 決口의 발생으로 인해 梁楚 지역의 피해가 가장 심했다고 한다. 역으로 결구를 막고 황하 유로를 복원함으로써 양초 지역의 안녕이 회복된다. 그리고 승상 田蚡의 사례에서 알 수 있듯이, 황하의 결구와 그로 인한 유로의 변동은 주변 지역 생산력과 직결되는 문제였다. 황하 결구가 발생해 유로가 東郡의 남쪽으로 향하면 河北 지역의 수재가 감소하는 반면, 황하 결구를 막아 유로가 북쪽으로 향하면 河南, 즉 양초 지역의 수재가 감소하여 생산력이 제고된다.『漢書·溝洫志』에서는 "이 때의 개통 후 館陶 동북 지역 네·다섯 군에서 비록 때때로 작은 수해가 있었으나, 兗州 이남 여섯 군에는 수해가 없게 되었다"[26]라고 전했다. 황하 유로가 북쪽을 향하도록 하는 것이 관동 지역 전체 수계 관리에 더 유리한 선택이었음을 알 수 있다. 황하 유로가 남쪽으로 향하면 巨野澤을 거쳐 泗水와 통하고 이것이 또 淮水와 연결된다. 회수와 사수의 범람이 결국 양초 지역 전체의 피해로 이어지므로, 황하를 북쪽으로 흐르게 하는 것이 대규모 수재를 막는 길이었을 것이다.

梁楚 지역의 치수는 주류인 黃河를 東郡 이북으로 돌리고 滎陽에서 발원하는 鴻溝의 지류를 淮·泗水와 연계하는 것이 기본 설계이다. 그렇다면 지류의 발원지인 封丘·浚儀·扶溝縣의 설치와 운영은 이 같은 치수 설계의 안정화와 불가분의 관계에 있었다. 예를 들어 濮水의 발원지인 봉구현은 黃河 決口의 직접적인 영향권에 있었다. 武帝 元光3년의 결구가 있기 40년 전 문제 대에 酸棗에서 한 차례 황하 결구가 발생한 적이 있었다.[27] 이 때 황하는 인근 봉구현 일대의 濮水 및 濟水로 유입되었을 것이다. 또 濮陽縣에 위치한 瓠子

---

26 『漢書』卷29「溝洫志」, p.1687: "此開通後, 館陶東北四五郡雖時小被水害, 而兗州以南六郡無水憂."

27 『史記』卷29「河渠書」, p.1409: "漢興三十九年, 孝文時河決酸棗, 東潰金隄, 於是東郡大興卒塞之."

에서 결구가 발생할 시 남쪽의 복수와 겹쳐져 巨野澤으로 유입된다. 이로써 복수 하류의 안정은 보장할 수 없게 된다. 즉, 산조와 복양 지역 황하 치수가 봉구에서 都關에 이르는 복수 운영의 기본 전제가 되었을 것이다.

黃河 치수 이외에 鴻溝 수계 거점 운영의 또 다른 관건은 지류 연선 지역의 직할 여부이다. 武帝 시기에 이르러 漢朝廷은 陳留郡·淮陽郡·汝南郡·濟陰郡·山陽郡·沛郡·東海郡·臨淮郡 등의 직할지를 확보했다. 모두 濟·獲·睢·渦·潁·泗水의 경로에 위치한 이상의 군은 漢 중앙의 일체화된 수계 관리 시스템을 공유했을 것이다. 종합하면 封丘·浚儀·扶溝縣의 설치 및 운영으로부터 시작되는 梁楚 지역 치수 사업은 해당 지역 郡縣制 확장의 맥락을 보여주는 중요한 단서가 된다. 특히 이후 진행되는 양초 지역 군국 조정 과정을 관찰해 보면 홍구 수계 교통의 복원과 군현제가 어떻게 상호 작용하며 발전했는지를 확인할 수 있다.

II 梁楚 지역 郡國 조정과 교통 거점 관리

"楚가 비록 세 戶만 남게 되더라도, 秦을 망하게 하는 것은 반드시 초일 것이다."[28] 秦代 楚國 출신 유민들의 강렬한 반진 정서를 반영하는 이 말은 秦帝國의 멸망을 이끈 초문화의 이질적 특성을 설명하는 말로 인용되기도 한다. 그런데 진제국의 멸망은 이러한 문화적 요인 외에도 지리 환경 또한 비중 있게 살펴볼 필요가 있다. 초 유민의 반진기의는 鴻溝부터 淮水까지 이어지는 광범한 평원 지대, 즉 梁楚 지역에서 주로 발생했다. 이 지역은 초 유민 뿐 만

---

28 『史記』卷7「項羽本紀」, p.300: "楚雖三戶, 亡秦必楚也."

아니라 魏로 대표되는 三晉의 유민 또한 대거 유입된 지역이었다. 실제 反秦 起義의 주축 세력 중 하나였던 劉邦 집단 또한 위국 유민 출신이었다.[29] 유방의 근거지였던 沛縣은 바로 각지에서 유입된 유민이 혼재된 공간이었던 것이다. 즉, 위와 초의 유민이 모여 혼재되고 결합되었던 양초 지역의 배경이 더욱 격렬한 반진 기의를 이끈 요인이 되었을 것이다.

梁楚 지역은 또한 秦의 중심지인 關中과 가장 멀리 떨어진 지역 중 하나였다. 특히 접근성 면에서 관중과 연계한 교통 인프라를 구축하기에 여러모로 불리했다. 趙와 燕의 근거지였던 河北 지역은 咸陽으로부터 九原에 이르는 直道를 거쳐, 長城을 연하는 도로와 연결되었다. 또 臨晉關을 나와 河東·上黨을 거쳐 邯鄲에 이르는 육로 노선도 존재했다.[30] 반면 鴻溝와 淮·泗水를 기반으로 수로가 발달했던 양초 지역은 상대적으로 육로의 편의성이 떨어졌다. 게다가 封丘·浚儀·扶溝와 같은 홍구 일대의 거점 현이 秦代에는 아직 설치되지 않았다.

梁楚 지역의 이 같은 지리 특성은 漢代에 들어서도 불변했다. 關中을 중심으로 지방을 통치하는 政體가 한대에 그대로 계승되었기 때문에 양초 지역의 불안 요소 또한 변치 않은 문제였던 것이다. 彭越과 韓信, 黥布가 兎死狗烹의 대상이 된 것은 단순히 권력이 지닌 비정한 속성 때문만은 아니다. 異姓 諸侯王이 同姓 제후왕으로 교체된 뒤에도 吳楚七國의 난과 淮南王 劉安의 반

---

29 班固는 『漢書·高帝紀』 贊語에서 劉邦의 고향 豐邑이 魏의 수도 大梁을 멸한 뒤 그 인구를 천사하여 조성되었으며, 이러한 연유로 劉氏의 계보가 唐帝, 즉 요임금으로부터 이어진다고 설명했다.(『漢書』卷1下「高帝紀下」, p.81)

30 王子今에 따르면, 진대 하북과 관중을 연결하는 육로는 임진관 이동의 하동·상당으로부터 한단·廣陽·右北平에 이르는 燕·趙를 관통하는 노선이 존재했고, 이는 또 蒙恬에 의해 개통된 관중 북편의 直道를 거쳐 장성 방어선을 따라 구축된 북변도와 연결되어 하나의 교통망을 형성한다(『秦漢交通史稿』(增訂版), 中國人民大學出版社, 2013, pp.26-30).

란 모의 사건 등이 발생한 것은 중앙 조정을 위협하는 실체가 이 지역에 장기간 상존했음을 보여준다. 그 위협은 鴻溝와 가까운 양초 지역에서 淮水 이남에 이르기까지, 제후국이 축소되고 군현이 확장하는 동안 점차 제거되어 갔다. 후술할 한 조정의 제후국 방어 전략과 군현 확장 전략의 성공은 사실 일관된 기제가 작용한 결과였다. 홍구 수계의 장악과 총괄 관리가 바로 이 지역 통치의 핵심 기제라 할 수 있다.

1. 諸侯國 방어 전략의 기제

梁王 彭越과 楚王 韓信의 숙청 이후, 실제 梁楚 지역에서 전쟁으로 번진 반란 사건은 淮南王 黥布의 난과 吳楚七國의 난을 꼽을 수 있다. 쌍방이 전쟁에 임하며 자문하고 기획한 군사 전략은 『史記』에 상세히 기록되어 있다. 이 기록들은 비단 군사 전략 뿐만 아니라 淮水에서 關中에 이르는 교통 간선 정보를 담고 있어 주목할 가치가 있다. 먼저 옛 楚의 令尹 薛公이 漢高祖와의 대담에서 경포가 택할 수 있는 상·중·하의 세 가지 계책을 다음과 같이 언급했다.

> 上計: 동쪽으로 吳를 취하고, 서쪽으로 楚를 취한 다음, 齊를 병합하여 魯를 취하고, 燕·趙에 격서를 보내어 연합한 뒤 각자의 영역을 굳게 지키면, 산동은 더 이상 漢의 소유가 아니게 될 것입니다.
> 中計: 동쪽으로 오를 취하고, 서쪽으로 초를 취한 다음, 韓을 병합하여 위를 취하고, <u>敖庾의 보급을 점거해 成皋의 입구를 막으면(據敖庾之粟, 塞成皋之口)</u>, 승부는 알 수 없게 될 것입니다.
> 下計: 동쪽으로 오를 취하고 서쪽으로 下蔡를 취한 다음, 越을 중시하여 몸을 長沙로 돌리게 된다면, 폐하께서는 평안히 베개를 베고 누울 수 있을 정

도로 한은 무사하게 될 것입니다.[31]

결과적으로 黥布는 상기한 세 가지 계책 중 하계를 택함으로써 몰락하고 만다. 그 대신 여기서는 경포가 실행하지 못한 상계와 중계에 주목하고자 한다. 두 계책은 공통적으로 "東取吳, 西取楚", 즉 吳와 楚의 병합을 기본 전제로 한다. 그리고 방향을 齊·魯 지역으로 향해 關東 전역을 關中으로부터 분리시키는 전략을 상계, 韓·魏 방향으로 진군해 관중을 직접 타격 대상으로 삼는 전략을 중계로 구분했다. 이것이 가상 전략만은 아닌 것이 경포의 난 전후로 이를 실행하고자 한 사례가 실제 존재했다. 楚漢 전쟁 중 項羽가 택했던 전략이 바로 중계와 유사하다. 그리고 吳楚七國의 난을 준비하며 吳王 濞가 관동 전역의 제후국과 연대하고자 한 것이 상계에 부합하는 전략이라 할 수 있다.

특히 중계에서 "據敖庾之粟, 塞成皐之口"라고 한 구절이 중요하다. 敖庾는 敖倉을 말하는데, 庾는 『說文解字』에 따르면 "水漕倉也"[32]라고 하여 조운의 기능을 보다 강조한 糧倉의 의미이다. 河南郡 滎陽에 소재한 오창, 혹은 오유는 關東 지역 조운망이 모여드는 河口의 특성을 여실히 보여준다. 또 成皐는 黃河에 洛水가 주입되는 하구에 위치해 이곳이 막히면 낙양이 봉쇄된다. 이에 楚漢 전쟁 시기 劉邦과 項羽는 성고와 오창에서 가장 격렬한 공방을 벌였다. 요컨대 제후 세력을 방어하는 한조정 입장에서 오창과 성고는 군국의 균형을 가르는 핵심 거점이므로 반드시 사수할 필요가 있었다.

동일하게 梁楚 지역을 무대로 발생한 吳楚七國의 난은 楚漢 전쟁과는 조

---

31 『史記』卷91「黥布列傳」, p.2604: "(上計)東取吳, 西取楚, 并齊取魯, 傳檄燕·趙, 固守其所, 山東非漢之有也."; "(中計)東取吳, 西取楚, 并韓取魏, 據敖庾之粟, 塞成皐之口, 勝敗之數未可知也."; "(下計)東取吳, 西取下蔡, 歸重於越, 身歸長沙, 陛下安枕而臥, 漢無事矣."

32 『說文解字』(『說文解字注』, 上海古籍出版社, 1988) 九篇下「广部」, p.444.

금 다른 국면으로 진행되었다. 초한 전쟁이 敖倉과 成皐 일대에 방어 전선이 구축된 반면, 오초칠국의 난은 그보다 더 먼 동쪽에 구축되었다. 관련 전략을 周亞夫에게 제시한 鄧都尉의 진술을 『史記·吳王濞列傳』은 다음과 같이 기록했다.

> 吳의 병력은 매우 날카로워 부딪혀 싸우기 어렵습니다. 楚의 병력은 비교적 약하여 오래 버티지 못할 것입니다. 바야흐로 지금 장군께 계책을 내자면, <u>병력을 동북으로 이끌어 昌邑을 막고 梁國의 병력이 오군을 대신 상대하게 한다면 오군은 반드시 정예를 총동원하여 공격할 것입니다. 장군께서는 도랑을 깊게 파고 둔턱을 높게 쌓아 방어하고, 경무장 병력을 보내어 淮泗口를 단절시켜 오의 보급로를 막으십시오.</u> 그런 다음 오와 양이 서로 피폐해져 양식이 다 떨어지기를 기다려, 전력을 동원해 피로가 극에 달한 적군을 제어한다면, 반드시 오군을 격파할 수 있을 것입니다.[33]

여기서 鄧都尉가 제시한 전략의 핵심은 "壁昌邑, 以梁委吳"와 "絶淮泗口, 塞吳饟道"로 요약할 수 있다. 吳가 關中 방향으로 진군하기 위해서는 반드시 梁國의 영지를 경과해야 했다. 그러나 漢景帝의 同母 형제였던 梁孝王이 吳·楚와의 연대가 아닌 漢朝廷의 보위를 택하면서, 자연히 양국 일대에 전선이 구축되었다. 오군이 양군의 방어벽을 뚫고 관중 방향으로 진군할 수 있는 유일한 교통 요지가 바로 昌邑이었다.[34] 무엇보다 창읍은 泗水와 濟水가 연결되

---

[33] 『史記』卷106「吳王濞列傳」, pp.2831-2832, "吳兵銳甚, 難與爭鋒. 楚兵輕, 不能久. 方今爲將軍計, <u>莫若引兵東北壁昌邑, 以梁委吳,</u> 吳必盡銳攻之. <u>將軍深溝高壘, 使輕兵絶淮泗口, 塞吳饟道.</u> 彼吳梁相敝而糧食竭, 乃以全彊制其罷極, 破吳必矣."

[34] 한대의 昌邑縣은 오늘날 산동성 巨野縣 동남쪽에 위치했다. 지금의 산동성 濰坊의 창읍시와는 다른 지역이다.

는 荷水 연안에 위치했기 때문에 중요했다. 제수 변의 도회인 定陶로부터 분류한 하수는 창읍을 경과해 湖陵에서 사수와 합류한다. 사수는 또 남쪽으로 흘러 沛縣·彭城·下邳를 지나 淮泗口에 이른다. 회사구를 단절시켜 오의 보급로를 막는 전략은 그 배후에 회수에서 사수로, 또 사수에서 제수 혹은 기타의 鴻溝 수계와 연계되는 조운망이 전제되어 있다. 이 노선이 확보되면 오왕은 원래 계획대로 滎陽 敖倉의 양곡을 지키며 函谷關을 공략할 수 있었을 것이다.[35]

결과적으로 吳楚七國의 난은 諸侯國 간의 연대가 느슨했고, 吳軍은 梁國과의 전선에 고착되어 敖倉·成皐까지 이르지도 못했으며, 淮泗口의 단절로 보급이 막히면서 철저한 실패로 막을 내렸다. 漢朝廷의 전선이 오창·성고까지 압박당하지 않은 것은 黃河 연선 지역 關外郡을 장기 경영한 성과였다. 게다가 「秩律」에서 보듯이 한초부터 陳留·酸棗·黃鄕·圉·尉氏 등 더 동쪽으로 전진한 영역까지 직할했다. 이들 현은 모두 梁楚 지역으로 향하는 수로 교통의 요지였다. 이것이 기반이 되어 한조정이 제후국 세력을 압도할 수 있었을 것이다.

梁楚 지역의 제후국은 淮水 양 연안 지대를 병합하여 거대 세력을 형성할 수 있었다. 淮泗口로부터 滎陽에 이르는 보급로를 확보하면 關中에 직접 위협을 가할 수도 있었다. 이에 대응해 漢朝廷은 양초 지역의 조운망을 단절시켜 제후 세력의 관중으로의 접근을 저지하고자 했다. 이러했던 조운망을 복원하는 것은 양초 지역의 위협 세력을 제거하고 실질적 직할로 나아가는 선제 조치를 필요로 한다. 封丘·浚儀·扶溝와 같은 수로 거점상의 현은 그를 위한 사

---

35 膠西王의 반란 참여를 설득하기 위해 파견된 中大夫 應高는 吳王 濞가 楚를 이끌고 函谷關을 공략하고 滎陽 敖倉의 보급을 지키며 漢兵에 대항할 것이라고 말했다(『史記』卷106「吳王濞列傳」, p.2826: "大王誠幸而許之一言, 則吳王率楚王略函谷關, 守滎陽敖倉之粟, 距漢兵.")

전 작업의 일환으로 설치되었을 것이다.

2. 郡縣 확장 전략의 기제

文景 시기의 郡國制는 高祖·呂后 시기 경계가 선명했던 대치 국면을 넘

그림 13 吳楚七國의 난 시기 형세도[36]

景帝와의 친소관계			諸侯王
친계	형제		梁王
			代王
	자식	栗姬계	河間王
			臨江王
		程姬계	淮陽王
			汝南王
		賈夫人계	廣川王
		唐姬계	長沙王
방계	高祖형제 자손계		吳王
			楚王
	高祖 자손계	齊悼惠王계	齊王
			城陽王
			濟北王
			菑川王
			膠東王
			膠西王
			濟南王
		趙幽王계	趙王
		淮南厲王계	淮南王
			衡山王
			廬江王
	劉氏遠屬계		燕王

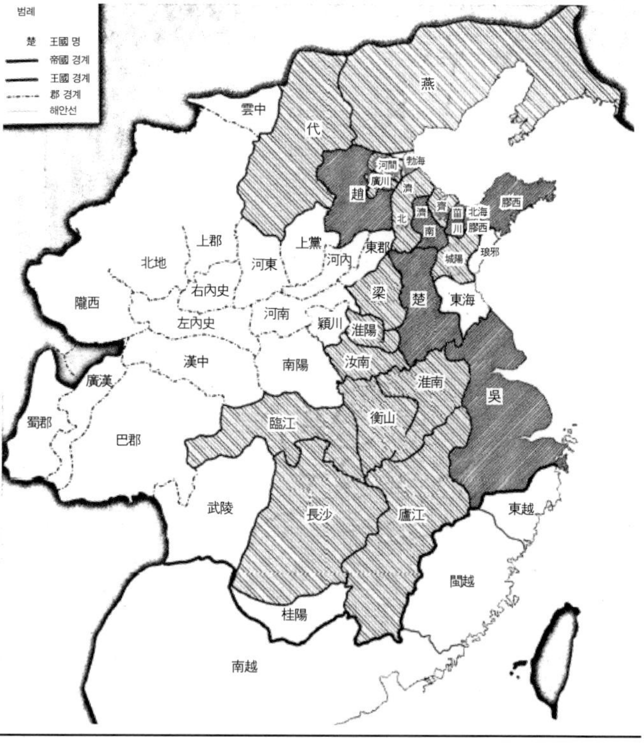

---

36 周振鶴·李曉傑·張莉, 『中國行政區劃通史·秦漢卷』上, 復旦大學出版社, 2017, p.151.

어 제후국 간 분할 통치(divide and rule)의 단계로 발전했다. '以親制疏' 정책으로 요약 가능한 당시의 군국제는 文帝·景帝 자제 출신으로 구성된 근친과 기존 高祖代의 영지를 계승한 방계 친족의 이해관계가 서로 달랐다. 제후 세력의 반란을 촉발시킨 원인인 削藩策은 실제 방계 제후에게 집중되었고, 근친 제후에 대한 우대는 오히려 강화되었다. 이에 반란 당시 경제의 형제와 자식으로 구성된 근친 제후는 단 하나의 이탈 없이 한 조정을 보위하는 편에 섰다. 반면 방계 제후는 주요 삭번 대상이었던 吳·楚·趙 외에 齊 계열의 4왕만이 반란에 동조했다.

특히 吳·楚 지역은 한조정과의 문화 차이와 물리적 거리 뿐 아니라, 황제와의 친소 관계 또한 가장 멀었다. 이를 경계한 경제가 晁錯의 건의를 받아 들여 초의 東海郡과 오의 豫章郡 및 會稽郡을 노골적으로 삭탈하면서 반란이 촉발되었다. 그리고 반란의 평정 후 양초 지역 군국의 구도는 획기적으로 변화했다. 여기서 크게 두 가지 특징을 주목해 볼 수 있다.

첫째, 淮北과 淮南의 諸侯國 사이에 漢朝廷의 항구적 직할지가 설치되었다. 우선 東海郡과 沛郡이 설치되면서 吳와 楚는 더 이상 연대가 불가하게 격절되었다. 그리고 景帝의 아들이 책봉되었던 淮陽國과 汝南國은 반란 평정 후 이들이 각각 魯國과 江都國으로 徙封되면서 한에 귀속되었다. 이로써 淮南國과 衡山國 또한 한군현을 사이에 두고 회북의 제후국과 격절되었다. 이후 淮陽郡을 제외한 회수 연안의 동해군·패군·여남군은 전한이 멸망할 때까지 단 한 번의 책봉 없이 한조정에 의해 직할 관리되었다. 그것은 회수 양안의 세력이 연합해 거대 위협으로 성장하는 것을 근원적으로 차단하기 위함이었을 것이다.

둘째, 군현 설치는 홍구 수계 거점 장악의 목적을 겸했다. 특히 沛郡에 대해 더욱 주목해 볼 필요가 있다. 패군은 「地理志」에서 "옛 秦의 泗水郡이고, 高帝 때에 명칭을 바꾸었다"[37]라 해서 고조 년간에 설치된 것으로 설명했지만,

---

37 『漢書』卷28上「地理志上」, p.1572: "故秦泗水郡, 高帝更名"

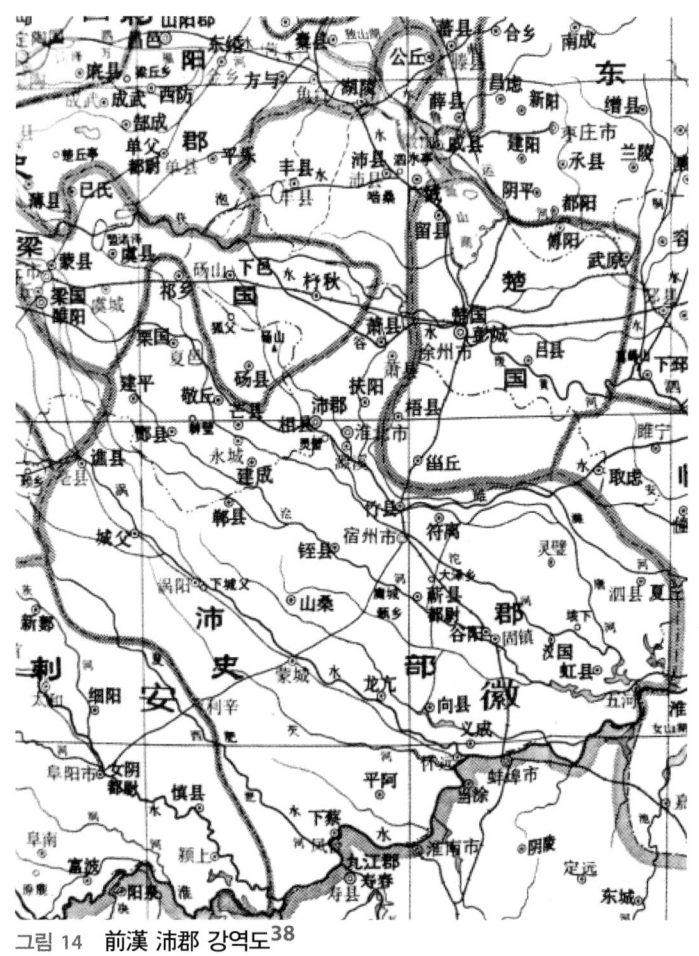

그림 14 前漢 沛郡 강역도[38]

이는 「地理志」의 흔한 오류 중 하나이다. 「秩律」에는 유방의 본거지였던 沛·豐만이 기록되어 있고, 패군의 나머지 남부 지역은 기록되어 있지 않다. 한초 해당 지역은 여전히 초국의 영역에 속했을 것이고, 패군은 吳楚七國의 난 평정 후에 설치되었을 가능성이 유력하다. 이는 동일하게 회북에 위치한 東海

---

38 지도 인용, 『中國歷史地圖集』第二册, pp.19-20.

郡·汝南郡이 이때를 전후로 한조정에 귀속된 사실과도 논리적으로 부합한다.

沛郡의 강역은 군명이 유래한 沛縣으로부터 남북 방향으로 梁楚 지역을 관통해 淮水 연안 지대와 연결된다. 「地理志」에 근거한 그림 14와는 달리, 吳楚七國의 난 평정 직후의 梁國은 역대 최대의 강역을 누렸다. 패군과 인접한 동남의 강역 또한 후기의 상황을 반영한 「지리지」와 많이 달랐을 것이다. 『史記·梁孝王世家』는 오초의 반란군이 양국의 棘壁를 타격해 수 만인을 죽였다고 전한다.39 이에 근거하면 최소 극벽 이북의 영역은 모두 양국에 속했을 것이다. 이처럼 패군은 패현이 소재한 북쪽 강역이 회랑처럼 좁게 이어진 蕭縣·相縣 일대를 거쳐 남쪽으로 이어지는 독특한 형태를 이루었다. 패·소·상현은 모두 홍구 수계가 경과하는 수로 거점이라는 공통점이 있다. 패현은 泗水가 경과하고 소현은 獲水, 상현은 睢水가 경과하는데, 횡으로 흐르는 세 지류를 마치 종으로 절단하듯 패군이 점하고 있다. 이는 양국과 초국의 접경을 갈라놓는 동시에 수계 거점의 장악을 겸하는 조치이다. 뿐만 아니라 초기의 패군은 사수의 하구가 위치한 取慮 또한 직할했다. 양초 지역 제후국을 격절시키고 사·획·휴수의 주요 거점을 장악하여 관리하는 것이 패군 설치의 본 목적이었음을 알 수 있다.

郡縣 지역이 획기적으로 확장한 淮北 지역과는 달리, 淮南 지역은 廬江郡이 설치된 것 외에는 기존 諸侯國 위주의 영역 구도가 불변했다. 본격적인 변화는 武帝 元狩 원년(B.C.122)에 발생했는데, 그 또한 반란이 주요한 계기가 되었다. 회남왕의 반란 모의를 계기로 기존 회남 厲王계 高祖 자손의 영역에 九江郡·衡山郡을 설치했고40 南郡의 일부 지역을 재편·병합하여 江夏郡 또

---

39 『史記』卷58「梁孝王世家」, p.2082: "其春, 吳楚齊趙七國反. 吳楚先擊梁棘壁, 殺數萬人."

40 『史記』卷118「淮南衡山列傳」, p.3094: "(元狩元年)淮南王刺頸殺……國除爲九江郡"; "元守元年冬……諸與衡山王謀反者皆族. 國除爲衡山郡."

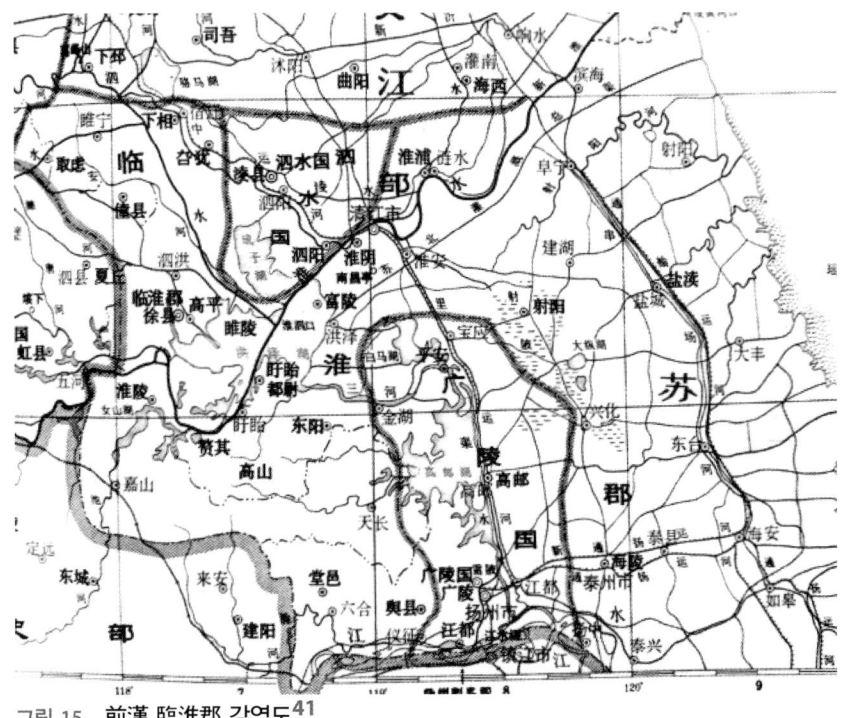

그림 15 前漢 臨淮郡 강역도[41]

한 설치했다.[42] 그리고 이와 간접 연루되었던 江都王의 영지를 폐하여 廣陵郡을 설치했다.[43] 또 동일한 해에 梁國으로부터 분치한 濟川郡을 陳留郡으로 재

---

41 지도 인용, 『中國歷史地圖集』第二冊, pp.19-20.

42 江夏郡은 『地理志』에서 高祖 대에 설치되었다고 했지만(『漢書』卷8上 「地理志上」, p.1567: "江夏郡, 高帝置.") 무제 초기의 자료로 추측되는 紀南城 松伯 35호 한묘의 木牘으로 인해 江夏郡에 편성된 것으로 알려진 다수의 현이 이 때에 여전히 南郡에 속했던 것이 밝혀졌다(湖北省荊州博物館, 「湖北荊州紀南松伯漢墓發掘簡報」, 『文物』2008年第4期). 이에 따르면 강하군은 적어도 형산군이 설치되었던 시기 이후 남군과의 강역 재편을 거쳐 설치되었을 것이다.

43 『史記』卷59 「五宗世家」, p.2096: "王服所犯, 遂自殺. 國除, 地入于漢, 爲廣陵郡."

편했다.[44] 그리고 기원전 117년에 이르러 廣陵郡의 영역에 패군의 淮泗口 지역을 더해 臨淮郡을 신설하게 된다.[45] 임회군은 회북 지역으로 돌출되어 기존 회사구까지 직할했던 패군의 역할을 분담했다. 홍구에서 회사구에 이르는 양초 지역 수로 교통의 재건은 이로써 완성되었을 것이다.

武帝 시기 이후에도 근친계 제후를 우대하고 방계 제후를 억제하는 제후국 정책은 불변했다. 다만 그 과정 중 제후국 영역은 점차 축소하고 그 여지는 군현으로 채워졌다. 제후국의 배치는 공동의 원칙이 적용되었다. 즉, 제후국은 반드시 군현과 접경을 이루고 제후국 간에는 국경을 접할 수 없었다. 이렇게 군과 국을 교차 배치한 것은 제후국 간의 연계를 원천 방지한 것으로, 우리는 앞서 양초 지역 군현 확장 과정을 통해 그 전형성을 확인할 수 있었다.

또 한 가지 지적할 점은 鴻溝 수계의 전면 직할이 가능해졌음에도 그 선상에 위치한 梁國과 楚國은 여전히 유지되었고, 때로는 定陶·濟陽·淮陽·昌邑·沙水·廣陵國 등 핵심 교통 요지에 책봉이 이루어지기도 했다는 것이다. 그러나 이때의 제후국은 광역 자치권을 확보했던 초기의 제후국과는 달랐다. 경제적으로 부유한 梁楚 지역의 교통 요지에 책봉한다는 것은 황족 우대의 명분을 반영하지만, 그 이면에는 통제의 기능도 겸비하고 있었다. 이미 광범한 직할지 확보로 홍구 수계의 상하류 거점 모두를 한조정이 장악한 상황에서, 국경이 서로 격절된 제후국은 군현 지역 내부에 완벽히 포위된 형세에 놓였다. 실로 구슬을 꿰듯이 수계 선상에 배치된 제후국은 경제·군사력의 요체인 치수 사업을 주변 군현에 의지할 수밖에 없다. 양초지역 제후국은 홍구 수계를 장악 당했고, 이에 중앙에 위협이 되는 세력으로 성장할 수 없었다.

---

44 『漢書』卷28上「地理志上」, p.1558: "陳留郡, 武帝元狩元年置."; 周振鶴·李曉傑·張莉, 『中國行政區劃通史·秦漢卷』上, p.289.

45 『漢書』卷28上「地理志上」, p.1558: "臨淮郡, 武帝元狩元年置."; 周振鶴·李曉傑·張莉, 『中國行政區劃通史·秦漢卷』上, p.356.

이상 梁楚 지역 鴻溝 수계 교통이 복원되는 과정을 요약하면 다음과 같다. 「秩律」에 보이는 기록은 한초에 이미 홍구 수계의 상류 지역을 한조정이 직할하고 있었음을 보여준다. 대신 封丘·浚儀·扶溝縣의 기록이 보이지 않는 것으로 보아 그 지배가 아직 철저한 상태는 아니었을 것이다. 吳楚七國의 난 이후 沛郡의 설치를 통해 홍구 수계 중하류까지의 직할이 이루어졌고, 武帝 시기 陳留郡 및 臨淮郡 설치에 이르러 홍구에서 淮泗口에 이르는 양초 지역 수계의 전체 노선이 완비되었다.

　郡縣制는 접근성의 확보, 즉 거점과 노선의 확보를 통해 중앙과 지방의 물리적 거리를 좁히는 것에 그 성패가 달려 있다. 따라서 陳留郡·沛郡·臨淮郡 등의 설치는 梁楚 지역을 관통하는 鴻溝 수계의 운영과 불가분의 관계를 맺고 있었다. 나아가 양초 지역의 수로 교통은 滎陽으로 수렴되어 洛陽과 이어지고 函谷關을 넘어 渭水를 통해 長安과 연결된다. 후술하듯이 이 시기 전후 수도 권역 내 황하-위수 교통 인프라의 개편이 추진된 것 또한 양초 지역 군현 확장과 맥을 같이 한다. 장안으로부터 제국의 끝단을 잇는 교통 인프라의 점진적 완비를 통해 郡國制는 점차 郡縣制로 전환될 수 있었던 것이다.

III 小結

　前漢 건국 때에 梁國과 楚國의 영지에 속했던 梁楚 지역은 黃河에서 발원해 淮水와 이어지는 鴻溝 수계를 아우른다. 戰國 시기 魏에 의해 구축된 홍구는 이 지역 전체 수계의 치수와 수운의 핵심 기제로서 양초 지역, 나아가 회수 이남의 吳까지를 잇는 경제력과 군사력의 요체로 작용했다. 郡과 國의 대치가 공고했던 초기의 漢朝廷은 홍구 수계를 단절하고자 했고, 이에 저항한 諸侯國

세력은 연결하고자 했다. 한조정에 의해 단절되었던 홍구 수계는 시간이 지나며 또한 한조정에 의해 점차 연결되어 갔고, 이는 반대로 제후국에게는 단절을 의미했다. 거시적 관점에서 보면 양초 지역 홍구 수계의 단절과 연결을 한조정이 줄곧 주도할 수 있었던 것이 군현제의 확장, 帝國 체제 유지의 동력으로 작용했다 평가할 수 있다.

제2부의 결론을 겸하여 前漢 郡國制의 전체 맥락에서 관련 문제를 다음과 같이 요약한다. 앞서 黃河 연선지대 關外郡과 南郡의 지역 특성은 戰國 시기 秦郡縣으로부터 원류를 찾을 수 있다. 南郡은 秦制에 기초한 행정체계가 순리에 따라 회복된 사례이다. 그 자체는 '漢承秦制'의 체현이라 할 수 있으나, 어떤 면에서 漢代의 고유한 특성 또한 나타난다. 漢初 洞庭湖 주변 현을 남군 영역에 편입시켜 수로교통 거점을 확보한 것은 후에 이어지는 강남 지역 군현 설치의 교두보를 마련한 것과 같았다. 그리고 漢水 이동의 安陸城을 거점으로 하여, 한조정은 장기간 江淮 및 淮南 지역을 대상으로 군현 확장 작업을 부단히 전개했다. 그 장기 노력의 결과가 武帝 元狩2년(B.C.121)에 江夏郡의 설치로 이어졌을 것이다.

黃河 연선지대의 河南·東郡·潁川郡의 사례는 南郡보다 군사전략의 긴요함이 더 적용된 사례이다. 따라서 漢 郡縣과 諸侯國 지역 간 보다 치열하고 복잡한 쟁투가 황하 수계를 끼고 전개되었다. 漢朝廷은 順治의 여부를 넘어 이 일대 군현 영역에 물리적 역량을 최대한 동원해 확장하고자 했다. 동군과 영천군의 조정이 반복되기는 했으나, 기본적으로 關中에서 하남군 滎陽까지 이어지는 기축 인프라 구간을 한조정은 끝까지 지켜냈다. 이것이 토대가 되어 梁楚 지역의 홍구 수계를 잇는 수로 인프라 확장까지 도모할 수 있었을 것이다. 종합하면, 황하 일대와 江漢 지역 관외군 설치를 통해 건국 초기부터 전진 거점을 확보한 한조정은 이를 기반으로 인프라를 서서히 장악한 끝에 '荊新地'를 '漢地'로 전환시켜 나갔다.

이와 맥을 같이 하는 일련의 과정들을 河北의 趙·燕과 齊 등에서도 추적할 수 있을 것이나, 이 책에서는 그 논의를 생략한다. 이 책의 목표는 前漢 모든 지역의 역사를 설명하는 것이 아닌 秦漢帝國 영역 지배의 핵심을 추적하는 것이다. 黃河와 鴻溝 수계의 연결까지 다룬 이 장에 이르러 그 대략의 방향은 모두 다루었다. 남아 있는 보다 주요한 논의는 지방의 郡縣 통치 구조가 어떻게 皇帝가 소재한 중앙과 이어지는지를 설명하는 것이다. 전체의 결론을 향해 중앙과 지방의 인프라가 어떻게 연결되고 이것이 또 어떻게 帝國을 지탱하고 유동시켰는지를 이제 남은 장들을 통해 살펴볼 것이다.

3부

秦漢帝國 首都 인프라의 구축과 역학(Dynamics)

#09

咸陽-長安 渭水 교통과 수도 권역 관리

•

    楚와의 전쟁이 종결된 후(B.C.202) 잠시 洛陽에 소재했던 漢朝廷은 이후 關中의 長安을 수도로 결정했다.[1] 그 이래로 장안은 漢唐 帝國 시기를 통틀어 대표 도성으로 자리매김했고 고대 동아시아 왕조 국가 수도의 典範이 되었다.

    漢 長安城은 唐 長安城 연구와 비교하면 주목도가 크게 떨어지는 편이다. 그 이유는 후대 및 주변 왕조 도성 설계에 당 장안성의 영향이 훨씬 더 주요했기 때문이다. 그리고 자료의 부족으로 인해 한 장안성은 당 장안성 만큼 온전한 복원이 불가한 한계가 늘 존재해 왔다. 그런데 2012년에 한 장안성 북측 廚城門과 洛城門 유지 일대에는 戰國 시기부터 唐代 사이에 이용된 것으로 추정되는 渭水橋 유적이 대거 발견되었다.[2] 동시에 그 부근에는 위수 漕運에 이

---

[1] 『史記』卷8「高祖本紀」, p.381: "高祖欲長都雒陽, 齊人劉敬說, 及留侯勸上入都關中, 高祖是日駕, 入都關中."

[2] 劉瑞 等,「西安發現迄今最早最大木梁柱橋 – 秦漢"渭橋"」,『中國文物報』, 2012年5月25日; 劉瑞等,「西安市漢長安城北渭橋遺址」,『考古』2014年第7期.

용된 것으로 추정되는 漢代 선박의 실물도 최초 발굴되었다.[3] 이에 따라 한 장안성 연구는 앞으로 중요한 전기를 맞게 되었다.

새로운 고고자료의 확보는 그동안 간과되어 온 여러 史實을 상기시켜 준다. 우선 시기 면에서 漢 長安城은 秦 咸陽을 계승하여 설계된 도성이다. 장안 건도 초기에 漢朝廷은 진대의 興樂宮을 기초로 長樂宮을 수축했고, 章臺에 기초해 未央宮을 신축했다. 그 후 惠帝 시기 궁성을 둘러싼 성곽을 수축하면서 한 장안성은 확립될 수 있었다. 이렇게 전한 수도의 설계는 진 함양과의 관련성을 따로 떼어놓고 설명할 수 없다.[4]

도성의 확정과는 별개로 漢 長安의 권역은 변천을 거듭했다. 기존 연구는 '長安城'의 문제에 집중되어 있는 반면, '장안' 권역의 문제는 소홀히 다루는 경향이 있다. 도성 내부는 도성 외부 권역 관리와 유기적으로 연계하여 수도로서 기능하게 된다. 따라서 '장안'을 총괄하는 문제는 '장안성'을 이해하는 것만큼 중요하다. 그 중 장안 일대에 설계된 교통 구조와 그 변천 과정은 당시에 진행된 수도 정책의 함의를 이해하는 관건이 될 것이다. 특히 渭水의 경우 關中 평원을 관통하는 지리 특성상 수도 권역 교통의 중추로 작용했다. 그리고 넓은 맥락에서 이러한 수도 교통체계는 지방 군현의 교통과 상호 유동하는 기축 인프라로서, 이 책이 논의하는 주제의 최종 목적지가 될 것이다.

---

3 劉瑞 等,「西安市漢長安城被渭橋遺址出土的古船」,『考古』2015年第9期
4 나는 한 장안성이 후대 도성 건설의 표준이 되는『周禮』「考工記」의 원칙과 크게 관련이 없는 도성으로 판단한다. 게다가 관련 문제는 이미 박한제의 연구를 통해 명확히 규명된 바 있다(「『周禮』考工記의 '營國'원칙과 前漢 長安城의 구조」,『中國古中世史研究』34, 2014). 따라서 이 장은『주례』에 관한 논의는 전면 생략하고 진 함양과의 관련성에 논의를 집중할 것이다.

I '渭水貫都': 咸陽에서 長安으로의 계승

漢初 長安의 시작이 임시궁(長樂宮)이었던 것에서 보듯이, 한 장안성은 당 장안성과 달리 계획도시가 아니었고 전대의 도성을 온전히 계승한 경우도 아니었다.[5] 하지만 성곽을 넘어 시야를 수도 권역으로 확장해 본다면, 두 왕조 모두 전대의 수도 설계를 계승 혹은 재편했다는 공통점이 발견된다. 이에 한 장안 관련 논의는 진 함양에서부터 시작할 필요가 있다.

1. 咸陽城과 渭南 지역

秦孝公 13년(B.C.349) 천도 당시의 함양은 현재의 함양시 동쪽 15km 窯店鎭 일대, 한 장안성 유지 북쪽 약 3,720m 부근에 위치했다. 이후 함양은 진 국력의 신장과 더불어 확장을 거듭했다. 특히 渭水 이남 지역에는 興樂宮·章臺·甘泉宮·上林苑과 같은 별궁 및 원유지, 종묘 사직 등이 집중 배치되었다.[6]

그 중 興樂宮은 기타의 별궁보다 더욱 중요한 비중을 차지했다. 『三輔故事』의 기록에 따르면, "秦은 渭南에 興樂宮이 있고, 渭北에 咸陽宮이 있었는데, 秦昭王은 二宮 사이를 통하고자 하여 渭橋를 축조하였고, 그 길이가 380步였

---

[5] 박한제의 정의에 따르면, 한 장안성은 계획도시가 아닌 자연도시로 분류된다. 기존의 도시구조물을 이용하고 필요에 따라 중요건축물과 거리 등을 증축·증설했으며, 이에 도시 경관 전체는 불규칙한 기형성을 띠는 것이 당 장안성과 구분되는 한 장안성의 특징이다(「『周禮』考工記의 '營國'원칙과 前漢 長安城의 구조」, p.62).

[6] 中國社會科學院考古研究所 編著, 『中國考古學: 秦漢卷』, 中國社會科學出版社, 2010, pp.32-35.

다"⁷라고 했다. 여기서 渭橋의 수축 의도는 애초에 함양궁과 흥락궁의 연계를 위한 것이었다. 이렇듯 흥락궁은 함양궁에 비견될만한 별궁이었고 교통의 이점을 갖추고 있었기 때문에 漢代의 長樂宮으로 계승될 수 있었을 것이다.

章臺 역시 단순한 별궁은 아니었다. 『史記·蘇秦列傳』에 기록된 楚王과의 대화에서 蘇秦은 "지금 西面하여 秦을 섬기면, 諸侯들은 西面하지 않는 자 없이 章臺 아래에서 조현하게 될 것입니다."⁸라고 했다. 「楚世家」에서는 秦昭襄王이 武關에서 楚懷王을 사로잡은 뒤 "함양에 이르러 章臺에서 조현하고, 藩臣과 같이 대하며 亢禮를 갖추지 않았다"⁹라고 했다. 즉, 장대는 關東 諸國 사이에 秦朝廷을 상징하는 대표 공간으로 인식되고 있었다. 또 한 예로 和氏之璧으로 유명한 진소양왕과 藺相如의 회견은 실제 장대에서 이루어졌다.¹⁰ 이를 보건대 장대는 주로 외국 왕후나 사신 접견을 위한 장소로 활용되었다. 漢代에 이르러 장대는 未央宮의 前殿으로 계승된다. 건국 초 咸陽宮과 阿房宮이 파괴된 상황에서 주궁의 조정으로서 최적의 선택지가 되었을 것이다.

戰國 시기 동안 수도 내에 차지하는 渭南 지역의 위상은 점차 높아졌고,

7　『史記』卷10「孝文本紀」, p.416:『索隱』三輔故事: "秦于渭南有興樂宮, 渭北有咸陽宮, 秦昭王欲通二宮之間, 造渭橋, 長三百八十步." 그런데 또 다른 판본으로 『三輔舊事』라는 실전된 문헌이 있다. 여기서는 '위교'를 '횡교'라고 지칭했다. 후술하겠지만, 과연 위교와 횡교가 동일한 교량이었는지는 의문이 존재한다. 두 판본 중 하나는 동일한 구절을 전승하는 과정에서 착오가 발생했을 것이다. 참고로 『三輔故事』의 최초본은 晉代에 편찬되었고, 『三輔舊事』는 初唐 시기에 편찬되었을 것으로 추정한다 (魏全瑞 主編, 『三輔決錄·三輔故事·三輔舊事』序, 三秦出版社, 2006).

8　『史記』卷69「蘇秦列傳」, p.2259: "今乃欲西面而事秦, 則諸侯莫不西面而朝於章臺之下矣."

9　『史記』卷40「楚世家」, p.1728: "西至咸陽, 朝章臺, 如藩臣, 不如亢禮."

10　『史記』卷81「廉頗藺相如列傳」, pp.2439-2440: "趙惠文王時, 得楚和氏璧. 秦昭王聞之, 使人遺趙王書, 願以十五城請易璧……秦王坐章臺見相如, 相如奉璧奏秦王."

이러한 흐름은 秦帝國 시기 새로운 수도 계획을 통해 더욱 명확히 드러난다. 『史記·秦始皇本紀』에 기록하길,

> 35년, ①[길을 개통하였는데, 그 길은 九原을 넘어 雲陽에 다다르길, 산을 깎고 계곡을 메워 직통하도록 했다.] ②[이에(於是) 始皇은 함양 인구가 많고 왕의 궁정은 작다고 여기어 "내가 살펴보니 周文王이 豐에 도읍을 정하고 武王이 鎬에 도읍을 정했는데, 풍호 사이가 제왕의 도읍일 것이다"라고 했다. 이에 朝宮을 渭南의 上林苑 중에 건설했다. 먼저 前殿 阿房을 지었는데, 동서로 500步, 남북으로 50丈, 당상에는 만인이 앉을 수 있고, 당하에는 五丈의 기를 세울 수 있었다.] ③[주위에 수레를 몰 수 있는 閣道를 만들어 殿 아래에서부터 南山에 까지 이르도록 했다. 이는 남산의 꼭대기를 궐로 삼았음을 보인 것이다.] ④[복도를 만들어 阿房에서 渭(水)를 넘어 함양에 속하도록 함으로써, 天極·閣道를 지나 은하(漢)를 갈라 營室에 이르는 천상을 본 땄다.]11

라고 했다. 이 기록은 秦始皇이 구상한 새로운 수도 계획의 전반을 담고 있다. 그 내용은 대략 네 가지로 분류할 수 있다. 먼저 ①에서 關中 북방을 연결하는 直道 건설을 언급했다. ②는 ①과 관련하여 阿房宮의 영조를 계획했음을 언급했다. 그리고 ③에서 南山을 궐로 삼았다고 한 것은 수도의 남단을 남산으로 비정했다는 것을 뜻한다. ①에서 ③까지의 기록에 의하면 진시황 35년 秦帝國

---

11 『史記』卷6「秦始皇本紀」, p.256: "三十五年, 除道, 道九原抵雲陽, 塹山堙谷, 直通之. 於是始皇以爲咸陽人多, 先王之宮廷小, 吾聞周文王都豐, 武王都鎬, 豐鎬之間, 帝王之都也. 乃營作朝宮渭南上林苑中. 先作前殿阿房, 東西五百步, 南北五十丈, 上可以坐萬人, 下可以建五丈旗. 周馳爲閣道, 自殿下直抵南山. 表南山之顚以爲闕. 爲復道, 自阿房渡渭, 屬之咸陽, 以象天極·閣道絶漢抵營室也."

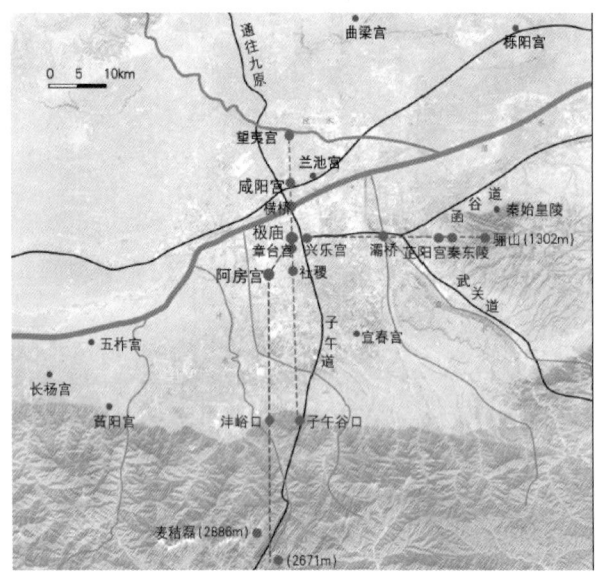

그림 16　극묘·아방궁 중심의 진 함양 축선체계[12]

은 기존 咸陽의 범위를 훨씬 뛰어넘어 雲陽에서 남산에 이르는 광역 수도를 구축하고자 했다. 여기서 渭水는 ④에서 밝힌 바와 같이 漢, 즉 은하의 상징을 부여받았다. 이때에 이르러 渭南 지역은 朝宮이 소재한 수도의 중심지로 거듭나게 된다.

상기한 기록을 종합하면 당시 수도 咸陽이 가진 몇 가지 독특한 사실을 발견할 수 있다. 우선 외곽성의 존재가 언급되지 않았다. 이는 秦 함양이 곽성 없이 궁성만 존재했다는 설과 일맥상통하는 면이 있다.[13] 그 주장에 대한 異論을 차치하더라도, 秦始皇 35년의

12　郭璐, 「基於辨方正位規劃傳統的秦咸陽軸線體系初探」, 『城市規劃』2017年第10期, p.90.

13　진 함양성에 관한 논쟁은 '무성곽설'과 '유성곽설'로 나눌 수 있다. '무성곽설'을 주장한 대표 연구자는 王學理(『秦都咸陽』, 陝西人民出版社, 1985; 『秦文化』, 文物出版社, 2001), 李令福(「秦成都"與咸陽同制"考辨」, 『陝西師範大學學報』1998年第1期; 「論秦都咸陽西城東郭說之不能成立」, 『中國歷史地理論叢』1999年第1期), 徐衛民(「秦都咸陽的幾個問題」, 『咸陽師範學院學報』1999年第5期; 「秦都咸陽城郭之再研究」, 『文博』2003年第6期) 등이 있다. 그중 서위민의 연구에 근거해 그 설을 정리하면, 1) 함양을 포함한 雍城·櫟陽 등 역대 도성은 지금까지 모두 외곽성이 발견되지 않아 이를 진 도성의 전통 구조로 이해할 수 있고, 2) 전국시기 동안 함양의 범위는 국력의 신장과 더불어 부단히 확장되어 결국에는 외곽성 수축 의미 자체가

秦帝國은 기존 도성의 통념을 뛰어넘는 새로운 형태의 수도를 기획했음이 분명하다.

또 한 가지 특징은 새로운 수도의 설계를 통해 天象을 구현하고자 했다는 점이다. 물론 후대의 도성 설계 역시 '法天' 의식이 발현된 경우가 흔히 나타나지만, 秦 咸陽처럼 광범하면서도 치밀한 시도를 한 사례는 드물다. 상기한 ④의 기록이 전하듯 復道를 수축하여 阿房宮으로부터 渭北의 함양까지를 연결한 형상은 天極(북극성)과 閣道를 거쳐 은하를 갈라 營室에 이르는 천문을 구현한 것이다. 여기서 아방궁은 결코 천극을 상징하지 않는다. 이미 秦始皇27년 위남에 위치한 信宮을 極廟로 개칭하고 천극의 상징으로 삼았다.[14] 따라서 "以象天極閣道絶漢抵營室也"라는 구절은 아방궁에서 極廟를 지나 위수 너머의 함양궁에 이르는 형상을 묘사한 것으로 판단된다.

極廟는 秦始皇 자신의 배향을 목적으로 세운 종묘 시설로서 북극성이 28宿 배치와 旋轉의 축이 되는 것과 같이 咸陽의 중심 위치를 부여받았다. 광역 수도의 중심에서 극묘는 능원이 소재한 驪山과 횡축을 이루고, 章臺·咸陽宮과 더불어 종축을 형성한다.[15] 이를 보건대 未央宮의 위치 선정은 단순히 장

없어져 버렸으며, 3) 오랜 전쟁 수행 동안 누적된 불패의 경험은 함양에 외곽성이 필요하지 않다는 인식을 형성시켰을 것으로 본다. 반면, 함양에 성곽이 존재했다는 주장을 견지하는 측 또한 여전히 일설을 이루고 있다(楊寬, 『中國古代都城制度史研究』, 上海古籍出版社, 1993; 劉慶柱, 「論秦咸陽城布局形制及其相關問題」, 『文博』1990年第5期; 張沛, 「秦咸陽城考辨」, 『文博』2002年第4期).

14 『史記』卷6「秦始皇本紀」, p.241: "二十七年……焉作信宮渭南, 已更命信宮爲極廟, 象天極."

15 郭璐의 연구에 따르면, 함양은 極廟(中宮)를 중심으로 驪山 일대의 동부 지역(東宮), 행궁 및 원유지가 소재한 서부 지역(西宮), 아방궁과 남산궐을 포함한 위남 지역(南宮), 그리고 기존 함양궁이 소재한 위북지역(北宮)까지를 총괄했다. 이는 법천 사상에 따라 천상을 구현하고자 한 의도된 설계의 결과이다(「基於辨方正位規

대를 활용하기 위함만이 아니라 극묘의 위치가 가진 상징성 또한 고려되었던 것 같다.

漢의 長安 정도 후 수도 계획을 총괄한 자는 蕭何였다. 그는 劉邦이 沛公 시절 진을 멸망시키고 咸陽宮에 들어왔을 시 丞相·御史의 율령·도서를 선점했다.[16] 이 때 확보한 자료를 참고하여 당시 함양의 구조를 면밀히 파악할 수 있었을 것이다. 소하가 주도한 수도 설계의 과정을 순차적으로 살펴보면, 우선 진의 社稷을 폐하고 한의 사직으로 대체하는 작업부터 시작했다.[17] 그 과정 속에서 당연히 極廟는 폐치되었을 것이다. 그리고 장안이 수도로 결정되자 未央宮 건설에 착수했다. 황제의 주궁이 長樂宮이 아닌 미앙궁이어야 했던 데에는 함양의 中軸線을 장악하는 문제와 관련 있다. 미앙궁은 과거 진의 함양궁·극묘·장대의 중축선을 그대로 따르고 있다. 이를 볼 때 소하는 극묘가 축이 되는 수도의 상징성을 확실히 이해했을 것이고, 이를 미앙궁의 권위로 대체하고자 했을 것이다.

마지막으로 長安城 축조 역시 蕭何의 구상이 반영되었을 가능성이 높다. 소하는 惠帝 2년에 사망했는데, 장안성은 혜제 원년에 착공해서 5년 말에 준공되었다.[18] 따라서 장안성의 설계 단계부터 착공에 이르기까지의 과정은 분명 승상이었던 소하가 총괄했다. 장안성의 축조는 광역 수도의 새로운 축선을

劃傳統的秦咸陽軸線體系初探」, 『城市規劃』 2017年 第10期).

16 『史記』 卷53 「蕭相國世家」, p.2014: "沛公至咸陽, 諸將皆爭走錦帛財物之府分之, 何獨先入收秦丞相御史律令圖書藏之."

17 『史記』 卷8 「高祖本紀」, p.370: "(二年)二月, 令除秦社稷, 更立漢社稷."

18 『漢書』 卷2 「惠帝紀」, p.88: "(元年)春正月, 城長安."; p.89: "三年春, 發長安六百里內南女十四萬六千人城長安, 三十日罷……六月, 發諸侯王·列侯徒隷二萬人城長安."; p.90: "(五年)春正月, 復發長安六百里內男女十四萬五千人城長安, 三十日罷."; p.91: "(五年)九月, 長安城成."

확립하는 작업이었다. 장안성 내부의 중축선은 기존 極廟 중심의 설계를 따르되, 성곽 외부로는 남쪽의 安門으로부터 渭北의 長陵으로 이어지는 새로운 중축선을 구축했다.[19] 未央宮과 長樂宮은 외부에 성곽을 에워쌈으로써 광역의 중축선 내로 수렴될 수 있었다. 그리고 안문 내에 高廟를 안치하는데,[20] 이는 어쩌면 장릉과의 배치를 고려한 것일지도 모른다. 앞서 진 함양의 극묘가 驪山의 능원 구역과 횡축을 이룬다는 점을 언급한 바 있다. 비록 하나는 횡축이고 다른 하나는 종축이라는 차이가 있지만, 종묘와 능원을 축선 위에 배치하는 구상은 진과 한에서 동일하게 나타난다. 장안 설계의 전 과정을 총괄했던 소하는 진 함양의 설계를 참고하되 그것을 대체할 수 있는 방안을 고민했던 것 같다. 그 고민의 흔적이 미앙궁 건설, 장릉과 고묘 및 장안성의 배치를 통해 구현되었을 것이다.

---

[19] 김영재(「중국 고대 도성계획에서 중축선의 형성과 그 의미 - 商周시기부터 『周禮·考工記』 그리고 漢長安城까지」, 『한국도시설계학회지』제15권 제2호, 2014)는 안문에서 장릉으로 이어지는 축선이 장안성 설계와 관계가 없는 것으로 평가 절하했다. 그러나 진 함양의 중축선이 도성의 범위에만 한정되지 않았듯이, 한 장안 설계에 보이는 광역 중축선의 함의를 경시해서는 안 될 것이다. 한 장안의 두 축선 중 보다 실용적 의미를 가진 중축선은 미앙궁-횡문대가-횡문-횡교로 이어지는 라인이었다. 이는 분명 진대에 설계된 함양의 중축선을 따른 결과였다. 반면, 안문(고묘)-안문대가-장릉으로 이어지는 축선은 종묘와 릉원을 잇는다는 측면에서 보다 상징적인 의미를 가진다. 동시에 함양의 중축선을 부정함으로써 漢朝의 새로운 권위를 세우고자 한 의도가 함축되어 있다.

[20] 정확히 말하면, 준공 초기에만 安門 내에 배치되었었다. 惠帝는 장락궁과의 교통 편의를 위해 武庫 남쪽에 復道를 설치했는데, 叔孫通은 이것이 高廟 위에 배치되어 예의에 어긋난다고 지적했다. 이에 위북 지역에 原廟를 짓고 종묘의 수를 늘이는 것으로 설계를 변경했다(『史記』卷99「劉敬叔孫通列傳」, p.2725).

2. 長安城과 渭北 지역

앞서 長安城 축조의 상징성을 살펴보았는데, 사실 그러한 관념적 이유보다는 현실적 배경이 장안성 축조의 보다 주요한 이유로 작용했을 것이다. 성곽의 일차 목적은 외부 침입을 방어하는 데 있다. 따라서 秦代 수도 계획에 포함되지 않았던 성곽 축조가 한대에 이르러 추가되었던 것은 진대에는 없었던 —혹은 없다고 인식되었던— 군사 위협이 대두했기 때문이다.

秦帝國은 '法天象地'의 새로운 수도 설계가 모두 구현되기도 전에 反秦 세력에 의해 멸망했다. 허상의 우주는 劉邦軍이 覇上에 이르자 속절없이 무너졌다. 秦代에 폭발한 잠재 위협은 漢代에 郡國制로 표면화되었고, 이를 당면하고 있던 漢帝國이 현실과 부조화한 진제국의 수도를 그대로 수용할 수는 없는 일이었다.

보다 큰 문제는 渭北 지역의 상황이었다. 漢代에 들어 匈奴는 보다 강성해진 세력으로 서북 변경을 위협했다. 심지어 高祖가 平城의 변[21]을 당할 정도로 수세에 몰리자 수도 방어책의 마련이 더욱 절박해졌다. 關東 인구의 關中 遷徙 정책이 하나의 방안으로 제기되었는데, 그 시작은 흉노의 방어가 강간약지책보다 직접적인 사유였다.[22] 위북에 陵邑을 설치하고 천사를 진행한

---

[21] 『史記』卷110「匈奴列傳」, p.2894: "高帝先至平城, 步兵未盡到, 冒頓縱精兵四十萬騎圍高帝於白登……"

[22] 平城의 변 이후 匈奴와의 화친 사신으로 파견되었다 돌아온 劉敬은 그에 대한 대비를 위해 관중 지역 천사 정책을 대안으로 제기했다. 『史記』卷99「劉敬叔孫通列傳」, pp.2719-2720: "匈奴河南白羊·樓煩王, 去長安近者七百里, 輕騎一日一夜可以至秦中. 秦中新破, 少民, 地肥饒, 可益實. 夫諸侯初起時, 非齊諸田, 楚昭·屈·景莫能興. 今陛下雖都關中, 實少人. 北近胡寇, 東有六國之族, 宗彊, 一日有變, 陛下亦未得高枕而臥也. 臣願陛下徙齊諸田, 楚昭·屈·景, 燕·趙·韓·魏後, 及豪桀名家居關中. 無事, 可以備胡; 諸侯有變, 亦足率以東伐. 此彊本弱末之術也."

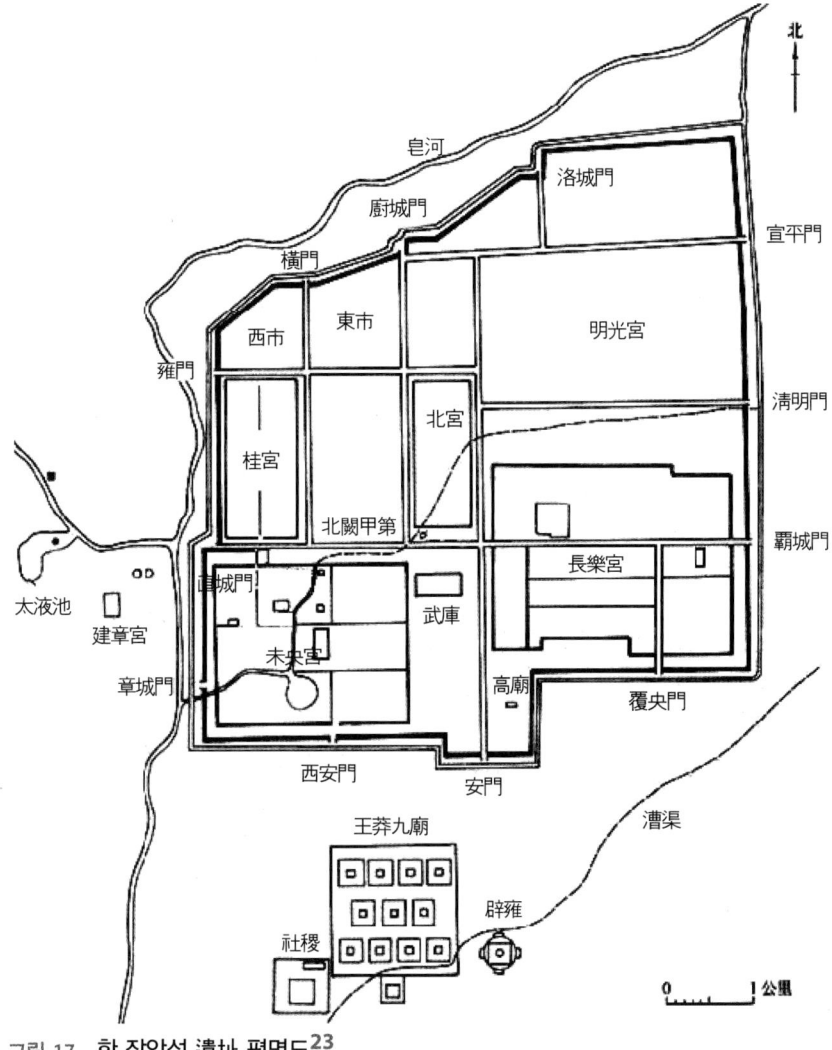

그림 17 한 장안성 遺址 평면도[23]

것 역시 완충지를 만들어 수도를 방어하고자 한 목적이 컸다.[24] 그 일련의 조

---

23 『中國考古學: 秦漢卷』, p.177. 본 평면도는 발굴 성과의 갱신과 개별 추론에 따라 차이가 존재할 수 있다.

24 일찍이 閔斗基는 릉읍 천사와 수도 방어의 관계를 제기한 바가 있다(「前漢의 陵邑

치와 더불어 관중 지역 주요 거점 도시들의 성곽 축조를 함께 계획했을 것으로 추측된다.[25]

비록 현실을 고려한 수도 권역의 축소와 재편이 이루어졌다고는 하나, 長安은 결국 咸陽을 계승한 수도였다. 특히 '渭水貫都'를 핵심으로 하는 秦代 수도의 특징은 前漢 중기까지 유지되었다. 우선 未央宮과 長樂宮의 구조만 보더라도 渭北 지역과의 연계가 중시되었음을 발견할 수 있다. 龍首原 서북 능선에 자리한 두 궁성은 秦代의 별궁인 章臺와 興樂宮의 입지를 그대로 이어받았다. 渭水 양안을 포괄하는 咸陽의 권역은 일차적으로 渭北의 咸陽原과 渭南의 용수원까지로 한정된다. 그 중 함양원 南阪에 함양궁이 위치하고, 용수원 北阪에 장대와 흥락궁이 위치해 남북의 고지대에서 중앙 위수 연안의 저지대를 내려다보는 형태를 취했다. 장대와 흥락궁은 위북 함양궁과의 조화 및 함양 권역 관리를 위한 최적의 입지에 위치했던 것이다. 미앙궁과 장락궁은 그 토대를 계승했기 때문에 장안성 남편에서 용수원 이북 지역을 지향하도록 설계되었다.

주궁 未央宮의 궐문 방위 역시 渭水 연안 중심으로 권역이 구획된 長安의 특성을 반영한다. 蕭何가 미앙궁을 착공할 시 "東闕·北闕·前殿·武庫·太倉"을 세웠다고 하는데, 동궐·북궐의 '궐'은 곧 궁문을 의미한다. 『索隱』은 동

徙民策」, 『歷史學報』, 9, 1957, pp.2-5)

[25] 박한제는 한 장안성을 郭이 없이 내성만 존재하는 '單城'구조인 것으로 파악했다 (「『周禮』考工記의 '營國'원칙과 前漢 長安城의 구조」, pp.76-78). 이론적인 면에서 그의 설은 틀림이 없지만, 기능적인 면에서 장안성은 '곽성'을 목적으로 했다고 보아야 할 것이다. 앞서 보았듯이 진 함양은 '단성'구조로 규정할 성격이 아니라 아예 내성과 외성의 구분이 무의미한 개방형 구조를 추구했었다. 반면 한 장안은 성곽을 구축하여 수도의 범위를 성 주위에 집중시키는 방식으로 회귀했다. 여기서 필자가 언급한 '성곽'은 이론적 도성 구조 모식을 따른 것이 아닌, 군사 기능 측면에서 '궁성'과 구분되는 '곽성'을 지적한 것임을 밝혀둔다.

궐·북궐의 축조의도를 설명하길, "秦家 舊處가 모두 渭北에 있어, 동궐·북궐을 세워 그 편의를 취했다"26라고 했다. 즉, 동궐·북궐이 애초에 위북 지역 관리를 위해 설계되었다고 본 것이다.

秦 멸망 이후 渭北의 舊 咸陽 지역은 前漢 시기 동안 수차례 행정편제의 변화를 겪었다. 『漢書·地理志』의 '右扶風'편에는 다음과 같은 기록이 있다.

> 渭城. 옛 咸陽으로 高祖元年에 新城으로 개명했다가, 7년에 罷하여 長安에 속하도록 했다. 武帝 元鼎3년에 다시 渭城으로 개명했다. 蘭池宮이 있고 王莽 대에 京城이라 하였다.27

渭城은 과거 咸陽의 渭北 지역에 위치하며, 元鼎3년(B.C.114)에 신설되었다. 高祖7년 이래로 長安에 속했던 바, 원정 3년 이전의 장안 권역은 위북의 구 함양 지역까지 포괄했음을 알 수 있다. 呂后2년(B.C.186) 경에 집성된 「二年律令·秩律」 역시 위성이 기록되어 있지 않아 「地理志」의 신빙성을 방증한다.28

궁성뿐만 아니라 東·西市의 위치 또한 長安 권역이 渭北 지역을 포괄했던 사실을 반영한다. 동·서시는 장안성 서북쪽 橫門大街 동서 양편에 위치했던 것으로 전해진다.29 渭水 교량과 연결된 橫門 혹은 廚城門 일대 교통의 편

---

26 『史記』卷8 「高祖本紀」, p.386: "秦家舊處皆在渭北, 以立東闕北闕, 蓋取其便也."

27 『漢書』卷28上 「地理志上」, p.1546: "渭城, 故咸陽, 高帝元年更名新城, 七年罷, 屬長安. 武帝元鼎三年更名渭城. 有蘭池宮, 莽曰京城."

28 「秩律」의 800석 질록 현령 항목에 '咸陽'이 기록되어 있으나, 이것이 秦 咸陽일리는 없다. 이는 雲中郡에 새로 설치되었던 咸陽縣을 말한다. 또 '新城'에 대해 처음 정리소조는 內史에 소속된 것으로 추측했으나, 후에 河南郡 伊闕일 가능성이 더 큰 것으로 의견을 수정했다(『二年律令與奏讞書』, pp.257-295).

29 劉振東은 동·서시의 위치를 다르게 비정했는데, 횡문대가 동측과 주성문 대가 사이에 서시가 위치했고 이에 동시는 그 동편에서 위치했을 것으로 추측했다(「漢長

리함이 최우선으로 고려되었던 것이다. 위수 연안은 남쪽의 궁성 구역 및 고관대작이 거주하는 北闕甲第, 동쪽과 북쪽의 민가 구역 모두와 통하는 장안 교통의 요지였다. 이렇게 동·서시는 도성 내부의 서북편에 치우쳐 있지만, 수도 전체 권역으로 보면 장안의 중심에 위치해 있었다.

그런데 元鼎 3년(B.C.114)에 渭北의 長安이 분리되고 太初 원년(B.C.104)에 三輔가 설치되어 장안(京兆尹)과 위성(右扶風)의 행정 편제가 확정되었다. 이는 장안 권역이 渭南 지역 중심으로 완전히 재편되었음을 의미한다. 실제 장안의 중심은 이전까지 점차 위남 지역으로 이동하는 경향을 보여 왔다. 그 원인을 들면, 우선 위북 지역이 능읍 위주로 개발되어 구 함양 지역이 이에 점차 흡수된 반면, 위남은 장안성이 소재함으로써 남교와 동교 권역의 개발이 지속적으로 이루어졌다. 그리고 무엇보다 元光 6년(B.C.129)에 漕渠의 개발로 인해 黃河 漕運 물류의 종착지가 위남으로 이동한 것이 결정적이었다.[30] 關外 郡縣 확장과 더불어 착공되기 시작한 운하가 위수의 조운 기능을 대체하면서 하류 연안의 중요성도 감소하게 되었을 것이다.

뿐만 아니라 秦嶺 棧道가 褒斜道 위주로 재구축이 이루어져 渭南 지역과 巴蜀 물류의 접근성 또한 강화되었다.[31] 그와 더불어 元狩 3년(B.C.120)에는 昆明池가 개발된다.[32] 곤명지는 단순한 수군 훈련지나 유락 시설이 아닌 長安

安城的研究現狀」, 『中國古中世史硏究』第35輯, 2015, p.48). 그러나 일반적으로는 횡문대가를 축으로 양편에 동·서시가 자리했다는 주장이 정설로 받아들여지고 있다.

30 『漢書』卷6「武帝紀」, p.165: "(元光六年)春, 穿漕渠通渭."
31 『史記』卷29「河渠書」, p.1411: "其後人有上書欲通褒斜道及漕事, 下御史大夫張湯. 湯問其事……天子以爲然, 拜湯子卬爲漢中守, 發數萬人作褒斜道五百餘里. 道果便近, 而水湍石, 不可漕."
32 『漢書』卷6「武帝紀」, p.177: "(元狩三年)發謫吏穿昆明池."

의 급수를 위해 마련된 저수 시설이었다. 渭南 지역의 발전과 인구 증가로 인해 새로운 급수 체계를 마련할 필요가 있었던 것이다. 元鼎3년에 있은 장안 권역의 재편은 바로 이러한 위남 지역 발전의 흐름 속에서 이해할 필요가 있다.

『漢書·地理志』'京兆尹' 편에서는 長安이 8만 8백戶에 인구가 24만 2468口였다고 전한다.[33] 이는 元始2년(A.D.2)의 조사이기 때문에 역대 장안 인구의 전체 상황을 반영하지 않는다. 따라서 이것만을 참고하여 장안의 규모를 단정할 수는 없다. 장안은 초기에 위북의 구 함양을 포괄한 광역의 수도로 시작했으나, 후기로 갈수록 능읍의 건설과 위북 지역의 분리, 도성 정비 등의 요소로 인해 권역이 축소하고 인구가 재편되었다. 24만 여명의 인구 규모는 그 최소의 권역을 대상으로 한 결과이다.

그렇다면 長安의 최대 권역은 어디까지였을까? 참고가 될 만한 사례가 하나 있다.

> 後元 6년 겨울, 흉노 삼만 기병이 上郡을 침입하고, 또 다른 삼만 기병이 雲中으로 침입했다. 중대부령 勉을 車騎將軍으로 삼아 飛狐에 주둔시켰고, 옛 楚相 蘇意를 장군으로 삼아 句注에 주둔시켰으며, 장군 張武로 하여금 北地에 주둔시켰다. 또 河內太守 周亞夫를 장군으로 삼아 細柳에 숙영시켰고, 종정 劉禮를 장군으로 삼아 覇上에 숙영시켰으며, 祝玆侯 徐厲을 장군으로 삼아 棘門에 숙영시켜 오랑캐에 대비했다.[34]

---

33 『漢書』卷28上「地理志上」, p.1543: "長安, 高帝五年置. 惠帝元年初城, 六年成. 戶八萬八百, 口二十四萬六千二百. 王莽曰常安."

34 『漢書』卷4「文帝紀」, p.131: "(後元)六年冬, 匈奴三萬騎入上郡, 三萬騎入雲中. 以中大夫令勉爲車騎將軍屯飛狐, 故楚相蘇意爲將軍屯句注, 將軍張武屯北地, 河內太守周亞夫爲將軍次細柳, 宗正劉禮爲將軍次覇上, 祝玆侯徐厲爲將軍次棘門: 以備胡."

文帝 後元 6년(B.C.158)에 上郡과 雲中郡 일대에 침입한 흉노를 방어하기 위해 漢朝廷은 이중의 저지선을 구축했다. 먼저 飛狐·句注·北地에 일차 저지선을 형성했고, 細柳·霸上·棘門을 거점으로 長安 방어를 위한 이차 저지선을 마련했다. 여기서 이차 저지선이 포괄한 권역이 바로 당시 장안의 범위와 대략 일치할 것이다. 세류는 훗날 武帝 시기에 설치될 便門橋 서편의 細柳倉과 관련이 깊다.[35] 이 일대는 서북 변경에서 장안으로 진입하는 요지였기 때문에 반드시 군영을 세워야 했을 것이다. 패상은 동쪽에서 장안으로 진입하는 관문과도 같은 지역이기 때문에 군영이 필요했다. 그리고 극문은 과거 진 함양궁문을 지칭하는 바,[36] 함양원 이남의 거주 구역까지가 방어 대상에 포함

---

[35] 기존 細柳營의 위치는 역대 주석가들에 의해 잘못 고증된 바 있다. 처음에 如淳은 이것이 위북의 세류창에 위치한 것으로 고증했으나, 張揖은 이와는 달리 곤명지 남쪽 柳市 일대를 가리킨 것으로 보았다. 唐代에 이르러 司馬貞이 여순의 설을 부정하고 顔師古가 장읍의 설을 지지함으로써 착오가 사실인 것처럼 굳어졌다(오늘날 西安市 長安區 細柳鎭은 후대의 잘못된 고증으로부터 유래한 지명이다). 세류창이 분명 위북 지역에 위치했음에도 명칭이 다른 곤명지의 류시와 연관성을 찾은 것은 논리적으로도 문제가 있다. 게다가 지리적 측면에서 볼 때 곤명지는 세류창에 비해 요충지로서의 가치가 떨어진다. 북방의 흉노를 방어하고자 한 군영의 목적을 고려한다면 서북편에서 장안으로 진입하는 입구인 세류창 일대(현 咸陽市 秦都區 兩寺渡村)가 더욱 적절한 거점이 될 것이다. 따라서 오늘날 대부분의 학자들은 세류영이 위북의 세류창 부근에 위치했을 것으로 확정한다(楊東晨,「細柳營事及細柳營址考」,『東嶽論叢』1985年第3期; 凌然,「也談細柳營的地理位置」,『考古與文物』1997年第3期; 張鴻傑,「細柳營與咸陽」,『咸陽師範學院學報』2006年第5期; 辛德勇,「論細柳倉與澂邑倉」,『陝西師範大學學報』(哲學社會科學版)2010年第2期)

[36] 『刮地志』에서는 棘門을 '秦王門名'이라 했다([唐]李泰 等,『括地志輯校』, 中華書局, 1980, p.18). 여기서 '棘門'의 '棘'은 '冀闕'의 '冀'와 동음 관계로, 이에 극문은 기궐의 문, 즉 함양궁 정남문을 지칭했을 가능성이 높다(王學理,「以訛傳訛"咸陽宮" 一掃蒙尖顯"冀闕" - 對秦都咸陽1號宮殿遺址定性的匡正」,『文博』2011年第2期, pp.26-27 참조).

되었다. 요컨대 前漢 전기 장안은 위북의 함양원 이남 지역을 포함하여 동쪽의 패상 일대에 이르고, 서쪽으로는 세류창 일대까지도 관할했다. 그리고 남쪽은 훗날 설치되는 杜陵 일대까지 포함했을 것이다. 여기서 위북 지역을 분리하고 동과 남의 霸陵과 두릉 일대를 제외한 지역을 후기의 장안 권역으로 상정할 수 있다.

II 渭水 橋梁의 위치와 兩岸 교통

陝西省 寶鷄市 일대부터 黃河와 합류하는 潼關에 이르기까지, 渭水는 평원 지대를 가르며 흐른다. 그 중 고대 수도 권역에 형성된 河道 양안의 평원 지대는 상대적으로 咸陽이 소재한 북안은 좁은 반면 長安이 소재한 남안은 넓다. 이는 위수의 流路가 북으로 이동하며 퇴적 작용이 주로 남안에 이루어진 결과이다. 오늘날 위수의 유로는 秦漢 시기와 비교해 약 4km 정도 북으로 이동해 기존 위북에 자리했던 진 함양 구역은 현재 위수 아래에 잠기고 말았다.

渭水 流路의 이동으로 과거 위수 자리는 남안의 퇴적층 아래에 묻혔다. 漢唐 시기에 이용된 위수 교량 역시 위수 남안 지하에 묻히게 되었는데, 오늘날 고고 발굴에 의해 그 실체가 조금씩 밝혀지고 있다. 위수 교량 유적의 발견은 역대 위수 유로 변동 과정의 핵심 정보가 될 뿐 아니라, 秦 咸陽과 漢唐 長安 및 그 주변 지역 교통 연구에 있어 불가분의 사료가 될 것이다.

漢唐 시기 渭水 橋梁을 소위 '渭水三橋'라 칭하기도 한다. 그 연원은 漢 長安城 橫門과 渭北 지역을 잇는 橫橋(中渭橋), 景帝 시기 陽陵과의 연계를 위해 건설된 東渭橋, 武帝 시기 茂陵으로의 교통 편의를 위해 세운 便門橋(西渭橋)로부터 유래한다. 이들은 唐代에 이르기까지 연용되거나 중수되어 위수 양안

그림 18 (위)필자가 2013년 1월 12일 촬영한 위수교 유적
(아래)2014년 발굴보고서에 수록된 위수교 유적[37]

을 잇는 대표 교량으로 인식되어 왔다.[38]

---

37 劉瑞 等,「西安市漢長安城北渭橋遺址」, p.38.
38 그 중 동위교의 위치는 오늘날 서안시 미앙구 建設路와 東風路 사이 王家堡村 부

中渭橋는 최근의 고고발굴로 인해 가장 상세한 정보가 확보된 사례이다. 2012년 4월 초 西安市 未央區 西席村에서 당지 거주민의 모래 채취로 인해 목재 말뚝 하나가 지면에 드러났다. 이에 신고를 받은 조사 기관이 해당 지역을 보호 조치하고 조사를 진행한 결과 다량의 고대 교량 유적을 발굴할 수 있었다. 거주민이 초기에 말뚝을 발견했던 서석촌 일대는 한 장안성 북곽 중문에 해당하는 廚城門으로부터 渭水 북안에 이르는 河道가 위치했던 자리이다. 이 일대에서만 총 5群의 교량 유적이 발견되어 발굴보고서는 이들을 '주성문교'라고 명명했다. 그리고 장안성 북곽 동문에 해당하는 낙성문 외부의 미앙구 高廟村 북측에 또 하나의 교량 유적을 추가 발견하여 이를 '낙성문교'라 지칭했다.[39]

총 6군의 교량 유적 중 4군의 유적이 탄소 연대 측정으로 인해 대략적인 시기가 밝혀졌다. 먼저 '廚城門 1호교'는 남측 동서 양 방향에 추출한 목재 말뚝(삼나무 재질) 표본과 석회 구조물의 백회를 측정한 결과 대략 戰國 시기에서 前漢 초기 사이에 처음 지어진 것으로 판명되었다. '廚城門 3호교'는 唐代에 지어진 교량으로 판명되었고, '廚城門 4호교'는 여러 교량 중 건설 연대가 가장 이른 것으로 나왔다. 그리고 '洛城門橋'의 연대는 전한 후기 혹은 후한 초기에 지어진 것으로 추정된다.

'中渭橋' 유적의 발굴로 인해 기존 학계에서 상식으로 받아들여졌던 몇 가지 설은 이제 수정이 불가피해졌다. 먼저 渭水 유로의 변동에 관해 기존 학계는 위수가 秦漢 시기부터 淸末까지 매년 2m 이상 북쪽으로 이동한 결과 오

근에 있었고, 서위교는 함양시 釣臺鎭 文王嘴 부근 위수 하도에 위치했을 것으로 추정된다(梁云·游富祥·郭峰, 「漢渭河三橋的新發現」, 『中國國家博物館館刊』2013年第4期).

39　劉瑞等, 「西安市漢長安城北渭橋遺址」. 이하 관련한 인용 출처 이와 동일.

늘날의 河道에 이르게 된 것으로 본다.⁴⁰ 그러나 고고 발굴로 인해 唐代에도 해당 하도에 교량이 건설된 적이 있음이 밝혀졌다. 만약 당대에도 이 지역에 여전히 위수의 주류가 위치했다면, 적어도 당대까지 위수의 유로는 이동하지 않았다는 의미가 될 것이다. 또 廚城門 1호교 주변에서는 '康熙通寶' 등의 청대 유물이 함께 발견되었다고 한다. 이에 근거해 발굴보고는 淸 康熙 연간에 이르기까지 위수 유로의 대규모 이동은 일어나지 않았던 것으로 추정했다.⁴¹

漢代 中渭橋의 위치는 본문의 주제와 관련하여 특히 주목해보아야 할 문제이다. 기존의 설에 따르면 한대 중위교는 秦代에 건설된 것을 연용했고, 橫門과 연결된 관계로 '橫橋'라고 칭해지던 교량이었다. 그런데 오늘날 횡문이 아닌 주성문 일대에서 진한대 교량 유적이 발견되었다. '중위교'가 곧 '횡교'가 아닐 수도 있으므로 관련 문제는 재검토가 불가피해졌다. 그렇다면 사실은 무엇이었을까. 횡교는 없고 渭橋(주성문교)만 있었던 것일까, 아니면 횡교도 있고 위교도 따로 있었던 것인데, 이 둘을 하나의 교량으로 착각했던 것일까?

中渭橋에 관한 당시의 기록은 자세하지 않고 후대의 주석은 부정확하다. 秦漢代의 '橫橋'가 곧 '중위교'라는 설은 당시의 기록보다는 후대의 자료 및 주석에 근거해 결정된 바가 크다. 일단 고고자료에 의해 발견된 한대 '廚城門橋'의 존재를 인정한 전제 위에 관련 문헌을 새로이 검토해 보도록 하자. 관건이 될 수 있는 문헌을 소개하면 다음과 같다.

① 橫橋, 『三輔舊事』에 이르길, "秦이 橫橋를 지었는데, 漢은 秦制를 계승했

---

40 李令福, 「論西安咸陽間渭河北移的時空特徵及其原因」, 『雲南師範大學學報』(哲學社會科學版) 2011年第4期.

41 劉瑞等, 「西安市漢長安城北渭橋遺址」, p.42은 '康熙通寶' 탁본 자료를 소개했으나, 기타의 청대 유물이 무엇인지 밝히지는 않았다. 이 문제는 전체 발굴이 완료된 후에 보다 구체적 논증이 필요할 것이다.

고, 그 넓이는 6丈에 길이가 380步에 달했으며, 都水令을 설치하여 관장하도록 했고, 石柱橋라고도 불렀다."(原註: 漢末에 董卓이 불태웠다.)

渭橋, 秦始皇이 지었다. 위교(의 자재)가 무거워 옮기지를 못하자, 力士 孟賁 등의 석상을 만들어 제사를 지내니 이에 움직일 수 있었는데, 지금 그 石人이 존재한다. (原註: 위교는 장안 북쪽 3리에 위치했고, 위수를 넘도록 다리를 만든 것이다.)**42**

② "또 동쪽으로 長安縣 북쪽을 지난다."

'渭水는 동쪽에서 二水로 분리된다.' …… <u>秦始皇이 다리를 지었는데, 鐵鐓가 무거워 옮기지 못해 力士 孟賁 등의 석상을 만들어 제사를 지내자, 철대를 옮길 수 있었다.</u> ……

'이 水는 또 동으로 가 渭水에 주입된다.' 수상에 교량이 있는데, 渭橋라고 하고 秦制이며, 또한 便門橋라고 한다. 진시황은 위수 남북에 離宮을 지어 天宮을 본 땄다. 고로 『三輔黃圖』에서 이르길, 위수는 수도를 관통하여 은하(天漢)를 상징하고 橫橋가 남쪽으로 도하하는 것은 牽牛를 본 땄다. 남쪽에는 장락궁이 있고 북쪽에는 함양궁이 있었는데, 두 궁 사이를 통하고자 하여 이 교량을 지었다. 넓이가 6丈이고 남북 길이가 380步에 이르고 68間과 750개의 기둥에 122개의 들보가 있었다. 다리의 남북에 제방을 두기를 석주가 물결에 부딪히도록 세웠는데, 기둥 남쪽은 京兆가 주관하고 기둥 북쪽은 馮翊이 주관했다. 令丞이 있었고, 각각 1500의 인력(혹은 병졸)을 거느렸다. 다리의 북 머리에 壘石이 수중에 잠겨있어 石柱橋라고 하였다. …… <u>후에 董卓이 입관하여 이 다리를 불살랐고, 魏武帝가 다시 중수하였는데,</u>

---

42 何淸谷 撰, 『三輔黃圖校釋』, 中華書局, 2005, p.353: "橫橋, 『三輔舊事』云: "秦造橫橋, 漢承秦制, 廣六丈三百八十步, 置都水令以掌之, 號爲石柱橋." (原註: 漢末董卓燒之.)"; p.355: "渭橋, 秦始皇造. 渭橋重不能勝, 乃刻石作力士孟賁等像祭之, 乃可動, 今石人在. (原註: 渭橋在長安北三里, 跨渭水爲橋.)"

다리의 넓이는 3丈 6尺이었다. ……⁴³

③-1 이에 사자를 먼저 보내어 시찰하게 하니, 그 집에 있었다. 武帝는 이에 스스로 나아가 맞이했다. 길을 치우고 맨 앞에 깃대를 세운 기병을 몰아 橫城門을 나가 수레를 그대로 내달려 장릉에 이르렀다.⁴⁴

③-2 황제는 이에 千秋를 승상으로 발탁하여 江充의 가족을 멸하고, 蘇文을 橫橋 위에서 화형시켰다 ……⁴⁵

④-1 宋昌이 渭橋에 이르자 丞相 이하 모두 나와 맞이했다. 송창이 돌아와 보고했다. 代王(훗날의 文帝)은 이에 수레를 몰아 渭橋에 이르렀고, 군신들은 배알하며 칭신했다.⁴⁶

④-2 황제는 甘泉으로부터 나와 池陽宮에서 주숙했다. 황제는 長平阪에 올라 單于에게 알현하지 말 것을 명했다. 그 좌우에 (만이의) 편호를 받은 무리들이 모두 열관하였고, 蠻夷의 君長과 王侯 등 맞이하러 온 자들이 수만

---

43 [北魏]酈道元 著, 陳橋驛 校證,『水經注校證』, 中華書局, 2007, p.452:"又東過長安縣北"渭水東分爲二水' …… 秦始皇造橋, 鐵鐓重不勝, 故刻石作力士孟賁等像以祭之, 鐓乃可移動也. …… '此水又東注渭水' 水上有梁, 謂之渭橋, 秦制也, 亦曰便門橋. 秦始皇作離宮于渭水南北, 以象天宮, 故三輔黃圖曰: 渭水貫都, 以象天漢, 橫橋南度, 以法牽牛. 南有長樂宮, 北有咸陽宮, 欲通二宮之間, 故造此橋. 廣六丈, 南北三百八十步, 六十八間, 七百五十柱, 百二十二梁. 橋之南北有堤, 激立石柱, 柱南, 京兆主之; 柱北, 馮翊主之. 有令丞, 各領徒千五百人. 橋之北首, 壘石水中, 故謂之石柱橋也. …… 後董卓入關, 遂焚此橋, 魏武帝更脩之, 橋廣三丈六尺.

44 『史記』卷49「外戚世家」, p.1981:"乃使使往先視之, 在其家. 武帝乃自往迎取之. 蹕道, 先驅旄騎出橫城門, 乘輿馳至長陵."

45 『漢書』卷63「武五子傳」, p.2747:"上遂擢千秋爲丞相, 而族滅江充家, 焚蘇文於橫橋上……"

46 『史記』卷10「孝文本紀」, p.415:"昌至渭橋, 丞相以下皆迎. 宋昌還報. 代王馳至渭橋, 羣臣拜謁稱臣."

명에 이르러 길을 끼고 진을 쳤다. 황제가 渭橋에 오르자 모두 萬歲를 외쳤다.[47]

④-3 얼마 정도 지나, 황제가 출행하여 渭橋 가운데에 이르렀는데(혹은 中渭橋에 출행했는데), 어떤 이가 다리 아래에서 갑자기 튀어 나와 수레 끄는 말이 놀랐고, 이에 기병으로 하여금 그를 체포시켜 廷尉에게 넘겼다. 釋之가 그를 심문했다.[48]

사료의 성격을 먼저 살펴보면, ①의『三輔黃圖』古本은 이르면 後漢末·曹魏初, 늦으면 南朝 梁·陳시기에 편찬된 것으로 추정된다. 그러나 今本에는 당대 肅宗 연간의 지명이 등장하는 것으로 보아 그 시기 전후에 증편된 寫本이 오늘날 전승된 것으로 추정된다.[49] ②의『水經注』는 北魏 시기 酈道元이 편찬한 것이다. 즉, ①과 ②에 기록된 '橫橋'와 '渭橋'는 당시의 증언이 아닌 후대에 전승된 기록이다. 그리고 ③과 ④의『史記』와『漢書』는 서술자 생전에 교량이 유존한 경우에 해당한다. 당시에는 '횡교'와 '위교'를 별도로 고증하지 않았고, 사건 설명을 위해 간접 언급하기만 했다.

먼저 ①의 내용을 보면 關中 지역 교량 중 橫橋와 渭橋를 별도의 항목으로 분류했다. 何淸谷은 '위교'가 景帝 대에 건설한 東渭橋를 지칭한 것이라 보고 秦始皇이 건설했다는 내용은 오기인 것으로 판단했다.[50] 이는 '횡교'가 곧 中渭橋이므로 별도의 '위교'를 지칭한다면 동위교 밖에 없다고 추론한 결과이

---

47 『漢書』卷8「宣帝紀」, p.271: "上自甘泉宿池陽宮. 上登長平阪, 詔單于毋謁. 其左右當戶之羣皆列觀, 蠻夷君長王侯迎者數萬人, 夾道陳. 上登渭橋, 咸稱萬歲."
48 『史記』卷102「張釋之馮唐列傳」, p.2754: "頃之, 上行出中渭橋, 有一人從橋下走出, 乘輿馬驚. 於是使騎捕, 屬之廷尉. 釋之治問."
49 『三輔黃圖校釋』, pp.1-4 前言 참조.
50 『三輔黃圖校釋』, pp.355-356.

다. 그러나 고고발굴에서 보듯이 그 추론은 전제부터 재고해볼 필요가 있다. '위교'는 '횡교'와 더불어 長安城 북편에 위치한 교량을 지칭한 것일 수도 있다.

②는 '橫橋'에 관한 가장 자세한 내용을 전하는 문헌 기록이지만, 그와 동시에 가장 부정확한 정보를 담고 있기도 하다. 渭橋·便門橋·횡교를 모두 동일한 교량인 것처럼 설명한 것은 명백한 오류이다. 이를 보면 ②가 편찬될 당시 渭水 교량이 온전히 유존되지 않았을 가능성이 높다. 그런데 ②가 "又東過長安縣北" 구간 내에 두 가지 교량을 설명한 점을 주목할 필요가 있다. 만약 ①의 孟賁상을 세워 철대를 옮겼다는 고사에 근거하면 '渭水東分爲二水' 구간의 교량은 위교일 것이고, 董卓에 의해 불탔다는 고사에 근거한다면 '此水又東注渭水' 구간의 교량은 횡교일 것이다. 하지만 서에서 동으로 흐르는 위수의 방향과 편문교와 횡교 사이에 위치한 또 다른 교량의 기록이 전무한 것을 고려하면, 전자가 횡교가 되어야 하고 후자가 위교가 되어야 한다. 기록의 신빙성을 증명할 수는 없지만, ①과 ② 중의 하나는 서로 다른 두 교량의 전승 고사를 혼동해서 기재한 것으로 보인다.

③은 橫橋와 관련 있는 당시의 사건을 취사하여 나열한 것이다. 이를 근거하면 비록 고고 발견이 아직 없더라도 당시 횡교가 존재했다는 것을 부정할 수는 없다. ③-1은 橫(城)門 밖에 '횡교'가 있었다는 것을 전제해야 설명이 가능한 장면이다. 長陵 민가에 동모 출생의 누님이 살고 있다는 소식을 들은 武帝가 未央宮에서 가장 빠른 길로 가고자 橫門으로 수레를 몰고 나갔다. 이것이 사실이라면 무제는 분명 횡교를 건넜을 것이다.[51] ③-2는 巫蠱의 변의 실상이 밝혀진 뒤 이에 연루된 蘇文을 횡교에서 처형했음을 언급했다. 장안의

---

51 다만 이 기록은 사마천이 쓴 것이 아니라 褚少孫이 증편한 내용으로, 전승 과정 중 착오가 발생했을 가능성도 배제할 수 없다. 그러나 元成 년간에 활동한 저소손은 횡교의 실물을 보고 직접 이용하는 입장이었기 때문에 상황의 생생한 묘사를 위한 소재로 횡성문을 언급할 수 있었으리라 본다.

사형 집행은 주로 東市 입구에서 진행된 경우가 많다.[52] 횡교와 횡문, 동시는 서로 인접한 위치에 있었던 바, 횡교에서의 사형 집행은 바로 市에서 집행한 것과 유사한 상징 효과가 있었을 것이다.

④는 渭橋라 명명된 교량을 황제가 지나간 사례를 나열한 것이다. ④-1 과 2에서 알 수 있듯이 위교는 즉위를 위해 장안을 들어서는 皇帝에게 군신이 배알하며 칭신하는 공간, 匈奴 君長을 복속시킨 황제를 위해 천하의 군장과 왕후가 마중하여 만세를 외치는 권위의 무대였다. 이것이 과연 사형이 집행되었던 橫橋와 동일한 교량이었는지는 한 번 생각해볼 문제이다.

④-3은 기존 연구에서 당시 橫橋가 '中渭橋'로 지칭되기도 했다는 근거로 제기되기도 한다. 『集解』에서 張晏과 臣瓚의 주를 인용해 '중위교'를 "위교 가운데에", "양안 가운데"라고 본 것에 대해 『索隱』은 부정하며 설명하길, "지금의 위교는 세 곳이 있다. 한 곳은 (장안)城 서북 咸陽路에 있고 西渭橋라고 한다. 또 한 곳은 동북 高陵道에 있고 東渭橋라고 한다. 여기서의 중위교는 古城의 북쪽에 있다"[53]라고 했다. 『史記』 中華書局 點校本은 이 설을 따라 '중위교' 아래에 지명을 표시하는 밑줄을 그었다.

하지만 이것이 정말 '中渭橋'를 지칭한 것인지는 의문이 든다. 우선 아직 東渭橋와 西渭橋가 설치되지 않았던 文帝 시기에 어떻게 중위교라는 명칭이 존재할 수 있는 것일까? 만약 중위교를 지칭한 것이라면, 司馬遷이 의식적으

---

52 가장 유명한 예로 晁錯가 東市에서 처형되었다(『漢書』卷49「爰盎晁錯傳」, p.2302: "乃使中尉召錯, 紿載行市, 錯衣朝衣斬東市."). 그 외에 전한대 진행된 전시적 성격의 처형은 모두 東市에서 이루어졌다(『漢書』卷66「公孫劉田王楊蔡陳鄭傳」, p.2883: "有詔載屈氂廚車以徇, 要斬東市, 妻子梟首華陽街."; 卷67「楊胡朱梅云傳」, p.2927: "章坐腰斬, 磔尸東市門."; 卷71「雋疏于薛平彭傳」, p.3038: "方遂坐誣罔不道, 要斬東市.").

53 『史記』卷102「張釋之馮唐列傳」, p.2755: 『集解』張晏曰: "在渭橋中路." 瓚曰: "中渭橋兩岸之中." 『索隱』張晏・臣瓚之說皆非也. 案今渭橋有三所: 一所在城西北咸陽路, 曰西渭橋; 一所在東北高陵道, 曰東渭橋; 其中渭橋在古城之北也.

로 이름을 고쳐 썼다는 의미가 될 것이다. 그러나 曹魏 시기에 활동한 張晏이나 西晉 시기의 학자인 臣瓚 모두가 중위교를 명칭으로 인지조차 하지 못했다는 것은 이상한 일이다. 그것은 兩漢 시기에 중위교라는 명칭이 존재하지 않았기 때문은 아니었을까? 『索隱』의 편찬자 司馬貞은 단지 지금(唐代)에 빗대어 중위교를 추론했을 뿐이다. 그리고 보면 상기한 ①②는 '위교'와 '횡교'를 설명하고 있지만, 중위교·서위교·동위교의 명칭은 전혀 언급하지 않는다. 일반적으로 위수교는 성문과 연계하여 교량의 명칭을 붙이거나(편문교와 횡교), 위수 교량을 뜻하는 일반 명사로서 '위교'라는 명칭이 더욱 널리 쓰였다. 기타의 당대 이전 자료 역시 '三橋'의 개념은 상당히 희박하다.54 이를 보건대 '위수삼교'는 唐代에 이르러 정착된 개념일 가능성이 높다.

종합하면, 문헌기록은 長安城 북변에 '橫橋' 이외의 또 다른 '渭橋'가 있었던 사실을 희미하게나마 전하고 있다. 漢代 횡교가 곧 中渭橋였다는 설은 '渭水三橋' 체계가 갖추어진 唐代의 고정관념을 따른 결과로 보인다. 『元和郡縣圖志』의 기록에 따르면, "중위교는 (함양)현 동남쪽 22리에 있었고, 본명은 횡교이며 위수 위에 놓였다"55라고 했다. 바로 이것이 한대 횡교가 곧 중위교였다고 보는 당대의 인식을 가장 잘 나타내는 예일 것이다.56 그 설과는 달리 漢

54　『類編長安志』는 『三秦記』를 인용하여 말하길, "漢之東渭橋, 漢高帝造, 以通櫟陽道"([元]駱天驤 撰, 黃永年 點校, 『類編長安志』, 三秦出版社, 2006, p.192)라고 했다. 그러나 이는 東渭橋의 본래 기원과 다를 뿐 아니라 그 출처 또한 불명하다. 여기에다 편찬 시기가 元代인 것을 고려하면, 『類編長安志』의 기록은 위교에 관한 또 다른 와전으로 보아야 할 것이다.

55　[唐]李吉甫 撰, 『元和郡縣圖志』上, 中華書局, 1983, p.14: "中渭橋在(咸陽)縣東南二十二里, 本名橫橋, 架渭水上."

56　『元和郡縣圖志』는 이어지는 중위교 설명에서 "漢末董卓燒之, 魏文帝更造, 劉裕入關又毀之, 後魏重造, 貞觀十年移於今所."라고 했다. 즉, 정관10년(A.D.636)에 중위교의 위치를 횡교가 아닌 다른 곳으로 옮겼다는 의미가 된다. 이 문헌 기록과 주성

代 長安과 渭北 咸陽 지역을 연결하는 교량은 적어도 두 곳 이상 병존했다. 특히 도성 북곽의 세 문은 모두 위수 교량과 연결될 수 있는 구조를 갖추고 있었다. 이는 위수 양안을 모두 수도 권역으로 삼았던 한 장안의 특성이 십분 반영된 것이다.

    수리 기술이 발달하지 못한 고대 사회에서 자연 하류에 의지한 교통은 수재에 노출될 수밖에 없다. 이는 渭水를 권역 내에 품었던 漢 長安의 한계이기도 했다. 이와 관련하여 『漢書·成帝紀』의 다음 기록을 주목해볼 필요가 있다.

> 가을에 關內에 큰 홍수가 있었다. 7월에 虒上의 소녀 陳持弓이 홍수가 몰려온다는 소문을 듣고 횡성문으로 진입하여 尙方掖門을 불법으로 들어가 미앙궁 鉤盾 중에 이르렀다. 吏民들이 놀라서 성에 올라갔다.[57]

    여기서 虒上은 應劭의 註에 따르면 渭水 변에 위치한 지명이다.[58] 즉, 위수가 범람한다는 소문만 듣고도 주민들이 황급히 대피할 정도로 위수 연안이 홍수에 결코 안전하지 않았던 것이다. 또 한편으로 이 기록은 漢 長安城이 가진 중요한 기능 하나를 보여준다. 연안을 따라 비대칭형으로 세워진 북편 성곽은 일면 제방 역할을 하며 위수 범람으로부터 도성을 보호했다. 성문과 교량을 통해 위북 지역과의 원활한 연계를 시도하면서도 수재가 발생했을 시에는 이를 차단하는 이중의 기능을 갖추고 있었던 것이다.

    또 渭水 교통의 불안정성은 후기 長安의 중심지가 渭南 지역으로 이동하

    문 일대에서 발굴된 위수교를 연계하여 당대 중위교의 변천 또한 연구해볼 가치가 있을 것이다.

57 『漢書』卷10「成帝紀」, p.306: "秋, 關內大水. 七月, 虒上小女陳持弓聞大水至, 走入橫城門, 闌入尙方掖門, 至未央宮鉤盾中. 吏民驚上城."

58 『漢書』卷10「成帝紀」, p.307: 應劭曰, "虒上, 地名, 在渭水邊."

게 되는 주요한 원인이었다. 武帝 시기 漕渠의 개발은 그 불안정성에서 벗어나고자 한 첫 시도였고,[59] 이후 隋唐代까지 이어지는 대운하 공정의 시초가 된다. 조운 체계가 자연 하류의 의존에서 벗어나면서 수도의 구조도 '渭水貫都'의 특성에서 탈피하게 되었고, 그 흐름이 隋唐代 龍首原 이남에 새로운 도성 건설에까지 영향을 미쳤으리라 예상된다.

　　漢唐 시기 수도 구조의 변화에 따라 양안을 연결하기 위한 교통의 양상도 달라지게 되었다. 漢 長安이 唐 長安에 비해 많은 수의 교량이 필요했던 이유는 渭北 지역을 수도 권역에 포함했기 때문이다. 그리고 위북 지역이 수도에서 분리된 후에도 장안성 본연의 구조로 인해 다수 교량의 병용은 여전히 가치가 있었을 것이다. 반면 당 장안성은 진한시기 '渭水貫都'의 개념을 탈피한 새로운 유형의 수도였고, 이에 渭水 교량은 '三橋' 체계로 간명하게 정리된다. 그리고 용도가 끝난 '위교'들은 문헌에 희미한 흔적만 남긴 채 사라지게 되었을 것이다.

　　關中 지역을 수도로 하는 漢唐 帝國에 있어 渭水 교통은 수도 정책의 핵심 요소 중 하나였다. 이 장이 다룬 양안을 연결하기 위한 교량 외에 流路를 활용한 漕運 또한 위수 교통의 핵심 요소 중 하나이다. 내몽고자치구 和林格爾 한묘 벽화 중에는 '渭水橋'라고 지칭된 교량이 그려져 있어 위수 조운 체계를 이해하는 참고 자료가 된다. 벽화 속 위수교에는 배를 타고 교량 아래를 지

---

[59]　漕渠의 개발을 제기한 鄭當時의 언급에 따르면, 자연 하류에 의지한 위수 조운은 관동의 물류가 장안에 도착하는데 6개월이 걸린 반면, 조거는 그 절반인 3개월이 소요된다. 그리고 위수 조운은 때때로 직통 연결이 어려운 곳이 존재했다.(『史記』 卷29 「河渠書」, p.1409: 異時關東漕粟從渭中上, 度六月而罷, 而漕水道九百餘里, 時有難處. 引渭穿渠起長安, 並南山下, 至河三百餘里, 徑, 易漕, 度可令三月罷.) 이렇게 유로의 폭이 불규칙한 자연하류의 특성 또한 위수 조운의 불안정 요소였다.

나는 사람들의 모습이 묘사되어 있다.[60] 그리고 위교 유적지와 멀지 않은 곳에서 발견된 한대 선박 실물[61]은 당시 위수 조운의 실체를 보여주는 자료이다. 즉, 위수 교통 연구는 관중 지역 조운망, 나아가 군현 지역과 유기적으로 연계한 기축 인프라의 문제로 시야를 확장할 수 있다.

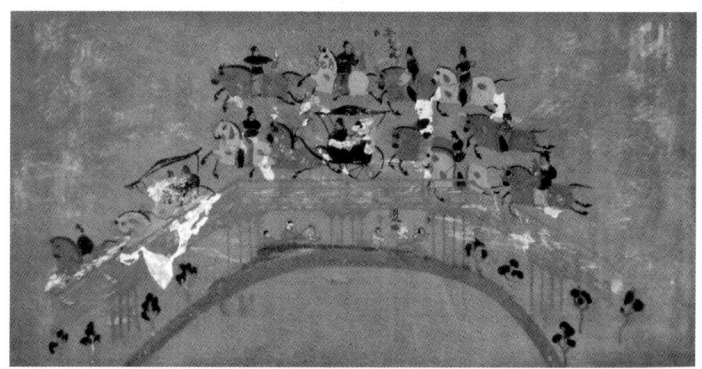

그림 19 和林格爾 한묘 벽화 위수교圖

그림 20 위수교 유적 출토 漢代 古船

---

60 劉瑞 等, 「西安市漢長安城被渭橋遺址出土的古船」.

61 中國內蒙古自治區文物考古研究所 外, 『和林格爾漢墓壁畵孝子傳圖摹寫圖輯錄(漢·日)』, 文物出版社, 2015.

#10

長安-洛陽 수도 권역 변천의 하부구조

•

漢帝國의 두 수도, 長安과 洛陽 정도의 배경과 원인, 영향 등의 문제는 진한사의 주요 논의 대상 중 하나이다. 나는 앞 장에서 장안 문제에 한하여 일정한 답을 제시한 바 있다. 즉, 前漢의 수도 장안은 사실상 秦의 수도 咸陽을 계승한 것이었다. 漢朝廷의 주궁이 渭南 지역에 위치하고 그 주변에 성곽을 축조하는 조정이 있긴 했지만, 전체 설계는 渭北 지역의 구 함양까지를 지향하고 포괄함으로써 기존 '渭水貫都'형의 수도 구조는 불변했다. 이러한 설계는 武帝 시기 수도 권역이 재편될 때까지 유지되었다. 이를 근거하면 한초에 설계된 장안은 기존 진 함양이 가진 수도 기능과 주변 인프라의 이점을 수용한 결과물이다.

後漢 洛陽 정도의 원인에 관하여 학계에는 여러 설이 존재한다. 예를 들어, 戰禍로 인한 關中의 파괴가 심해 낙양이 그 차선이 되었다는 설,[1] 長安을

---

1 錢穆은 "光武中興, 關中殘破, 改都洛陽"이라 하여, 관중의 파괴가 낙양 정도의 가장

수도로 택한 王莽과 更始帝의 실패로부터 교훈을 얻어 낙양을 수도로 정했다는 설,[2] 낙양이 장안에 비해 경제적 우위에 있었다는 설,[3] 낙양이 장안에 비해 건국 집단의 근거지에 근접해 통치력 유지에 용이했다는 설,[4] 守文에 치중한 정권의 수축적 경향이 낙양 정도로 이어졌다는 설[5] 등이 있다.

　　상기한 설들은 일부 설득력을 지닌 경우도 있으나, 초점이 각기 다른 방면으로 분산되어 총괄적 분석을 방해한다. 이는 관련 논의가 오랫동안 누적되어 왔음에도 불구하고 여전히 문제의 핵심에 도달하지 못하고 있기 때문일 것이다. 長安과 洛陽의 단순 비교에서 벗어나 문제의 초점을 장안 혹은 낙양이 수도의 자격을 확보해 가는 과정에 맞출 필요가 있다. 前漢代의 장안이 秦代로부터 계승된 것처럼, 後漢代의 낙양 정도 또한 전대로부터 이어진 국면의 연장일 수 있지 않을까? 이에 수도 권역 재편이나 지방 군현 편제의 변화, 인프라 구축 등 前漢 시기에 발생한 변화 상황에서부터 낙양 정도에 관한 논의를 시작하는 것이 가능할 것이다.

　　長安-洛陽 수도 체계는 동서의 黃河 노선 뿐 아니라, 남북의 秦嶺 노선 또한 중요한 작용을 했다. 秦과 漢初 關中 지역이 수도로 기능할 수 있었던 데에는 巴蜀과 연계한 진령 노선의 역할이 더 결정적이었음을 앞선 1부와 2부의 분석을 통해 알 수 있었다. 반면 장안에 비해 낙양이 경제적 우위에 설 수 있었던 것은 그 후에 확장되었던 황하 노선의 영향 때문이었다. 이것이 三河 지

　　큰 요인이 된 것으로 보았다(『國史大綱』, 商務印書館, 2010, p.193).

2　廖伯源, 「論東漢定都洛陽及其影響」, 『史學集刊』2010年第3期, p.24.

3　史念海, 『中國古都和文化』, 中華書局, 1998, p.233; 五井直弘, 「古代中國的漕運: 漢魏洛陽城的陽渠」, 『中國古代史論稿』, 北京大學出版社, 2001, p.168.

4　梁萬斌, 「東漢建都洛陽始末」, 『中華文史論叢』2013年第1期, pp.142-147.

5　許鎏源, 「從積極進取到繼體守文: 論東漢定都洛陽的根本原因」, 『遼寧敎育行政學院學報』2018年第3期, pp.17-18.

역으로의 수도 권역 확장을 견인했을 것이다. 그 표면적 전환을 이끈 漢武帝 시기 경기 지역 행정 편제 개혁은 낙양이 장안을 제치고 수도로 결정되기에 이르는 장기 과정의 시작이었다. 이 같이 관련 문제는 장안 혹은 낙양의 비교 우위론에 그치지 않고 수도 권역의 장기 변천 과정에 주목해야 그에 대한 해답을 찾을 수 있다. 그 변화의 기저에는 바로 京師와 지방을 잇는 기축 인프라, 진령과 황하 교통이 인프라로서 작용하고 있었다.

I 帝國의 기축 인프라 – 秦嶺과 黃河 교통망

1. '大關中' 체제의 기축 인프라 – 秦嶺 교통망

關中 이남, 중국 중서부 지역을 관통하는 거대한 산맥인 秦嶺은 동쪽의 淮水와 더불어 중국을 북방과 남방으로 구분하는 경계선을 형성한다. 역사적으로 진령은 중국의 통일왕조 출현에 있어 반드시 넘어야 할 장벽인 동시에 선점을 요하는 고지이기도 했다. 黃河 支流인 渭水 및 長江의 양대 지류 嘉陵江과 漢水가 발원하는 분수령으로서, 진령은 북방의 隴西·관중 지역 및 남방의 巴蜀·江漢 지역 수륙 교통의 허브로 작용해 왔다. 따라서 관중 지역을 수도 소재지로 삼았던 秦漢帝國에 있어 진령 교통의 비중은 더욱 두드러질 수밖에 없다.

郡縣制 하에서 秦嶺 교통망이 구축되기 시작한 것은 秦의 漢中과 巴蜀 점령 시기까지 거슬러 올라간다. 그 전체 과정은 이미 제1부 1장에서 서술한 바 있지만, 본장은 그 전반의 이해를 돕기 위해 진령 교통망의 문제에 초점을 맞추어 다시 한 번 설명하겠다. 진은 기원전 316년 촉을 점령하고 더불어 파까

지 석권했다. 이어 楚와의 전쟁에서 대승을 거둔 뒤 312년에 漢中郡을 설치함으로써 본격적인 파촉 경영을 시작했다. 기록에 따르면 기원전 314년에 巴郡이 단독으로 설치되고 蜀郡은 장기간 侯國 병치 기간을 거친 뒤 기원전 285년에 이르러 郡守가 단독으로 임명되었다.[6] 이 파촉 지배를 위한 교통 인프라에 있어 漢中郡의 역할을 빼놓고 설명할 수 없다. 진은 기원전 312년 파촉 지역의 일부와 초로부터 획득한 땅을 합쳐 한중군을 설치했다.[7] 북쪽은 진령을 경계로 關中을 마주하고, 진령으로부터 발원하는 漢水 상류 지역을 오롯이 관할했다. 이를 볼 때 한중군의 설치 목적은 분명하다. 즉, 진령을 넘어 파촉, 나아가 한수 중하류의 강한 지역과도 연결이 가능한 분기점을 직할하기 위함이었다.

秦嶺 교통의 최대 난관은 關中과 漢中 사이에 동서 500km, 남북으로 최소 100km 거리, 최고 높이가 3771m에 달하는 진령 그 자체이다. 이를 극복하기 위해 河谷을 연한 선반식 도로인 棧道가 고안되었는데, 현재 子午道·褒斜道·故道 등 교통로 유적이 위치한 하곡 상에는 인위적으로 간격을 맞추어 穿孔한 石穴의 흔적이 다수 분포되어 있다.[8] 이는 분명 잔도의 다리와 지지대를

---

[6] 『華陽國志』(任乃强 校註, 『華陽國志校補圖注』, 上海古籍出版社, 1987年版) 卷3「蜀地」, p.128: "秦惠王封子通國爲蜀侯, 以陳壯爲相, 置巴郡, 以張若爲蜀國侯……(赧王)三十年, 疑蜀侯綰反, 王復誅之. 但置蜀守."; 『史記』(中華書局, 1982年版) 卷6「秦本紀」, p.207: "(十一年)公子通封於蜀……(十四年)蜀相壯殺蜀侯來降……(武王元年)誅蜀相壯……六年, 蜀侯煇反, 司馬錯定蜀……"

[7] 『華陽國志』卷3「蜀志」, p.128: "(周赧王)三年, 分巴·蜀置漢中郡."; 『史記』卷6「秦本紀」, p.207: "九年, 司馬錯伐蜀, 滅之……十三年, 庶長章擊楚於丹陽, 虜其將屈匄, 斬首八萬; 又攻楚漢中, 取地六百里, 置漢中郡."

[8] 진령 잔도에 관한 조사 보고서로는 韓偉·王世和, 「褒斜道石門附近棧道遺蹟及題刻的調查」; 程學華, 「褒斜道連雲南段調査報告」, 『文物』1964年第11期가 대표적이다. 그 외에 王子今·周蘇平, 「子午道秦嶺北段棧道遺址調査簡報」, 『文博』1987年第4期;

석혈에 끼워 고정시킬 목적으로 설계되었을 것이다. 그러나 석혈의 분포가 산발적이고 역대의 잔도 유적이 서로 혼재되어 있는 관계로 어느 것이 어느 시대의 흔적인지 분별하기는 어려운 일이다. 다만 사료에 기록된 상황을 종합해 볼 때 잔도가 秦代에 이미 설치되었던 것은 분명하다. 그 주요 노선을 대략 소개하면 다음과 같다.

褒斜道. 가장 대중에 잘 알려져 있는 秦嶺 교통의 주도 중 하나이다. 진령 남단의 褒谷과 북단의 斜谷에 연접하여 棧道가 건설된 것으로 인해 褒斜道라 불리게 되었다. 劉邦이 項羽의 세력에 밀려 漢王에 봉해졌을 때 잔도를 불태워 중원에 대한 야심이 없음을 항우에게 보였다는 기사가 있는데, 이때에 불태운 잔도가 포사도일 것이다.[9] 그렇다면 진대에 이미 포사도가 구축되어 있었다고 볼 수 있다. 斜谷과 褒谷의 발원은 『漢書·地理志』의 기록에 근거하면 "斜水는 衙嶺山에서 나와 북으로 郿縣에 이르러 위수로 주입되고, 褒水 또한 아령에서 나와 南鄭에 이르러 沔水(한수의 별칭)로 주입된다."[10]라고 한다. 북단의 寶鷄市 郿縣 斜谷口부터 남단의 漢中市 褒城縣 褒谷口까지를 전체 노선으로 비정한다.

故道. 關中 평원 서단에 위치하며, 散關을 경유하여 嘉陵江과 연하는 노선을 대략 지칭한다. 고도는 또한 가릉강을 연하는 것에 의거해 가릉도라 지칭되기도 하고, 산관을 경유하기 때문에 산관도, 노선 북단의 종착지가 陳倉에 위치해 있어 진창도라고 불리기도 한다. 『史記·高祖本紀』에서는 漢王이 관

秦建明·白冬梅, 「嘉陵江郙閣棧道考察記」, 『文博』 2008年 第5期 등을 참고할 수 있다.

9 『史記』 卷55 「留侯世家」, pp.2038-2039: "漢王之國, 良送至褒中, 遣良歸韓. 良因說漢王曰: '王何不燒絶所過棧道, 示天下無還心, 以固項王意.' 乃使良還. 行, 燒絶棧道."

10 『漢書』 卷8上 「地理志上」, p.1547: "斜水出衙嶺山, 北至郿入渭, 褒水亦出衙嶺, 至南鄭入沔."

중 정벌 당시 고도를 통해 관중에 진입한 것으로 나온다.[11] 이를 근거하면 고도 또한 秦代에 이미 구축되어 있었을 것이다. 고도는 대략 漢中市 勉縣에서 북단의 寶鷄市 동교에 위치한 진창현까지로 비정한다.

子午道. 前漢 말 王莽 집권 시기에 長安城 자오선 남향으로 도로를 개통하면서 자오도라고 명명했다는 기록이 있다.[12] 하지만 다수의 학자들은 해당 교통 노선이 그 전에 이미 존재했던 것으로 판단한다. 문헌 기록에 따르면 劉邦이 漢王에 봉해지면서 추종자 수 만 명을 이끌고 杜南에서 蝕中으로 들어갔다고 한다. 『史記』 주석에서는 杜가 훗날 宣帝陵이 건설되는 杜陵이 위치한 곳이고, 식중은 漢中으로 진입하는 도로라고 보았다.[13] 이에 대해 『資治通鑑』 胡三省 주석에서 『雍錄』을 인용하길, "그 地望을 구해보니, 關中 남면에는 南山이 가로막고 있는데, 그 중 漢中에 도달할 수 있는 소로(微徑)는 오직 子午谷만이 長安 정남쪽에 위치해 있고, 그 다음으로 서쪽에 駱谷이 있다. 蝕中은 駱谷이 아니라면 바로 子午谷일 것이다"[14]라고 했다. 바로 이 기록이 유방의 한중 진입 시 이용한 노선을 자오도라고 추정하는 주된 근거이다. 王子今의 연구에 따르면, 자오도가 위치했던 秦嶺 북단에는 자오곡을 포함한 洋谷과 石砭

---

11 『史記』卷8「高祖本紀」, p.368: "八月, 漢王用韓信之計, 從故道還, 襲雍王章邯."

12 『漢書』卷99上「王莽傳」, p.4076: "其秋, 莽以皇后有子孫瑞, 通子午道. 子午道從杜陵直絶南山, 徑漢中."

13 『史記』卷8「高祖本紀」, p.367: "四月, 兵罷戱下, 諸侯各就國. 漢王之國, 項王使卒三萬人從, 楚與諸侯之慕從者數萬人, 從杜南入蝕中." 『正義』韋昭云: "杜, 今陵邑." 括地志云: "杜陵故城在雍州萬年縣東南十五里. 漢杜陵縣, 宣帝陵邑也, 北去宣帝陵五里. 廟記云故杜伯國." 『集解』李奇曰: "蝕音力, 在杜南." 如淳曰: "蝕, 入漢中道川谷名."

14 『資治通鑑』卷第9「漢紀一」, p.310: "近世有程大昌者著雍錄曰: 以地望求之, 關中南面背礙南山, 其有微徑可達漢中者, 唯子午谷在長安正南, 其次向西則駱谷. 此蝕中. 若非駱谷, 卽是子午谷."

谷까지 총 세 갈래의 협곡에서 초기 잔도 유적에 해당하는 石穴이 발견된다. 이는 자오도 노선이 자주 수정을 거치며 개통되었음을 보여준다.[15] 그렇다면 왕망이 구축한 자오도 또한 秦代에 건설된 잔도의 노선을 조정하여 수축한 것일 수 있다. 지금의 子午道는 북단의 西安市 長安區 子午鎭 서남에서 남단의 漢中市 洋縣 龍亭鎭에까지 이른다.

그 외에 포사도와 자오도 사이 灃谷과 駱谷을 연하는 당락도가 있으나, 이 노선이 秦代에 이용되었다는 기록을 현재로서는 찾을 수 없다. 그리고 관중 지역 서편의 隴西와 연결되는 祁山道가 있다. 기산도는 西漢水를 연하여 甘肅省 禮縣 일대에 이르는 비교적 평탄한 길로, 秦 초기부터 이용되어 왔을 것이다. 다만 기산도는 농서를 거치는 우회로서 關中 직통을 목적으로 구축한 棧道와는 성격이 구분된다. 이 북방 노선들은 漢中郡에서 집결된 후 金牛道·米倉道·荔枝道 등의 남방 노선과 이어진다. '蜀道'로 통칭되는 이상의 교통 노선 중, 관중과의 접근성과 물리적 장악력을 고려하면 북방 노선이 우선 구축된 후 남방 노선이 확충되었을 것이다. 巴蜀 지역 군현화는 바로 이 진령 교통망 구축을 통한 한중군의 강력한 장악을 우선했을 것이다.

祁山道를 포함한 褒斜道·故道·子午道 등, 秦代에 구축된 秦嶺 교통망의 유기적 기능은 후에 劉邦軍이 漢中에서 關中 지역을 공략할 때 십분 발휘되었다. 관련하여 다음의 기록을 참고할 수 있다.

① 8월, 漢王이 韓信의 계책을 수용하여 故道를 따라 (관중으로) 돌아와 雍王 章邯을 습격했다. 장한은 陳倉에서 한군을 영격하였으나 雍兵은 패하여 물러났다. 好畤에서 멈추어 전투를 벌였으나 또다시 패하여 廢丘로 갔다. 한왕은 이에 雍地를 평정했다. 동으로 함양에 이르러 병력을 더 이끌고 폐구에서 옹왕을 포위했으며, 여러 장군들을 파견해 隴西·北地·上郡을 공략

---

15 王子今·周蘇平,「子午道秦嶺北段棧道遺址調査簡報」,『文博』1987年第4期, p.25.

하여 평정했다.16

② 三秦으로 돌아와 평정 할 때에 별도로 白水 북쪽에서 西丞군을 격파했고 雍 남쪽에서 雍의 輕車騎兵(과 조우하여) 이를 격파했다. 이 기세를 따라 雍·麓城을 공격하고 솔선하여 (성벽을) 올라갔다. 好畤에서 章平군을 공격하고 성을 공략할 때 가장 먼저 올라 상대 진영에 뛰어 들었다……17

③ 三秦으로 돌아와 평정할 때에 櫟陽을 함락하여 塞王을 항복시켰다. 돌아와 廢丘에서 章邯을 포위했으나 아직 함락하지 못했을 때에 동쪽으로 臨晉關을 나가 殷王을 공격하여 항복시키고 그 영지를 평정했다. 項羽의 장군 龍且, 魏相 項他군을 定陶 남쪽에서 평정했는데, 빠르게 전투를 벌여 격파했다.18

앞서 설명했듯이, 褒斜道는 劉邦이 項羽에게 동쪽으로 향할 의도가 없음을 보이기 위해 불태워버렸다. 그러나 기타의 棧道가 온전히 기능하고 있었고, 유방군은 이러한 교통망을 기초로 적극적인 군사 전략을 채택할 수 있었을 것이다. ①에서 보듯 漢王은 故道로 돌아 나와 陳倉 부근에서 章邯軍을 격퇴했다. 그리고 ②에서 樊噲가 이끈 별동대는 白水 북편에서 西丞이 이끈 군을 격파했다. 西丞은 西縣의 丞을 지칭한 것이고, 서현의 위치는 대략 오늘날 甘肅省 禮縣 부근으로 秦代 隴西郡에 속했다. 白水는 서현을 거쳐 동남 방향으로

---

16 『史記』卷8「高祖本紀」, p.368: "八月, 漢王用韓信之計, 從故道還, 襲雍王章邯. 邯迎擊漢陣倉, 雍兵敗, 還走; 止戰好畤, 又復敗, 走廢丘. 漢王遂定雍地. 東至咸陽, 引兵圍雍王廢丘, 而遣諸將略定隴西·北地·上郡."

17 『史記』卷95「樊酈滕灌列傳」, p.2655: "還定三秦, 別擊西丞白水北, 雍輕車騎於雍南, 破之. 從攻雍·麓城, 先登. 擊章平軍好畤, 攻城, 先登陷陣……"

18 『史記』卷95「樊酈滕灌列傳」, p.2668: "從還定三秦, 下櫟陽, 降塞王. 還圍章邯於廢丘, 未拔. 從東出臨晉關, 擊降殷王, 定其地. 擊項羽將龍且·魏相項他軍定陶南, 疾戰, 破之."

흐르는 嘉陵江의 지류이다.[19] 그렇다면 번쾌가 이용한 노선은 祈山道와 대략 일치할 것이다. 또 ③에서 灌嬰은 櫟陽을 함락하여 塞王을 항복시켰다. 역양은 오늘날 西安市 閻良區에 위치하며 咸陽의 동편에 있었다. 관영군이 한중에서 역양으로 바로 진군하기 위해서는 오직 子午道를 이용할 수밖에 없다. 게다가 三國 시기 諸葛亮의 북벌 당시 魏延은 韓信의 고사대로 장안 일대를 타격할 것을 건의했는데,[20] 이는 관영이 역양 방면으로 진격한 사례를 지칭할 것이다.

①②③을 종합하면, 중군의 劉邦軍은 故道를 이용해 章邯軍과 직접 대적하고, 서군의 樊噲軍은 隴西 방면에서부터 우회하여 雍國의 지원 병력을 차단시켜 나갔으며, 동군의 灌嬰軍은 子午道를 이용해서 쾌속으로 塞王을 제압하고 咸陽에서 유방군과 합류하여 廢丘를 포위했다. 그리고 臨晉關을 나가 殷을 항복시키고 項羽가 파견한 군대를 定陶에서 격파함으로써 關中 정벌은 완성된다. 단 몇 개월 만에 전격적으로 이루어진 이 일련의 과정은 사전에 치밀한 정보 수집과 전략 수립이 없었다면 불가능한 일이었을 것이다. 정보 수집에 있어 유방군은 관중에 진출했을 당시 蕭何의 주도 하에 丞相·御史의 율령도서를 획득한 바 있다.[21] 이로 인해 한은 秦嶺과 관중 일대의 지리 정보를 면밀히 파악할 수 있었을 것이다. 또 유방은 원래 巴蜀 지역에 한해서 책봉될 예정

---

19 『史記』卷95「樊酈滕灌列傳」, p.2656: 『索隱』案 "西謂隴西之西縣. 白水, 水名, 出武都, 經西縣東南流. 言噲擊西縣之丞在白水之北耳……"

20 『三國志』(中華書局, 1959年版, 이하 동일)卷40「蜀書十·魏延」, p.1003: "延每隨亮出, 輒欲請兵萬人, 與亮異道會于潼關, 如韓信故事, 亮制而不許……" 魏略曰: "夏侯楙爲安西將軍, 鎮長安. 亮於南鄭與羣下計議, 延曰: '聞夏侯楙少, 主婿也, 怯而無謀. 今假延精兵五千, 負糧五千, 直從褒中出, 循秦嶺而東, 當子午而北, 不過十日可到長安……'"

21 『史記』卷53「蕭相國世家」, p.2014: "沛公至咸陽, 諸將皆爭走金帛財物之府分之, 何獨先入收秦丞相御史律令圖書藏之."

이었으나, 張良의 項伯을 이용한 교섭을 통해 항우로부터 한중을 얻어냈다.[22] 이는 유방 집단이 진령 교통의 확보가 관중과 파촉 연계의 핵심이 된다는 것을 일찍이 인식하고 있었음을 보여준다. 다시 말해 한왕으로 책봉된 굴복 이면에는 관중 진출에 대비한 전략적 선택이 있었다.

漢帝國이 長安을 수도로 정한 것은 秦帝國의 咸陽 중심 인프라를 계승했음을 의미한다. 달랐던 점은 郡國制를 실시했기 때문에 모든 인프라를 계승할 수 없었다는 것이다. 張良이 수도로서 關中의 이점을 설명할 때 물류 공급원으로 남의 "巴蜀之饒", 북의 "胡苑之利", 그리고 동의 "河渭漕輓天下"를 들었지만, 이 동편의 조운 시스템을 가동시킬 수 있는 전제는 "諸侯安定"이었다.[23] 關東 제후지역과 적대 관계를 형성했던 군국제 국면 하에서는 漕運의 안정적 운영이 불가했다. 반면 그로 인해 秦嶺 인프라의 비중이 더욱 높아질 수밖에 없었을 것이다.

「二年律令·津關令」은 바로 이러한 漢初의 상황을 여실히 반영하고 있다. 법령 중의 '五關'은 關中과 關外를 나누는 지리 경계로서, 巴蜀 지역까지를 아우르는 '大關中'의 개념이 이때에 형성되어 있었다.[24] 반면에 '河津'의 통관이 엄격히 규제되는 것을 볼 때, 渭水·黃河 조운을 이용한 동서 교통 노선의 비중은 그리 높지 않았을 것이다. 뿐만 아니라 前漢 중기의 상황을 반영한 『史記·貨殖列傳』 역시 '關中之地'는 "天下三分之一, 而人衆不過什三; 然量其富, 什

---

22 『史記』卷55「留侯世家」, p.2038: "漢元年正月, 沛公爲漢王, 王巴蜀. 漢王賜良金百溢, 珠二斗, 良具以獻項伯. 漢王亦因令良厚遺項伯, 使請漢中地. 項王乃許之, 遂得漢中地."

23 『史記』卷55「留侯世家」, p.2044: "……夫關中左殽函, 右隴蜀, 沃野千里, 南有巴蜀之饒, 北有胡苑之利, 阻三面而守, 獨以一面東制諸侯. 諸侯安定, 河渭漕輓天下, 西給京師……"

24 王子今·劉華祝, 「說張家山漢簡〈二年律令·津關令〉所見五關」, 『中國歷史文物』2003年第1期 참조.

居其六"이라 하여 巴蜀·天水·隴西·北地·上郡까지를 포괄한다. 司馬遷은 이 '대관중' 형성이 가능한 핵심 기제를 다음과 같이 이해했다. "棧道千里, 無所不通", 즉 棧道로 대표되는 진령 교통망이 기능함으로써 '관중'이 '대관중'으로 확대될 수 있었던 것이다.25

이러했던 前漢과 상반된 케이스가 바로 三國 시기 蜀漢의 경우이다. 우리에게 『三國志通俗演義』와 '出師表'로 잘 알려져 있는 촉한의 북벌은 국력을 총동원한 다섯 차례의 출정에도 불구하고 五丈原에서 諸葛亮이 죽음과 동시에 비극으로 끝난다. 그 과정과 실패에 대한 수많은 연구가 존재하지만, 劉邦의 성공과 비교해 볼 때 한 가지 결정적인 차이를 발견할 수 있다. 제갈량의 군대가 秦嶺을 넘으며 지속적으로 봉착했던 난관은 끊어지고 파괴된 棧道였다. 반면, 유방군은 거의 평지를 지나듯 진령을 쾌속으로 통과하고 장악했다. 유방이 關中을 정벌하던 시기에는 秦이 구축한 인프라가 제 기능을 발휘하고 있었고 통일 이후에도 연용 되었다. 반면 後漢 시기를 거치며 기축 인프라로서 진령 잔도의 기능은 크게 퇴보했고, 이것이 삼국 시기까지 이어진다. 제갈량의 북벌 실패는 전략·전술의 문제, 정치·경제 배경 등을 논하기 전에, 보다 근원적 배경으로 미비했던 인프라의 존재를 이해할 필요가 있다.

---

25 『史記』卷128 「貨殖列傳」, pp.3261-3262: "關中自汧·雍以東至河·華……南則巴蜀. 巴蜀亦沃野, 地饒巵·薑·丹沙·石·銅·鐵·竹·木之器. 南御滇僰, 僰僮. 西近筇, 筇馬·旄牛. 然四塞, 棧道千里, 無所不通, 唯襃斜綰轂其口, 以所多易所鮮. 天水·隴西·北地·上郡與關中同俗, 然西有羌中之利, 北有戎翟之畜, 畜牧爲天下饒. 然地亦窮險, 唯京師要其道. 故關中之地, 於天下三分之一, 而人衆不過什三; 然量其富, 什居其六."

2. 黃河 漕運 인프라의 핵심 – 鴻溝 水系

戰國 시기 秦은 巴蜀 경영에서 얻어진 부를 토대로 관동 지역으로 확장해 갔는데, 秦王政(훗날의 秦始皇) 즉위 시의 상황을 요약한 『史記·秦始皇本紀』의 관련 구절을 또 한 번 인용하면 다음과 같다.

> 秦地는 이미 巴·蜀·漢中을 병합하고 宛을 넘어 郢을 영유하여 南郡을 설치했다. 북으로는 上郡 동쪽을 거두어 들여 河東·太原·上黨郡을 영유했다. 동으로는 滎陽에 이르러 二周를 멸하여 三川郡을 설치했다.[26]

이 기록은 당시 秦의 영토 확장을 점령 시간 순으로 나열함과 동시에 關中 주위의 교통 노선을 토대로 영역을 획정하고 있어 주목할 필요가 있다. 우선 巴·蜀·南郡은 漢水와 嘉陵江, 長江 중상류 일대를 포괄하는데, 모두 秦嶺을 허브로 관중과 연결되는 특징을 지닌다.[27] 반면, 上郡과 河東·太原·上黨은 晉陝 협곡 일대의 黃河를 경계로 마주하고 있고, 동편의 三川郡은 函谷關 이동의 황하 남쪽 연안 지대에 속한다. 즉, 關東 영역을 황하 이북과 이남으로 나누어 보고 있는 것이다. 이는 진령 교통망으로 포괄되지 않는 별개의 영역이다. 그 핵심은 황하 혹은 그 지류와의 연계에 있기 때문에, 이들 지역을 황하 교통망으로 포괄할 수 있다.

---

26 『史記』卷6 「秦始皇本紀」, p.223: "秦地已幷巴·蜀·漢中, 越宛有郢, 置南郡矣; 北收上郡東, 有河東·太原·上黨郡; 東至滎陽, 滅二周, 置三川郡."

27 南郡이 관중과 연결되기 위해서는 宛이 소재한 南陽郡을 거쳐 武關을 통해야 한다. 또 관중에 근접해서는 藍田谷을 넘어야 하는데, 이 남전곡을 경계로 진령의 동단이 비정된다. 뿐만 아니라 남양군은 한수를 통해 한중군과도 바로 연결된다. 따라서 진령 교통망은 한수에 연한 남양군·남군까지 연계가 가능하다.

華北 평원 일대는 일찍부터 黃河 지류를 연결하기 위한 運河 체계가 발달해 왔다. 그 대표가 바로 戰國 시기 魏에 의해 개발된 鴻溝이다. 홍구는 滎陽의 河口로부터 황하와 분류해 나와 위의 수도 大梁을 경유한 뒤 남쪽으로 흘러 淮水의 지류인 潁水와 합류한다. 또 홍구로부터 갈라져 흐르는 濟·獲·睢·渦 등의 지류는 황하와 회수 간 영역을 촘촘히 연결해 조운망을 형성한다. 漢代의 狼蕩渠는 홍구의 별칭이고, 隋唐 시기 강남과 황하를 연결하는 通濟渠 또한 바로 이 홍구 수계를 기반으로 구축한 것이었다.

漕運 인프라의 존재는 단순히 교통 체계의 발전만을 의미하지 않는다. 수계의 장악과 인위적 통제의 가능은 곧 治水의 확보를 의미하고, 그로부터 파생되는 灌漑 사업은 토지 생산력의 제고로 이어진다. 홍구 수계는 바로 戰國 시기 魏와 그 주변국 農商業 발전의 기반이자 부국의 핵심이었다. 이에 關東 진출을 목표로 했던 秦은 이 조운 인프라를 무력화하는데 군사력을 집중했다. 상기한 기록 중 二周를 멸하고 三川郡을 설치한 구절에서 굳이 '滎陽'까지 이르렀음을 언급한 것은 바로 이러한 면에서 중요한 의미를 가진다. 형양을 빼앗긴 시점부터 위는 홍구의 통제력을 상실하게 되었을 것이다. 그리고 秦王政 22년(B.C.225), 秦將 王賁이 황하의 물을 끌어들여 대량성을 수몰시킴으로써 위는 멸망한다.[28] 이러한 전략은 진이 대량 주변의 수계를 장악하고 있었기 때문에 가능했을 것이다.

그렇다면 秦帝國 시기 鴻溝 수계는 어떻게 운영되었을까? 진제국은 홍구 수계를 확장 발전시켰을 것이다. 里耶秦簡 17-14호 里程 간독에는 頓丘-虛-衍氏-啓封-長武-僞陵-許로 연결되는 교통 노선이 나온다. 이들은 대체로 東郡·三川·潁川·碭郡 일대에 분포되었던 현명이다.[29] 이 중 '연씨'에서 '계봉'

---

28 『史記』卷6「秦始皇本紀」, p.234: "二十二年, 王賁攻魏, 引河溝灌大梁, 大梁城壞, 其王請降, 盡取其地."

29 『里耶發掘簡報』, p.198.

에 이르는 구간은 홍구가 滎陽 하구에서부터 동으로 흘러 大梁을 경유하는 노선과 대략 일치한다. '장무'의 위치는 명확히 알 수 없으나, 이어지는 '언릉'과 '허'는 홍구와 潁水가 연결되는 조운 권역에 속한다. 그렇다면 이 구간의 주 교통 노선이 홍구였을 가능성을 충분히 고려해볼 수 있다.

최근 공표된 北京大學 소장 秦簡 중의 일부는 秦代 수로 교통의 보다 구체적인 정보를 전한다. 「道里書」라고 명명된 簡册 중, 본고와 관련 있는 부분을 간추려 소개하면 다음과 같다.

■江陵水行, 行夏水, 到蓳(漢)內(汭), 蓳(漢)內(汭)上到淯口千六百六.
[一六九背壹]
江陵水行, 行盧蹇中, 上蓳(漢)到淯口千二百一十七里. [一六八背壹]
武庚到雉白土卿(鄉)五十三里. [一四六背貳]
白土卿(鄉)到雉卄四里. [一四五背貳]
武庚到雉 (七十)九里. [一三九背貳]
武庚到閬簜渠三百卄七里. [一三一背貳][30]

이상의 기록을 종합하면 江陵에서 鴻溝로 이어지는 노선을 복원할 수 있다. 흥미로운 것은 '閬簜渠'라는 水渠의 명칭이다. 이는 鴻溝의 이칭인 '狼蕩渠'와 동음 관계로 이때에 이미 랑탕거가 홍구의 정식 명칭으로 사용되었음을 알 수 있다.

'雉'는 南陽郡의 속현으로 군치소인 宛과 더불어 淯水 연안에 위치했나. 『漢書·地理志』에 따르면, 치현 경내에는 澧水가 衡山에서 발원해 동으로 흘

---

30 北京大學出土文獻與古代文明硏究所 編, 『北京大學藏秦簡牘』(壹), 上海古籍出版社, 2023(이하 『北京大學藏秦簡牘』(壹)로 약칭), pp.875-885 부분 인용

러 汝水와 합류한다.³¹ 그렇다면 武庚는 육수·풍수·여수 사이를 잇는 거점 어딘가에 위치했을 것이다. 정리자 주석의 의견처럼, "무유에서 백토향을 거쳐 다시 치현에 이르는 경로는 육수를 거슬러 오르는 수로"³²일 가능성이 높다. 여기서 '武庚'의 '庚'는 『說文解字』에서 "庚, 水漕倉也"³³라고 하여 조운과 깊은 관련이 있는 명칭이다. 즉, 무유는 조운을 통해 운송한 양곡을 집결하는 창고였을 것이다. 江陵의 양곡은 漢水를 너머 淯水 연안의 무유를 경유한 뒤 狼蕩渠를 따라 榮陽에 위치한 敖倉까지 이르는 것도 가능했을 것이다.

　　里耶秦簡과 北大秦簡의 예는 秦帝國 시기에 鴻溝 수계가 어떻게 확대 운용될 수 있었는지를 잘 보여준다. 關中을 수도로 했던 秦漢帝國에 있어 홍구 수계는 關東 물류의 총체적 연계를 위한 기축 인프라가 될 수 있었다. 그러나 진한 교체기와 郡國制 하의 前漢 시기에 홍구가 제대로 운용될 수는 없었을 것이다. 楚漢 전쟁 시기 漢軍이 榮陽을 거점으로 楚軍과 대치했던 것은 敖倉의 물자를 확보함과 동시에, 漕運 인프라에 기초한 초군의 보급 노선 구축을 저지하기 위한 목적도 있었다. 결국 홍구는 초한의 영역을 가르는 경계선의 대명사가 되고 말았는데, 關東 지역 조운 인프라를 활용할 수 없었던 초에게 있어 홍구는 팽팽한 균형의 경계가 아닌 기울어진 경계였다. 이렇게 관중의 秦嶺 교통망을 총괄 운용하되 관동의 黃河 교통망을 분해하는 방식이 전한 군국제 국면 하에서도 그대로 적용되었음을 우리는 이미 앞선 8장의 분석을 통해 살펴본 바 있다. 三河 지역 직할로부터 발전한 關外郡은 관중의 완충 지대를 형성하기 위한 방어 목적 외에도 諸侯國의 생명줄을 틀어쥐기 위한 공격의 목적도 겸하고 있었다. 그리고 후술하듯이 관동 지역을 총괄 경영하는 황하 교통망의 복구는 관외군이 관동 전역으로 확장된 漢武帝 시기에 이르러서야 가

31　『漢書』卷28上「地理志上」, p.1564: "雉, 衡山, 澧水所出, 東至入屬汝."
32　『北京大學藏秦簡牘』(壹), p.884.
33　『說文解字』九篇下「广部」, p.444.

능하게 된다.

II 渭水-黃河 교통의 연계와 경기 지역의 확장

1. 漢武帝 시기 '新關中' 체제의 성립

漢武帝 시기 關中 지역은 遷徙 정책으로 인한 인구의 급속한 증가, 비생산 인구가 밀집하는 경기 지역의 특성으로 인해 자체 생산 물자로는 더 이상 내부 인구 부양이 힘들어졌다. 반면 關東의 諸侯 지역은 역대 가장 '안정'된 시기에 접어들어 張良이 언급한 "黃河와 渭水의 조운으로 천하의 양곡을 끌어당겨 서쪽의 京師로 공급"할 수 있는 환경이 조성되었다. 게다가 한무제는 文景 시대의 긴축 재정에서 벗어나 적극적 대외 정벌을 위한 확장 재정을 실시함으로써, 관동 물류의 필요성은 어느 때보다 높아졌다. 한무제는 관동의 물자를 관중으로 대량 공급하는 한편, 재정 확보를 위해 鹽鐵 전매제, 均輸·平準法 등을 실행했다. 이러한 중앙 권력의 천하 물류 독점 계획은 이를 지탱할 하드웨어, 즉 교통 인프라가 없다면 그에 맞는 효과를 기대할 수 없다. 이에 한무제는 교통 인프라를 확충하는 것에서부터 계획을 시작했다.

『史記·河渠書』에 기록된 漢武帝 시기의 첫 번째 水利 공정은 기원전 129년에 실행된 漕渠 개착이다. 조거는 關東 물류 운송을 목적으로 長安城 일대부터 渭水 입구까지 연결하는 인공 운하였다. 이로 인해 기존 위수 조운의 단점이 크게 개선되고 關中 토지의 관개 사업까지 겸하는 일석이조의 효과를 기대할 수 있었다.[34] 그러나 조거 개착의 성과가 즉각 나타나지는 않았던 것 같다. 그 후 약 10여년 사이에 河東漑田과 褒斜道 수축 등의 대규모 수리 공정이

---

34 『史記』卷29「河渠書」, p.1410: "天子以爲然, 令齊人水工徐伯表, 悉發卒數萬人穿漕渠, 三歲而通. 通, 以漕, 大便利. 其後漕稍多, 而渠下之民頗得以漑田矣."

연이어 진행되었는데, 이들은 조거의 효과를 반감하거나 역할을 대체하는 목적을 띄고 있었다. 관련 내용을 인용하면 다음과 같다.

> 漕運으로 山東에서부터 서쪽으로 들어오는 양곡은 해마다 백여 만석에 이르는데, 砥柱의 한계를 거치게 되면 유실하고 망가지는 것이 매우 많고 비용 또한 많이 듭니다. 수거를 뚫어 汾水를 끌어들여 皮氏·汾陰 아래에 물을 대고, 黃河를 끌어 汾陰·蒲坂 아래에 물을 대면 5000頃 정도의 토지를 확보할 수 있을 것으로 추산됩니다……양곡이 위수를 따라 (장안으로 공급된다면) 관중과 다를 바 없어지고, 지주 동쪽의 조운은 더 이상 하지 않아도 될 것입니다.
> ……지금 褒斜道를 뚫으면 비탈이 적어 400리가 가까워질 것입니다. 褒水는 沔水(漢水)와 통하고 斜水는 위수와 통하니 모두 배를 운행할 수 있습니다. 조운은 南陽에 있는 면수를 따라 포수로 들어오고, 포수에서 사수에 이르는 물길이 끊어지는 구간 100여 리는 수레로 이동한 다음, (다시 조운으로) 사수를 따라 위수에 이를 수 있습니다. 이렇게 하면 한중의 양곡을 전송할 수 있고 산동은 면수를 따라 무한히 연결될 수 있으니, 지주의 조운보다 더욱 편리할 것입니다……[35]

이 두 사례는 모두 關東 漕運의 단점으로 '砥柱'를 들고 있다. 지주는 오늘날 三門峽 일대에 형성된 특수한 협곡 지대로, 이 지역을 흐르는 黃河는 곳곳에 돌출된 암석과 급류로 인해 조운이 현실적으로 불가능했다. '砥柱之限'으

---

[35] 『史記』卷29「河渠書」, pp.1410-1411: "漕從山東西, 歲百餘萬石, 更砥柱之限, 敗亡甚多, 而亦煩費. 穿渠引汾溉皮氏·汾陰下, 引河溉汾陰·蒲坂下, 度可得五千頃……穀從渭上, 與關中無異, 而砥柱之東可無復漕"; "今穿褒斜道, 少阪, 近四百里; 而褒水通沔, 斜水通渭, 皆可以行船漕. 漕從南陽上沔入褒, 褒之絶水至斜, 閒百餘里, 以車轉, 從斜下下渭. 如此, 漢中之穀可致, 山東從沔無限, 便於砥柱之漕……"

로 황하 조운이 막히게 되면 관동 물류의 공급을 목적으로 하는 漕渠의 효과 역시 반감될 수밖에 없다. 이에 "지주 동쪽에서 더 이상 조운을 하지 않아도 되는", 혹은 "지주의 조운보다 더욱 편리한" 대안이 모색되었던 것이다.

특히 褒斜道의 수축은 渭水-黃河 연계에서 渭水-漢水 연계로 계획의 근본적 전환을 시도했다는 측면에서 주목할 필요가 있다. 포사도 수축의 명확한 시기는 전해지지 않으나 張湯이 御史大夫 재직 시에 상서를 채택해 제언한 것을 볼 때, 기원전 120년에서 115년 사이에 진행되었을 것이다.[36] 이 계획대로라면 關東의 모든 교통망이 秦嶺으로 수렴되어, 漢中郡이 河南郡을 대체하고 南鄭의 비중이 洛陽만큼 높아지게 되었을지도 모른다. 하지만 결과적으로 위수-한수를 연계하고자 한 계획은 실패했다. 진령의 험준함으로 인해 급류가 형성되어 포사도의 조운이 불가한 것으로 판명난 것이다.[37] 河東漑田 역시 실패하며[38] 다른 대안이 없었던 漢武帝는 이때부터 위수-황하의 연계를 더욱 강화하는 쪽으로 방향을 정하게 되었을 것이다. 이후 단계적으로 진행된 경기 지역 행정 편제의 변화 과정은 바로 이 위수-황하 교통 연계와 밀접한 관련이 있다.

우선 褒斜道 수축 후 몇 년 지나지 않은 기원전 114년에 關中 영역의 중요한 변화가 일어났다. 관중과 關外를 구분하는 기준인 函谷關이 기존 河南省 靈寶市에서 洛陽市 新安縣 위치로 이동했다. '廣關'으로 명명되는 이 조치로

---

36 『漢書』卷19下「百官公卿表下」, pp.774-775: "(B.C.120)三月壬辰, 廷尉張湯爲御史大夫, 六年有罪自殺."

37 『史記』卷29「河渠書」, p.1411: "天子以爲然, 拜湯子卬爲漢中守, 發數萬人作褒斜道五百餘里. 道果便近, 而水湍石, 不可漕."

38 『史記』卷29「河渠書」, p.1410: "天子以爲然, 發卒數萬人作渠田. 數歲, 河移徙, 渠不利, 則田者不能償種. 久之, 河東渠田廢, 予越人, 令少府以爲稍入."

인해 관중은 낙양 근방까지 확장되었다.[39] 하지만 구 함곡관이 이때 이후로 비중이 낮아졌거나 폐치되었다고 볼 수는 없다. 『漢書·武帝紀』에 이르길, "元鼎3년 겨울, 함곡관을 신안으로 옮겼다. 과거의 관을 弘農縣으로 삼았다"[40]라고 했는데, 그 다음 해에 弘農郡이 설치되며 홍농현은 군치소가 된다.[41] 이를 볼 때 홍농현은 함곡관의 명칭만 상실했을 뿐, 오히려 더 높은 지위를 부여받았다.

신 函谷關의 위치가 新安縣 일대로 결정된 것은 바로 黃河 漕運의 지리환경이 고려되었을 것이다. 함곡관에서 동북 방향 25km 지점에는 황하 중하류의 분계선인 小浪底가 위치해 있다. 1998년 3월에서 9월 사이 이 지역을 대상으로 발굴 조사가 진행된 결과 漢代 나루터와 다수의 糧倉 유지가 발견되었다. 정리자는 이것이 당시 함곡관의 설치와 연관이 있는 것으로 보고 그 건설연대가 武帝 元鼎3년(B.C.114) 이후인 것으로 판단했다.[42] 황하의 유로는 이

---

[39] '廣關'의 의도가 경기 범위의 확대에 있다는 의견과 달리(大櫛敦弘, 「漢代三輔制度の形成」, 池田溫 編, 『中國禮法と日本律令制』, 東方書店, 1992, pp.93-116; 崔在容, 「西漢京畿制度的特徵」, 『歷史研究』1996年第4期, pp.24-36), 辛德勇은 '廣關'이 元鼎3년에서 元鼎 6년 사이 북쪽의 臨晉關에서 남쪽의 扞關까지 연동한 '大關中' 영역의 확장으로 파악했다(「漢武帝"廣關"與西漢前期地域控制的變遷」, 『中國歷史地理論叢』2008年第2期, p.82). 胡方은 '광관'의 주요 목적이 낙양의 통제에 있었음을 지적하며, 이는 기존 군사적 통제 전략에서 정치적 통제 전략으로 바뀐 상황을 반영하는 것으로 보았다(「漢武帝"廣關"措置與西漢地緣政策的變化 - 長安·洛陽之間地域結構爲視角」, 『中國歷史地理論叢』2015年第3期, pp.40-45). 대체로 정치군사 전략 차원에서 '廣關'을 분석하지만, 본고가 주목하는 경제적 요인에 대한 분석은 결여되어 있다.

[40] 『漢書』卷6「武帝紀」, p.183: "(元鼎)三年冬, 徙函谷關於新安. 以故關爲弘農縣."

[41] 『漢書』卷28上「地理志上」, p.1548: "弘農郡, 武帝元鼎四年置."

[42] 발굴지의 한대 문화층에서는 "永始二年造"라는 문자가 새겨진 空心磚이 발견되었다고 한다. 이에 정리자는 粮倉의 건축년대가 새 함곡관이 설치된 무제 원정3년에

지점을 경계로 상류가 급하게 흐르기 때문에 이곳을 지나는 선박은 적재량을 줄이거나 육로로 전환할 필요가 있다. 이에 소랑저의 나루터에서 하적한 양곡을 집결할 양창이 필요했을 것이다. 또 소랑저에서 동남쪽 50km 지점에는 낙양이 위치해 있다. 이 낙양과 소랑저 두 기점에서부터 崤函古道로 진입하는 길목에 바로 신 함곡관이 위치해 있었다.

여기에 더해 기원전 101년에 이르러 弘農都尉가 武關으로 이동하면서 弘農郡 내부 노선 관리체계는 최종 완비되었다.[43] 종합하면 신·구 函谷關과 무관이 모두 홍농군에 의해 중점 관리를 받았다. 이는 홍농군의 주목적이 바로 關東에서 關中에 이르는 교통로를 관리하기 위함이었음을 보여준다. 특히 砥柱 구간에 진입하는 黃河 유역에 양창을 설치하고 관소를 신설하여 渭水 조운에 이르는 육상 노선의 연계성을 높였다. 洛陽 일대는 황하 조운의 종착지이자 관중으로 진입하기 위한 환승점이 되어, 그 가치는 필연적으로 높아질 수밖에 없었다.

다음으로 구 관중에 속하는 內史 지역 또한 이와 유사한 방향의 개편이 이루어졌다. 弘農郡이 설치된 해인 元鼎4년(B.C.113)에 二輔都尉가 설치되었고, 太初元年(B.C.104) 행정구역으로서 三輔가 확정되면서 三輔都尉가 갖추어 졌다.[44] 그 중에서도 특히 京輔都尉와 右輔都尉를 주목할 필요가 있다. 이들은 각각 華陰縣과 鄠縣에 배치되었다.[45] 화음현은 潼關 일대 漕渠의 출발지

　　서 성제 영시2년 사이인 것으로 판단했다(朱亮·史家珍, 「黃河小浪底鹽東村漢函谷關倉庫建設遺址發掘簡報」, 『文物』2000年第10期, pp.23-25).

43　『漢書』卷6「武帝紀」, p.202: "(太初四年)徙弘農都尉治武關, 稅出入者以給關吏卒食."

44　『漢書』卷19上「百官公卿表上」, p.736: "元鼎四年更置二[三]輔都尉·都尉丞各一人."; "右內史武帝太初元年更名京兆尹……左內史更名左馮翊……(主爵中尉)武帝太初元年更名右扶風……"

45　『漢書』卷28上「地理志上」, p.1547: "鄠, 成國渠首受渭, 東北至上林入蒙籠渠. 右輔都尉治." 京輔都尉의 治所는 『漢書·地理志』에 기록되어 있지 않으나, 全祖望과 王

에 위치해 있고, 미현은 褒斜道의 종착지인 斜谷口가 위치해 있었다. 그 의도는 秦嶺과 黃河 교통망의 거점 방어력을 강화하기 위해서였을 것이다.

그 외에 渭水 하구 일대에는 행정 편제의 세부 조정이 더 진행되었다. 1982년 9월에서 10월 사이 華陰縣城 서쪽 9km 지역에서 발굴된 京師倉 유지는 武帝 시기의 건축물로 판명되었다. 그리고 주변 倉城은 秦惠文王5년 (B.C.333)에 설치한 寧秦縣城을 토대로 개축한 것으로 밝혀졌다.[46] 영진현은 漢代에 화음현으로 개명되었으므로,[47] 화음 현성의 위치가 다른 곳으로 이동하지 않았다면 경사창은 화음현의 관할이 되었을 것이다. 혹은 京輔都尉가 화음에 배치되면서 경사창을 직속 관리했을 수도 있다. 그 여부가 어찌되었든 경사창은 기타 설비에 비해 더욱 엄밀한 방어체계가 구축되었던 것으로 보인다.[48] 그리고 위수 하구의 또 다른 특수 기구로 船司空을 들 수 있다.[49] 그 이

先謙의 고증을 통해 華陰에 위치했음을 알 수 있다(『漢書補注』(王先謙 補注, 上海古籍出版社, 2012), p.2181: 全祖望云: "當有'京輔都尉治'五字, 傳寫奪之." 先謙案: "此據百官表·趙廣漢傳. 其治華陰, 見黃圖及宣紀本始元年注. 縣人楊敞, 見本傳.")

46 陝西省考古硏究所, 『西漢京師倉』, 文物出版社, 1990, p.7, p.57.

47 『漢書』卷28上「地理志」, p.1543: "華陰, 故陰晉, 秦惠文王五年更名寧秦, 高帝八年更名華陰."

48 한 예로 王莽 정권 말에 관중에 선제 진입한 更始帝의 한군은 왕망이 파견한 九虎 장군 중 六虎를 패망시킬 정도로 강력한 위세를 떨쳤으나, 수세 하에서 나머지 삼호 장군만이 산졸을 거두어 지키던 경사창만은 끝내 함락시키지 못했다. 『漢書』卷99下「王莽傳」, p.4189: "三虎郭欽·陳翬·成重收散卒, 保京師倉. 鄧曄開武關迎漢, 丞相司直李松將二千餘人至湖, 與曄等共攻京師倉, 未下……時李松·鄧曄以爲京師小小倉尙未可下, 河況長安城, 當須更始帝大兵到." 師古曰: "九人之中, 六人敗走, 三人保倉也. 京師倉在華陰灌北渭口也."

49 『水經注』卷19「渭水」는 "東入於河" 구절에 대해 "水會, 卽船司空所在矣"라고 하여 선사공이 위수 하구에 위치했음을 고증했다.

름에서 알 수 있듯이 선사공은 위수 하구의 선박을 관리하기 위해 설치한 기구일 것인데, 이 선사공이 한대 어느 시기에 현으로 승격되었다.[50] 이는 위수 하구 지역 선박 관리의 특별한 수요와 관련한 것이므로, 이 또한 기원전 113년 전후에 함께 개편되었던 것으로 추정된다.

이상의 渭水-黃河 교통과 관련한 행정 편제 개편 과정을 정리하면 다음과 같다. 기원전 129년 漕渠의 개착 이후 關東 물류 운송의 여러 방향성을 모색한 漢朝廷은 결국 위수-황하 교통의 연계 강화로 방향을 정하게 되었다. 그 결과로 기원전 114년 函谷關을 新安으로 이동하고 그 다음 해에 弘農郡을 설치함으로써 황하 수운의 종착역인 洛陽과 京師의 관문인 弘農縣(구 함곡관) 간의 교통 관리 체계를 강화했다. 이어서 京輔都尉를 華陰縣에 배치하여 위수 입구 양곡의 집결지인 京師倉 일대를 방어했다. 그리고 船司空을 현으로 승격시킴으로써 위수 하구에서 출발하거나 도착하는 선박의 관리 체계 또한 강화했다. 요컨대, 기구를 증설하고(신 함곡관과 경사창) 관리 등급을 높이며(홍농군·홍농현과 선사공) 군사력을 증강(경보도위)하는 방식으로 위수-황하 거점 관리 체계를 강화했다.

漢武帝 시기 이루어진 黃河 교통망 확충의 효과는 關中으로의 양곡 보급량 증가를 통해 명확히 알 수 있다. 『史記·平準書』에 따르면 漢初 惠帝·呂后 시기에 關東 양곡의 보급은 일년에 수십만석에 불과했으나, 무제 시기에는 육

---

50 『漢書』卷28上「地理志上」, pp.1543-1544: "(京兆尹)船司空, 莽曰船利." 服虔曰: "縣名." 師古曰: "本主船之官, 遂以爲縣." 西安市 未央區 相家巷南地에서 발견된 秦封泥 중 "船司空丞"이 적힌 봉니가 발견되었다(周曉陸·陳曉捷·湯超·李凱, 「于京新見秦封泥中的地理內容」, 『西北大學學報』(哲學社會科學版) 2005年 第4期, p.118). 이를 보면 선사공은 진대에 이미 현급 기구로 설치된 적이 있었을 것이다. 그런데 한초의 자료인 「二年律令·秩律」의 현명 중 선사공이 포함되어 있지 않은 것을 보면 한초에 선사공은 그 등급이 격하되거나 폐치되었을 것이다. 한대 선사공현의 재설치는 진대 황하-위수 조운 시스템의 복원을 시사한다.

백만석에 이르렀다고 한다.[51] 이러한 극적인 증가에는 정책 개혁뿐만 아니라 인프라의 확충 및 개조가 뒷받침되었음을 인식해야 할 것이다. 여기서 한 가지 더 지적할 점은 이후 司隸校尉部로 대표되는 경기 지역의 문제는 바로 이 황하 교통망이 확충된 시기부터 논의를 시작해야함이다. 閔斗基는 사예교위 중의 三河 지역은 京師의 외곽 지대에 해당한다고 보았다.[52] 그러나 이 같은 상황은 사예교위가 애초에 설치되지 않았던 前漢 전기만이 해당한다. 무제 시기의 삼하 지역은 더 이상 경사의 외곽지대로만 설명 되지 않는다. 그것은 관동 물류의 확대와 그에 따른 황하 교통망 관리를 위한 보다 적극적 의미의 확장으로 보아야 한다.

2. 감찰구역 획정을 통해 본 수도 권역의 확장

漢武帝 시기 渭水-黃河 교통망의 연계가 완성됨으로써, 長安 수도체계는 남북의 秦嶺과 동서의 황하 교통망을 모두 아우르는 정점에 이르렀다. 그 정점이 곧 전환점이기도 한 것이 이 시기를 거치며 경기 지역 인프라의 비중은 진령에서 황하로 전환되기 시작했다. 漕渠의 개착, 函谷關의 이동, 弘農郡의 설치, 나아가 13州 刺史部와 司隸校尉의 설치로 이어지는 일련의 정책은 이러한 하부 구조 변동에 따른 수도 권역 확장의 추세를 반영한다.

주지하듯이 漢武帝 元封5년(B.C.106)에 설치된 13州 刺史部는 단지 감찰

---

51 『史記』卷30「平準書」, p.1418: "孝惠·高后時, 爲天下初定……漕轉山東粟, 以給中都官, 歲不過數十萬石.; p.1441: ……山東漕益歲六百萬石. 一歲之中, 太倉·甘泉倉滿."

52 閔斗基,「前漢의 경기통제책」,『東洋史學硏究』第3輯, 1959.

구역의 획정일 뿐 행정관할지의 구획은 아니었다.[53] 그러나 지방관은 관할구역을 수반하고 감찰관은 황제권력 강화의 요체로 작용하므로, 지방 감찰을 목적으로 출발했던 자사부는 결국 후대 군현의 상위 행정 단위인 州制로 발전할 가능성을 필연적으로 내포했다. 그런데 경기 지역 감찰을 담당한 司隷校尉의 경우 13주 자사부와 비교해 독특한 위치를 점하고 있었다. 사예교위는 무제 征和 연간[54]에 이르러서야 설치되었는데, 이를 볼 때 三輔·弘農·三河 지역은 애초에 13주의 관할에서 제외되어 있었다. 또한 巫蠱 관련자 체포라는 특수 임무에서 출발한 설립 취지와 이후 개편이 잦았던 탓에 상설 기구였던 자사부와 달리 임의적 성격이 두드러진 것도 사실이다.

그렇다고 해서 당시의 三輔·弘農·三河 지역을 단지 刺史部에 둘러싸인 공백지대[55]로만 정의할 수는 없다. 적어도 감찰에 있어 이 지역은 자사부에 비해 훨씬 강력한 감찰 대상으로 설정되었다. 漢武帝 시기 이후 前漢의 감찰 제도는 御史 계통과 丞相 계통의 감찰이 병렬로 상시 운영되었다. 당시의 자사부는 황제 직속의 개별 기구가 아닌 어사대부 아래 中丞의 감독을 받는 어사 계통의 감찰 기구였다. 중승은 또한 내부에 15인의 侍御史를 다스렸다고

53　金龍燦, 「漢代 13州 刺史部와 '天下'秩序」, 『東洋史學研究』144, 2018, pp.1-3.

54　『漢書』에서는 征和4년(B.C.89)에 설치된 것으로 기록되어 있다. (『漢書』卷19上 「百官公卿表上」, p.737: 司隷校尉, 周官, 武帝征和四年初置.) 그러나 여러 정황으로 보아 巫蠱 사건 때에 여태자와 충돌했던 江充이 초대 사예교위 직을 맡았을 가능성이 높은데, 정화 4년은 관련 안건이 정리된 이후였다. 이에 朱紹侯는 정화4년이 2년의 오기일 것으로 판단했는데, 그 설이 더 설득력이 있어 보인다. (「淺議司隷校尉初設之謎」, 『學術研究』1994年第1期, p.84)

55　大櫛郭弘, 「前漢「畿輔」制度の展開」, 牧野修二 編, 『出土文物による中國古代社會の地域的研究』, 平成2·3年度科學研究費補助金一般研究(B)研究成果報告書, 1992, p.98, 金龍燦, 「漢代 13州 刺史部와 '天下'秩序」, p.9 재인용.

한다.⁵⁶ 그렇다면 경기 지역의 감찰은 어사 중승의 내부 관원에 의해 상시적으로 실시되었을 것이다. 그리고 승상 계통의 감찰은 元狩5년(B.C.118)에 司直을 설치함으로써 상시 기구를 마련했다.⁵⁷ 사직은 감찰 구역이 따로 정해져 있지 않았지만 "감찰하지 않는 것이 없었다."⁵⁸라는 평에서 알 수 있듯이 강력한 권한을 지니고 있었다. 前漢 시기에는 京師에 지방관을 두지 않는 원칙이 유지되었기 때문에 자사부가 별도로 설치되지 않았다. 비록 자사부가 없더라도 중앙에 존재한 어사부와 승상부 자체로 경사의 감찰은 상시 존재했다고 보아야 한다. 여기에 황제 직속 기구인 司隸校尉가 추가로 설치된 것이다. 즉, 13州는 승상·어사부의 이중 감찰을 받았던 반면, 삼보·홍농·삼하는 승상·어사에 사예교위까지 추가된 삼중 감찰을 받던 지역이었다.

남은 문제는 경기의 감찰구역이 三輔·弘農·三河 지역으로 구획된 원인을 밝힐 필요가 있다. 삼보는 기존 內史 지역을 재편한 것이고, 弘農郡은 廣關 정책과 더불어 關中에 새로이 편입되었으므로 여기까지의 확장은 이해할 수 있다. 그렇다면 왜 관중에 속하지 않았던 삼하 지역이 중앙관의 감찰 대상이 된 것일까? 만약 군사적 완충 지대가 필요했다면 이미 漢初에 성립되어 있던 관중과 關外郡의 관계만으로도 충분하다. 관중과 감찰 체계를 동일하게 적용받았다는 것은 삼하 지역이 단순한 외곽 지대를 넘어 관중 지역과 일체화된 이해를 공유했음을 의미한다. 관련하여 다음의 사례를 참고할 수 있다.

---

56 『漢書』卷19上「百官公卿表上」, p.741: "(御史大夫)有兩丞, 秩千石. 一曰中丞, 在殿中蘭臺, 掌圖籍祕書, 外督部刺史, 內領侍御史員十五人, 受公卿奏事, 舉劾按章."

57 『漢書』卷19上「百官公卿表上」, p.725: "武帝元授五年初置司直, 秩比二千石, 掌佐丞相舉不法."

58 『漢舊儀』(孫星衍 等, 『漢官六種』, 中華書局, 1990)卷上, p.67: "丞相府司直一人, 秩二千石, 職無不監."

田仁이 上書를 하며 말했다. "천하의 郡太守 중 간사한 이익을 탐하는 자가 많은데, 三河가 가장 심하니, 신이 먼저 삼하를 검거하기를 청합니다. 삼하 태수는 모두 내부에 관중귀인과 의탁하고 三公과 친속관계를 맺어 두려워하는 바가 없으니, 먼저 삼하를 바르게 하는 것을 보여 천하의 姦吏들을 경계시킬 수 있을 것입니다." 이때에 河南·河內太守는 모두 어사대부 杜(周)의 부형자제들이었고, 河東太守는 石丞相의 자손이었다. 당시 석씨 중 아홉 명이 二千石 관리일 정도로 권귀가 상당했다. 田仁은 이러한 사실을 수차례 상서로 보고했다. 杜大夫 및 石氏 측에서 사람을 보내 사의를 표하며 田少卿에게 말했다. "내가 감히 할 말이 있는 것은 아니나, 원컨대 少卿께서 서로를 무고로 더럽히지는 않으시길 바랍니다." 仁이 三河를 적발하니, 三河太守는 모두 압송되어 吏의 심문을 거친 뒤 처형되었다. 仁이 돌아와 황제에게 보고하니 武帝는 기뻐하며 仁이 권세가를 두려워하지 않는다고 여기어 그를 丞相司直으로 삼았고 그 위세는 천하를 진동시켰다.[59]

상기한 내용은 田仁이 丞相 司直에 오르는 계기가 된 三河 지역 감찰의 상세한 사정을 褚少孫이 보충한 것이다. 여기서 지칭한 '御史大夫杜'는 杜周, '石丞相'은 石慶이다. 두주가 어사대부에 재임한 시기는 기원전 98년에서 95년 사이였고, 석경의 승상 재임 시기는 그보다 이른 기원전 112년에서 기원전 103년 사이였다.[60] 두주가 '杜大夫'라고 칭해진 것과는 달리 석경의 경우는

---

[59] 『史記』卷104「田叔列傳」, pp.2781-2782: "田仁上書言: '天下郡太守多爲姦利, 三河尤甚, 臣請先刺擧三河. 三河太守皆內倚中貴人, 與三公有親屬, 無所畏憚, 宜先正三河以警天下姦吏.' 是時河南·河內太守皆御史大夫杜父兄子弟也, 河東太守石丞相子孫也. 是時石氏九人爲二千石, 方盛貴. 田仁數上書言之. 杜大夫及石氏使人謝, 謂田少卿曰: '吾非敢有語言也, 願少卿無相誣汚也.' 仁已刺三河, 三河太守皆下吏誅死. 仁還奏事, 武帝說, 以仁爲能不畏彊禦, 拜仁爲丞相司直, 威振天下."

[60] 『漢書』卷19下「百官公卿表下」, pp.779-780: "(元鼎五年)九月辛巳, 丞相周下獄死

'石丞相子孫' 혹은 '石氏'라고 지칭해 석경 사후 그 자손들이 권세를 이어가던 상황을 반영했다. 또 『漢書·杜周傳』에 따르면 廷史일 때 두주는 말 한필의 재산밖에 없었으나 三公의 직(御史大夫)에 오른 뒤 두 자식이 황하를 낀 지역의 군수에 재임하며 巨萬의 가산을 축적했다고 한다.[61] 이는 두주의 부형자제가 河內·河南太守에 부임하고 있었다고 한 상기의 내용과 부합한다. 전인의 삼하 지역 감찰은 기원전 98년과 95년 사이, 더 정확히는 두주의 어사대부 재임 말년에 일어났을 것이다.

三河 지역 郡太守의 착복이 특히 심각했던 것은 黃河 교통망의 확충으로 關東의 물류가 삼하 지역에 집중되었던 상황과 관련 있을 것이다. 이러한 지역 상황을 잘 알고 있는 중앙 고관이 삼하의 태수 임명을 좌우하여 유착 비리를 일으킬 가능성이 있었다. 杜周와 石慶 집안의 자손들이 태수직을 독점하며 부를 취득한 상황은 바로 이러한 삼하 지역의 특수성을 반영한다. 關中과 삼하 지역 간에 형성된 이익 공유 관계를 고려하면 경기의 감찰 구역이 삼하까지 확장 적용되었던 이유를 충분히 이해할 수 있다.

이렇듯 당시의 三河 지역은 경기의 일부로 인식되기에 충분했고, 그것이 司隸校尉의 감찰 구역 획정에도 반영되었을 것이다. 다만 사예교위는 당시 황제 직속으로서 御史 소속의 刺史部와는 계통이 달랐다. 또 丞相 司直 및 御史中丞과 임무가 중첩된 관계로 개편이 잦았던 것으로 보인다. 哀帝 시기에 大司空(어사대부의 후신) 소속으로 개편되고 사직과의 등치 관계가 성립되면서 감찰 기구 간 임무의 중복 문제는 어느 정도 정리가 된다.[62] 하지만 이때에도

丙申, 御史大夫石慶爲丞相.”; p.783: “(太初二年)正月戊寅, 丞相慶薨.”; p.786: “(天漢三年)二月, 執金吾杜周爲御史大夫, 四年卒.”

61 『漢書』卷60「杜周傳」, p.2661: “始周爲廷史, 有一馬, 及久任事, 列三公, 而兩子夾河爲郡守, 家訾累巨萬矣. 治皆酷暴, 唯少子延年行寬厚云.”

62 『漢書』卷19上「百官公卿表上」, p.737: “綏和二年, 哀帝復置, 但爲司隸, 冠進賢冠, 屬

사예가 자사와 등치 관계로 인식된 것은 아니었다.

司隸校尉와 刺史의 등치 관계가 성립된 것은 後漢 建武 18년(A.D.42)에 자사를 복치하며 사예교위부를 13주의 하나로 편성하면서 부터이다.[63] 이에 앞서 건무 11년(A.D.35)에는 丞相 司直을 폐지했는데,[64] 제도를 간소화하고 감찰 업무를 일원화하는 과정에서 자사부와 사예교위의 통합이 이루어진 것으로 볼 수 있다. 어찌되었든 三輔·弘農·三河는 이때부터 제도를 통해 경기 지역임을 확증 받았다. 역설적인 것은 이것이 長安이 아닌 洛陽을 수도로 삼았던 후한대에 들어 이루어졌다는 점이다. 수도를 바꾸되 경기를 계승·강화한 이율배반적 선택은 당시 제국이 추구한 이상과 명분, 당면한 현실 문제가 혼재되어 나타난 모순이었다.

III 長安–洛陽 수도체계 전환의 기제

이제 後漢 시기 수도가 長安이 아닌 洛陽으로 정해진 원인을 논할 차례이다. 앞서 秦嶺과 黃河 교통망, 경기 지역 행정 편제에 대해 장황하게 설명한 것은 수도는 단순한 개체(장안과 낙양)의 선택 문제가 아닌 인프라, 즉 하부 구조(秦嶺과 黃河 교통)의 유동과 관련 있다고 생각해서이다. 그 하부 구조는 수도권의 범위가 어디까지 구획되고 어떻게 변동되는지를 결정한다. 따라

大司空, 比司直."

[63] 『後漢書』(中華書局, 1965年版)「百官五」, p.3617: "建武十八年, 復爲刺史, 十二人各主一州, 其一州屬司隸校尉."

[64] 『後漢書』卷1「光武帝紀」, p.57: "(十一年)夏四月丁卯, 省大司徒司直官."

서 前漢 시기 수도 권역의 변천은 後漢代 수도 체계 전환의 단서가 될 수 있다. 낙양 정도에 관한 기존 연구의 핵심 주장을 정리하면 다음과 같다.

① 내전으로 장안의 파괴가 심해 수도로 쓸 수 없었다.
② 장안을 수도로 했던 王莽과 更始帝의 실패를 타산지석으로 삼았다.
③ 낙양이 장안에 비해 경제적으로 우위에 있었다.
④ 關東 지역에 근거지를 둔 건국 집단의 이해 관계로 인해 낙양이 수도로 선택되었다.
⑤ 후한 정권의 守文·내향적 통치 경향이 수도 결정에 영향을 끼쳤다.

이상의 주장들은 각각 반론이 가능한 한편 모두 본문의 주제에 기초한 보충이 가능하다. 일단 문제를 유형별로 나누어 보면 ①②는 長安이 수도가 될 수 없었던 이유, ③④⑤은 洛陽이 수도가 될 수 있었던 이유, 특히 ④⑤는 정권의 성격과 수도의 관계에 중점을 둔 논의가 될 것이다. ①②③의 문제를 간단히 논의한 후, 본장의 총결을 겸하여 ④⑤의 문제를 심층 분석해 보도록 하겠다.

長安은 왜 後漢의 수도가 될 수 없었을까? 장안의 파괴가 심해 수도로 쓸 수 없었다는 ①의 주장은 설득력이 떨어진다. 洛陽 역시 내전을 거치며 장안 못지않게 파괴되었지만 결국은 후한의 수도로 결정되었다. 또 秦漢 교체기 咸陽은 項羽에 의해 철저히 파괴되었지만, 劉邦 집단은 결국 함양을 계승한 장안을 수도로 결정했다. 이를 보면 내전에 의한 파괴는 결코 수도의 결격 사유가 될 수 없으며, 필요하다면 재건할 수도 있는 것이다. 그럼에도 장안이 수도로 결정되지 못했던 것은 ②의 문제와 관련이 있다. 關中을 근거지로 선택한 王莽과 更始帝는 주변 지역이 중앙으로부터 이탈하며 고립으로 인해 패망했다. 그런데 漢高祖 劉邦의 성공 요인이었던 관중 정도가 왜 왕망과 갱시제에게는 도리어 패망의 원인이 되었던 것일까?

關中의 지정학적 가치에 변화가 일어난 것은 주변 인프라의 상황과 관련 있다. 漢初에는 秦代에 구축된 秦嶺 교통망이 여전히 기능하고 있었다. 漢軍의 三秦 정벌 당시 蕭何가 巴蜀을 진무하여 군량을 공급했고 楚漢 전쟁 때에는 관중을 지키며 후방 지원을 담당했다.[65] 진령 교통망을 중심으로 '大關中' 영역의 일체화된 관리가 이루어지고 있었던 것이다. 반면 王莽 집권 이후에는 巴蜀의 公孫述, 天水의 隗囂가 관중으로부터 이탈했다. 여기에는 정치력과 군사전략의 부재도 작용했겠지만, 前漢 중기 이후 기축 인프라가 진령에서 黃河 교통망으로 이동했던 상황이 영향을 미쳤을 수 있다. 또 내전 기간 동안 이러한 분열 상황이 지속되면서 진령 교통망의 해체를 더욱 촉진시켰을 것이다. 劉秀가 파촉과 隴西 및 河西를 모두 제패한 이후에도 長安으로 천도하지 않았던 것은 장안의 배후지를 확보해줄 교통망을 단시간 내에 복구하는 것이 불가능했기 때문이다.

그렇다면 長安 대신 洛陽이 수도가 될 수 있었던 데에는 秦嶺 교통망이 퇴조하고 黃河 교통망이 발전했던 前漢 중기 이후 상황이 작용한 것으로 볼 수 있다. 그것이 ③의 상황을 조성한 직접 원인이 될 것이다. 낙양은 關東의 물류를 關中으로 운송하는데 반드시 거쳐야할 거점이었다. 그러나 오직 황하 교통망에 의지해 물자를 공급한다면 운송 거리와 비용이 적게 드는 낙양이 장안보다 경제적 우위에 있을 수밖에 없다. 이와 비교하여 前漢 初 진령 교통망의 비중이 높았던 상황에서 낙양 대신 장안이 수도로 선택된 것은 표면적으로만 상반된 것이지 실제로는 동일한 이치였다.

④⑤의 문제는 일견 타당해 보이지만, 여기에도 몇 가지 의문이 존재한다. ④는 수도 결정의 절대적인 요소가 될 수는 없다. 예를 들어 前漢의 건국 집단은 後漢의 건국집단과 마찬가지로 關東 출신이 주를 이루었지만 洛陽이

---

65 『史記』卷53「蕭相國世家」, p.2014: "漢王引兵東定三秦, 何以丞相留收巴蜀, 塡撫諭告, 使給軍食. 漢二年, 漢王與諸侯擊楚, 何守關中, 侍太子, 治櫟陽."

아닌 長安을 수도로 선택했다. 그리고 ⑤에서 제기한 정권의 수축적 경향은 전한 초기의 정치에서도 마찬가지로 발견된다. 다만 수도와 연계된 경기 지역 하부 구조의 유동적 상황이 정권의 성향에 영향을 미쳤을 가능성은 남아있다.

洛陽은 建武元年(A.D.25) 10월 내전의 상황 속에서 後漢의 수도가 되었다.[66] 건무 13년 巴蜀의 公孫述을 격파하고 통일을 완성한 뒤에도 光武帝는 여전히 낙양을 수도로 견지했는데, 이때에 長安 천도를 건의한 자가 적지 않았을 것이다. 杜篤은 광무제에게 지어 바친 『論都賦』를 통해 낙양이 아닌 장안이 수도가 되어야 하는 이유를 상세히 밝혔다.[67] 京兆尹 杜陵에서 태어났고 杜周의 아들 杜延年의 고손인 출신 배경으로 보아 그의 의견은 관중 지역 사인의 생각을 대표하는 것이라 볼 수 있다.

그에 반해 중앙 조정을 대변하여 長安 천도 주장을 반박하거나 洛陽이 수도가 되어야 하는 이유를 내세운 기록은 찾을 수 없다. 光武帝가 제국의 수도를 별도로 천명하지 않은 것은 낙양이 장안에 비해 명분이 부족한 것을 알지만, 그렇다고 천도를 할 수도 없는 현실 때문이었을 것이다. 이에 그와 같은 사실을 밝혀서 논쟁의 여지를 두는 것보다 감추는 방법을 택했다. 司隸校尉를 13州刺史部의 하나로 편성해 三輔·弘農·三河를 경기 지역으로 획정한 것도 이와 관련이 있다. 이로써 後漢 정권이 前漢의 경기 지역을 계승한다는 명분을 내세울 수 있는 것이다.[68] 동시에 기존 三輔(京兆尹·左馮翊·右扶風)를 유

---

66 『後漢書』卷1上「光武帝紀上」, p.25: "冬十月癸丑, 車駕入洛陽, 幸南宮却非殿, 遂定都焉."

67 『後漢書』卷80上「文苑列傳上」, pp.2595-2609.

68 사예교위부의 설치는 후한 정권에 앞서 公孫述에 의해 먼저 실시되었다. 그는 建武元年(A.D.25)에 益州를 司隸校尉로 바꾸고 蜀郡을 成都尹으로 삼았다(『後漢書』卷13「隗囂公孫述列傳」, p.535: "改益州爲司隸校尉, 蜀郡爲成都尹.") 공손술 정벌 후 촉의 기물을 수용함으로써 후한의 法物이 구비되기 시작했다는 것으로 보

지하고 西京 궁실을 수리함으로써[69] 후한 조정이 여전히 장안을 수도로 지향하고 있음을 보였다.

이와는 달리 경기 내부 행정 편제의 세부 사항은 洛陽 중심의 수도체계를 명확히 지향했다. 특히 弘農郡의 관할 구역 변화를 주목해볼 필요가 있다. 기존 홍농군에 속했던 商과 上洛은 京兆尹에 속하는 것으로 재편되었고, 대신 경조윤에 속했던 湖와 華陰은 도리어 홍농군으로 귀속되었다.[70] 이 두 군 사이의 경계 조정은 경기의 중심이 長安에서 낙양으로 전환된 상황을 반영한다. 前漢의 홍농군은 關東에서 경조윤으로 향하는 두 진입로(函谷關과 武關)를 모두 관리할 필요가 있었지만, 後漢의 홍농군은 關中에서 河南尹으로 향하는 진입로를 관리하는 것으로 목적이 바뀌었기 때문에 더 이상 무관 일대를 관할할 필요가 없었다.

湖와 華陰의 편제는 경기의 중심이 洛陽으로 전환된 것에 더해, 後漢 帝國이 어떠한 방향성에 따라 關中을 관리하려 했는지를 보여준다. 이 두 현은 潼關 주위에 위치한 渭水-黃河 연계의 핵심 거점이다. 前漢 시기 호와 화음이 京兆尹에 속했던 것은 위수 조운의 출발지인 동관 일대를 일원 관리하여 京師

아(『後漢書』卷1下「光武帝紀下」, p.62: "(建武十三年)益州傳送公孫述瞽師·郊廟樂器·葆車·輿輦, 於是法物始備."), 후한 정권은 전한의 제도를 많이 보존하고 있던 공손술 정권보다 제도 구축이 미비했다. 이러한 상황에서 사예교위부의 편제는 공손술 정권의 제도로부터 착안했을 가능성이 높다(龔志偉,「兩漢司隸校尉始"部七郡"平議 - 兼論該官的雙重性格」, 『文史』2016年第2期 참고). 그러나 공손술과 달리 후한은 전한의 사예교위 지역을 오롯이 계승함으로써 보다 높은 차원의 정통성을 확보할 수 있었을 것이다.

69 『後漢書』卷1下「光武帝紀下」, p.72: "是歲, 復置函谷關都尉. 修西京宮室."
70 『續漢書』「郡國一」, p.3401: "弘農郡, 武帝置. 其二縣, 建武十五年屬……湖, 故屬京兆. 有閺鄕. 華陰, 故屬京兆. 有太華山."; p.3403: "商, 故屬弘農. 上雒, 侯國. 有冢領山·雒水出. 故屬弘農."

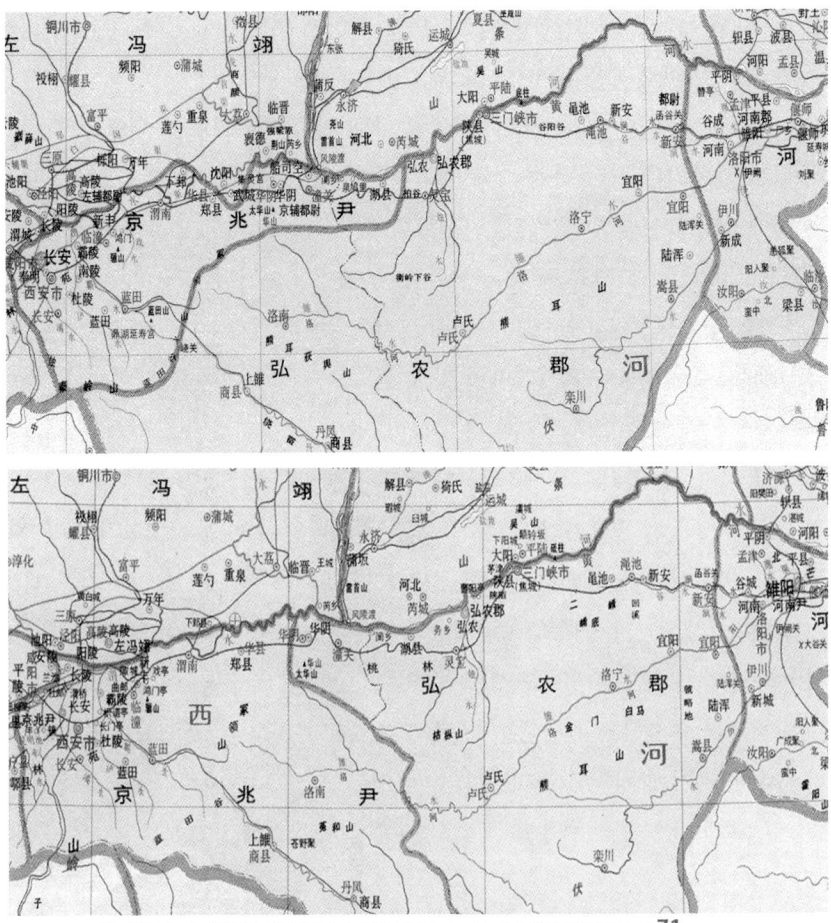

그림 21　前漢(上)과 後漢(下) 장안-낙양 교통 노선과 행정 편제 비교[71]

지역의 물류 공급을 원활히 하는데 목적이 있었다. 이를 지원하기 위해 京師倉 설치와 京輔都尉 배치, 船司空縣의 설치 등도 함께 이루어진 것이다. 이러했던 호와 화음을 경조윤으로부터 분리했다는 것은 기존 장안 수도 하에서의 물류 공급 시스템이 중단되었음을 의미한다. 후한대에 이르러 경사창이 폐치

71　지도 인용, 『中國歷史地圖集』第二冊, 1982, pp.15-16, pp.42-43 참조.

되고[72] 『續漢書·郡國志』에 더 이상 선사공이라는 현명이 출현하지 않는 것[73]도 이 같은 변화를 반영한다.

　　後漢의 司隸校尉部는 표면적으로만 前漢의 사예교위를 계승했을 뿐, 전혀 다른 방향성을 지닌 경기 지역이었다. 洛陽 수도 체계 하에서 三輔는 京師의 외곽지대로 전락했다. 이러한 구도 하에서 수도의 기축 인프라는 黃河 교통망으로 편중되는 반면 秦嶺 교통망과의 연계는 이완될 수밖에 없다. 진령 교통망을 통해 획득되는 주요 자원은 巴蜀으로부터 공급된다. 파촉의 물류는 낙양까지 이르는 경로가 지나치게 멀고 인프라 구축에 천문학적 비용이 드는 대신 수익은 關東의 물류에 미치지 못한다.

　　그러나 군사적인 측면에서 볼 때 秦嶺 교통망은 낮은 수익성에도 불구하고 반드시 복구할 필요가 있었다. 그것은 巴蜀 지역이 지닌 지정학적 특성 때문으로, 청대의 학자 顧祖禹의 말을 빌리자면 蜀(사천)은 秦·隴(섬서)의 肘腋이자 吳·楚의 喉吭이었다.[74] 즉, 關中과 파촉의 연계가 약해지면 江漢과 江南 지역의 장악력에도 문제가 발생할 수 있다. 이에 後漢 朝廷 또한 지속적으로 진령 棧道를 수축하고 관리했는데, 石門 잔도로 유명한 褒斜道의 기본 노선도 바로 후한 시기에 정착된 것이었다. 褒谷 입구의 석문 마애 석각 중 「鄐君開通褒斜道」(「개통비」로 간칭)와 「故司隸校尉犍爲楊君頌」(「석문송」으로 간칭)

72　京師倉 遺址 정리자는 1호 倉址에 後漢 초년의 것으로 추정되는 기와 가마가 발견된 것, 출토 화폐의 하한 연대가 王莽代에서 그치는 것, 왕망 이후 시기 문헌에서 더 이상 기록이 나오지 않는 것 등에 의거해 경사창이 후한대에 폐기된 것으로 추정했다. 또 그 폐기는 조거의 기능 상실과 후한 정치중심의 東移가 주요한 원인이 된 것으로 보았다(『西漢京師倉』, pp.57-58).

73　『續漢書』「郡國一」, p.3401. 위치상 행정구역이 홍농군으로 바뀌었을 것이나, 관련 현명은 더 이상 출현하지 않는다.

74　『讀史方輿紀要』(顧祖禹 撰, 中華書局, 2005年版)「四川方輿紀要敍」, p.3095: "……蓋蜀者, 秦·隴之肘腋也, 吳·楚之喉吭也……"

은 후한 시기를 대표하는 석각이다. 여기에는 여러 진령 잔도의 연혁을 알 수 있는 정보가 기록되어 있어 주목할 만하다. 지면상 모든 내용을 소개할 수는 없고 본문과 관련한 핵심 정보를 다음과 같이 인용한다.[75]

> 永平6年, 漢中郡이 조서를 통해 廣漢·蜀郡·巴郡의 徒 2690인을 받아 褒余(斜)道를 개통했다. ……처음에 橋格 632개, 大橋 5개를 제작해 258리의 길을 만들었고, 郵·亭·驛·置·徒司空·褒中縣의 官寺 총 64개 所를 완성했다. …… 9년 4월에 완성했고, 익주 동편에서 경사에 이르기까지의 왕래길이 안정되었다. (「開通碑」)[76]
>
> 高祖 受命하여 漢中에서 일어났다. 子午로부터 (한중에) 들어와, 散(關)으로 나와 秦에 들어갔다. 제위를 세우고 정하니, 이로써 漢氏를 세우게 되었다. 후에 자오로 가는 길이 험난하여 圍谷을 따라 堂光을 다시 통했다. 무릇이 四道는 막혀서 통하지 않음이 매우 심했다. …… 永平에 이르러 그 4년에 조서를 내려 余(斜)道를 열어 석문을 착통했다. 중간에 元二(元初 원년과 이년)의 재앙을 만나니, 西夷의 잔학함이었다. 교량이 단절되어 자오를 다시 통하게 했다. …… 이에 현명하고 지혜로운 故 司隸校尉 健爲郡 武陽의 楊君, 字 孟文께서 확고함과 충직함으로 수차례 상주를 올려 청하였다.

---

75 石門棧道 유적은 1967년 댐 건설로 인해 수몰되었고, 『開通碑』과 『石門頌』의 석각 원본은 "石門漢魏十三品"의 일부에 포함되어 현재 漢中市 박물관에 소장되어 있다. 본고는 저본을 따로 정하지 않고 『褒谷古迹輯略』(郭鵬, 『褒谷古迹輯略校注』, 西安美術學院, 1996); 『金門翠編』; 馮歲平, 『蜀道寶藏 – 中國石門磨崖石刻』, 三秦出版社, 2013, 서법 연구서로 『開通褒斜道刻石』, 上海書畫出版社, 2012; 滕西奇, 『石門頌寫法與注譯』, 山東美術出版社, 2011 등을 종합 참고했다.

76 永平六年, 漢中郡以詔書受廣漢·蜀郡·巴郡徒二千六百九十人, 開通褒余道. …… 始作橋格六百二十三, 大橋五, 爲道二百五十八里, 郵·亭·驛·置·徒司空·褒中縣官寺幷六十四所成. …… 九年四月成就, 益州東至京師, 去就安穩.

조정 관료들이 평론하여 반박하니 군께서 이에 끈질기게 싸우셨다. 백료들이 모두 따르게 되자, 황제께서 그 청을 마침내 들으시게 되었다…… (「石門頌」)[77]

「개통비」의 기록에 따르면 後漢 明帝 永平6년(A.D.63)에서 9년 4월 사이에 褒斜道가 한 차례 수축되었다. 「석문송」은 健爲郡 武陽 출신의 司隷校尉 楊孟文(楊渙)의 노력으로 포사도가 재개통된 사실을 칭송하기 위해 建和2년(A.D.148) 동향 출신의 漢中太守 王升의 주도로 석각한 것이다. 양맹문은 順帝 시기에 재직한 인물이었는데, 순제 즉위 당해인 延光4년(A.D.125) 11월 을해일에 益州刺史에게 명하여 子午道를 파하고 포사로를 개통했다는 기록이 있다.[78] 이를 종합하면 영평6년에 개착한 포사도는 중도에 단절되었다가 연광4년에 이르러 다시 개통되었을 것이다.

「석문송」에서는 "道由子午"의 子午道와 "出散入秦"의 故道, 그리고 "更隨圍谷, 復通堂光"의 儻駱道에 褒斜道까지 포함하여 前漢 시기 총 네 개의 秦嶺 노선이 있었음을 전하고 있다.[79] 불태워졌던 포사도가 武帝 시기에 이르러서

---

[77] 高祖受命, 興於漢中. 道由子午, 出散入秦. 建定帝位, 以漢祗焉. 後以子午, 途路涩難. 更隨圍谷, 復通堂光. 凡此四道, 垓隔尤艱 …… 至於永平, 其有四年, 詔書開余, 鑿通石門. 中遭元二, 西夷虐殘. 橋梁斷絶, 子午復循. …… 於是明知故司隷校尉健爲武陽楊君厥字孟文, 深執忠伉, 數上奏請. 有司議駁, 君遂執爭. 百僚咸從, 帝用是聽……

[78] 『後漢書』卷6「孝順孝沖孝質帝紀」, p.251: "(延光四年十一月)乙亥, 詔益州刺史罷子午道, 通褒斜道."

[79] "更隨圍谷, 復通堂光"에 대한 역대 학자들의 해석은 각양각색이지만, 그 중 辛德勇의 해석이 비교적 합리적이다. 그는 이것이 하나의 노선을 지칭한 것으로 보고, '圍谷'을 따라 다시 개통한 노선의 명칭이 '堂光'인 것으로 파악했다. 나아가 '堂光'의 '堂'이 '黨'의 가차이자 '灙'의 古字라는 사실을 고증했다. 그리고 四道가 석

야 복구되었고 成帝 시기에 子午道가 재구축되는 등의 변화가 있긴 했지만, 전한 시기 동안 진령의 다중 노선 체계는 꾸준히 유지되었다. 반면 後漢 시기는 포사도가 단절되면 자오도가 이를 대체하고 포사도가 개통되면 자오도가 폐쇄되는 등 단일 노선으로 진령 교통을 관리한 것으로 보인다.

　　後漢 朝廷은 왜 前漢 시기처럼 다중의 秦嶺 노선을 운영하지 않았을까? 먼저 關中 지역의 상황이 전한 시기와 달랐던 점을 지적하고 싶다. 「석문송」에는 褒斜道가 西夷에 의해 단절되어 子午道를 다시 개통한 사실을 전하고 있는데, 이는 安帝 시기 先零羌의 침입과 관련 있다. 西羌의 일족인 선령강은 永初 2년(A.D.108) 11월 수령인 滇零이 北地에서 天子를 칭한 이래 漢中 일대를 지속적으로 유린했다. 특히 영초4년 3월에 褒中을 노략했을 때 한중태수 鄭勤이 전몰당할 정도로 심각한 타격을 입었다. 아마 이 때에 포사도가 단절되었던 것으로 보인다. 그 후 元初元年(A.D.114)에 武都·한중을 노략했을 때 隴道(기산도)를 단절시켰다는 기록도 보인다.[80] 후한대 진령 일대의 치안이 훨씬 어려워졌던 것인데, 이 같은 상황은 관중 일대에 북방 민족의 세가 강해지는 후기로 갈수록 더욱 심해졌을 것이다.

　　또 하나는 秦嶺 棧道 건설의 막대한 비용을 감당하기 어려웠을 것이다. 「開通碑」에서 褒斜道 개통에 廣漢·蜀郡·巴郡의 인력 2690인이 동원되어 258리에 이르는 길을 연결했다고 전한다. 이는 武帝 시기 포사도 수축에 "發數萬

각 본문의 주제인 포사도를 포함한 자오도·고도·당락도를 지칭한 것으로 보았다(「漢〈楊孟文石門頌〉堂光道新解 - 兼析儻駱道的開通時間」, 『中國歷史地理論叢』 1990年第1期).

80　『後漢書』卷5「孝安帝紀」, p.211: "十一月辛酉……先零羌滇零稱天子於北地, 遂寇三輔, 東犯趙·魏, 南入益州, 殺漢中太守董炳."; p.215: "先零羌寇褒中, 漢中太守鄭勤戰沒"; p.221: "先零羌寇武都·漢中, 絶隴道."

人作褒斜道五百餘里"[81]라고 한 기록과 큰 차이가 있다. 수 만인을 징발했다는 말은 다소 과장이 있을지 몰라도, 포사곡의 실제 거리(약 237km)를 漢代 측량 단위로 환산하면 258리(107.28km)보다는 500여리(207km 이상)에 더 가깝다. 이를 보건대 永平 6년의 포사도는 무제 시기 건설한 것을 기반으로 끊어진 구간을 수리하거나 시설을 보충하는 식으로 진행되었을 것이다.

포사도와 子午道가 번갈아 쓰인 것은 비교적 후기에 지어져 보수에 용이했기 때문인 것 같은데, 이마저도 동시에 운용하지 않았던 것은 유지 비용에 대한 압력이 컸기 때문일 것이다. 실제 잔도를 구축하는 데는 대량의 삼림자원이 소요될 수밖에 없다. 河谷을 연한 암벽의 측면과 저면에 약 1.5에서 2m 간격으로 30cm 구경의 石穴을 뚫고 목재를 끼워 넣어 지지대로 삼은 다음, 수레가 다닐 만한 5m내외 길이의 목판을 지지대 위에 나열하듯이 고정시켜야 잔도의 橋格이 완성된다.[82] 이러한 방식으로 200km 이상의 하곡을 이어간다면 과연 얼마나 많은 삼림자원과 인력이 필요할 것인가? 여기에 다중 노선 구축을 위해 주변 노선 개통을 함께 추진한다면 그 비용은 다시 몇 배로 늘어난다. 또 앞서 말한 북방 이민족의 침입으로 잔도가 파괴될 때마다 복구를 위한 재정이 투입되어야 했으니 진령 교통은 후한 조정에게 여러모로 난감한 문제였을 것이다. 楊孟文이 수차례 상주하고 논쟁을 거친 끝에야 포사도가 재개통되었던 것은 그만큼 이 문제에 대해 후한 조정의 부담이 컸다는 것을 반증한다.

지정학적으로 黃河 교통망에 편중된 洛陽은 秦嶺 교통망 관리에 소홀함을 초래해 정권의 확장력에 제약이 될 수 있었다. 그러나 앞서 보았듯이 長安의 확장력 또한 천연으로 부여되는 것은 아니었기에 後漢의 낙양 정도는 어느

---

81 『史記』卷29「河渠書」, p.1411.

82 형제와 규격은 韓偉·王世和,「褒斜道石門附近栈道遺蹟及題刻的調査」, pp.25-29을 참고하여 가정해 보았다.

정도 불가피한 측면이 존재했다. 다시 한 번 강조하자면, 수도는 인프라와 연동하며 인프라의 유동은 수도 권역의 변천을 이끈다. 劉邦은 秦에 의해 구축된 진령 교통망을 활용할 수 있었기 때문에 장안을 수도로 결정한 것이고, 劉秀는 前漢代에 구축된 황하 교통망의 수혜를 누릴 수 있었기 때문에 낙양을 수도로 선택한 것이다. 그 사이 경기 지역은 關中에서 關東의 三河 지역까지 확장했고 그 중심축 또한 삼하 지역으로 이동했다. 진령 교통망의 퇴조와 황하 교통망의 편중 현상은 후한 이후에도 장기적 추세로 유지된다. 魏晉 시기에 이르러 三輔는 경기 지역에서 완전히 탈락하는데, 이 시기 삼하 지역 위주로만 편성된 司州는 후한대부터 이어진 추세의 하나로 이해할 수 있을 것이다.[83]

그렇게 중국은 장기간 북방과 남방을 유기적으로 연결하며 체제를 유지했던 帝國의 시대가 끝나고 남방과 북방이 분열되는 列國의 시대에 진입한다. 魏·蜀·吳 삼국이 건립되기 전 黃巾賊의 난이 한창이던 때, 『三國志·蜀書』는 다음의 사건을 간략하게 기록했다.

> 劉焉은 張魯를 파견해 督義司馬에 임명하여 漢中에 주둔시켰고, 谷閣을 단절하고 漢의 사신을 살해했다. 劉焉은 상서를 올려 米賊이 길을 끊어 다시 개통할 수 없다고 말했다……[84]

---

[83] 『晉書』(中華書局, 1974年版) 卷14 「地理志上」, p.415: "……及光武都洛陽, 司隸所部與前漢不異. 魏氏受禪, 卽都漢宮, 司隸所部河南·河東·河內·弘農幷冀州之平陽, 合五郡, 置司州. 晉仍居魏都, 乃以三輔還屬雍州, 分河南立榮陽, 分雍州之京兆立上洛, 廢東郡立頓丘, 遂定名司州, 以司隸校尉統之……"

[84] 『三國志』 卷31 「蜀書·劉二牧傳」, p.867: "故焉遣魯爲督義司馬, 住漢中, 斷絶谷閣, 殺害漢使. 焉上書言米賊斷道, 不得復通……"

益州牧 劉焉은 후에 劉備에게 巴蜀 지역을 빼앗기는 劉璋의 부친이고, 張魯는 오두미 교주로도 유명한 바로 그 장로이다. 谷閣은 谷과 閣을 가리키는데, 이는 秦嶺으로부터 파촉을 잇는 주요 교통 노선 褒斜谷과 劍閣을 각각 의미한다. 영웅호걸이 전장에서 활극을 펼치던 삼국시대의 舞臺는 문학으로 장식된 세계다. 그 은막의 이면에는 인프라의 단절로부터 이어진 제국 질서의 이완, 그 변화가 추동한 역학이 작용하고 있었다.

나오는 말
'맷돌 위의 개미들' – 秦漢 인물 表象 이면의 구조[1]

戰國 시기 秦과 六國의 쟁투에서 秦帝國의 건립과 멸망, 漢帝國의 성립과 확장에 이르는 장기간의 역사를 다룬 이 책을 이제 마칠 때가 되었다. 분열에서 통합으로, 혹은 통합에서 이완, 분열로 나아가는 현상들이 모순된 것처럼 보이는 秦漢帝國 역사의 이면에는 일관된 흐름이 존재한다. 그 구조의 변천에 따라 역동한 각 시기의 지정학을 본문을 통해 살펴보았다.

교통 인프라가 秦漢帝國의 하부구조를 형성하고 지정학의 변화를 추동하여, 수도와 경기 지역, 군현의 영역 지배 역학에 핵심 작용했다는 것이 이 책의 결론이다. 여기서 한 가지 강조하고 싶은 것이 있다. 이 책의 결론이 하나의 인과율로 제시된 것이 아님을 밝혀두고 싶다. 부단히 이어지는 과정의 일부로서, 끊임없이 재구성되는 지리 환경과 그로 인해 발생하는 인간사의 상호 작용이라는 측면에서 이 책이 이해되고 활용될 수 있기를 희망한다.

인간과 지리 환경의 상호 작용을 다루고자 했다는 언급이 무색하게, 이 책은 주로 지리 환경에 의해 결정되는 구조에 주목했고 정작 인간의 역할에 대해서는 분량을 크게 할애하지 않았다. 이에 역사를 지나치게 '지리 결정론'으로 해석하는 것이 아니냐는 비판을 받을지도 모르겠다. 글을 나오며 그에 대한 약간의 변명을 하고자 한다.

---

[1] 이 글은 진한시대 정치·사상계의 주요 인물 이미지를 주제로 한 논문, 「前漢 文法吏의 表象-李斯와 賈誼, 晁錯, 그 외의 후예들」(『동양사학연구』제158집, 2022)을 책의 주제에 맞게 각색·편집한 것이다. 보다 상세한 논증은 상기의 논문을 참고하길 바란다.

역사는 틀림없이 인간에 의해 이루어진다. 秦帝國 건립에 이르는 역사를 보아도, 商鞅이 秦孝公에게 중용을 받으며 추진한 變法은 율령체제에 기반한 郡縣 통치의 시작을 열었고, 惠文王·昭襄王 등의 명군 아래 司馬錯·白起와 같은 일기당천의 장군, 張儀·范雎·蔡澤과 같은 책략가들에 의해 진의 영토는 關東 지역을 향해 크게 확대될 수 있었다. 또 呂不韋의 '만 배 장사'는 훗날 秦始皇의 등극으로 이어졌고, 李斯의 완전무결한 법치 국가 구상은 황제의 야심과 합치 하며 구현되었다. 이들은 모두 명백한 사실이다. 문제는 이러한 개인의 성패는 표면으로 드러나는 '결과'일 뿐, 구조를 형성하는 요인은 아니라는 것이다. 그것만으로 역사를 설명하는 것은 그 시대의 '세계'에 대한 인식이 결여되어 있다. 모든 시대에는 구조적으로 형성되는 '세계'가 존재하고, 개인의 능력은 그 '세계'를 기반으로 발현된다. 개인이 전혀 다른 '세계'를 만나게 되면, 능력의 결과 또한 전혀 다르게, 예측할 수 없는 방향으로 나타날 것이다. '역사에 만약이 존재할 수 없다'는 말은 바로 이 '세계'에 기반 하지 않은 인과율은 애초에 성립할 수 없다는 의미이기도 하다.

그래서 대중의 바람과는 별개로 역사학계는 개인의 포폄·성패보다는 각 시대를 구성한 '세계'에 더욱 관심을 두고 연구를 심화시켜 왔다. 과거 '세계'에 익숙하지 않은 현재 '세계'의 대중에게 그것은 쉽사리 인지되지 않는 영역이다. 특히 고대사 영역은 근기의 역사에 비해 많은 부분이 잊혀 졌기 때문에 보다 난해하다. 게다가 어긋난 '세계' 인식을 따르는 역대 논자들의 다양한 해석이 개입되면서 고대사의 기초적인 사실 관계조차 판명하기 어려운 경우가 허다하다. 오류는 주로 세계관이 착종된 상황에서 표면적 결과에만 집착해 원인을 회고하거나, 이마저도 '인성론'에 치중하여 역사를 재구성할 때 주로 나타난다. 우리가 알고 있는 여러 진한시대의 인물 정보는 그러한 오류가 개입되어 후대에 형성된 表象인 경우가 많다. 이 부정확한 정보들을 바로 잡기 위해서는 당시 '세계'의 구조를 인지하는 것이 우선되어야 한다.

이 책을 통해 秦漢史에 대한 대중의 기존 인식이 바뀔 수 있기를 기대하는 부분이 있다. 먼저 들어가는 말에서 의문을 제기한 것과 같이, 秦帝國 멸망과 漢帝國 건립의 관계는 이제까지 온전한 맥락에서 설명되지 않았다. 흔히들 진제국은 秦始皇의 暴政, 성군의 자질을 갖춘 장자 扶蘇에게 갈 황위를 혼군이 되는 胡亥로 바꿔치기한 간신 趙高와 李斯의 협잡 등으로 인해 멸망한 것으로 알려져 있다. 그리고 劉邦이 황제가 될 수 있었던 것은 난폭하고 편협한 경쟁자 項羽와 달리 인재를 널리 수용하고 관대한 정책을 추진한 人和力 때문이었다고 한다.

그러나 漢帝國은 秦帝國을 계승했다. 진의 律令과 郡縣制, 그로부터 구축된 황제지배체제는 한제국 뿐만 아니라 역대 중국 왕조에게로 부단히 이어졌다. 그렇다면 진의 폭정은 도대체 무엇이었을까? 秦始皇의 음흉하고 비정한 성격, 胡亥의 우둔함으로부터 비롯된 것일까, 과연 그것이 진정한 이유인가? 참고로 漢高祖 劉邦은 관대함 이면에 가족을 내팽개치고서라도 자신의 목숨을 부지할 정도로 비정하기도, 功臣들을 兎死狗烹의 도구로 삼았던 신뢰할 수 없는 자이기도 했다. 『史記』에서 유래한 진시황과 항우, 유방의 이미지 중, 진시황의 성격은 항우와 유방만큼 입체적이지 않다. 어쩌면 한고조 유방은 진시황보다 더한 '폭정'을 자행했을지도 모른다. 심지어 한고조를 이은 呂后의 '폭정'은 호해보다 더 혹독하고 잔인하다. 그럼에도 왜 한제국은 멸망하지 않았을까? 이처럼 인성으로부터 기인한 '폭정'은 원인이 될 수 없을뿐더러, 사실관계 또한 정확하지 않다.

秦始皇과 대비되는 또 다른 인물로 漢帝國의 전성기를 이끈 황제로 평가받는 漢武帝를 들 수 있다. 황제로서 그의 능력은 班固의 평가인 '雄才大略'으로 설명되곤 한다. 실제 50년이 넘는 재위 기간 중 한제국의 영토는 최대로 확장해 한반도 북부에서부터 서북의 하서회랑을 넘어 실크로드를 열었고, 남으로는 베트남 북부에 이르렀다. 또한 그는 '罷黜百家, 獨尊儒術'이라 하여, 유가 중심의 황제지배체제를 구축한 문화 군주로 칭송받기도 한다. 그런데 여기서도 유사한 문제를 제기할 수 있다. 한제국의 영토 확장은 오로지 한무제의 능력 때문인가? 게다가 문화의 다양성이란 시각에서 볼 때, '독존유술'은 과연 성과라고 할 수 있는 문제인가? 또 그것이 오롯이 한무제의 설계와 의도로부터 비롯된 것일까?

물론 이들 황제의 야심과 의지가 없었다면 오늘날 우리가 아는 진한제국은 존재하지 않았을 것이다. 그들에 의해 역사가 추동되었던 것은 틀림없다. 강조하고 싶은 것은 이들 개인이 있기 전에 하나의 '세계'가 존재했다는 것, 구조가 작동하고 이로부터 형성된 지정학이 있었다는 것이다. 개인의 성패에는 그 구조를 인식하고 적절히 이용했는가, 혹은 어떻게 오판하고 잘못 다루었는가가 인성보다 더 큰 영향을 미친다.

구조는 개인의 능력이 어떻게 발현되는가에 따라 새롭게 구성되기도 한다. 진한시대에는 '세계'의 구조를 설계하고 바꾸고자 한 자들이 여럿 존재했다. 여기서 몇 명의 예를 들어 설명하겠다. 먼저 진시황을 보좌하며 진제국의 율령·제도를 설계한 李斯라는 인물을 들 수 있다. 그는 荀子의 문하에서 학문의 완성에 이르렀고, 진의 관료가 된 후 商鞅에서 韓非子에 이르는 사상을 망라하여 정책으로 구현함으로써 후대가 평가하는 法家 사상계의 정점에 오른 자이다. 뿐만 아니라 이사는 『蒼頡篇』의 저자이자 小篆體를 완성하는 등, 중국의 문자 통일과 한자 문화에 있어 지울 수 없는 족적을 남긴 인물이기도 하다.

그럼에도 이사는 제국의 설계자가 아닌, 조서를 위조하여 황위를 바꿔치기한 奸臣의 이미지로 대중에게 더욱 널리 알려져 있다. 여기에는 『사기·이사열전』에 수록된 趙高의 마수에 걸려들어 조서 위조 모의에 동조한 이사가 결국 자기 파괴의 죽음으로 치닫는 매력적인 이야기가 지대한 역할을 했다. 불변의 사실처럼 받아들여졌던 '간신' 이사가 사실은 후대에 만들어진 이미지에 불과할 수 있다는 것이 최근에 서서히 밝혀지고 있다. 2009년 초 북경대학이 해외로부터 증여받은 죽간 중, 「趙正書」는 『사기』의 내용과 크게 상충되는 진시황의 죽음과 秦二世 胡亥의 계승 과정, 그리고 기존과는 다른 이사의 이미지를 담고 있다.² 이를 바탕으로 여러 문서의 선후관계를 검토해 보면, 사실 이사는 진 멸망 이후 장기간 지고한 충신의 이미지로 대중에게 알려져 있었음을 발견할 수 있다. 그러던 것이 한무제 시기 즈음해서 「이사열전」에서와 같은 '간신'의 이미지가 확산되기 시작해 오늘날에 이르게 되었다. 그 사이 도대체 어떤 일이 있어났던 것일까?

한제국기에 들어 이사와 비슷하게 제국의 방향을 설계한 것으로 평가받지만, 후대에 사뭇 다른 이미지로 알려져 온 두 인물이 있다. 賈誼와 晁錯가 바로 그들이다. 동일하게 기원전 200년, 漢帝國이 건립된 지 2년 뒤에 태어난 그들은 제후왕의 삭번을 통한 황권 강화책을 입안했고, 실제 그 구상이 반영되어 향후 정치 국면의 변화에 결정적인 영향을 미쳤다. 그리고 당시 중앙 권력의 실세였던 공신집단의 집중 공격 대상이 되어 비극적으로 생을 마감한 것 역시 유사하다. 賈誼와 晁錯의 사상 기반은 사마천에 따르면 "申·商에 밝았다"라고 하여 법가 사상에 뛰어난 자들이었다고 한다. 그러나 유향·유흠이 황가 도서를 교열·정리했던 전한 말에 이르러 가의는 "전한 유일의 儒"라는 칭송을 받으며 독보적인 유가 사상가의 지위에 오르는 반면, 조조는 법가 사상가로 지위가 굳어진다. 가의의 저작을 보면 유가적 요소가 다수 가미되어 있긴 하지만, 후대의 유가와는 여러모로 다른 특징을 보인다. 김한규의 지적대로 가의의 유학은 "純儒라고하기에는 너무나 잡다한 사상들이 차입되어 있다."³ 또 그것은 사상으로만 전해질 뿐, 실제 정책으로 구현되었는지는 확증할 수 없다. 「굴원가생열전」에서 묘사한 것처럼 가의는 공신집단으로부터 "낙양의 사람, 나이어린 초학자"라는 비방을 당하며 長沙王·梁懷王 太傅직을 전

---

2 北京大學出土文獻研究所 編, 『北京大學藏西漢竹書(壹)』, 上海古籍出版社, 2015, pp.192-193 참조.

3 金翰奎, 「賈誼의 政治思想 – 漢帝國秩序確立의 思想史的 一過程」, 『역사학보』 63, 1974, p.109.

전한 끝에 요절하지 않았던가? 오히려 조조의 경우가 유학 발전에 더욱 비중 있는 공헌을 했다. 그는 太常掌故 재직 시절 伏生의 『今文尙書』를 복원하여 尙書學이 태동할 수 있게 한 핵심 인물이었다. 그러나 후대의 그 누구도 조조를 유가로 보지 않는다. 그는 오초칠국의 난이 발생하자 漢景帝에 의해 황급히 처형되어 가문이 족멸 당한 대역무도의 죄인이었다.

이처럼 진한시기 이사·가의·조조의 기록은 맥락이 착종되어 부정확한 정보를 담고 있다. 그것은 다른 세계관을 공유한 후대인의 평가 혹은 폄훼를 거쳐 재구성된 表象에 불과하다. 문헌자료에만 의지한다면 실상을 파악하는 것은 요원한 일이겠지만, 최근의 중국 고대사 연구는 일종의 전기를 맞고 있다. 다양한 경로를 통해 출토되고 있는 간독 자료는 문헌에 의해 굳어진 표상 이면의 구조를 보여준다. 이 책 역시 그러한 최근의 경향을 적극 반영하고자 했다.

지정학적 국면에 의거해 진한시기의 정치 구도를 정리하면 다음과 같다. 먼저 전국시기 秦의 확장과 이에 대응한 六國의 대치로 인해 동서의 분열구도가 형성되었다. 이것이 秦帝國 시기 秦地와 新地의 군현 간 구분으로 나타났고, 국면은 바뀌지 않은 채 反秦·楚漢전쟁을 거쳐 漢帝國의 郡國制로 이어졌다. 전국 각지에서 발생한 반진기의가 진의 멸망을 이끌었다고 알려져 있으나, 실상 진이 장기 지배했던 '진지'에서는 반진기의가 발생하지 않았다. 그것은 주로 지리적 거리가 멀고 관중과의 연계 인프라가 상대적으로 미비했던 楚地의 유민들에 의해 주도되었으며, 이들로 구성된 유방집단은 관중을 장악하여 기존 진의 수뇌부를 대체했다. 그러나 광대한 군현 지역 내 진의 율령·제도 하에서 육성된 기층관료는 대체되지 않고 그대로 유지되었을 것이다. 소위 '文法吏'[4]로 정의되는 文史와 法律의 소양을 갖춘 관료 조직은 任俠이 주를 이

---

4   于振波의 정의에 따르면 '文法吏'는 '文史法律之吏'의 약칭으로 '文吏'라고 간칭 되기도 하고, 儒生과의 대칭 개념으로 사용된다(「秦漢時期的"文法吏"」, 『中國社會科學

표 10 군현 지역 내 관료 인적 구성

功臣	文法吏
제후국(新地) 출신	군현(秦地) 출신
任俠(武)	文史·法律
소수	다수
중앙 및 상부	지방 및 기층

루는 공신집단과는 기본적으로 결을 달리하는 인군이었다.

 비록 권력을 쥐고 있기는 하나, 관료 사회의 다수를 점하고 지방 및 기층 행정의 골간이 되는 '문법리'의 존재를 결코 배제할 수 없었던 것이 공신 세력의 고민거리였을 것이다. 특히 중앙 및 군현 행정을 총괄하는 丞相(相國)의 역할이 매우 미묘하면서도 중요해졌다. 승상은 공신들의 이익을 보전해줄 내부자인 동시에, 군현 행정 업무와 지식에 통달한 자이기도 해야 했다. 그 최적임자는 바로 공신이자 '문법리'이기도 했던 蕭何·曹參이었다.

 문제는 蕭何·曹參 이후에 발생한다. 周勃은 呂氏 세력 주멸과 漢文帝 즉위의 공으로 승상의 자리에 오르지만 '文'의 소양을 갖추지 못한 부적격자였

院研究生院學報』, 1999年第2期). 그보다 일찍이 閻步克은 文(法)吏와 儒生의 관계를 역사 발전 모식으로 파악하고 양자가 중국 지식계층의 원형이라 할 수 있는 士大夫로 점차 통합되어 갔음을 논설한 바 있다(「秦政·漢政與文吏·儒生」, 『歷史研究』, 1986年第3期). 이 같은 관점을 종합하면 문법리는 관방 영역 행정 관료의 대표, 儒生은 사인 간에 형성된 학자 집단의 대표로서 개념화할 수 있다. 그런데 李斯의 '以吏爲師' 구상을 통해 발현된 秦帝國의 시스템에서 관료와 대칭되는 '儒生'의 영역은 존재하지 않는다. 후술하듯이 '儒'는 진제국의 권력으로부터 배제의 대상이었다. 오직 관방의 영역에서 정치·행정, 사상·철학을 통합 관리하고자 했다는 면에서 진제국의 관료 '文法吏'에게는 보다 全人的 소양이 요구되었다. 그러던 것이 한대에 '儒'를 권력 구조 내부로 포섭하면서 '문법리'의 함의에 분열과 왜곡이 발생했고, 결국에 기층의 행정관료, '刀筆吏', '酷吏'를 뜻하는 것으로 의미가 제한되었다.

다. 결국 단기 재임 끝에 물러날 수밖에 없었고, 그를 이은 灌嬰 역시 일찍 사망하면서 이 또한 단기 재임에 그쳤다. 여기서 공신 세력이 절충 대상으로 찾은 것이 張蒼이었다. 그는 진의 문법리 출신이었지만 후에 유방 집단에 투신하여 공신 자격을 얻은 자였다. 이로써 그는 文帝 시기 최장기 재임 승상이 되지만, 차후의 적임자가 부재한 상황에서 공신 권력이 유지되느냐 혹은 새로운 세대로 교체되느냐의 갈림길에 처하게 된다.

賈誼와 晁錯가 중앙 정치 무대에 등장한 것은 공신세력에 의해 장악된 정치 구도에 파장을 일으킨 사건이었다. 반진·초한 전쟁을 겪지 않은 전후세대였던 그들은 각각 洛陽과 潁川郡 출신이었다. 진의 신지 정책에 따르면 이들은 모두 '진지' 출신이었고, 楚地 출생의 공신 집단과는 태생적인 차별이 존재했다. 실제 가의가 진의 과오를 논한 「過秦論」에서는 기존 공신집단이 반진의 명분으로 내세운 '胡亥詐立'의 정통성 문제나, '亡秦必楚'와 같은 격렬한 반진 의식은 나타나지 않는다. 오히려 가의는 商鞅 이래 진시황의 통일에 이르는 부국강병 노선을 긍정적으로 평가한다. 가의가 생각하는 '과진'은 통일 이후 '攻守之勢'의 다름을 이해하지 못하고 통일 제국에 걸맞는 인의를 시행하지 않은 점이다. 즉, 국면의 오판을 지적한 것이다. 여기에는 원한에 기반 한 '반진' 정서를 찾아볼 수 없다. 이렇게 다른 의식을 공유한 '진지'의 인군으로부터 전도유망한 후속세대가 배출되기 시작하자, 공신집단은 그 어느 때보다 격렬한 정치 투쟁에 돌입한다.

郡縣의 기성 관료집단, 즉 文法吏가 유지되고 성장할 수 있었던 토양은 秦帝國 시기 丞相 李斯의 설계에 바탕하고 있다. 그는 焚書 정책을 입안하는 동시에 '以吏爲師', 즉 '문법리'에 의해 정론과 사상이 독점될 수 있는 구조를 만들었다.[5] 齊·魯 지역의 儒士들이 분서정책으로 인해 다수의 서적을 망실한

---

5   분서 정책은 주로 다음의 원문 기록을 근거로 한다. 『史記』 卷87 「李斯列傳」, p.2546 "……臣請諸有文學詩書百家語者, 蠲除去之. 令到滿三十日弗去, 黥爲城旦. 所不去者,

것과 달리, '秦地'의 문법리들은 그것을 온전하게 유지했다. 한 예로 賈誼는 18세의 나이에 諸子百家 서적에 통달했다고 한다. 유년기의 가의가 서적을 확보하는데 전혀 어려움이 없을 정도로 洛陽 지역이 분서의 피해로부터 비켜나 있었음을 보여준다. 물론 가의는 일반적인 편호민이 아닌 고위 관료를 배출한 유력가문 출신이었을 것이다. 그렇기 때문에 가의와 이사의 관계를 더욱 주목할 필요가 있다. 가의가 문하로 들어간 河南郡守 吳公은 실제 이사의 제자였다.[6] 그렇다면 가의는 이사의 再傳弟子, 荀子의 三傳弟子인 셈이다. 가의의 사상에 나타나는 유가적 요소는 思孟 계열의 유학이 아닌 순자와 이사의 사상으로부터 유래했을 것이다. 상징적으로 말해, 가의는 '문법리'이자 '이사의 후예'였다.

賈誼와 晁錯는 후에 군국제의 국면이 해소되고 황제지배체제가 안착됨에 따라, 司馬遷과 班固와 같은 史家들로부터 재평가를 받는다. 그런데 애초에 진시황과 함께 제국을 설계했고 문법리의 성장 환경에 지대한 영향을 미친 이사는 역사 속에서 외면 받고 단지 '간신'의 이미지로만 고착된다. 그것은 한제국기에 진제국과는 다른 근본적인 환경 변화가 발생했기 때문이다. 전한 말부터 본격적으로 도래하게 되는 '獨尊儒術'의 사상 흐름이 바로 그것이다.

그런데 흔히 漢武帝가 '獨尊儒術'을 선언한 것으로 알려져 있지만, 이는 사실이 아니다. 한무제는 '독존유술'은 언급한 적도 없고 의도하지도 않았다.[7]

醫藥卜筮種樹之書. 若有欲學者, 以吏爲師." 여기서 알 수 있듯이, '분서' 정책은 단지 문헌의 '말살'이 아닌 관방에 의한 '독점'을 의도한 것이다. 방점은 '분서'가 아닌 '以吏爲師'에 있다.

6　賈誼의 출생과 성장과정, 河南太守 吳公의 문하에 들어가기까지의 과정은 『史記』 卷84 「屈原賈生列傳」, p.2491의 서두에 간략히 기록되어 있다.

7　'獨尊儒術'은 漢武帝가 의식적으로 시행한 정책이 아닌 후대의 평가에 지나지 않는다. 後漢의 史家 班固는 "罷黜百家, 表章六經"(『漢書』 卷6 「武帝紀」, p.212)이라 하

한무제는 오히려 유가 사상과는 상반된 법율령의 강력한 집행을 선호했고, 이에 오직 황제의 명령만을 법치의 기조로 삼는 '酷吏'를 대거 등용하여 覇道를 추구했다. 그것은 유가적 이상 정치인 王道보다는 진제국 시기 이사가 추구한 '以吏爲師'와 더욱 맥이 닿아 있다. 결과적으로 그것이 '독존유술'로 이어졌다면, 한무제가 '성취'한 것이 아닌 '초래'한 것이라 해야 하지 않을까?

'독존유술'은 황제지배체제의 '正'작용이 아닌, '副'작용의 결과이다. 유가의 성공을 논하기 전에 진제국 시기 이사가 설계하고 진시황이 추진한 '官學'의 실패가 있었고, 한대에 들어 관방 사상의 핵심 구성원이었던 문법리가 공신집단과의 투쟁, 황제를 향한 충성 경쟁 속에서 마모되어 갔던 과정을 먼저 주목할 필요가 있다. 진시황 재임 시기 정론과 사상의 정점에 있었던 이사는 진이세의 재임과 함께 한 순간에 형장의 이슬로 사라졌다. 가의와 조조는 文史와 法律의 소양을 두루 갖춘 재목이었지만, 하나는 좌절 끝에 은밀하게 숨었고 또 하나는 영문도 모른 채 산화 당했다. 더 거슬러 올라가면, 이러한 계보의 시작이라 할 수 있는 商鞅의 말로 역시 이들과 유사했다. 이는 秦制에 기반한 황제지배체제에 근본적인 모순이 존재했음을 보여준다. '律令'은 전임 황제로부터 제정된 律과, 재임 황제로부터 제정된 令으로 구성된다. 즉, 율령 시스템의 발원이자 최종 지향점은 바로 황제의 명령 그 자체이다. 시스템은 안정과 항상성을 핵심으로 하지만, 율령은 감정을 지닌 불안정한 개인에 의해 그 처음과 끝이 좌우된다. 황제라는 개인은 심약하고 변덕스러울 수 있으며, 궁지에 몰리면 비겁하거나 잔인해질 수도 있다. 그리고 무엇보다 진시황이든 한무제이든 간에, 그 누구도 不老不死하지 못한다. 상앙과 이사, 조조가 추구한 법치의 신념은 그것을 실현했다고 생각한 순간 오가는 황제의 마음에 의해

여 六經 중심의 사상 통합을 한무제의 성과로 평가했다. 그리고 '獨尊儒術'을 최초로 언급한 것은 사료가 아닌, 근대 민국시기의 작가인 易白沙가 1916년 『新青年』에 발표한 「孔子平議」에서였다고 한다.

산산이 부서졌다.

경제와 무제시기에 들어 다수 출현하는 '酷吏' 또한 기존 진에서부터 내려오는 법치의 유산이자, 문법리 체제의 일부였다. 小吏에서부터 성장하여 법율령에 해박하고 행정 실무에 특화된 혹리의 능력은 진 관료제에서 요구하는 '良吏'의 자격과 일치한다. 그러나 혹리는 문법리의 온전한 소양을 갖추지 못한 분열된 계승자들이었다. 가의와 조조의 비극적 말로를 목도하며 사상적으로 위축된 문법리는 '文'의 능력을 점차 잃어갔다. '文'을 잃고 오로지 황제 권력의 도구로 전락한 '法吏'가 바로 酷吏였다. 그리고 혹리가 되기를 거부하고 방황하던 인물들도 나타났다. 그 대표가 바로 司馬遷일 것이다. 조상 대대로 전통의 관중 출신이면서 太史令으로서 문법리의 뿌리인 史의 양성을 담당하던 그는 일신의 수난과 더불어 혹리를 양산하는 당시의 황제지배체제에 회의를 느끼고 있었다. 그는 한무제의 총신이었던 張湯과 桑弘羊 등의 '法吏'들을 격렬히 혐오했다. 한편으로 사마천은 曲阜의 공자 가택에 직접 찾아가 유학에 대한 동경을 몸소 표현하기도 한다. 이는 당시 정치 국면에 반감을 가졌던 문법리들의 사상 경향에 전환이 일어나고 있었음을 시사한다.

子思와 孟子의 학맥을 잇는 純儒, 思孟 학파는 당시의 유가 학맥 중 하나의 분파에 지나지 않았고, 특히 전국 시기 동안은 그야말로 비주류에 속했다. '진지'에 속한 다수의 지식인이 '문법리'로 귀속된 반면, 제·로 지역의 전통에 따라 私人 간의 학통 계승을 유지해오던 순유 집단은 그 특징으로 인해 진대 분서 정책의 가장 큰 피해자가 되었다. 그러나 결과적으로 순유 집단은 이로 인해 반진 세력에 합류하게 되고 漢代 중앙 정치 참여의 지분을 확보한다. 제·로 지역 儒士들은 武帝 시기 이후 더욱 적극적으로 중앙 정치에 진출한다. 여기에는 무제시기 이후 관동 전역으로 군현이 확장했던 배경이 작용했을 것이다. 관동 지역에서 황제 권력과 거리를 두며 본연의 지위를 유지하던 儒士들은 황제 권력 내부에서 사상적 소모를 겪으며 도태되어 간 文法吏의 자리를 점차 대체했다. 여기에 정치적 출구를 찾던 남은 문법리 또한 유사가 되는 것에 동조하며 '독존유술'의 사상 흐름은 대세로 굳어졌을 것이다. 그 과정 속에서 가의가 유가로서 재평가 받은 것은 기존 제·로의 유사와 계통을 달리하는 '秦地'의 유사들이 계보를 재구성한 결과일 것이다.

이사는 이 '독존유술'의 흐름 속에서 재평가 받지 못하고 오히려 철저히 외면당한다. 이미 '儒士'로 지위가 재설정된 문법리들에게 이사는 잊혀져야 하는 인물이었다. 때문에 오늘날 이사에 관한 기록은 시공간이 뒤섞이고 엉클어져 무엇이 진실이고 거짓인지를 구분할 수 없다. 어떤 의미에서 그것은 이사 본인이 초래한 결과이기도 하다. 가의의 지적처럼, 그가 구상한 진제국은 국면을 오판했고, 그로부터 제국은 멸망해 任俠과 儒士들이 구조의 중심으로 들어오게 되었다. 그 결과를 이사는 꿈에서도 상상하지 못했을 것이다. 순자의 문하에서 이사와 동문수학한 韓非子는 다음과 같은 말을 남긴 바 있다.

儒는 文으로 법을 어지럽히고, 俠은 武로써 금기를 범한다.[8]

진시황은 한비자의 사상을 흠모하여 중용하려 했고, 이에 자신의 지위에 위협을 느낀 이사가 음모를 꾸며 그를 죽였다고 『사기』는 전한다. 그것이 사실인지는 알 수 없다. 그러나 한비자와 동일한 사상 계보를 공유하며 그에 따라 진제국의 법치를 이사가 구현했던 것은 사실이다. 그 또한 지배체제에 있어 가장 경계해야 할 인군을 儒와 俠의 부류라고 생각했을 것이다. 분서 정책과 철저한 편호제민의 추구는 그러한 방향성을 보여준다. 그것으로부터 전도가 일어났다는 면에서 한은 진과는 전혀 다른 새로운 제국이었다.

북송 시대의 정치가이자 문장가인 蘇軾은 진의 멸망 원인을 다룬 「遊士失職之禍」라는 글에서 다음의 논평을 남겼다.

---

[8] 『韓非子』([淸]王先愼 撰, 『韓非子集解』, 中華書局2013年版)卷19「五蠹」, p.490 "儒以文亂法, 俠以武犯禁……"

始皇이 처음에 逐客을 하려했으나 李斯의 간언에 의해 중지했다. 천하를 겸병한 후 객이 無用하다 여겼다. 이에 법에 의지하고 인재에 의지하지 않고서, "백성은 법에 의거하여 다스릴 수 있고, 관리는 그 재능을 기준으로 등용할 필요 없이 내 법만 잘 지키면 된다"라고 했다. 이에 이름난 성을 허물고 호걸을 죽이자, 백성 가운데 뛰어난 자들이 흩어져 田畝로 돌아갔다. 그 옛날 四公子와 呂不韋의 식객으로 있었던 무리, 모두 어디로 가버렸을까?[9]

遊士를 내치고 오직 법에 의지해 백성을 통치한 것이 진 멸망의 주요 원인이었음을 설파한 이 글은 세계관이 착종된 상황에서 원인을 추적한 대표적 사례 중 하나이다. 蘇軾은 아마도 新法 추진에 의해 사대부 여론이 첨예하게 대립했던 자신의 '세계'를 역사에 투영했을 것이다. 게다가 그는 여불위의 가객, 즉 遊士 출신으로서 진시황에게 재 발탁된 이사의 이력을 외면했다. 사실 여부를 떠나 이사는 북송시대 '儒士'들이 주목해야할 인물이 아니었던 것이다. 역사를 바라보는 후대의 관점은 늘 한계를 지니지만, 그렇다고 완전히 배제할 수는 없다. 그것은 어디까지나 오늘의 역사가가 선택해야할 문제이다. 소식은 단지 당대의 고정관념에만 매몰되어 있던 얕은 지식인은 아니었을 것이다. 다음의 시에서 보듯이 그는 탁월한 영감으로 '세계'의 구조를 이해했다.

我生天地間 내가 천지간에 살아가고 있는 것은
一蟻寄大磨 거대한 맷돌 위의 한 마리 개미와 같은 거라
區區欲右行 내 아무리 오른쪽으로 가려해도

---

[9] 『東坡志林』(中華書局, 1981年版), p.111 "始皇初欲逐客, 因李斯之言而止. 旣幷天下, 則以客爲無用, 於是任法而不任人. 謂民可以恃法而治, 謂吏不必才取, 能守吾法而已. 故墮名城, 殺豪傑, 民之秀異者散而歸田畝. 向之食於四公子・呂不韋之徒者, 皆安歸哉?"

不救風輪左 風輪이 왼쪽으로 도는 것을 어찌 하리.**10**

그래도 소식은 운이 좋았다. 그는 역대 중국 왕조 중 고위 관료의 처벌에 가장 관대했다는 북송의 정치 구조 속에서 상앙·이사·조조와 같이 비명횡사 하는 일은 당하지 않았다. 때문에 '재상이 되지 못한 군자', 가의에 비견되기도 한다. 더구나 그는 현세의 시련과 달리 사후에 불멸의 시인으로 남았으니 더욱 운이 좋았다. 물론, 이 또한 그가 의도한 바는 아니다. 문장으로 유명했던 송대의 인물들은 사실 그 누구도 오늘날의 '세계'와 같은 직업 작가였던 적이 없다. 그들은 孔·孟의 道를 추구한 儒士였을 뿐이다.

風輪이 어디로 향할지는 그 누구도 알지 못한다. 구조가 바뀌면 누군가는 천고의 간신이 되기도, 또 누군가는 역사에서 사라지기도 한다. 멀게는 상앙에서부터 이사·가의·조조에 이르는 구조의 설계자들, 그리고 절대 권력을 손에 쥐었던 진한제국의 황제들도 모두 거대한 '세계' 위를 기어가는 '맷돌 위의 개미들'이었다.

---

10 이 시의 제목은 "遷居臨皐亭"(좌천되어 임고정에 머물며)"이다. 공교롭게도 소식이 좌천되어 머물던 곳의 이름과 훗날 조선 중기에 高麗 말의 '충신' 鄭夢周를 추모하기 위해 경상북도 영천 지역에 세운 '臨皐' 서원의 명칭이 같다. 조선왕조실록에 따르면, 임고서원은 별도의 함의 없이 지명으로부터 서원의 이름을 정하는 관행에 따라 당시 영천의 별호였던 '臨皐'로 사액된 것에서 비롯되었다. 그런데 또한 공교롭게도 정몽주는 그가 남긴 시문과 사상, 비운의 정치 경력 등으로 인해 가의, 소동파 등에 비견되기도 한다.

후기

기나긴 팬데믹의 터널이 끝나가고 있는 지금이다. 3년 전과 비교해 개인적으로 예측하지 못한 변화가 많이 있었다. 이 책은 내가 중국 서북대학에서 재직하며 수행했던 프로젝트 성과의 일환으로 원래는 중국 현지 출판을 기획했었다. 그러나 2020년 초 팬데믹이 시작되면서 더 이상 일상을 유지할 수 없는 상황이 닥쳤다. 모든 생활 기반이 단절됨과 동시에 프로젝트는 중단되었고, 서북대학에서의 직위 또한 유지할 수 없었다.

현재는 경북대학교 인문학술원 HK⁺사업단에 참여하면서, 중단되었던 나의 프로젝트는 다시 회생할 수 있는 기회를 얻었다. 물론 3년의 시간 동안 추가 연구가 이루어져 다수의 내용이 수정·보충되었다. 관점에도 많은 변화가 있었는데, 여기에는 개인의 경험이 어느 정도 투영되었음을 고백하지 않을 수 없다. 현대 국가가 규정하고 마련한 법률·제도 및 각종 인프라는 개인의 생활 속에 세세히 침투되어 있어 마치 물과 공기처럼 자연히 있어 온 것처럼 느껴질 때가 많다. 그것이 신기루처럼 사라진 세상을 경험한 것은 괴로운 것 한편으로 값진 것이었다. 국가는 사회 구조를 규정하는 능동 요소가 아닌 구조의 변화에 연동한 피동적 요소라는 것을 나는 경험으로 이해했다. 실증 연구에 치중한 이 책도 결국은 나라는 개인의 시각으로 바라본 역사이기 때문에 자아가 개입하는 것을 피할 수 없다. 공론의 차원에서 이 또한 평가의 대상에 오르는 것이 보다 유익하다고 생각해 간단히 언급해 둔다.

이 책이 완성되기까지 많은 이의 도움을 받았다. 특히 HK⁺사업단 연구총서 일환으로 책이 출판될 수 있게 지원해 준 나의 은사이자 사업단장이신 윤재석 원장님께 무한한 감사를 드린다. 한편 중국에서 연구 활동을 지원해준 나의 박사과정 시절 은사인 왕즈진(王子今) 교수와 서북대학 역사학원 전임 원장 천펑(陳峰) 교수께는 감사하면서도 죄송한 마음을 금할 길 없다. 그리고 부족한 원고의 출판을 흔쾌히 수락해준 진인진 출판사 담당자께도 감사의 말씀을 드린다. 그 외에도 많은 사람들에게 빚을 졌고 보답해야 할 일이 갈수록 늘어만 간다. 무엇보다 오직 남편에 대한 믿음 하나로 고국인 중국을 뒤로하고 타국 생활을 감내하고 있는 아내에게 늘 감사하다. 이 책이 그에 대한 티끌만한 보답이라도 될 수 있기를 바란다.

2023. 7. 19.

금재원

참고문헌

이하의 참고문헌은 책의 주제와 핵심 연관된 자료만을 선별한 목록이다. 사료로 지정하여 인용한 [1차 자료]와 기존 학술 연구를 참조한 [2차 자료]로 양분했다. 그 중 [1차 자료]는 史籍과 그와 비교·검증하는데 활용된 簡牘 위주로만 정리했다. [2차 자료] 중 연구논문은 본문에서의 인용 비중에 따라 선별했다. 연구논문 형식의 여러 발굴보고서는 목록에서 생략했다. 단, 책에서 비중 있게 다룬 고고 발굴 자료를 개설한 서적은 연구저서에 포함했다. 내용과 관련한 구체적인 출처를 알고자 할 경우는 모두 본문의 각주를 바로 참고해 주길 바란다.

[1차 자료]

史籍

『商君書』(蔣禮鴻 撰, 『商君書錐指』, 中華書局, 1986年版)

『韓非子』(王先愼 撰, 『韓非子集解』, 中華書局, 2013年版)

『戰國策』(上海古籍出版社, 1988年版)

『史記』(中華書局, 1959年版)

『漢書』(中華書局, 1962年版)

『三國志』(中華書局, 1959年版)

『後漢書』(中華書局, 1965年版)

『晉書』(中華書局, 1974年版)

『華陽國志』(任乃强 校注, 『華陽國志校補圖註』, 上海古籍出版社, 1987年版)

『水經注』(陳橋驛校證, 『水經注校證』, 中華書局, 2007年)

『三輔黃圖』(何淸谷 撰,『三輔黃圖校釋』, 中華書局, 2005)

『唐律疏議』(中華書局, 1983年版)

『元和郡縣圖志』(中華書局, 1983年版)

『資治通鑑』(中華書局, 2011年版)

『讀史方輿紀要』(中華書局, 2005年版)

簡牘

睡虎地秦墓竹簡整理小組,『睡虎地秦墓竹簡』, 文物出版社, 1990.

睡虎地秦墓竹簡整理小組 엮음, 尹在碩 옮김,『睡虎地秦墓竹簡譯註』, 소명출판, 2010.

中國文物研究所·湖北省文物考古硏究所 編,『龍崗秦簡』, 中華書局, 2001.

湖北省荊州市周梁玉橋遺址博物館 編,『關沮秦漢墓簡牘』, 中華書局, 2001.

湖南省文物考古硏究所 編著,『里耶秦簡』(壹), 文物出版社, 2012.

湖南省文物考古硏究所 編著,『里耶秦簡』(貳), 文物出版社, 2017.

陳偉 主編, 何有祖·魯家亮·凡國棟 撰著,『里耶秦簡牘校釋』(第一卷), 武漢大學出版社, 2012.

陳偉 主編, 何有祖·魯家亮·凡國棟 撰著,『里耶秦簡牘校釋』(第二卷), 武漢大學出版社, 2018.

里耶秦簡博物館出土文獻與中國古代文明硏究協同創新中心中國人民大學中心 編著,『里耶秦簡博物館藏秦簡』, 中西書局, 2016.

朱漢民·陳松長 主編,『嶽麓書院藏秦簡』(壹), 上海辭書出版社, 2010.

朱漢民·陳松長 主編,『嶽麓書院藏秦簡』(參), 上海辭書出版社, 2013.

陳松長 主編,『嶽麓書院藏秦簡』(肆), 上海辭書出版社, 2015.

陳松長 主編,『嶽麓書院藏秦簡』(伍), 上海辭書出版社, 2017.

陳松長 主編,『嶽麓書院藏秦簡』(陸), 上海辭書出版社, 2020.

陳松長 主編,『嶽麓書院藏秦簡』(柒), 上海辭書出版社, 2022.

北京大學出土文獻與古代文明研究所 編, 『北京大學藏秦簡牘』(壹), 上海古籍出版社, 2023

北京大學出土文獻研究所 編, 『北京大學藏西漢竹書(壹)』, 上海古籍出版社, 2015.

張家山二四七號漢墓竹簡整理小組 編, 『張家山漢墓竹簡[二四七號墓]』, 文物出版社, 2006.

富谷至 編, 『江陵張家山二四七號墓出土漢律令の研究』(譯注篇), 朋友書店, 2006.

彭浩·陳偉·工藤元男 主編, 『二年律令與奏讞書』, 上海古籍出版社, 2007.

荊州博物館 編, 彭浩 主編, 『張家山漢墓竹簡[三三六號墓]』, 文物出版社, 2022.

甘肅省文物考古研究所編, 『敦煌漢簡』, 中華書局, 1991.

[2차 자료]

연구저서

裘錫圭, 『古代文史研究新探』, 江蘇古籍出版社, 1992.

譚其驤, 『中國歷史地圖集』, 中國地圖出版社, 1982

辛德勇, 『歷史的空間與空間的歷史』, 北京師範大學出版社, 2005.

王國維, 『觀堂集林』, 中華書局, 1959.

王子今, 『秦漢交通史稿』(增訂版), 中國人民大學出版社, 2013.

王學理, 『秦都咸陽』, 陝西人民出版社, 1985.

雲夢睡虎地秦墓編寫組, 『雲夢睡虎地秦墓』, 文物出版社, 1981

劉瑞, 『秦封泥集存』, 中國社會科學出版社, 2020.

周振鶴, 『西漢政區地理』, 商務印書館, 2017.

周振鶴·李曉傑·張莉, 『中國行政區劃通史·秦漢卷』, 復旦大學出版社, 2017.

朱紹侯, 『軍功爵制考論』, 商务印書館, 2008

中國社會科學院考古研究所主編, 『中國考古學·秦漢卷』, 中國社會科學出版社, 2010

陳蘇鎮, 『〈春秋〉與"漢道"－兩漢政治與政治文化研究』, 中華書局, 2011.

鄒逸麟·張修桂 主編, 『中國歷史自然地理』, 科學出版社, 2013.

湖南省文物考古研究所 編著, 『里耶發掘報告』, 嶽麓書社, 2006

后曉榮, 『秦代政區地理』, 社會科學文獻出版社, 2009.

工藤元男, 『睡虎地秦簡よりみた秦代の國家と社會』, 創文社, 1998.

池田雄一, 『中國古代の律令と社會』, 汲古書院, 2008.

연구논문

금재원, 「秦代 內境의 형성과 변용－秦律令 용어 故徼와 新地의 분석을 중심으로」, 『동서인문』제22호, 2023.

금재원, 「前漢 文法吏의 表象」, 『東洋史學硏究』제158輯, 2022.

금재원, 「前漢 前期 南郡의 지역성과 郡縣 통치의 전개」, 『中國史硏究』제135輯, 2021.

금재원, 「前漢 시기 鴻溝 水系 교통의 재건－梁楚 지역 郡國 변천을 중심으로」, 『中國古中世史硏究』제56輯, 2020.

금재원, 「秦漢帝國 수도 권역 변천의 하부구조－秦嶺과 黃河 교통망을 중심으로」, 『東洋史學硏究』제149輯, 2019.

금재원, 「秦代 '新地' 吏員의 구성과 그 한계」, 『中國古中世史硏究』제49輯, 2018.

금재원, 「前漢 시기 渭水 橋梁과 首都 권역 관리」, 『中國古中世史硏究』제48輯, 2018.

금재원, 「秦 통치시기 '楚地'의 형세와 南郡의 지역성」, 『中國古中世史硏究』제31輯, 2014.

김엽,「中國古代의 地方統治와 鄕里社會」,『大邱史學』第37輯, 1989.
김용찬,「漢代 13州 刺史部와 '天下'秩序」,『東洋史學硏究』144, 2018.
김한규,「賈誼의 政治思想 – 漢帝國秩序確立의 思想史的 一過程」,『역사학보』 63, 1974.
민두기,「前漢의 陵邑徙民策」,『歷史學報』第9輯, 1957.
민두기,「前漢의 경기통제책」,『東洋史學硏究』第3輯, 1959.
박한제,「『周禮』考工記의 '營國'원칙과 前漢 長安城의 구조」,『中國古中世史硏究』第34輯, 2014.
송진,「前漢時期 帝國의 내부 경계와 그 출입 관리」,『東洋史學硏究』121, 2012.
오정은,「前漢 初 帝國의 통치 방향 –《二年律令》의 〈津關令〉과 〈秩律〉을 중심으로 –」,『中國古中世史硏究』33, 2014.
오준석,「秦代 亭의 기능과 吏員 조직」,『中國古中世史硏究』第41輯, 2016.
유창연,「秦代 縣吏의 운용과 '新地'統治」,『中國古中世史硏究』第65輯, 2022.
윤재석,「秦의 '新地' 인식과 점령지 지배」,『中國古中世史硏究』第46輯, 2017.
이성규,「秦帝國의 '新地'統治策 – 縣吏難의 타개책을 중심으로」,『학술원논문집』제61집, 2022.
이성규,「里耶秦簡 南陽戶人 戶籍과 秦의 遷徙政策」,『中國學報』第57輯, 2008.
이성규,「秦帝國의 舊六國統治와 그 限界」,『閔錫泓博士華甲記念史學論叢』, 三英社, 1985.
최진열,「漢初 郡國制와 지방통치책」,『東洋史學硏究』89, 2004.
龔留柱,「論張家山漢簡〈津關令〉之"禁馬出關" – 兼與陳偉先生商榷」,『史學月刊』2004年第11期.
龔志偉,「兩漢司隷校尉始"部七郡"平議 – 兼論該官的雙重性格」,『文史』2016年第2期.

郭璐, 「基於辨方正位規劃傳統的秦咸陽軸線體系初探」, 『城市規劃』2017年第10期.

琴載元, 「秦及漢初黃河沿線地帶郡縣與河津管理體系」, 『簡帛』第十六輯, 2018.

琴載元, 「戰國時期秦領土擴張及置郡背景」, 『首都師範大學學報』(社會科學版)2016年第4期.

琴載元, 「秦代南郡編戶民的秦・楚身分認同問題」, 『簡帛研究二〇一五』(秋冬卷), 2015.

琴載元, 「秦代"荊"地名的指向－以"南陽"爲切入點」, 『南都學壇』(人文社會科學學報)2015年第5期.

魯家亮, 「里耶秦簡所見秦遷陵縣吏員的構成與來源」, 『出土文獻』2018年第2期.

董平均, 「〈津關令〉與漢初關禁制度論考」, 『中華文化論壇』2007年第3期.

馬孟龍, 「張家山二四七號漢墓〈二年律令・秩律〉抄寫年代研究－以漢初侯國建置爲中心」, 『江漢考古』2013年第2期.

商慶夫, 「睡虎地秦簡編年記的作者及其思想研究」, 『文史哲』1980年第4期.

商慶夫, 「再論秦簡編年記的作者及其思想傾向」, 『文史哲』1987年第6期.

徐衛民, 「秦都咸陽城郭之再研究」, 『文博』2003年第6期.

徐衛民, 「秦都咸陽的幾個問題」, 『咸陽師範學院學報』1999年第5期.

孫聞博, 「東郡之置與秦滅六國——以權力結構與郡制推行爲中心」, 『史學月刊』2017年第9期.

宋傑, 「秦對六國戰爭中的函谷關和豫西通道」, 『首都師範大學學報』, 1997年第3期.

松崎恒子, 「從湖北秦墓看秦的統一和戰國傳統文化的融合」, 『中國史研究』1989年第1期.

辛德勇, 「漢武帝"廣關"與西漢前期地域控制的變遷」, 『中國歷史地理論叢』2008年第2期.

辛德勇, 「漢〈楊孟文石門頌〉堂光道新解－兼析儻駱道的開通時間」, 『中國歷史地理論叢』1990年 第1期.

晏昌貴, 「〈二年律令秩律〉與漢初政區地理」, 『歷史地理』第21輯, 2006.

楊劍虹, 「睡虎地秦簡〈編年記〉作者及其政治態度──兼與陳直、商慶夫同志商榷」, 『江漢考古』1984年 第3期.

楊振紅, 「從秦"邦"·"內史"的演變看戰國秦漢時期郡縣制的發展」, 『中國史研究』2013年 第4期.

楊振紅, 「從〈二年律令〉的性質看漢代法典的編撰修訂與律令關係」, 『中國史研究』2005年 第4期.

黎明釗, 「里耶秦簡: 户籍檔案的探討」, 『中國史研究』2009年 第2期.

王子今·劉華祝, 「說張家山漢簡〈二年律令·津關令〉所見五關」, 『中國歷史文物』2003年 第1期.

王子今, 「秦兼幷蜀地的意義與蜀人對秦文化的認同」, 『四川師範大學學報』1998年 第2期.

王子今, 「秦漢"甬道"考」, 『文博』1993年 第2期.

王學理, 「以訛傳訛"咸陽宮"─掃蒙尖顯"冀闕" - 對秦都咸陽1號宮殿遺址定性的匡正」, 『文博』2011年 第2期.

閻步克, 「秦政·漢政與文吏·儒生」, 『歷史研究』, 1986年 第3期.

尤佳, 「劉邦循武關道入秦原因新解」, 『河南大學學報』(社會科學版)2010年 第6期.

于振波, 「秦律令中的"新黔首"與"新地吏"」, 『中國史研究』2009年 第3期.

于振波, 「秦漢時期的"文法吏"」, 『中國社會科學院研究生院學報』, 1999年 第2期.

劉樂賢, 「里耶秦簡和孔家坡漢簡中的職官省稱」, 『文物』2007年 第9期.

劉玉堂, 「秦漢之安陸幷非新地城 - 與黃盛璋同志商榷」, 『文物』1982年 第3期.

李令福, 「論西安咸陽間渭河北移的時空特徵及其原因」, 『雲南師範大學學報』(哲學社會科學版)2011年 第4期.

張榮強, 「湖南里耶所出"秦代遷陵縣南陽里户版"研究」, 『北京師範大學學報』(社會科學版)2008年第4期.

趙化成, 「秦統一前後秦文化與列國文化的碰撞及融合」, 『蘇秉琦與當代中國考古學』, 科學出版社, 2001.

佐佐木研太, 「出土秦律書寫形態之異同」, 『清華大學學報』(哲學社會科學版)2004年第4期.

朱錦程, 「秦對新征服地的特殊統治政策 – 以"新地吏"的選用爲例」, 『湖南師範大學社會科學學報』2017年第2期.

周振鶴, 「〈二年律令·秩律〉的歷史地理意識」(修訂), 中國社會科學院簡帛研究中心編『張家山漢簡〈二年律令〉研究文集』, 廣西師範大學出版社, 2007.

陳侃理, 「睡虎地秦簡『編年記』中"喜"的宦歷」, 『國學學刊』2015年第4期.

陳蘇鎭, 「漢初王國制度考述」, 『中國史研究』2004年第3期.

陳偉, 「張家山漢簡〈津關令〉"越塞闌關"諸令考釋」, 卜憲群·楊振紅 主編, 『簡帛研究2006』, 廣西師範大學出版社, 2008.

蔡萬進, 「秦"所取荊新地"與蒼梧郡設置」, 『鄭州大學學報』(哲學社會科學版)2008年第5期.

崔在容, 「西漢京畿制度的特徵」, 『歷史研究』1996年第4期.

鄒水傑, 「秦簡"有秩"新證」, 『中國史研究』2017年第3期.

彭浩, 「〈津關令〉的頒布年代與文書格式」, 『鄭州大學學報』(哲學社會科學版)2002年第3期.

何晉, 「秦稱"虎狼"考」, 『文博』, 1999年第5期.

黃盛璋, 「雲夢秦墓兩封家信中有關歷史地理的問題」, 『文物』1980年第8期.

松崎つねこ, 「睡虎地十一號秦墓竹簡編年記よりみる墓主喜について」, 『東洋學報』61-3·4, 1980.